浙江大学历史学院院史丛刊

史地学记

弦歌岁月与师友杂忆

张凯　编

ZHEJIANG UNIVERSITY PRESS
浙江大学出版社
·杭州·

前　言

浙江大学历史学院缘起于1928年国立浙江大学文理学院创设的史学与政治学系。1936年，竺可桢校长亲设史地学系，以科学时代的人文主义为宗旨，融贯科学方法、精神与人文关怀，追求"正德、利用、厚生"合一，构筑了近代"新史学"的重要典范。1951年夏，浙江大学与浙江省文教厅合办浙江师范专科学校，以原浙江大学史地系部分教师为骨干建立历史专科；1952年院系调整，浙江师范专科学校历史专科并入浙江师范学院，改称历史学系；1958年，杭州大学与浙江师范学院合并，设杭州大学历史学系。1998年9月，浙江大学、杭州大学、浙江农业大学和浙江医科大学四校合并，组建新的浙江大学，成立浙江大学人文学院历史学系。2021年，浙江大学筹建历史学院并于2022年正式去筹，历史学科进入新的发展阶段。

在近百年的发展历程中，众多著名学者先后任教于浙江大学史地学科，张其昀、叶良辅、钱穆、张荫麟、刘节、贺昌群、陈乐素、谭其骧、向达、方豪、夏鼐等先生筚路蓝缕,以启山林,在史学与地学、中国文化与世界文明、敦煌学与丝绸之路等领域取得了杰出的成就。沈炼之、徐规、胡玉堂、王正平、毛昭晰、黄时鉴、仓修良、金普森、丁建弘、楼均信、梁太济、杨树标等学者弘扬求是创新精神,在史学领域继往开来,奠定了浙江大学历史学科在国内外的学术地位。

在浙江大学历史学院95周年院庆之际,为系统梳理历史学院的学术传统,展现前辈学者的人生行迹、为学为师的品格,弘扬先生们的学术精神,历史学院决定编辑出版"历史学院院史丛刊"。该丛刊由三部分组成:一是"史地学记"系列,围绕前辈学人,搜集师友、弟子等对先生们的回忆、纪念与评论文章,通过亲历者生动亲切的记述,鲜活呈现先生们的生平与学术。二是"史地先生学案"系列,参照传统"学案"体裁,辨章学术,考镜源流,传承浙大史地学脉。三是"浙江大学历史学院院史"系列,通过编纂浙江大学历史学院史料文献、大事记与院史,相辅相成,层层递进,系统梳理浙江大学历史学院、史地学科的发展历程与学术特质。

由于选入丛刊的文章发表时间跨度较长,文章的表述、格式、注释方式等不尽相同,本书在尽量保存原文风貌的前提下,对有关表述、格式、注释方式等按照时下的出版规范做了相应调整。文章作者,我们大多已联系到并获得授权,有些作者未能及时联系上,祈请谅解。

目　录

史地学系之回顾与前瞻

张其昀

卅七年五月七日在本校史地学会讲辞

本校史地学系，自民国二十五年秋季始业，迄今已有十二年之历史。创办之始以全国各大学之设有史学系或地学系者已属不少，颇望在杭州开辟一具有特点之新园地。此十二年中，流离在外者历九年之久，但因本系同人之努力，此一新垦之园地，业已规模粗具。

史地学系之目标分为下列三项：

(一)造就对史学与地学有志深造之人才

本系自创办之第二年(廿六年)即将本系课程分为历史、地理二组，此二组规定之必修课程与其他大学史学系与地学系之课程相仿，以期稳固专门研究之根基。本系修正课程表，曾奉三十六年四月教育部令准予备案，刊印于《浙江文学院概况》中。民国二十八年八月本校奉教育部令设立文科研究所史地学部，为本校研究所最先成立者之一。卅六年一月改称史地研究所，内部亦分史学、地形学、人文地理学等组。毕业之研究生二十七人，已颁硕士学位者二十人，在国外深造者六人。据教育部统计，各大学研究所毕业研究生人数之多，本所实居前列。本系历届毕业生已有一百三十四人。

(二)造就对中学史地教育富有实验兴趣之人才

民国二十七年本校师范学院成立,其中设史地系,并设第二部,供曾任中学史地教育者之进修。廿八年九月,由教育部委托本校设立史地教育研究室,与史地研究所密切联系,以传布史地学术之最近贡献,改进史地学科之教材教法,搜集专题研究之参考资料,编制史地教科之图书设备为主旨。三十六年本校师范学院除教育系外,分别归并于有关学系。师范学院之制度本为一种新设施,惜实验不久,即行裁并,实为可惜。本校文师二院之史地系师资、设备向系互相补充,现虽合并,原有注重教学研究之精神未因此而更改,史地教育研究室因教部另拨经费,得以继续工作。本学年曾举行史地教材展览会三次(一为中外史地,一为新疆史地,一为浙江史地),因搜集尚丰富,颇予观众以明显之印象。现在制造地理模型已初步成功,供给各方之需求,拟进一步制造历史教育应用之模型(如古器物、古建筑等)。美国哈佛大学出版《自由主义中通才教育》,为讨论战后教育措施之巨著,其论中等教育,略谓史地二科之关系至为密切,历史与地理能联系学习最为有益,近代世界史之地理因素当加充分说明,欲了解 20 世纪之重大问题,必须有经济地理与政治地理之智识,方能明其底蕴。我国师范学院制度现已变更,但在本校史地二科分组合系之规模下犹能仍其旧贯,对于中学史地教育之研究,感觉有其便利之处。本系曾刊行《史地杂志》,正设法恢复。

(三)造成对于现代问题富有研究兴趣之人才

此项目标,又可分为四类:(1)国防研究;(2)国际关系研究;(3)地方建设研究;(4)新闻学研究。窃谓史地分组合系之本系,对于此类研究乃一极为适宜之温床,过去亦略有成绩可言。

(1)国防研究。本系成立之第二年,接受黄膺白先生遗族所赠之纪念奖金名额(后因基金币值日落而停止),膺白先生为战前国防设计委员会发起人之一,此种同情至堪珍贵。二十八年蒋百里先生病殁于广西宜山,其逝世之前曾有派遣陆军大学学生来本校史地系研究之意,对于本系从事国防研究,实为一种鼓励。现在史地研究所主编由《大公报》出版之《版图》副刊,所载文字多与国防有关,实为继承百里先生之遗志。现在百里先生家属以先生生平夙好史地之学,拟募捐在本校建筑百里馆以资永念,并说明供本校史地系应用,此事已在进行中,甚感兴奋。

(2)国际关系研究。现在国际问题之研究必以史地学识为基本,两者相辅相成,此亦本系使命之一。复员以后,本系直接向外国政府、大学研究所、公私机关征集报告书、单行本、地图、照片之类(以本系所编《遵义新志》等书为交换),结果甚为满意,现在本系图书室新旧藏书,计书籍二万余册、地图一万余幅、单行本二千余册、照片拓片三千余张,乃在继续征集中。

现在国际关系日益繁复,外国大学有特别研究院者,本系对此研究现已稍有凭借,希望能在融贯史地之作风中,贡献其一得,若干初步研究之论著,亦在《版图》及其他杂志中发表。"百国图鉴"之编纂,筹备经年,得国内大学数十位教授之合作,集稿过半,可以陆续出版问世。

(3)地方建设研究。地方之经济建设与文化建设之研究,亦与史地学术极有关系。本校设于杭州,自应以浙江省杭州为其主要对象。复员以后,以本系为中心,联合专家学者,此类研究之作品,一部分已在本市《东南日报》发表。如经长时期之努力,深信于省政及市政之建设有所贡献。沪杭、浙赣二路沿线经济与人文之研究亦所注意,已在搜集资料着手进行中。

(4)新闻学研究。新闻已为专业,各大学设有新闻系者已不少。但写作社论之人才，如能有史地学术之训练，使评论时事具有史识与世界眼光，自可有更深邃之认识。即地方通讯、国际通讯，如能融贯史地，则其内容之确实性与生动性亦可增加。本系平时对于此道颇为注意，毕业生服务于新闻者颇不乏人，如新疆《天山日报》之编辑人，亦为本系一毕业同学。

以上所述近于自我表扬。近因对于本系十二年来史地二科分组合系互相熏陶之精神，用意所在，不甚明了。特作简单之说明，借以增加认识。本系师资（现有教授、讲师、助教名额二十三人）预算及设备，因应需要，依照两系之规模办理，故上述三项目标，过去稍能有表现。总之本系方针，一方面为培植从事学术专门人才，期其毕业以后从事上述各种实际问题之研究，以为世用，二者固可相得而益彰。窃谓大学学制宜略有弹性，不必过于一律，俾各校有实验某种教育理想之机会，是则有待政府与社会之奖掖扶持。本系历史甚浅，中更战乱，距吾人之理想，尚其遥远，益求充实，力争上流，自有待于今后之努力。

（原载《国立浙江大学日刊》复刊新 11、13、14 号，1948 年 6 月 18、21、22 日）

我与浙大史地系

张其昀

民国二十五年夏季，国立浙江大学史地学系成立，作者被聘为系主任，于是从第二故乡的南京到了杭州，一直到民国三十八年，渡海来台，我在浙大服务凡十四年之久。

浙大史地系，实际包含了四个单位，即文学院的史地系、师范学院的史地系、史地研究所和史地教育研究室，都是奉部令陆续成立的，而我兼任各单位的主任，可以说是一个很兴旺的家庭。

回想当年的情景，已经过了四分之一世纪的时间了，散居于海内外的史地系毕业生都写了一些纪念性的文字，合起来看，可说是一首悲喜交集、甘苦与共的史诗。

法国地理学家白吕纳(Jean Brunhes)曾说："二十世纪学术上最大的贡献，是史学精神与地学精神的综合。"盖一为时间的演变原则，一为空间的分布原则，两者相合，方足以明时空之真谛，识造化之本原。浙大史地学系创立的宗旨在此。综合我们的目的，分工是我们的方法，本系不但史地分为两组，与他校独立成系者课程相仿，到了研究所则分析更细，例如地学门，又分为地形、气候和人文地理三组。但是我们认为史学组的学生能够练习野外习察的方法，地学组的学生能够练习整理文献的方法，都是终身受用不尽的。当然，史学精神与地学精神，演变原则与分布原则，也是任何其他学问所不容忽视的。大学之所以为大，就在于网罗百家，囊括大典，发生了交光互影，沾溉无穷的作用；又从不同学术的边际上，发生了异军突起,创造发明的功效。

任何学府的成就,都含有学生、教师、设备、环境、传统五个因素,现在想就此五点,把浙大史地系的概况,叙述一下:

(一)学生

民国二十五年夏,黄膺白先生家属捐助了三个奖学金,其中一个指定给新设的浙大史地系,这使我感到无上光荣。当年教务长已故张绍忠先生曾对我说,这是最好的鼓励,希望能多收到优秀的学子。果然,第二年浙大在江西泰和举行入学考试,全校成绩第一名是投考本系的同学——东阳赵生松乔。他后来在研究所取得硕士学位,两年之后,又在美国取得博士学位,回校担任副教授。可知奖学金是何等有价值的投资,这不过举一个例子罢了。黄夫人沈女士现寓居美国,我们对于她设立膺白奖学金的美意,还是时时怀念不忘呀!

(二)教师

因为本系实际上包含四个单位,经费较为充裕,教授人数亦较多。先后在本系任教的,史学组有钱穆、张荫麟、陈乐素、方豪、俞大纲、贺昌群、陶元珍、李源澄、顾谷宜、李絜非诸先生,地学组有叶良辅、沙学浚、李春芬、谭其骧、任美锷、卢鋈、李海晨、黄秉维、严德一、严钦尚、刘之远、赵松乔诸先生,切磋讲论,一时称盛。师生之间,晨夕与共,扶持长育,情谊至为深厚。张荫麟先生在遵义逝世时,年仅三十有七,为史学界莫大的损失。陈寅恪先生以诗悼之云:“纵谈学术惊河汉,与叙交情忘岁年。”诚深惜之也。

(三)设备

本系设备有几个特色,张荫麟先生去世后,其夫人伦女士将其在北平藏书全部捐赠本系，成立一个专门图书室，尤于近代史的文献收集最多。我平素注重收集地图和图书照片，游美回来，征集益富，以收藏地图而论，可称为国内少数中心之一。胜利以后，南浔嘉业堂刘氏和瑞安玉海楼孙氏的藏书，都归于浙大，益以西湖孤山省立图书馆的《四库全书》，就学术研究的观点，可说是具有规模。

（四）环境

我在浙大凡十四年，中间几年是在抗战期间，浙大循铁路、公路线而逐步西迁，由浙江建德（严州），而江西吉安与泰和，而广西宜山，少的住一月，多的住一年，最后定居于贵州遵义，在附近湄潭和永兴场设分部，又在浙江龙泉设分校，以战时物力的限制，艰苦备尝，可以想见。可是我校图书仪器保存得很完整，研究工作得以照常进行，虽曰流离，而未失所。尤其在广西宜山，日本飞机轰炸，校舍四周落弹百余枚，但因防空得法，并未有一人受伤，诚属万幸。建德为严子陵隐居处，吉安有白鹭洲书院，在赣江中流，为文天祥读书处，泰和有巨富萧氏所建雅趣楼等建筑，宜山为黄山谷服官处，诸地均有山水之胜，校舍亦勉可应用。遵义则为黔北名城，乡间水田漠漠，殷富甲于全省。东乡之沙滩，为郑子尹黎庶昌之故乡，岚影波光，怡悦性情，将来铁道开通，可望成为西南文化区之一。杭州校址不必多说，胜利归来，我们计划在杭城凤凰山南宋故宫另建校舍，左江右湖，气象万千，诚如唐人诗所云："楼观沧海田，门对浙江潮。桂子月中落，天香云外飘。"雄奇秀丽，兼擅其胜，诚为一最理想之校址，每念及此，梦寐萦心。

（五）传统

每一学校都有其学风，每一学系都有其传统，浙大史地系历史虽短，未尝不有其理想，在胜利复员时，我校为文理学院添建两所大楼,连原有校本部大楼,分别称为阳明馆、梨洲馆、舜水馆,以纪念明代浙东王阳明、黄梨洲、朱舜水三大哲人,这显然含有鼓励后进的意义。阳明学说,注重笃行。他以为博学审问、慎思明辨,应以笃行贯通之,是即知行合一之学说。凡以为是善,不问如何困难,当断断乎行之,勇往直前,百折不回,精神何等痛快!梨洲、舜水都欲阐扬民族、民权、民生之大义,梨洲著《明夷待访录》尚在法国卢梭《民约论》之前一世纪。舜水则为中外文化交流最伟大的先导,明治维新后的新日本,饮水思源,不能不归功于舜水讲学江户(今之东京)之明效大验。浙大并非一地方性的学府,它的师生来自全中国各省市,浙东学术的影响所及,亦不仅限于全民族,而且具有世界的意义,浙东学者"言性命者必衷于史",其意以为科学与哲学必须互为表里。我们要有极笃实的科学功夫,日新又新,又要有极超旷的哲学修养,以为安心立命之地。古人所谓"学者必先讲仁",又曰"先立乎其大者",即是此意。我们之胸襟要坦坦荡荡,上下与天地同流;判然于生死之分,泊然于生死之外;更有何于小利小害得失之说。必如是,方能鼓励我们这一代青年顶天立地,继往开来,毕生勤勤恳恳,为着工作、服务、贡献而努力不懈的勇气。

(原载中国人民政治协商会议浙江省委员会文史资料研究委员会:《浙江文史资料选辑 第34辑 天涯赤子情——港台和海外学人忆浙大》,浙江人民出版社,1987年)

播州风雨忆当年

——浙大史地系在遵义

倪士毅

浙江大学史地学系创立于 1936 年 5 月，抗日战争全面爆发后，辗转万里，历尽艰险，于 1939 年底迁至贵州北部遵义和湄潭，弦歌重续，迄今将届五十周年了。

当抗日战争结束以后，1946 年 9 月史地系师生复员返回杭州，计在遵义历时七年之久。史地系师生在这黔北的山城里，度过了艰苦而又愉快的七年，留下了难忘的印象。

浙大史地系的特点是史地合系，与中央大学、西南联大等史地分系者不同。这既有其优点，正如张其昀先生所指出，旨在体现史学精神与地学精神相综合，时间演变与空间演变相结合，使学史的和学地的学生能从两方面的综合或结合中取思想和方法之长；同时又有其缺点，主要是随着地理学方法，特别是自然地理学迅速发展，需要更多更深的数理基础，不相适应。当时有一部分师生曾酝酿史地分系之议，到 1949 年下半年才实现分系。

一、教师阵容

史地系的教授，大部分是国内知名学者。系主任张其昀字晓峰，浙江鄞县人。1923 年毕业于南京高等师范文史地部，1943 年赴美访问并讲学。他是国内著名的地理学专家，也是史地系的创办人，文科研究所所长、史地教育研究室主任，1945 年又当上了文学院院长。他学问渊博，史地兼通。他说历史与地理，“一为时间的演变原则，一为空间的分布原则，两者相合，方足以明时空之真谛，识造化之本原”。他创办史地系的宗旨，也就是这个意思。他开的课主要有“中国地理总论”“人文地理”等。生平著作很多，在遵义时出版的有《中华历代大教育家史略》《中国人地关系概论》《中国军事史略》等。

顾谷宜字俶南，江苏无锡人，留学苏联。他是史地系在遵义时唯一的西洋史教授，曾开过“西洋通史”“西洋上古史”“西洋近世史”“希腊罗马史”等课。顾先生口才很好，讲课娓娓动听，引人入胜。有时夹几句英语，参考书也都是用英文的。这对培养学生阅读英语，是很有帮助的。

钱穆字宾四，江苏无锡人。1943 年来遵义浙大，他是国内著名的国学大师。对中国学术思想史很有研究，他的主要著作如《先秦诸子系年》《中国近三百年学术史》，当时都是大学用书，在社会上风行一时。他在遵义讲学时，曾开过“中国学术思想史”一课，听课的学生很多，教室里都挤满了人。他精力充沛，声音洪亮，一连讲几个小时，滔滔不绝，口若悬河。甚至夏天下午第一节上课，大家都不会打瞌盹，听得津津有味。

张荫麟自署素痴，广东东莞人。他是国内著名的史学家，尤精研宋史。他于 1937 年 9 月抗日战争全面爆发后，就应浙大史地系之聘，在天目山禅源寺为新生讲史学，不久，离开浙大到昆明西南联大任教。1940 年又来遵义浙大史地系，1942 年 10 月 24 日因患肾脏炎逝世，年仅 37 岁，墓在遵义老城南门外插旗山（亦名府后山）天主堂坟地。

张先生是清华大学梁启超的学生，曾留学美国斯坦福大学，研究西洋哲学和社会学。他曾说："从哲学冀得超放之博观与方法之自觉；从社会学冀明人事之理法。"又说，宋以后的浙东学派，皆兼治哲学与史学。他的学问渊博深邃，是一位纯粹学者。他在史地系开过"中国上古史""魏晋南北朝史""唐宋史""历史研究法"等课。《中国史纲》是他的一部精心之作。此外，还有《通史原理》《宋史论丛》《论中西文化》等，均未出版。

张先生逝世后，著名史学家陈寅恪教授曾写悼诗二首，诗云：

朋辈论才未或先，著书何止牍三千。
纵谈学术惊河汉，与叙交情忘岁年。
自序汪中疑稍激，丛篇劳格定能传。
孤舟南海风涛夜，追忆当时益惘然。

大贾便便腹满腴，可怜腰细是吾徒。
九儒列等曾邻丐，五斗支粮更殒躯。
士贱早知原尔尔，国危安用校区区。
闻君绝笔犹关此，怀古伤今并一吁。

由此可见陈先生对他是非常钦佩的。

陈乐素，广东新会人，国史教授，是国内著名宋史专家。他学有渊源，早年曾留学日本，回国后专治宋史，他写的《徐梦莘考》《三朝北盟会编考》两文，史料丰富，考订翔实，为宋史杰作。1942 年秋，当张荫麟先生病逝后，他应浙大之聘，来遵义史地系任教，开过"唐宋史""中国目录学史""东洋史""史料学""校勘学""避讳学"等课，又兼任史地研究所史学组导师。他平易近人，自奉俭朴，在遵义生活困难时，甚至典衣度日，但孜孜于教学和科学研究，热心培养研究生，循循善诱，要求非常严格。

谭其骧字季龙，浙江嘉兴人，国史教授，国内著名历史地理学家。1932 年毕业于燕京大学研究院，1940 年春由北平来遵义浙大史地系任教。谭先生讲课谈笑风生，开的“中国历史地理”课，就是那些枯燥的地名沿革，也讲得活灵活现，同学们听得很有兴趣。当时他只有三十岁光景，是系里年轻的教授之一。除教“中国历史地理”外，还教过“中国通史”“断代史”“文化史”“史学史”等课，又主持编绘历史地图。在遵义期间科研论文主要有《播州杨保考》《论丁文江所谓徐霞客地理上之重要发现》《秦郡新考》《秦郡界址考》等。

陶元珍字云孙，四川安岳人，国史教授，主要研究明清史，曾开过“明清史”，史料很丰富，还教过“中国政治制度史”。

方豪字杰人，浙江杭县人，国史副教授，他是天主教神父，曾开过“中西交通史”。

李絜非，安徽明光人，国史副教授，开过“中国近代史”“中国历史研究法”等课。

黎子耀，湖南汉寿人，国史副教授，在永兴分校教过“中国通史”课。

至于地理方面的教授有：

涂长望，是国内著名气象学专家，留英博士，曾任浙大史地研究所副所长，气象学、气候学教授，还开过“大气物理”课。

叶良辅，字左之，浙江杭州人，是我国著名的地质学家，留学美国哥伦比亚大学，曾任中央研究院地质研究所研究员，地质地形学教授，毕生致力于地质调查和教学工作，足迹遍祖国各地。他对内蒙古沙漠地区研究深湛，著有《瀚海盆地》一书，开过“地质学”“历史地质学”等课。

任美锷，浙江鄞县人，留学英国，获博士学位，地理学教授。开过“地形学”“政治地理”“经济地理”“区域地理”“分洲地理”等课。在遵义期间著有《欧洲政治地理》《太平洋区域地理》《中国之地形》等书。

沙学浚，江苏泰县人，留学德国，地理学教授，开过“国防地理”课。

么枕生，气象学和气候学副教授，原是中央研究院气象研究员，开过“农业气象学”。

黄秉维，广东惠阳人，地理学副教授，开过“地学通论”“自然地理学”“亚洲地理”“植物地理学”等课。

卢鋈，气象学副教授，开过“天气预报”“气候学”等课。在兼任迁来湄潭的武汉测候所所长时，著作了中国第一本《天气预告学》和第一本《中国气候图集》，以及《中国气候概论》。这几本书在新中国成立后出版，成为新中国气象人员的重要学习材料。

严德一，江苏泰兴人，地理学副教授，开过“边疆地理”“分洲地理”“经济地理”等课。

王维屏，江苏江阴人，地理学副教授，开过“中国区域地理”“中国地理总论”等课。

刘之远，河北磁县人，地质学副教授，开过“矿产地质”“野外地质考察”等课，遵义地区的锰矿，就是他野外实习时发现的。

二、课程设置

浙大文学院的培养目标是造就史学和地学的专门人才，但注重二科的联系性，使学生专精与通识相结合。史学组兼重中国史和世界史，养成学生比较研究的能力；地学组兼重人文地理和自然地理，以充实其科学研究的基础。而师范学院史地系，则不采取分组方法，使学生对史地二科有全面的了解，更好地培养史地兼备的中学师资。

文学院史地系开设的课程，有必修课和选修课。一年级不分

组,基本上都是共同必修课。二年级起分为史组和地组。现将一年级至四年级的课程设置列后:

(一)必修课程

第一学年	课程名称	学分	组别
	三民主义	4	共同必修
	国文	6	共同必修
	英文	6	共同必修
	中国通史	6	共同必修
	自然科学 *	6	共同必修
	哲学概论	6	共同必修
	理则学	4	共同必修

* 自然科学包括地学通论、普通地质学、气象学、人类学或普通理化,任选一种。

第二学年	课程名称	学分	组别
	社会科学 *	6	史地两组共同必修
	西洋通史	6	史地两组共同必修
	中国近世史	6	史组必修
	西洋近世史	6	史组必修
	中国地理总论	4	史地两组共同必修
	气象学	4	地组必修
	地质学	6	地组必修

* 社会科学包括政治学、经济学、社会学或人文地理,任选一种。

第三学年	课程名称	学分	组别
	中国断代史	6	史组必修
	西洋断代史	6	史组必修

中国历史地理	3	史组必修
测量学	2	地组必修
制图学	2	地组必修
地形学	4	地组必修
气候学	3	地组必修
经济地理	3	地组必修
分洲地理	3	地组必修

凡师范生第三学年须修习本学科的教材教法四学分。

第四学年	课程名称	学分	组别
	中国断代史	6	史组必修
	国别史	3	史组必修
	史学通论	4	史组必修
	历史名著选读	4	史组必修
	分洲地理	3	地组必修
	野外实测	3	地组必修
	地学名著选读	4	地组必修

毕业论文

凡师范生第四学年须修习教学实习四学分。

(二)选修课程

史组：	课程名称	学分	选修年级
	商周史	6	三、四年级
	秦汉史	6	三、四年级
	魏晋南北朝史	6	三、四年级
	隋唐史	6	三、四年级
	宋史	6	三、四年级
	元明史	6	三、四年级

西洋上古史	6	三、四年级
西洋中古史	6	三、四年级
中国哲学史	6	三、四年级
日本史	6	三、四年级
中日关系史	6	三、四年级
英国史	6	三、四年级
美国史	6	三、四年级
俄国史	6	三、四年级
中国文化史	6	各年级
中国经济史	6	各年级
日本文化史	6	三、四年级
历史研究法	6	四年级
法国大革命史	6	三、四年级
中西交通史	6	三、四年级

自商周史至元明史均为中国断代史,本系史组学生必须修足十二学分。西洋上古史与西洋中古史均为西洋断代史,史组学生必须修足六学分。日、俄、英、美诸国史均为国别史,史组学生必须修足三学分。

地组:

课程名称	学分	选修年级
人文地理	6	三、四年级
世界地理	6	三、四年级
亚洲地理	6	三、四年级
欧洲地理	6	三、四年级
北美地理	6	三、四年级
边疆地理	6	三、四年级
岩石学	6	三、四年级
工程地质	6	为工学院开

农业地质	6	为农学院开
农业气象	6	为农学院开
地质实察	2	三、四年级
国际学	6	史地两组三、四年级
太平洋地理	3	三、四年级
澳洲地理	3	三、四年级
地球物理	3	三、四年级
海洋学	3	三、四年级
天气预告学	3	三、四年级
中国气候	3	三、四年级
世界气候	3	三、四年级
大气物理	3	三、四年级
植物地理	3	三、四年级
政治地理	3	三、四年级
地图读法	3	三、四年级
历史地质	3	三、四年级

亚洲地理、欧洲地理、北美地理等属于分洲地理，本系地理组学生必须选习六学分。

三、科研成果

史地系在遵义，虽僻处山城，图书资料条件较差，但师生们刻苦钻研，孜孜兀兀，从事研究，在科研上取得了不少成果。当时史地系出版的专著主要有：

(一)《中国史纲》,张荫麟著,1941 年 4 月国立浙江大学史地教育研究室出版

这是张先生的主要著作,内容共分八章:(1)中国史黎明期的大势,(2)周代的封建社会,(3)霸国和霸业,(4)孔子及其时世,(5)战国时代的政治与社会,(6)战国时代的思潮,(7)秦始皇与秦帝国,(8)秦汉之际。1948 年 4 月正中书局出版的又增加了(9)大汉帝国的发展,(10)汉初的学术与政治,(11)改制与"革命"三章,共十一章。

据初版自序中所说,作者写此书的目的有三点:(1)融会前人研究结果和作者玩索所得,以说故事的方式出之,不参入考证,不引用或采用前人叙述的成文,即原始文件的载录亦力求节省;(2)选择少数的节目为主题,给每一所选的节目以相当透彻的叙述,这些节目以外的大事,只概略地涉及以为背景;(3)社会的变迁,思想的贡献和若干重大人物的性格,兼顾并详。

张先生写此书时,往往工作至深夜,勤苦可知。此书不仅有独特的见解,而且文字也几经锤炼,非常粹美,令人读之不忍释卷,是一部不可多得的中国通史著作,惜尚未完成。

(二)《遵义新志》,张其昀主编

遵义旧有《遵义府志》,系郑珍、莫友芝纂辑,夙称方志中的佳作。新志与旧志体例不同,大都为地学著作,其内容共十一章:(1)地质,(2)气候,(3)地形(上),(4)地形(下),(5)相对地势,(6)土壤,(7)土地利用,(8)产业与资源,(9)聚落,(10)区域地理,(11)历史地理。全志由浙大史地研究所各组导师及研究生实地考察、调查研究写成的,约十七万字,并附地图二十二幅。

此志的特点是一部用科学方法编写的地方志,于民生利病尤

所关怀,如土地利用、产业与资源等章,对遵义的地方建设,很有参考的价值。

(三)《地理学研究法》第一辑,叶良辅等著,1940年国立浙江大学史地教育研究室出版

该书为史地系四年级生教学而作,也可供中学地理教师搜集乡土教材时参考之用,内容共五篇:(一)叶良辅《科学方法与地学研究》,首述演绎法与归纳法之梗概,次释科学方法之意义,最后讨论地学方法。作者认为科学精神,不仅有关科学研究,而且大有助于道德的修养。(二)涂长望《气象学研究法》,内容分为二部分,一为略说气象学之性质,一为研究气象所当注意之点。(三)涂长望《气候学研究法》,内容分六节,(1)导言,(2)研究气候学所应注意的事项,(3)整理气候记录的方法,(4)野地考察气候的方法,(5)气候学发展的新途径,(6)尾语。作者认为气候学过去偏重气候现状的描述,而忽视气候生成之原因,今后应发展动力气候学。(四)叶良辅《地形学研究提要》,该文泛论地形生成因素、地形分类、地形轮回、地文史、准平面、河成阶段及地文区等。(五)任美锷《最近地形学发展趋势》,内容有(1)从质的研究进至量的分析;(2)从概括的理论之争执进至小区域或专题研究;(3)从通论地形进至区域地形。

(四)《欧洲政治地理》,任美锷著,1940年国立浙江大学史地教育研究室出版

该书以地理学的立场,说明欧洲各国的特殊地理环境及其与国际政治的关系。书中取材尤注重一国或一区域的主要特点。内容共有十二篇:(1)欧洲之位置及其在世界之重要性;(2)欧洲之自然环境;(3)英国之国家经济与世界市场;(4)荷兰之治水工程;(5)西北欧之地形及其与军事之关系;(6)北欧诸国之富源及其与

欧洲国际政治之关系;(7)欧洲工业之枢纽——莱茵河区域经济地理概论;(8)苏联之自然环境与最近经济建设;(9)中欧高山区域之地理景观;(10)地中海区域之地理环境及其对国际政治之影响;(11)西班牙内战之地理背景;(12)巴尔干问题之地理基础。

著者在自序中说编著此书的目的有二:一为使一般读者对现代国际政局之推移有进一步的认识;一为供中学与大学欧洲地理教学之参考资料。

刊物方面有:

(一)《史地杂志》

《史地杂志》创刊于1937年5月,为双月刊。内容专刊历史和地理的论文,在杭州时曾出版第一卷一、二两期。后因全面抗日战争发生,浙大辗转内迁,暂停出版,直至1940年9月在贵州遵义复刊,继续出版第一卷三、四两期,第二卷一、二两期,共计出版两卷六期。

该刊创刊的目的,据《发刊辞》中说是"阐发新知,微贡所得"以及"继承精神之遗产,发扬固有之光荣"。该刊内容有论著、新书介绍、附录等,第二卷二期为《太平洋战争讨论集》专辑,1942年3月出版。内容有张其昀的《太平洋战争之新战略》、沙学浚的《太平洋战争之地理基础》,任美锷的《太平洋问题之回顾与前瞻》,黄秉维的《太平洋战局前瞻》,涂长望的《空军在现代战争之地位》等。

(二)《思想与时代》

该刊于1941年8月1日在遵义创刊,每月一期,由浙大部分教授联合昆明西南联大(北大、南开、清华)及成都、乐山的部分教授创办的,编辑部设在遵义浙大文学院。在遵义期间(1941年5月—1945年2月)共出版四十期,后因抗战胜利复员迁回杭州之故，停刊年余，至 1947 年 1 月在杭州复刊。

该刊创办的宗旨，据张其昀撰写的《复刊辞》中说“特重时代思潮和民族复兴之关系”，其目标是“科学时代的人文七义”，“具体的说，就是融贯新旧，沟通文质，为通才教育作先路之导，为现代民治厚植其基础”。该刊撰稿者大部分是国内知名学者。抗战时期，发行遍及西南各省。

（三）《史地研究所丛刊》

又称《国立浙江大学文科研究所史地学部丛刊》。浙大文科研究所史地学部成立于 1939 年 8 月，内分史学组、地学组、气象学组、人文地理学组。1946 年改称为史地研究所，并增设人类学组。

该刊是史地研究所各组教师和研究生的科研成果汇编。第四号为《徐霞客先生逝世三百周年纪念刊》，1942 年 12 月出版。其中汇集了张其昀的《序言》、竺可桢的《徐霞客之时代》、叶良辅的《丁文江与徐霞客》、方豪的《徐霞客与西洋教士关系之初步研究》《徐霞客先生年谱订误》、林文英的《江流索隐》、任美锷的《〈江流索隐〉质疑》《读徐霞客游记忆浙东山水》、黄秉维的《霞客游记中植物地理资料》、谭其骧的《论丁文江所谓徐霞客地理上之发现》、方树梅的《大错遗文霞客自滇归年之贡献》、王维屏的《徐霞客之故乡》等论文共十二篇，该丛刊共出四期。

史地教育研究室于 1939 年 9 月成立，该室主任张其昀，副主任任美锷。主要任务是以传播史地学术之最近贡献，改进史地学科之教材教法；搜集专题研究之参考资料；编制史地教科之图书设备，在遵义时除编纂史地书籍外，曾出版石印史地教科挂图五十幅。

浙大附设遵义测候所。

遵义测候所设在协台坝当时子弹库所在大宅的后院，作为浙大附属小单位,一方面供学生实习,一方面每天做地面观测四次,正式记录并按月统计报送国家气象部门。由气象学家涂长望指导建立,由史地系学生作为工读负责日常的观测。观测场地内有百叶箱(内装干湿球温度表、最高温度表、最低温度表)、雨量计、日照仪、测云杆(云速、云向)、风向风速仪等,在当时是一个二等测候所的设备。这个测候所一直坚持到浙大迁离遵义(是随校迁离还是交了当地不详),使遵义有了相应年数的气象记录。史地系1945级高才生史以恒在读三年级时就利用遵义几年的观测资料研究著述了《遵义的气候》,着重研究阐明遵义地区多夜雨的气候特征(可惜史以恒未及毕业,在选读物理系课程期间患肠结核症病逝于湄潭)。

此外,在遵义期间史地研究所研究生的硕士论文计有:

刘熊祥:《清季联俄政策之始末》

丁锡祉:《遵义地面的发育》

严钦尚:《贵阳附近地面及水系之发育》

沈玉昌:《湘江附近地形初步研究》

郭晓岚:《大气中之长波辐射》

胡善恩:《遵义附近之地理环境与人生之关系》

王爱云:《贵州开发史》

余文豪:《元初汉军考》

叶笃正:《湄潭之大气电位》

谢义炳:《贵州之天气与气候》

周恩济:《西北之垦殖》

余泽忠:《中国棉作与气候》

胡玉堂:《古代雅典民主政治与雅典帝国》

杨怀仁:《贵州中北部地形发育史》

施雅风:《华中区水理初步研究》

徐　规:《宋代妇女的地位》

袁希文:《唐代税法之嬗变及其因果》

孙守任:《后金汗国社会经济与政治》

赵松乔:《中缅政治地理上几个问题》

蔡锺瑞:《恩施地形研究》

倪士毅:《赵宋宗室中之士大夫》

程光裕:《茶风与唐宋思想界》

宋　晞:《士大夫势力下宋代商人的活动》

文焕然:《秦汉时代黄河中下游气候之蠡测》

陈述彭:《螳螂川流域之地文与人文》

陈吉余:《杭州湾地形之演化》

这些论文中有的是贵州省历史的研究,有的是贵州省地质、地形、气候的实地调查,对贵州省的建设提供了有价值的参考资料。

至于每届本科毕业生也都写有学士论文,有的是关于贵州地方史的研究,其中也不乏佳作,不一一列举了。

附:

(一)史地系在遵义毕业(或三年以上肄业)的各届本科生人数:

1940 第一届(1936 年杭州入学)　6 人(浙大史地系成立后最早一届)

1941 第二届	6 人
1942 第三届	17 人
1943 第四届	26 人
1944 第五届	33 人
1945 第六届	20 人
1946 第七届	26 人
共计	134 人

(二)史地学部在遵义毕业各届研究生人数:

1942 第一届	7 人
1943 第二届	5 人
1944 第三届	5 人
1945 第四届	5 人
1946 第五届	3 人
共计	25 人

以上 25 人,除个别不了解情况外,都在中、美两国任教授、研究员或高工。

在遵义毕业(本科和研究生),现为学部委员者 5 人:叶笃正、谢义炳、施雅风、陈述彭、毛汉礼。

四、学生生活

浙大史地系的学生,三、四年级在遵义,二年级在湄潭,一年级在永兴(浙江龙泉分校也有一年级),全系约有一百多人。因抗战关系学生来自四面八方,本科生的籍贯以浙江、安徽、湖南三省较多,其他如江苏、江西、福建、贵州、四川、广东、广西、湖北、河南、河北、山东、陕西、甘肃等省也有。学生的学习生活是相当艰苦的,由于避难来到遵义,学校没有校舍,只好租借民房或祠堂庙宇,所以简陋不堪。史地系的办公室是租用水硐街三号的民房,教室大部分在老城何家巷,学生宿舍有的在老邮局,有的在何家巷,女同学宿舍在杨柳街,校图书馆在江公祠,开大会在新城播声电影院。

同学们穿的一般都是蓝布衣衫,女同学穿得也很朴素。膳食方面,沦陷区的学生是靠贷金维持的,有时青菜淡饭,一碗酱油汤。有的同学为了补充营养,到何家巷对面的“泰来”小吃店打牙祭,吃碗排骨面或猪肝面。这店是“下江人”开的，因此生意兴隆。课余之暇，同学们还三三两两到附近的茶馆里，躺在竹椅上，一杯清茶，一盘葵花子，说说笑笑，叫“摆龙门阵”；有的在那里复习功课，这也别有风味。晚上自修，点的是油灯，有时油没有了，还点蜡烛，真像古人“剪烛西窗”一样。因为教室与宿舍比较分散，有的在老城，有的在新城，同学们跑来跑去，湘江桥畔、丁字街口，经常出没戴浙大校徽的学生，很被人们注目。当时遵义城里增加了这么多“浙大人”，山城显得更加繁荣热闹了。

史地系的学生，平时除了上课学习之外，课外活动也很活跃。系里有史地学会、读书会、同乡会等组织。史地学会还经常举行学术报告会、时事座谈会，请系里教授来做演讲；定期出版《时与空》壁报，作为同学们写作的园地；体育活动如足球、篮球、排球友谊赛等也时常举行。

每逢春秋佳日，同学们还组织郊游桃溪寺、大觉寺等风景区，举行野餐或爬山比赛。

凡欢送每届毕业同学，系里一定举行游艺大会，邀请师长们参加，大家欢聚一堂，临别赠言，促膝谈心，并有精彩节目助兴。

史地学会是全系学生的组织，本系教师为特别会员。总会设在遵义，湄潭、永兴、龙泉都设有分会。史地学会于 1938 年 4 月成立于江西泰和，以后成为全系经常性组织。现将所知的历届总会负责人姓名列后：

1939 学年第一学期

主席　王德昌（兼调查）

干事　赵松乔（会计）　蔡锺瑞（事务）

　　　刘宗弼（文书）　施雅风（康乐）

　　　沈玉昌（研究）　王　蕙（编辑）

1939 学年第二学期

主席　沈自敏(兼康乐)

干事　施雅风(研究)　王天心(会计)

　　　胡玉堂(编辑)　王　蕙(调查)

　　　王树椒(文书)　周恩济(事务)

1940 学年第一学期

主席　赵松乔(兼调查)

干事　施雅风(研究)　刘宗弼(文书)

　　　谢觉民(会计)　王天心(出版)

　　　游天池(康乐)　刘纫兰(事务)

1940 学年第二学期

主席　陈述彭(兼事务)

干事　张效乾(文书)　毛汉礼(研究)

　　　李敦仁(会计)　祝修麟(调查)

　　　范易君(康乐)　王树椒(出版)

1941 学年第一学期

主席　李敦仁(兼事务)

干事　管佩韦(文书)　毛汉礼(研究)

　　　徐　规(出版)　范易君(调查)

　　　楼韵午(康乐)　鲁毓秀(会计)

1941 学年第二学期

主席　管佩韦

干事　徐　规(文书)　毛汉礼(研究)

　　　游天池(康乐)　范易君(调查)

　　　鲁毓秀(会计)

1942 学年第一学期
主席　谢文治
干事　程蕴良（文书）　赵廷杰（研究）
　　　许蔚文（会计）　黄　化（调查）
　　　倪士毅（出版）　沈雅利（康乐）
1942 学年第二学期
主席　郑士俊
干事　倪士毅（文书）　谢文治（研究）
　　　王省吾（事务）　沈雅利（会计）
　　　周忠玉（康乐）
1943 学年第一学期
主席　胡汉生
干事　阚家蓂（会计）　谢文治（事务）
　　　倪士毅（文书）　江乃萼（康乐）
　　　郑士俊（交际）　程蕴良（学术）
1943 学年第二学期
主席　王省吾
干事　程光裕（会计）　谢文治（事务）
　　　倪士毅（文书）　周忠玉（康乐）
　　　郑士俊（交际或联谊）　程蕴良（学术或编辑）
1944 学年第一学期
主席　石剑生　（干事不详）
1944 学年第二学期
主席　陈仲子　（干事不详）

半个世纪过去了，昔日风华正茂的青年，如今都已两鬓苍苍了。回忆在遵义时的大学生活，历历在目，无限留恋。当年相聚一堂，朝夕切磋，今日分处各地，为社会主义“四化”建设贡献力量。正是：

求是精神留风范,绵绵教泽万古传。

(原载贵州省遵义地区地方志编纂委员会编:《浙江大学在遵义》,浙江大学出版社,1990 年)

对遵义浙大史地系的教学回忆

么枕生

一、我去浙江大学史地系任教的始末

我原在中央研究院气象研究所做多年研究工作，后又先后在西北农学院与东北大学任教多年才去遵义浙江大学任教的。早在1943年9月，就有吕炯先生电告，浙江大学聘我去遵义浙大；该年11月18日，浙大竺可桢校长又亲笔来函，讲到浙大甚望我能至该校，约于明年函商，最后是1945年6月3日，又接到竺可桢校长快信，说浙大决定聘我为气象学副教授。

东北大学原属张学良将军在沈阳所建立的新兴大学，因九一八事变与卢沟桥事变几经内迁至四川三台，就使这个学校沦为小型大学。该校规定每人讲授三门课，每周各三学时。我并非出身助教，那时突然讲授三门不同的课程，除备课外还要提高理论水平，自然劳累过度，造成心律不齐。犹忆日本飞机夜过三台去重庆轰炸时，过往飞机嗡嗡声，我的心脏竟与之共振。于是，我在1945年秋考虑到浙大。浙江大学为国内名牌大学，且教学任务较轻（每人只讲授两门课）。我于1945年8月30日到了遵义浙大任教。

二、以任务为中心,做好本职工作

我在气象研究所时,任务为天气预报,前几年广读文献,专心写作;后几年加强基础,志在把我国天气学推向数值化。去西北农学院后,就不得不有180度的大转弯,要结合农学讲授气象学,因为只有这样才能搞好教学工作。这也就是我从来是以任务为中心做好本职工作,对任务有高度责任感的表现。自到浙江大学史地系任教以后,我的中心工作又非转变不可,那就是应当密切结合自然地理学去讲授气候学,于是,遍读自然地理学的基础知识,如植物地理、土壤地理与地貌学等。

因为我有以任务为中心做好本职工作的思想,所以从任教以来,为了专心致志把教学搞好,曾把我的生活习惯、嗜好与社交等都围绕教学有所改变。在遵义浙大史地系时期更是如此。我在遵义住唐家祠堂单身宿舍内,我常于次日有课之际,日未全落就已就寝,早4点已经备课,而隔壁(该宿舍用半截木板隔成许多单间)住有历史组的胡玉堂,他非子夜不睡,非日上三竿不起,所以有人讥嘲我们说:两人可只住一间,分睡前后半夜就已够了。我这样改变生活习惯的主要原因有二,即:(1)在青年时代我就有神经衰弱毛病,如明日有重要安排,当夜就会失眠,所以常用早睡早起办法,从心理上治疗;(2)我最怕在备课时来人闲谈,我早起备课没人干扰。在遵义浙大时期,为了钻研教材,交往也很少,对人持有不即不离的态度。因为浙大不比一般学校,这是以气象界泰斗竺可桢先生为校长的。学生对我稍有不恭,这个信息就会在气象界不胫而走,不翼而飞,在遵义浙大时代交往较多的人,只有黄培栴与李絜非二人。这两人当时都是住单身宿舍,而且性格与我近似的。

尊师和重教是相互为用、相辅相成的。现在记忆犹新，令人难忘的，就是 1946 年春，主要由于我是北方人，不想跟浙大复员去杭州，愿仍回东大复员到沈阳。消息传出后，浙大史地系我的学生们，竟以冯怀珍与张镜湖为首，联名致函竺校长，请求挽留我。学生在课堂上的表情和平时对教师的敬意，是对教师的鼓励。愈受学生的爱戴，教师就更要用心备课，广罗教材，倾其所有，真如常香玉所说的“戏比天大”一样。有时自认为在课堂上不如意的讲课，都能影响自己多日的情绪。因为我自任教以来，把精力都放在如何丰富教材、组织教材、提高教材和讲好教材方面，所以每到一校都会得到学生们的爱戴。

我在中学时代就喜欢做大型报告。多做了课外工作，不免就荒废了学业；后来转过来专心业务，又做得过头，以致引起前面所讲的神经衰弱。任教以后，对学生的大型报告自然是有请必应。如 1945 年 11 月 5 日，我在遵义湘江大戏院对浙大全校学生做过讲演（由当时工学院院长王国松主持）。这次大型报告很为成功，为史地系赢得了好评。为学生做报告这一事，也得充分准备，这也是我以任务为中心做好本职工作的思想促成的结果。

要知道，教学相长是相互为用的。好的教材不是一朝一夕所能取得的，只能在多年教学中旁征博引、融会贯通，而且要随着科学的发展，不断吸收新知识，随时调整、充实与更新教材内容，更要丰富文字工具与业务基础，增强吸收知识的能力后，才能点滴汇集、系统编写出一份好的教材。这就是教学与自学应为教学相长的一个方面。学生对讲课所提出的疑问或他们的另外想法，对教师能深化理解和启发思路。一些从学生方面反馈来的信息，更是教学相长的另一方面，因此，确实体会到事物都是一分为二的，有利就有弊，利弊可以相互转化，互为因果。我任教多年，研究工作虽受到影响，但为我启发研究思路，写出专著确也做好准备。教课虽然多样,但为我研究与倡导气候学今后发展方向确也打下基础。总之,我体会到:真能以任务为中心,做好本职工作的话,就会在教学工作中触类旁通,推出灵感,有所创新,更会对业务趣味倍增。其乐无穷,有益身心。

三、博与专的问题

在遵义浙江大学的史地系内,多年存在有史和地的分与合问题,也就是博与专的问题。张其昀先生坚持史地合一,而广大教师与学生则都认为史地应当分开。在 1946 年 1 月 27 日上午,我参加梅光迪先生的追悼会时,外语系学生在致辞中就曾借机批判张其昀先生。该日晚间,又有史地学会开会欢迎张先生由美讲学归来。我在会上致辞中无意讲出要分史、地组,不意学生又乘机大肆攻击张其昀先生。张先生由于当日受到多方指责,非常恼火,在致答辞时,竟说:“在史地系不能发展气象,学校设气象系当亦赞成。”在当时的史地系中,教师虽对史地分合问题评论激烈,但只能暗议,不敢明争,学生则不然,因在校不过四年,毕业后远走高飞,有些自然无所忌讳。我当时去浙大时间不长,对史地分合问题不甚了解,既不关心,更无在史地系发展气象学的企图。我深知只能在地理学的基础上自己钻研气候学,气象学不过是气候学的基础课而已。在史地系发展气象,那是走入歧途的想法。何况当时浙大只有我一个教师,气象学与气候学连一个正式助教都没有,只有史地系测候所唯一观测员束家鑫旁听我的课,传达我与学生间的信息而已。据我事后推测,许多地理方面的教师,尤其学生倾向于史地分家。例如,1946 年 1 月 31 日曾由束家鑫带我去测候所和当时的地质学研究生陈吉余、王连瑞与蔡锺瑞座谈,评论张其昀先生坚持史地合一的情况。他们都是叶良辅先生的研究生，叶先生是研究地质学的，叶先生恐倾向于史地分家。事实上，新中国成立后的杭州浙大，史地系终于分为历史系与地理系，地理系首届系主任就是叶良辅先生。

上面我已指出，遵义浙大史地分合之事，实际上就是属于博与专的问题。我当时所讲授的课是属于博的，但我的内心想法自己应另有专长。科学发展迅速异常，科学分工必然更细，科学工作者不专，就无法应付迅速发展的科学事业。教育工作者不专，则所讲授的教材必然老化落伍，更谈不上自己做研究工作和指导研究生了。就是讲授基础课或总结科学发展史，为了很好完成任务，也需要一定的理论根底，因为同一科学问题可不断提出更为巧妙的解决方法，何况更有新的发展方向。因为我有这样坚持多年的思想方法，所以我在当时史地学会的发言乃出于好意，认为人生短暂，而科学发展又无止境，历史学与地理学实难兼顾。这不过是个人看法而已，实际对史地分合问题是置身事外的。

我从多年的教学与研究实践中，确实也体会到博与专也是相互为用、相辅相成的。为了博必须有专，为了专必须有博。科学的发展，除有自身深化的纵向发展外，还有相互渗透的横向发展的问题。前者属于专，但有广阔基础，后者属于博，也应有所专长。学科发展不只要相互渗透，仿效借鉴，更要精于理论，善于应用，认清系统，扩大范畴。何况地学并非处于静态，而是一个动态问题。因此，我现在对史地合一的看法有了一定程度的改变，认为史地合一，从某种意义上讲，见仁见智，无可厚非。例如，地理学有古地理学与历史地理学的发展，气候学也有古气候学与历史气候学的发展。问题是如何应用地理学与气候学的现代研究成果去研究历史地理学与历史气候学。当然把历史地理与历史气候考证得入细入微、尽善尽美，也有贡献。这是因为科学本身就具有博与专的分工问题。不过,应当博中有专,专中有博,博专的比例互有差异。

四、结束语

我这50多年来,几易工作,每到一处就有中心任务的大转变。尤其我于1952年到南京大学气象系成立了气候专业以后,又把气候学推向结合气象学的发展方向,发展了统计气候学,倡导了动力气候学,这个转变更大。这些任务上的转变,对我自己不无所失,但损失的反面正是收获。也正因为换了几个单位,完成了不同的任务,而这些任务的完成,正是现在我倡导发展的"天地生气候学"所必需的基础,这也正是遵义浙大时代给我专攻气候学机会开始的,令我回味无穷,引以自慰。我现在虽已高龄,仍愿对气候学的发展尽其绵薄,还想刻苦自学,有所贡献。但毕竟日薄西山,人老智钝,只能蹉跎岁月。自恨才疏志广,难以实现我的理想,只可对遵义浙大时代我的学生们负有歉意了。

(原载贵州省遵义地区地方志编纂委员会编:《浙江大学在遵义》,浙江大学出版社,1990年)

饮水思源　怀念遵义

施雅风

从1940年初到1944年夏，我在遵义浙江大学度过了二年半的大学生生活与二年的研究生生活，受到了很好的教育，通过野外调查，接触群众生活实际，学会了做研究工作，政治上也得到启蒙。可以说这个阶段的学习和实践，为我以后参加革命和毕生从事科学研究，奠定了基础。饮水思源，深切感念当时教育培养我的老师，启迪我政治进步的同窗好友和衣食我的遵义父老。

一、艰苦的物质生活

浙江大学在1940年初迁遵义时，教室宿舍和办公室分散在新老城区，都系临时借用和租赁民房，没有专门的建筑。新城何家巷是最大的教室和学生宿舍区，唯一的学生食堂也设在这里，因而成为教学和学生活动中心。我刚到遵义就住进了何家巷宿舍，一个房间内上下铺住了十多个人，非常嘈杂。每两个学生有一张书桌、二个小凳和一盏三根灯草的桐油灯，用来照明读书写字。木板床臭虫繁生，令人气恼。宿舍人多，互相干扰，影响学习，有部分同学另租民房住到校外，三二人一小间，清静得多。我是在四年级时即1941年的下半年迁到老城四方台一个二层木板小楼上住的。这个小楼二人一间，住了近十一位同学。1942年暑期我搬到老城体育场史地研究所研究生宿舍小楼住，不用付房租。虽然还是点桐油灯，但读书环境好多了。

学生伙食是相当差的。食堂里没有凳子，八人一桌站着吃饭，一碗饭吃完菜就没有了，第二碗残汤剩菜凑合着吃。配给米饭中的砂子、稗子多得无法挑。虽然菜少质差，但同学都较自觉，极少因抢菜吃而争吵的。有些校工家属，当开饭时拎个篮子，盛着红烧大肉片、卤蛋、豆腐干之类在食堂门口卖。何家巷口街上，还有个杭州迁来的泰来小面馆，生意兴隆，但大多数同学只能偶去光顾。

浙江大学学生相当一部分是江苏、浙江等沿海诸省沦陷区来的，家庭接济断绝，依靠国民党政府发的战区学生贷金。贷金只够吃食堂的伙食，如要买些文具、纸张、笔记本或添点衣袜，必须另想办法。当时我幸而有个哥哥在四川水利部门工作，给我寄点零用钱，但也只能偶尔去小面馆打“牙祭”。三年级时与几位同学一起，办起了中学生英语数学等课程补习班，赚一点钱；另外还写点小文章，向当时报纸杂志投稿，希望得点稿费，1940—1942 年间，适应当时战争变化形势需要，发表了《地形与战争》《莫斯科》《列宁格勒》《乌克兰》《阿尔巴尼亚》等文章，但所得稿费既少，又不及时。有时只得向老师借点钱，其中向当时政治学教授费巩先生借的钱，竟未及归还，他就被国民党秘密残害了。

由于经济困难，所穿衣服基本上是抗战初从老家带出的，已经破旧；特别是常跑野外，鞋子袜子破得更快。袜子破了自己一补再补；鞋子破了，只得买当地手工生产质量很差的布鞋或土皮鞋。穿不久又破了，露出皮肉，感到难堪。这些至今记忆较深。

大学毕业后，开始拿研究生的津贴，吃饭以外还可有点零用。伙食比学生食堂也好一些，经常还能有点肉吃。但随着物价猛涨，津贴就只够吃饭了，研究生做论文的经费也没有。承自然地理启蒙教师（当时已经调到重庆资源委员会工作）黄秉维先生推荐，于

1943年秋去重庆一个半官半民团体办的华中经济研究所任助理研究员。这个研究所没有办公室，没有宿舍，甚至没有一个正式挂牌的地方；但有点经费，所有研究人员都是兼职的。指定给我的任务是搜集华中地区水文资料，以一年时间写一篇“华中区水文”论文，也就作为我浙大研究生毕业论文。有了一份助理研究员的工资，我就能完全自立了。

学生生活困难，老师也不宽裕。绝大多数老师举家内迁，一家好几口只有老师一人拿工资，面对着迅速上涨的物价，其困难可想而知。有好几个老师家里吃不起干饭而吃稀饭，孩子穿不起鞋子而穿草鞋；有些老师疾病缠身，无钱医治；有些老师负债累累，无力偿还。校长竺可桢是全校工资最高的，家中六口人，孩子多个幼小，好几年雇不起保姆，全靠他续弦的当过多年中学老师的陈汲夫人料理。竺可桢日记中多次讲到他入不敷出，以至不得不寄卖所藏物品的情况。只有少数单身教授，不需养家寄钱的才略有余力，如上述的费巩教授是极少的。

二、老师和学风

以竺可桢校长为中心，浙江大学荟萃了一大批学识渊博、循循善诱的老师。我就读的史地系，是竺可桢1936年到浙大后才建立的，分历史、地理二组，相当于现在的专业。系主任张其昀教授、地质学教授叶良辅、气象学教授涂长望、中国史教授张荫麟、历史地理学副教授谭其骧、地形学（即今地貌学）教授任美锷、自然地理学教授黄秉维等，都是国内学有专精，或老或新，驰名地学界或史学界的一流学者。他们每人都开设二三门课程，我读过的有叶良辅先生的普通地质学、历史地质学和经济地质学，涂长望先生的气象学、气候学、中国气候和大气物理,任美锷先生的地形学、经济地理和欧洲地理,黄秉维先生的自然地理、亚洲地理和植物地理,张其昀先生的中国地理,谭其骧先生的历史地理等,还曾选修过丰子恺先生的音乐欣赏、美术欣赏等陶冶情操的课程。

各位老师讲课各有特色。在各位老师中,我特别崇敬导师叶良辅先生。他是国内早已驰名的地质学家,他为首著作的《西山地质志》《巫山以下长江地文史》《宁镇山脉火成岩研究》《浙江平阳明矾矿研究》等都是中国地质学中的名著。他曾去美国哥伦比亚大学研究院学习,对当时著名学者章生的地貌研究方法有深刻领会。叶先生原任中央研究院地质研究所研究员,曾被推选为中央研究院评议员(当时学术界的最高荣誉职位),因身患肺病,住在杭州疗养。抗战军兴后到浙大任教,随校西迁。从二年级开始,我读叶先生开的地质学课程。叶先生的循循善诱和中国地质学的丰富内容,使我对地质学的兴趣超过了其他课程。课后有问题请教叶先生,特别觉得亲切诱导,启迪思考,真如春风化雨。三年级起,我就选定叶先生为导师。他指导我进行地形学研究,指点我看了许多涉及地形发育的地质论著,还要我阅读关于地质问题争辩的著作。例如关于长江三峡成因的各家不同意见,要求从已知事实出发,多方比较,不迷信一方,要深入观察,独立思考,自己创造。一次,我们谈到庐山冰川地形,当时我是完全相信李四光先生关于庐山冰川遗迹论述的,看不出其他成因的可能。叶先生说:他也在庐山住过一段时间,认为庐山上部地形像壮年期宽谷,庐山二侧则是断层,如果壮年期宽谷先于断层,以后断层将庐山抬至现在高度,也可以形成李先生所说那些冰川 U 形谷地形的。这些发人深思的指点至今记忆犹新。叶先生待人接物从不疾言厉色。他家庭经济是相当困难的,他要负担连他自己六个人的生活,而且他是个多年肺病之躯,必得有总的医药开支,所以更加困难,但在逢年过节时,都要请一批学生到他家过节。叶师母也非常贤惠,总要尽力精心做了许多点心招待学生。叶先生为人正派,对学校中一些不合适的事,敢于向校长直言提出。他的学识和为人,使历届学生都对叶先生有深厚的感情。

涂先生讲中国气候,将近代中国气候研究的新成就网罗无遗。他非常重视学生的认真听讲与理解能力,不时对学生启发提问。他讲大气物理时,选课学生连我只有二个人,他就将那本讲课主要依据的英文《大气物理学》交给学生,指出本学期要弄通哪些章节,期末考试,不懂处到他家中提请讲解。任先生讲课条理清楚,不快不慢刚好记下笔记,一节讲完,下课铃声也响了。黄先生讲课材料丰富,课堂上记不下笔记,下课后必须温习补记。当时教材印刷困难,除任先生《地形学》发油印讲义外,全凭学生听讲时笔记。经过一遍笔记再加温习,再看一些指定的参考文献,理解就较透彻了。

在老师们的倡导下,学校学术空气浓厚。竺可桢校长虽没有时间上专门课程,但常亲自给学生做学术报告。记得有一次他利用晚上星空灿烂的时间,讲太阳系、银河宇宙的基本知识,指指点点,留下特别深刻的印象。他倡导组织"徐霞客逝世三百周年纪念会",除他自己讲《徐霞客之时代》外,张其昀、叶良辅、谭其骧、任美锷、黄秉维等老师都作了专题报告,以后刊出了专门文集。史地系师生组织了史地学会,定期请老师做学术报告,高年级学生做读书报告。如叶先生讲过"瀚海盆地";涂先生讲过"为何贵州天无三日晴";任先生讲过"贵阳附近的地形和苗族社会";黄秉维先生讲过"聚落研究"。有一次请路过遵义的著名地质学家张席禔教授讲"云贵高原与蒙古高原",使我懂得了云贵高原不是一般概念上的高原,实是山地高原。我首次在史地学会读书会讲的是关于"嘉陵江下游阶地与河流发育"的读书报告。叶先生亲临听讲指导,帮助学生提高认识。全校各系小学术活动最好的是数学系,每星期六下午都有学术讨论会,事先贴出布告,系主任苏步青教授风雨无阻每会必到。数学系培养人才之多,全校首屈一指。

学校经费困难,交通不便,新书很少,而学生读书空气很浓厚,图书馆书刊明显供不应求。于是,从老师处借书就成为学生读书的重要来源。张其昀先生将他所有藏书,从杭州好不容易运来的30箱书全部放置在老城洗马滩的一所民房中向学生开放;任先生刚从英国学习回国,新书较多,我从他处借过《地形与战略》《英国风景的物理基础》等书学习;黄先生更是博览群书,我想学习和研究一点新问题,首先向他请教,他就指点我首先看这本书或那本书入门。

1939年浙江大学在广西宜山期间,竺可桢校长立"求是"为校训,以后不断反复地在师生中提倡"求是精神",求是即求真理。为要认识和掌握自然与社会的真理,要不怕险阻下很大功夫。有正确的思想方法,认识到了就要坚持去做。借用古代经书《中庸》的话说:"博学之,审问之,慎思之,明辨之,笃行之。"在竺可桢的倡导下,学校中充满着勤奋、朴实、自由、民主、师生团结、努力向上的风气,虽然物质条件很差,但精神生活很充实,创造性的研究成果不断涌现。1944年英国著名学者李约瑟到文学院和工学院所在地遵义及理学院、农学院、师范学院所在地湄潭参观后,在英国赞誉浙大为东方的"剑桥"。1978年我有机会参观英国剑桥大学,该校的物质条件比我国现在的大学好得多,更不用说比抗日战争遵义、湄潭时期的浙江大学。回想到李约瑟对浙大的赞誉,显然是就当时浙大的学术空气和科研成果而说的。

三、野外调查和社会感受

1940年夏季地质学讲师刘之远先生带领二年级学生赵松乔、蔡锺瑞、杨利普、刘宗弼和我等去桐梓实习。他把着手教我们认识岩石、构造，阅读地形图，采集化石，把叶良辅先生讲授的普通地质学知识与野外实际结合起来。1941年暑期刘先生又带我们去遵义东南80里的团溪镇附近，测绘新发现的锰矿矿区。这个新发现的锰矿储量在10万吨左右，解决了当时迁移到重庆的钢铁厂的用锰问题。以后他还带我们从金顶山区最老的地层一直看到最新的地层。连续多年，刘先生系统研究了遵义附近的地层和构造。他的踏实工作和平等对待学生的友善态度长期留在我脑海中。野外实习中，一面体力活动较多，一面吃得比校内好，使得身体好起来。

当时浙大实行学分制，我到三年级结束，已将规定的学分读完，这样在四年级可以全力做毕业论文。导师叶良辅先生指定我的论文题目是《遵义南部地形》。先在一幅五万分之一地形图（三岔河幅）上做地形调查，认识这个地区的地质基础、地形特点、地形分类和发育史。由叶良辅申请系主任张其昀批准拨给我调查费。当时班上就我一人单独以实地调查资料作论文。一个简单的行李，挎包里放着罗盘、高度表、地形图和笔记本，以一处临时住处为中心，向四周辐射调查。每周迁移住地一次，每天步行来回三四十里，边看、边记、边思考着各种地形形成的道理。从地形图上发现流经遵义城的湘江上游的桃溪存在突然大拐弯，即先从金顶山发源直放东南，以后突然拐向东北，推测可能是被湘江支流西侵劫夺所成。而在实地调查中，真正看到了古桃溪被劫夺前遗留下来的古河谷。这古河谷一直通到三岔河，古河谷中有古桃溪冲来的砾石，确切地证明它的被劫夺的历史。实践证明了预想，感到无限高兴。以后又在南白镇西北的天井台海拔1000～1100米高度发现削平构造的古准平原遗迹，逐渐对遵义地形发育历史、岩石性质、地质构造、乌江及其支流侵蚀对地形的影响有了系统认识。花了半年多时间撰写了六万字左右的毕业论文《遵义南部地形》，甚得叶先生的赞赏，后经学校上报教育部得奖（见竺可桢1945年5月3日日记）。在此基础上，后来又扩充研究范围至四周地区达1400平方公里，精简文字改写为《遵义附近之地形》一文，在1944年《地质评论》10卷3—4期发表。

1942年，任美锷先生领导组织遵义土地利用调查，约陈述彭、杨利普、赵松乔和我四个学生参加。任先生先带我们作示范调查，主要方法是利用1∶50000地形图实地调查水田、旱地、森林、荒地、房屋、道路等在地形图上的分布范围，用红蓝等彩色铅笔在图上标描出来，另外访问当地群众了解作物种植、灌溉、施肥、产量等情况，经过短期示范以后，进行分工，赵松乔和我一组，负责遵义西部鸭溪附近的土地利用调查；陈述彭和杨利普为一组，负责遵义南部土地利用调查，由任先生汇总撰著《遵义土地利用》一文，在《地理学报》发表。

1942年冬季，经叶先生与著名地质矿产学者谢家荣先生主持的资源委员会矿产勘测处联系提供一笔调查费，由比我高一班的杨怀仁与我共同进行遵义、金沙、黔西、修文四县地质矿产路线调查，历时两个月左右。那时天气阴湿、道路泥泞，我们穿着球鞋外加草鞋走路，曾西登金沙境内海拔1700米左右的白云山；南下修文，经过明代王阳明被贬贵州修文县境时亲手埋葬几个从内地来病死途中的小公务员，十分感伤而撰写的《瘗旅文》碑铭旁，也参观了驰名的阳明洞，但不知张学良将军即禁锢于此。调查结束后，杨怀仁学长撰写报告的地质部分，我撰写报告的矿产部分，提出："遵义附近的矿产以煤矿为主，产于二叠纪煤系地层中。在遵义至鸭溪向斜层的北翼，煤田延长一百多公里，储煤量约6000万吨，在遵义至刀靶水平行褶带几个背斜轴部的煤田，储量约9000万吨，但煤层均较薄，最厚的有超过一米，除供当地人民燃料所需外，难作大规模开采。此外遵义附近还有硫磺、硅砂、陶土等矿，但均不够丰富。”这份报告由矿产勘测处编为《临时报告36号》，油印分发参考。资源委员会在重庆举办的一次展览会上，曾看到有一幅矿产勘测处编的“西南矿产分布图”，有关遵义、金沙，黔西、修文的矿点矿带就是应用我们提供的资料，表明我们微薄的工作起了一点小小的补空白的作用。

经过几次调查，我对于遵义的认识从自然、历史到经济比较全面了。当时地理学流行的思想认为区域地理研究是地理学的核心，于是有心写一篇区域地理论文，把我所认识到的自然与人文现象串联在一起。1945午，我已到重庆北碚中国地理研究所工作，接到陈述彭同学通知，母校史地研究所拟编《遵义新志》一书，然而还缺少一篇综合性的文章，我就自告奋勇报名撰写作为《遵义新志》第十章的区域地理，分引言、自然环境、土地利用、聚落、交通与贸易、论区域建设六节，共约3万字。这篇论文中考证了南白镇是早于遵义城的明代一度的区域政治中心；认为农业方面森林砍伐与水土流失已相当严重，“亟须恢复森林，保持水土，发展灌溉，改良现有耕地”，“荒地儿占全面积的十分之四，而其中的十分之八可以复建森林”；“交通建设，应以铁路为主，首筑遵义南至贵阳、北至重庆的干线，以沟通川、黔，连络西南各省”；而要解决遵义建设所需的动力，“关键在于修建乌江渡水电站”。30年后，我有机会于1972年重到遵义，看到川黔铁路已经畅通，乌江渡电站也正在兴建，过去的理想正逐步实现，只不知农村恢复森林、保持水土的情况怎样。

在多次野外调查中,对群众生活了解渐多,遵义农村群众生活是相当困苦的,是自给自足型的小农经济。但为着维持最简单的生活,又必须从外地输入棉花纱布和食盐两种必需品。遵义市场上的盐价,比四川产地高出10倍,棉花比湖南产地高出一倍,农民买不起食盐与棉布,“致常有淡食之虞,而多衣不蔽体”。在金沙、黔西大路上,看到十百成群背盐巴苦力,“破衣百结,负盐而行”。在凄风苦雨中,日趋数十里,是野外调查旅途中见到最触目惊心的景象。我多次住宿在“未晚先投宿,鸡鸣早看天”的小旅店,我是自带行李睡在有床铺的房间内,而多数穷困旅客则在店堂内围着一个烧木炭的火盆,横七竖八地躺在那里。向着火盆一面是暖烘烘的,背着火盆的一面是冷冰冰的。我还看到过一穷旅客,只穿一件用玉米壳编的背心和一条破短裤。他们实际上是在死亡线上挣扎,能吃顿饱饭就不错,根本没有菜蔬,只吃一点辣椒。

在野外考察中,我见过几次惨不忍睹的国民党军队的暴行。有一次碰见两个农民抬着一个浑身泥土、正在流血、身穿黄绿色破军衣的青年。原来这青年是国民党队伍中因病走不动路掉了队,被押送的军官开枪打伤还未断气,就被草草掩埋。这军官走后,农民们把他挖了出来,是急行送他回家的。另一次,看到军官们用大木棒痛打一个绑在树上被抓住的“逃兵”,大约要一直打到死去。青年农民为着躲避国民党的兵役,不少采取自残的办法,用菜刀切去自己的手指,或者自残下体。当时国民党政府实行保甲制度,十家为一甲,十甲为一保,实行联保。一家出问题,全保甲要受牵连。而派兵、派粮、派税都是通过保甲贯彻下去。区乡政府衙门里,经常关押那些交不起租粮的穷苦百姓。这些暴行使我深深感到国民党的腐败统治,只能将中国引向更深重的灾难。

四、政治上的启蒙认识

我从高中时起就立志当一名学者。抗战初期国民党军队节节败退。在学校西迁途中，于 1938 年 1 月，我怀着爱国热情，停学参加了国民党政府组织的青年战地服务训练班，企图到抗日前线去做点工作。但由这个训练班改建的战地服务团一直逗留在后方，只见其内部腐败现象，达不到我原先目的，便于 1938 年 8 月离开该团，重回浙大念书。回校以后，我更坚定于当一名学者的志愿，不参加学校中带有政治性的社团活动。我自以为是中间派，而某些进步同学则把我看作是中右的。在左右两方学生的斗争中，我默默观察，虽然左派同学言论比较激进，我不很赞成，但他们一般人品较好，也较勤奋；右方的同学明显地不敢批评国民党上层的腐败现象，而在三青团员和国民党员中，还出现一些如三民主义课考试舞弊、管理食堂从中贪污等，为群众所鄙视。

1942 年初，浙江大学发生“倒孔（祥熙）运动”。孔祥熙是当时国民党政府的行政院长，以“贪”著称，不得人心，在日本军队侵入香港时，政治界、文化教育界许多知名人士在港候机，但由重庆派去的专机，却置这些知名人士于不顾，而只把孔祥熙的老婆、女儿、女佣、大小细软以至两只洋狗接运回重庆，知者无不愤怒，连对国民党政府以大捧小骂著称的《大公报》据说出于派系矛盾，也刊文抨击。消息传开，首先是昆明西南联合大学学生，以后是浙江大学学生都揭起“打倒孔祥熙”的旗号，上街游行，严正要求国民党政府撤换孔祥熙。在游行前夜，浙大若干积极分子聚集在我所住的四方台小楼上，连夜赶写标语，制作小旗。第二天早饭后，聚集在何家巷饭厅与教室大院内，举行全体学生大会，许多同学要求上街游行表示对政府大员贪污腐化的愤怒抗议,而街上早已布满国民党刺刀出鞘持枪而立的军警,对立形势甚为严峻。包括竺可桢校长在内的许多教师则极力劝阻学生不要上街,忽然一女同学站出,声泪俱下,慷慨陈词,全体为之感动,决定冒险上街。竺可桢校长亦突然改变态度说:"你们一定要上街,那么我来带头,以防止和街上的军队冲突。"于是学生们浩浩荡荡开始在新老城的主要街道游行。同时,还组织了若干三二人一组的宣传队,沿街张贴标语,并到茶馆、酒楼、戏院等公共场所演讲,宣传孔祥熙的腐败劣迹,一定要求国民党政府改组、撤换的重要意义。我是参加宣传队的,曾到新城丁字口繁华场所的茶楼上演讲,群众都鼓掌赞赏,可是茶馆老板要求我留下姓名,我一转念签下了"刘树白"(我已故表姐)的名字,让他无法追究。我认为这次学生运动是合理和合法的,并没有什么分外要求,只要求撤换最自私最不得人心的贪官污吏,是无可非议的爱国正义行为。

游行的第二天,浙大即恢复正常上课。国民党教育部派来一个督学,安抚学生,答允学生的要求说,政府会给予考虑,只要求学生安心上课,也不再追究那次游行的责任。但大约一个月后,国民党政府的狰狞面目完全暴露了。一个夜晚,史地系同班女同学王蕙被诱骗到宿舍门口捕走了,中文系同年级爱好文学写作的何友谅同学在四方台住处被捕了(以后王、何均被押解到重庆兴隆场集中营,王蕙经各方努力下,被保释出来,何则被残害惨死于集中营)。次晨早饭时我听到此消息,急忙赶到何友谅住处,但见室门大开,屋里东西乱七八糟,显然是经过仔细搜查的。房东详述半夜后有人来敲门捕走何友谅的情况。我一面担心王、何被捕后的命运,一面又侥幸与何同室的史地系同班同学王天心于几天前去湄潭访友而幸免。但王也快到预定的归期,我知道在倒孔运动中,王比何更活跃更积极,显然是国民党特务企图逮捕而未遂的目标。

解除王的危险，是我义不容辞的责任。何况王和我私谊较笃，他去湄潭前曾有预感似的对我说过，如他出事要我一定大力营救，我也满口允诺的。如何找一个最快捷的办法当面通知王，电报电话部门都是国民党控制的，我不敢利用，决定亲自去湄潭一行。以我常跑野外做毕业论文为名，也不会引人注意。我将此意告知了二个和王和我关系都好的同学，立即沿着遵义至湄潭的公路步行东去。路上汽车稀少，第一天走了八十里，住宿在遵湄中途的虾子场，第二天走到下午三点左右，迎面来了一辆卡车，我拦车一看王正在车上，叫王下车悄悄地和他讲了遵义发生的事情，劝他暂缓去遵。他稍一思索说，这辆车是去贵阳的，只要躲过这一夜，第二天清早就可乘此车去贵阳，逃离虎口。他和司机商量，司机也同情学生，愿急难相助，于是我们一起上车循原路回遵义。车至遵义附近，离车站还有一小段路，我们就下车，和司机约定第二天清晨上车的时间和地点。我们为避免碰见熟人，走一条小路，将王天心引到仙农巷叶良辅先生家。叶先生也非常同情王天心的处境，留我们吃了晚饭。于是，王到隔壁他的导师张荫麟单身教授家住宿，我到王在四方台的住处收拾了他的行李，同时通知和王要好的同乡吴士宣同学，为王准备旅费。第二天凌晨，和吴一道，将王接送到昨晚约定的地点，看到王上车驶向贵阳而去。王先到贵阳，后去桂林，改名王知伊，先在一个中学里教书，后转开明书店编辑部，参与编辑《中学生》杂志和许多文学、历史方面的书籍，成为书刊编辑界中驰名的老编审，并参加了共产党。

援助王天心脱险一事，本很少人知，但慢慢地在师生中传开了。许多人赞扬我做了一件见义勇为的事，我心里也感到自慰和高兴。一天，同班的赵松乔同学突然对我说："你好大胆，做这样危险的事。"赵是不知情的，问他怎会知道？他笑笑不肯明说。直到新中国成立以后。他才告知我是从同乡校长室主任秘书诸葛麒教授处得知的。原来那天汽车司机同座上有个浙大军训教官,他穿着便服,听到我们议论及与司机商量的话,回遵义后即报告了诸葛麒。诸葛叫他不要声张,也不要管此事,如此掩护了王顺利出走。

还有一件巧事。我们在叶良辅先生家吃过晚饭后,史地系主张其昀先生提着灯笼进入叶家,王避闪不及只得与张应付,张已知王可能是逮捕对象,询问王何以自处,王机警地回答说:"正没有主意,请老师指点。"张说:"停会儿你到我家中面谈。"张与叶先生商量他事后离去。王只好硬着头皮去水硐街张家,伪称将搭便车东行,经湄潭去思南,然后入湘赴桂林,以顺道搜集毕业论文为由,请张先生开了一张旅途查验放行证明,并盖上了史地系的公章。由于张其昀先生在政治上是靠拢蒋介石的,与蒋侍从室关系密切,我们对张有所戒备。但事后来看,张先生毕竟是本系的主任,大概也不愿自己直接管辖的学生受害,所以在见他以后,王天心出走之谋并未受阻,次晨得以一走了之。

倒孔运动给予我极其深刻的教育。但国民党政府丝毫不改其贪污腐化的行为,而且在对浙大学生一度哄骗安抚以后,竟出动特务,秘密地和公开地逮捕爱国进步学生。除上述王蕙、何友谅外,还逮捕了遵义的学生陈海鸣、湄潭的学生滕维藻和助教潘家苏。要求国民党政府民主与改革,何异与虎谋皮。从此我思想上也就与国民党政府决裂了。稍后,新到浙大不久,协助谭其骧教授绘图抄写的吕东明同志从湄潭永兴场来遵义,以王天心小同乡身份找我了解王天心的行踪。当时吕正患重感冒,就留他住在我的房中。一段时间,我们朝夕相处,发现他学习勤奋努力,关心时事,乐于助人,注意不同人的不同思想问题。我们很快有了共同的心声,结成了好朋友。在他的诚挚帮助下,我逐渐对共产党有了较正确的认识,逐渐认识到只有共产党才能领导中国人民取得抗日战争的胜利,走民主富强的道路,逐渐认识到我不能只想当学者专家,而还有一份不可推卸的政治责任：打碎旧中国旧社会的枷锁，建立起独立、民主、公平的新中国、新社会。只有这样，科学研究才有发展条件。1944 年以后，我虽离开浙大，仍与吕不断往来。1947 年在南京，吕东明同志介绍我加入了中国共产党。很显然，遵义几年的生活和教育，对我是有深刻影响的，而倒孔运动则是我政治上的转折点，成为我投身于党、愿为革命和科学事业献身的一个起点。

（原载贵州省遵义地区地方志编纂委员会编：《浙江大学在遵义》，浙江大学出版社，1990 年）

浙大史地系在遵义

郑士俊

国立浙江大学史地系成立于 1936 年夏季，系主任是张其昀老师。斯时卢沟桥事件发生，祖国大地上燃起了抗日烽火，掀起全民抗战，抵御日寇。原在浙江省杭州的浙江大学为了避开日寇入侵的干扰，转移学习环境，举校向内地西迁，史地系随校辗转跋涉。从 1937 年离开杭州，途经江西、湖南、广西三省，于 1940 年春到达贵州遵义，全校师生共约一千五百人，随带图书及仪器等，陆续向遵义地区集中。当时浙大校本部及文学院与工学院设在遵义；理学院与农学院设在湄潭；师范学院按文理系科分设在以上二地；一年级新生不分院系，均集中在永兴场。浙大从 1940 年春起，到 1946 年秋迁返杭州止李絜非，在遵义地区历时六年半。新成立不久的史地系在遵义地区这段时期，正是迅速发展的时期。

浙大史地系自成立时起，到 1949 年止，十四年间系主任都是张其昀老师，而在遵义时近七年，约占全期的一半。在竺可桢校长确定的“求是”校训熏陶下，在张其昀老师勤奋治学，以身作则领导下，史地系的发展是日新月异的。浙大史地系不仅包括文学院史地系与师范学院史地系，还创立了其他大学所无的史地研究所与史地教育研究室。后二者均由张其昀老师兼任主任，统一领导。在这样组织形式发展下，浙大史地系在遵义时期，不仅培养了史学与地学方面的大批学士，还培养了不少的硕士，在史地教育、教学和科研上都居全国领先的地位。

浙大史地系的特点，是把国内一般大学分别设立的历史系与地理系，综合成为一个系。为此，张其昀老师在撰写的《我与浙大史地系》一文中明确指出道："法国地理学家白吕纳曾说：'二十世纪学术上最大的贡献是史学精神与地学精神的综合。'盖一为时间的演变原则，一为空间的分布原则，浙大史地学系创立的宗旨在此。"这样是否能保持单独设系的特点，而不降低质量呢？张老师接着论述道："本系不但史地分为两组，与他校单独成系者课程相仿，到了研究所则分析更细，例如地学门又分为地形、气候和人文地理三组。但是，我们认为史学组的学生能够练习野外习察的方法，地学组的学生能够练习整理文献的方法，都是终身受用不尽的。"这就形成了浙大史地系特有的传统，使得"时"与"空"既能分组钻研，各有侧重产生成果；而且又能融会贯通，各取其长而用之，这是其他大学所不及的。

在遵义地区时，史地系师生有"史地学会"组织。学会在教师指导下，由同学们分工负责进行各项活动，如举办专题学术讲座、师生联谊会、郊游活动等。在遵义、湄潭、永兴场，史地学会先后出版过《时与空》壁报。这个壁报名称是张其昀老师题取的，稿件由学会里同学们撰写，分别按"时"与"空"概念，以各种形式与文体阐述各自的见解与心得体会，围绕上一节提到的中心思想进行论述与探讨，也是大家学习中的汇报与交流。由于是通过壁报方式发表的，在遵义时期中它的影响也是很大的。

由于史地系实际上包含了四个组织单位：即二系、一所、一室，经费也就比较充裕一些。这在抗战时期物质条件十分困难的情况下，对系内的发展有利。很多名教授先后到浙大史地系来，所以在师资与教研上不仅人数多，而且质量高。先后在浙大史地系任教的：史学组有钱穆、张荫麟、陈乐素、谭其骧、方豪、俞大纲、贺昌群、陶元珍、李源澄、顾谷宜、李絜非、黎子耀诸先生；地学组有叶良辅、沙学浚、任美锷、涂长望、卢鋈、李海晨、黄秉维、严德一、李春芬、严钦尚、刘之远、赵松乔、么枕生、孙鼐、王维屏诸先生。由于名教授切磋讲论,学子闻风而来。有时史地系教授上课要专辟大型教室,窗外都站满了听讲同学,否则"立雪程门"无插足之地。史地系在遵义时系内学生人数也迅速增多,在文师两院各系中居首位。

遵义、湄潭、永兴场的校舍、教室、宿舍、办公室等都是尽量利用破旧寺庙、会馆、宅第等,物质条件十分差,生活很艰苦,尤其当时通货膨胀,物价飞涨,师生均同受煎熬。竺可桢校长在日记中曾写道:"余每月收入为四千,……而上月单买菜已三千,油盐均在外,……余尚如此,余人可知。"很多教授在贫困中,被迫摆地摊,变卖衣物糊口。同学们有时吃饭无菜,以盐水咽送,褴衫破褛比比皆是。浙大师生们没有被这些困难压倒,反而是生活越困难,学习上的精神面貌越奋发。陋室里书声琅琅,师生都在冒着黑烟的油灯下扶持教育,情深谊厚,认真地从事治学与科研,以学为乐。浙大师生的这种精神风貌也只有遵义人民亲眼见到,才能深切理解。

浙大自杭州西迁来到遵义,不仅全校师生长途跋涉,经历重重关山险阻,而且还带来了大批图书、仪器等。正如竺校长在《国立浙江大学黔省校舍记》碑文上道:"其书自《四部》《七略》暨声、光、电、化、算数、农艺、工程之著作,不下五万余册;其仪器以件计者三万;机器以架数者七百有奇;标本都万二千。"其中史地系图书、标本等也很丰富,地图、图片也很多,在遵义时又复不断添置。因此浙大不是流浪逃亡到遵义来的,而是不辞艰辛带了大批治学的工具到遵义来读书救国的。师生们在求是学风导引下,在爱国主义鼓舞下,在抗日救亡的形势教育下,在师长们辛勤教导下,同学们有书就勤奋地攻读,有实验就积极地实干。浙大带来的大批图书、仪器,对师生们说,如鱼得水,研究出累累成果。无怪乎英国李约瑟博士考察我国抗战时后方高等教育后称赞说:"浙大是东方的剑桥。”

史地系同学们在史册资料中整理文献，在遵义地区郊野进行野外习察。特别是后者，在遵义大自然环境中攀山涉水，用地质锤敲敲打打，在遵义的地层中寻觅知识。遵义的地貌、植被、水文等各方面都提供了研究素材，使同学们获得了学以致用的学问。特别是刘之远老师为了野外习察跑遍了遵义全区各地，仔细勘察，终于发现了锰矿资源，为遵义地区直接作出重大的贡献。

对于遵义地区值得提及的是《思想与时代》月刊。这个杂志是史地系主任张其昀创办并兼任社长和主编的，印刷与发行等工作由李絜非先生办理。在遵义刊印发行了创刊号，上面刊有竺可桢校长文章《科学之方法与精神》。史地系各教授也纷纷投稿，浙大其他院系教授，以及校外的名教授也有专稿陆续刊登。当时由于白报纸缺乏，只好用土制的灰色纸张印行。它的内容是就一些学术问题进行研讨与论述，见仁见智，自有其不同的立论与见解。1946 年，浙大迁离遵义。回返杭州后，该刊继续出版，仍由张其昀老师主编，印刷及发行等工作改由助教郑士俊办理。这个杂志对遵义地区也有一些积极的影响。

（原载贵州省遵义地区地方志编纂委员会编：《浙江大学在遵义》，浙江大学出版社，1990 年）

浙大生活杂录

王省吾

一、芳野

我于民国二十九年经联考分发浙大龙泉分校。龙泉分校在浙江省龙泉县坊下，坊下我们称它芳野，离龙泉县城约六华里。龙泉是一个山地县，芳野却是一块肥美的小平原。龙泉分校校舍租赁于当地财主曾先生家。他这所房屋是中式结构的西式楼房，前面为一大口字形，后面连接着二个小口形，左右两方还有自前到后的一字型房屋。除正厅左方正房及左边一字型由房主自用外，其余均由学校租用。左厢房为女生宿舍，右厢房为收发室及总务组，右边一字型房屋为男生宿舍，二楼正厅连着后面房屋为图书馆。图书馆左方为教务组及主任办公室，余为教室。靠左边有一大片园地，造有农事房，学校用来做厨房及膳厅。

我们进去的时候，分校只办一年级，第二年添办二年级，又在对面山坡上加盖教室及教授宿舍。

芳野原是农村，环境清幽，风景宜人，自分校搬来后，经过一番整修，格外妩媚动人。饭后散步是我在芳野二年最大的享受，也是永远难忘的事。我们沿着田塍走，远望落日余晖，近看田边野花，春天听青蛙鼓噪，秋日惊孤雁横空。大家走着听着看着，不用担心什么，有什么从什么，心境舒畅，无以复加。

三十一年五月，日军进迫丽水，遂西去遵义。一别芳野已二十年，不知此日何似？每当饭后小步，芳野犹时时呈现在我脑海中。

二、两位分校主持人

龙泉分校的科系与遵义本校相同，因只有一年级，后来虽有二年级，但未设系主任。分校校务由分校主任郑晓沧师担任，教务主任为孟宪承师，他们两位为著名教育学专家。晓沧师讲话很慢，但不管在讲台上，或面对面，他总是那么和蔼可亲。他的手中永远夹着书，有时边走边看。宪承师则比较严肃，平时不讲话，上起课来则滔滔不绝。我选过他两个课，一是大一英文，二是经济学。他是我这一生中最好的英语老师，也是最凶的一个。每次在开始讲课前总有五分钟测验，有时生字，有时文法，有时造句，有时翻译，变化多端。开始时六十分及格，后来提高到九十分。全体同学虽然为此十分紧张，但没有一个人有怨言。因为在他手下有一年实实在在训练，第二年居然听懂两位外国神父的课（一位教法文，一位教西洋通史），用英文笔记。分校在郑孟两师春风化雨之下，读书风气浓厚，其乐融融。宪承师为何教起经济学来，其中有一段插曲，不妨记在此地。当时的分校，因僻处山地，请教员不易，教师也有充数的。教社会学的，大谈新婚闹房；教哲学的，专讲天主教，弄得大家哭笑不得。郑孟两师鉴于事态严重，而经济学一课又一时找不到适当人选，只有由宪承师亲自来教。他虽然不专习经济学，但出人意料之外，他的经济学竟轰动一时，教室容纳不下，移到膳厅去上课，仍然是窗口、门口挤满了人。

三、陈楚淮师与张慕骞师

按照大学课程标准规定,大学文学院一年级应选修中国通史,二年级应选修西洋通史。我因主修史地系,加读中国上古史。西洋通史老师为加拿大神父 Rev. Mackintosh,中国通史为陈楚淮师,中国上古史为张慕骞师。陈楚淮师系自遵义本校调来,自编讲义,教课认真,我在他那里听来不少关于中国史学界的事,他无疑是我以后对史学发生兴趣的启蒙老师。可惜他于三十年暑期患恶性疟疾去世。第二年张慕骞师抵他的缺,来教我们中国上古史。张师是一位热心教学的老师,他因曾在浙江省立图书馆任过事,对浙江省图书馆的藏书非常熟悉,刚好浙江省立图书馆部分善本书及文渊阁《四库全书》移藏于离芳野约十华里的后山,张师曾领我们去参观此项藏书,此为我以后从事图书馆工作的一大鼓励。三十一年夏,日人进迫龙泉,我们西征,慕骞师并未同来,以后也一直没有他的消息。

四、西征

三十一年五月日军进迫丽水,威胁龙泉,我适读毕二年级,当时深感与其回家为日人阶下之囚徒,毋宁西去为汉家战地之死鬼,毅然结伴西行。于同年六月底自龙泉出发,经福建、江西、广东、湖南、广西,于八月底到达贵州遵义本校。沿途幸有各种救济机构及母校校友照料,虽甘苦备尝,惊险环生,总算到达我们的目的地。记得自建阳去南平一段,我们分坐三艘小船前行,中途遭土匪拦劫，内有女同学一人为匪首看中，拟掳为压寨夫人，经全体同学跪地恳求，始免于难，至今想起，犹有余悸。经衡阳车站时，适值日机大举袭击，行李凌乱，同学奔散，生死刻不容缓，当时情景尚历历在目。抵达桂林后，我忽染病高烧，经周不愈。当是时，不前进，同行同学路费将尽；如后退，后路已为日人切断；住院治疗，又医药费无着。进退失据，惶惶终日。后经考虑，若病不愈，不进亦死，不如冒死前行。幸至柳州，病情忽然减轻，至金城江而痊愈。

五、老邮局

遵义街市有老城、新城之分，校长办公室、总务处在老城子弹库；教务处、训导处及大部分教室在新城何家巷；女生宿舍在杨柳街；男生宿舍除何家巷外，尚有经历司署及老邮局等处。我住在老邮局。

老邮局在新城十字口附近小山坡上，离何家巷约步行十分钟。老邮局是遵义少数洋楼之一，视何家巷、经历司署为优。我虽后来，能够住进去，完全靠史地系同学之力。在老邮局小楼上，住有八九位史地系同学，内有管佩韦为我中学时代的老同学，倪士毅是我龙泉分校的同学（他早我一年到遵义）。我记得我抵遵义的当天，佩韦兄特约我去何家巷对面一家面馆，请我吃排骨面，后来，我知道，请吃排骨面是当时最隆重的待客方式。住在这房内而现在仍在台湾的同学，只有程蕴良兄一人。

遵义是个山城，除了一间京戏院外，没有什么其他娱乐场所。我有时也买一大包葵花籽进去泡上一两个钟头。但我还是喜欢与同房同学们上茶馆，摆龙门阵的时候为多。贵州与四川相像，茶馆非常普遍，坐上布躺椅，天南地北地谈，实在趣味无穷。我们这一群中,以阮文华兄最幽默,他常说得大家人仰马翻。不出去的时候,便在房内吃地瓜、剥葵花籽。不过我们吃茶摆龙门阵是很有节制的,多半是在饭后为之,稍作松快后,便各自就位用功。当时遵义没有电灯,晚上看书,系用菜油灯,一灯荧荧如豆,倒也心不旁骛。

六、赵廷杰与杨曦

赵廷杰,三三年史组同学,陕西西安人,高大个子,满腮胡子,大家称他老赵。他外貌粗,内心很细,待人接物,温良谦恭。他与杨曦兄也住在老邮局,但与我不同一房间。杨兄浙江杭州人,体弱多病,赵兄对杨兄看护备至。他们两人是我们房间中的常客。

三十二年暑期,杨曦兄忽得头痛病,大家劝他去当时新设立的遵义卫生院看病。不料他去了几天,头痛依旧,神志竟渐渐昏迷,字认不得,同学也叫不出来了。当时在遵义,这间医院算是最好的了,我们没有人怀疑是否医生用药有误,大家只是心里非常着急,分批去医院照料。我与程光裕兄为一组,整夜不眠地坐在那里陪着他,希望他的病能有改进。这样约过了一星期多,杨兄终一夜断气归天,同学哀痛欲绝,为他办理丧事,埋葬在张荫麟师墓地附近,并为他出刊壁报哀悼。

自杨兄入院,病中直至死后埋葬诸事,以老赵出力最多,他对朋友可谓礼至义尽。毕业后,老赵回西安,在那里结婚,曾先后任中学校长及教育局局长。

七、水硐街

读毕中学升大学，我与父亲间曾有一段折冲。父亲一定要我读工科，且指定读浙大；我的中学老师鼓励我学经济；我自己则对史地最有兴趣。最后，父亲还是依了我读史地系。我对史地发生兴趣自小学便开始，后来读了晓峰师的地理读本，更引起了我的兴趣，同时由兴趣而对晓峰师发生无上的敬仰。三十一年我坚决自龙泉西去遵义，要去拜见晓峰师，便是主要原因之一。

到了遵义，我临到决定读史组或地组的关头。管佩韦兄是我中学同学，他那时读史组，他竭力拉我读史组；另外同学则劝我读地组，我想西来的目的主要是要拜见晓峰师，所以决定见了晓峰师再说。佩韦兄便陪我去水峒街，我们刚踏进大门，里面恰好走出一位个子高高穿长衫戴眼镜的人，佩韦兄指点我说，这便是晓峰师。接着，他替我介绍，说我刚从龙泉来，历史课成绩很好。晓峰师当时夸奖了我一番，他说能立志自东海西来参加抗战的，便是优秀青年，既然历史课很好，读史组好了。我的读史组就如此决定。我对这一决定，现在仍感觉愉快。因为这一抉择，不但合我的性格，且合我的志趣。

水峒街是晓峰师寓所所在地，史地系办公室也在同一栋房子内。我对晓峰师的第一个印象，是气度恢宏，言辞果断。以后听他的课，读他的文章，及看他的作风，更加深了我对他的崇敬。晓峰师来台后，先后任各要职，他的深远与博大更表露无遗。他对国家民族文化的影响，可与王安石、王阳明、梁启超前后辉映。

八、史地学会

史地学会成立于何时,我不知道,当我民国三十一年秋到达遵义时,便有这个组织。第二年,同学们以为我来自龙泉,行情摸不清楚,把我举为主席。后来,我才知道,这个学会的主席,除为同学与同学、同学与老师间的联系人外,还要为毕业同学奔走出路问题,真是不易做。就我所知,史地学会是浙江大学各院系各种学会中最活跃的一个。我们经常举行专题讨论,老师们也来参加;有时,举行郊游,认识环境,联络感情。同学们与老师们借此一组织,大家紧紧地团结在一起。

九、张荫麟师

我到达遵义时,荫麟师已病在床上,但学校选课单上还印有他的“魏晋南北朝史”。我不知道有多少人选这一课,因我久已仰慕他的大名,就不加考虑把课填上。因为我是新来,他把我找去谈话。他住的地方好像在一弄堂内,一进门是三开间,他住在里面的一间,我走过的两间,地上桌上都是书。我进去时,他穿着睡衣躺在床上,手里捏着书。见我进来,马上起来,经自我介绍后,他便问我读过些什么历史书,龙泉分校的情形如何?接着,他告诉我,他因身体不好,不能上课,今年的“魏晋南北朝史”,他指定参考书,由同学们自行阅读,但须缴阅笔记。他指定的书有《通鉴纪事本末》《晋史》《魏史》《南北史》《周书》《北齐书》《宋书》《齐书》《梁书》《陈书》,这一张书单可以吓死人,一年时间如何读得完。他又说《通鉴纪事本末》须熟读，要做笔记，其他如来不及，参阅一下也可以。这是我第一次被指定要读如此多的古书。回来后，心里惴惴不安，第二天便去图书馆开始工作。在遵义二年，我读毕《通鉴纪事本末》，且全部做过笔记，便是得力荫麟师的一句话。以后，我多次去看他，不是与佩韦兄一起，便是还有其他同学在。不过他的病情一天严重一天。那时，我虽不是教徒，我确实天天在祈求上帝保住荫麟师的生命。但终于可怕的一天来临，荫麟师离我们而去。我们全系同学，也可以说全浙大同学，均为他的陨落而流泪。荫麟师葬在遵义城外一个小山的山顶。出殡的那一天，风很大，荒山孤坟，倍增凄凉气氛。荫麟师的墓地，也许很快被人忘去，但荫麟师整理国史的新手法，及其从理论到实际的作品，将嘉惠后代，长留人间。

十、史组教授

浙大有两个史地系，一个是文学院史地系，一个是师范学院史地系。两个系的系主任都是晓峰师，从来没有分过家。因此名义是两系，实际上是一系，仅就同学的兴趣分为史组、地组及史地组。当日教授阵容的坚强与人数的众多，为全国各校之冠。

史组教授除张荫麟师外，尚有授西洋上古史、西洋近世史、罗马史的顾谷宜师，授中国思想史的钱宾四师，授中西交通史的方杰人师，授宋史、唐史的陈乐素师，授中国历史地理的谭其骧师，授中国近代史、史学方法的李絜非师，授中国政治制度史、明清史的陶元珍师，均是一时之选，我们今日犹觉得骄傲。

乐素师系张荫麟师去世后来遵义，他是陈援庵先生的长公子，沉潜宋史二十年，对宋史研究之深，见解之高，在国内无出其右。乐素师为人诚笃，他待我们如子侄辈，爱护备至。他那时与师母及子女住在遵义汽车站附近的楼上,因收入有限,雇不起女仆,师母烧饭,他洗衣。但我们如有需,不管金钱、书籍,只要我们开口,无不立刻办到。他是我的论文导师,我的论文题目为《宋金外交年表》,学校图书资料不够,他将他所藏的全部借给我。初稿完成,他不怕麻烦,逐字逐句指点我。今日我稍知搜集资料,执笔为文,完全拜乐素师之赐。

复员后,乐素师数次来南京,每次来,我都去迎接他。记得有一次,他来南京与他父亲援庵先生见面,他特地把我带去,把我介绍给援庵先生。在这次机会中,我见到中国史学界许多闻人。我每次想起乐素师,心里便有点不安,因为我的宋史早已抛荒十八年了。过去我国史学界倾向于上古史的研究,有一时期宋史也很吃香,目前台湾受美国的影响,又偏向于近代史。国史中,我最感兴趣的,系从宋到清初这一阶段。我立下志愿,想把我的余年用在这段时间上。离开大陆后,久已没有乐素师的消息。愿再见时,我已有东西向他交代了。

(原载谢觉民等:《国立浙江大学史地系成立二十五周年纪念集》,私立中国文化研究所出版部,1963 年)

在“流亡大学”中的锻造

陈述彭

1937 年至 1949 年，由学生、助教到讲师，“我的前半生”主要部分是生活在浙江大学。这正是中国人民浴血抗战的八年，也是伟大教育家竺可桢先生任校长的 12 年，也是我“豆蔻年华”、学习成长的时期。我们追随这所“流亡”大学，辗转播迁祖国西南山区近 3000 公里，在《竺可桢日记》里有着非常详尽的记述。在浙江大学和史地系培养的成千名学生中，我是幸存者之一。在拙著《地学的探索》六卷文集的序言中，我曾经概括记述史地系对我教养的恩情。

“问渠那得清如许，为有源头活水来”。注定命运的关键时刻，则是抗战时期的流亡大学。1937 年，我以同等学力考进浙江大学，竺可桢先生任校长，地学方面的教授阵营盛极一时。教授们系统地讲授地学基础知识，严格地给予野外基本功训练，把我们一大批同学引到了地球科学的殿堂。当时，我们就像闯进了广西、贵州的那些喀斯特洞穴，感到光怪陆离，目不暇接。同学们毕业之后，各奔东西，多有建树；我则被留在学校，当了八年助教和研究生，在老师们的指引和督促下，蹒跚学步，从此开始了探索地学的生涯。

20 世纪三四十年代，是我接受地学启蒙教育的时期。在抗日战争的烽火岁月里，过着流亡大学的艰苦生活。但是，那时学术空气却是那么浓郁！教授们执着地讲授他们经典的地学知识，学生则如饥似渴地接受观察自然的基本功的训练。涂长望教授的大气物理、气象观测和天气预报;叶良辅教授的历史地质和岩石矿物分析;任美锷教授的地形发育旋回和经济地理区位理论;谭其骧教授的沿革地理;张其昀教授的地缘政治;……五彩缤纷,绚丽夺目,从天上到地下,从自然到人文,古往今来,南北东西,向我们展示出地球科学的大千世界,诱导我们专心致志去钻研,忘我地去探索,“天高任鸟飞,海阔凭鱼跃”,从而树立起地球科学大有可为的信念。

本文再就个人一些经历和体验,联想起那些难以忘怀的生活、香喷喷的“粉蒸肉”或北方馒头,为无家可归的学生解馋。这所流亡大学就这样在整个社会的支持和簇拥下,在崇山峻岭间爬行到娄山关下的遵义古城。

仅有的一次,师范学院的学生每人发放了 27 尺蓝色双面卡“救济布”。矮个子同学就自己设计一种最省布的上装和两条裤子,前后可以替换着穿,减少膝盖被磨损。男同学自力更生,钉制木屐、修补套鞋,互助理发;女同学针织毛衣,缝补修改衣服,这类的“蓝领”服务工作,更是司空见惯,不胜枚举。到校外去当家教、做广告,去中学兼课,提供“白领”服务,更是不可多得的美差,甚至个别助教、讲师也一起参加。我在遵义就干过为酱油厂做广告的工作,每星期日工作一天,工资五元,足够支付我和同学晚上的茶馆费和夜宵钱了。

何家巷是一座进深三栋的破院落,也是浙江大学最大的男生宿舍。各院、各系混杂居住在一起,其嘈杂喧闹就可想而知了。中午时分,拉胡琴,唱京剧,以乎“商女不知亡国恨”,而学会、学社非常活跃,墙报、画刊五彩缤纷,救国救亡的文艺宣传纷纷登场。晚上,在黯淡的桐油灯下,何家巷却是鸦雀无声,大家伏在桌子上静静地做功课。费巩教授捐出他的全部工资,为桐油灯加上了玻璃罩,灯光明亮多了,鼻孔不再被熏黑了。但是大宿舍里的自习桌总是不够的,同学们就只好去蹲茶馆,泡上一壶浓茶,占着一角方桌,就着茶馆明亮的煤气灯读书，比宿舍里的桐油灯更亮堂。好在茶馆里贴上了"莫谈国事"的禁令，干预也就不多，茶馆老板对不谈国事、埋头读书的学生，似乎分外关照和欢迎。竺可桢校长能够在阴云密布、山雨欲来的形势下，在遵义山城、在何家巷宿舍，给学生营造了一个短暂的、局部的自由氛围和宽松环境，是多么难能可贵，对我们学生来说，更是多么幸运呵！

后来当上了助教，在遵义古城西南角的山坡上，租赁了一间民房，每天到山下的食堂去吃饭和打开水。过着箪食瓢饮的隐士生活。没有吃饱，星期天自己开小灶，却不慎把桐油当菜油，落得个上吐下泻好几天！病了，也并没有医疗保健。1947 年夏天，我由于劳累过度，忽然尿血，不得不去医院切除右肾。向亲友们借贷了八两黄金，直到 1954 年才清还。养病的奶粉之类的营养品全是同学们送来的。史地系老师们非常照顾，让我躺在床上汇编《遵义新志》，不用上班。竺校长还亲自来助教宿舍看望，手里捧着一本名人传记，鼓励我说德国有位大科学家也切除肾脏，活到了 70 多岁，鼓励我要坚强地活下去。我就是继续在竺可桢校长的教诲和指导下，从 29 岁至今，又快乐地工作了 50 年。

竺可桢校长在浙大期间，多次用孟子的箴言教导我们："天将降大任于是人也，必先苦其心志，劳其筋骨、饿其体肤、空乏其身，行拂乱其所为。"回顾血与火的岁月，正是在图上构造、地貌、景观的特点，掌握大量典型的案例，后来我不仅在接替"中国自然地理"和"地图学"课程的时候，比较得心应手，而且编绘"中国地形鸟瞰图集"、研究中国地图概括的区域指标的时候，分析判读航空、卫星相片的时候，都有"似曾相识"的感觉。

我也尽可能多选习一些历史学的课程。张荫麟教授的中国通史、陈乐素教授的宋史、顾谷宜教授的世界通史、王庸教授的地理学史、张其昀教授的"中国历史上伟大的教育家"等，都使我们大开眼界,诱发了我对科学史研究的浓厚兴趣。在王庸教授指导下,帮他编写《中国地图学史》,狗尾续貂,负责鸦片战争以后的近代史的两章。后来自己扩展到世界地图史的研究,推动中国古地图集、国家历史地图集的编纂以及测绘科学技术史的研究、地图学十二年规划的制订,都有赖于当年极其微薄的历史知识和史学方法。最近又想努力推动遥感考古和我国"数字城市"的本土化的研究,更感到历史知识和史学方法的功底太差。感到当时身在史地系,而历史学得太少,非常遗憾。

史地学系的优势,是对时间和空间的统一与同步以及对人文和自然关系协调发展的综合研究。从现代的观念来看,史地兼修是有助于系统分析、动态分析与可持续发展的研究的。正是地球系统科学所必需的综合观点和系统方法。博古通今,有助于把万年为尺度的地质演化的历史和几千年、几百年与几十年的史前文化和近、现代环境变迁以及全球变化衔接起来,古为今用,对未来作出预测和预报,有利于提高科学预测和决策的可信度。史地系的课程,不仅给予我知识,更重要的为我建立起时空尺度和概念打下了初步的基础,使我至今在研究卫星遥感对地观测、应用全球定位系统数据、建立地理信息系统网络等高新技术手段时,能够在脑子里比较准确地把握时空尺度和建立时空模型。

学海无涯,科学知识是永无止境的,掌握科学方法和科学精神是至关重要的。史地系的课程比较多,知识面比较宽,职业性的适应能力是很广的。就我在师范学院史地系的十位同班同学来说,蔡锺瑞后来成为工程地质专家,宋铭奎成为水利总工程师,孙盘寿、杨利普在科学院从事地理科学研究工作,刘淙弼在社会科学院从事历史制图工作,钱炜、詹溶庆坚持教育工作,成为优秀模范教师。他们就业之后,触类旁通,举一反三,把本科时期的知识,融会到他们的事业或学术中去,都聚焦形成自己闪光的亮点。我临近毕业的时候，由于选课很乱，系主任煞费苦心地一门又一门彼此替代，教务处高抬贵手，才算勉强通过。回想起来，我似乎是在按照自己的意愿锻造自己。我选习了许多工具课程，如数理统计方法之类，减少了一些知识性课程，如世界地理等。

“中国地形鸟瞰图集”的彩绘手稿，也是我在浙大史地系工作时期完成的。它的地球三维立体显示的设计，也是从制作全国立体模型得到的启发。1998 年，美国地理学会颁发了奥·米纳地图学金奖，Robinson 与我并列。就是由于我们各自代表东西半球，先于 Appollo 遥感图像而鸟瞰地球这一比较新颖的构思。

地图编制是一项跨学科的系统工程，需要许多学科的支持和合作。在史地系的学习和工作环境中，使我深刻认识到个人知识和能力的局限性。必须学会尊重知识，尊重人才，尊重不同学科的专家，学习他们的长处，发挥他们的才能，才有可能发挥自己的优势。也许这就是团队精神的思想基础，也是在浙大史地系学习和工作中体会最深刻的一点。记得有一次我代表叶良辅系主任去出席理学院分配经费的会议，苏步青、王淦昌等老教授在座。贝时璋院长首先声明：地理系是新系，来的又是助教，预算也比较少，大家照顾一下，优先通过，然后其他各系再商量如何分配。老前辈对新学科的宽容和扶持，给我留下了非常深刻的印象。“团结协作，才能事业有成”。

助教的工作是最基层的、最实在的。我在史地系毕业后留校的八年中。不仅仅是学到了许多知识、技能和方法。更重要的是学会做人，学会尊重知识，尊重人才。不仅是要向老前辈学习，还要向青年同志学习，向自己的学生学习。活到老，学到老。我在 50 岁以前主要是搞地图，60 岁以后补修了两门新课程，一门是遥感应用，为地图生产开拓新的数据信息资源；另一门是地理信息系统，让地图进入空间时代和信息社会，适应全社会数字化的潮流，适用电脑技术日新月异的进步。和大家一起,去推进“数字地球”的本土化,发展地球信息科学。

“科学事业的梯队像一支永远前进的雁阵。”或许是出于信念和本能,或许是一种职业习惯或默契。前辈师友曾经带领我们学会飞翔,呕尽他们的心血,分享他们的余荫,自己也就感受到了历史的使命,勇敢地去探索,最大限度地减少对年轻一代的压力和阻力。直到自己精疲力竭,再退到阵列的后面,尾随着大伙儿继续前进。“春蚕到死丝方尽,蜡炬成灰泪始干”,光明和希望寄托于青年和未来。浙大史地系十二年的生活、学习和工作,使我终生难忘,终生受用不尽。

(原载谢觉民主编:《史地文集》,浙江大学出版社,2007 年)

恩师难忘

——琐忆在浙大的学习与毕业后的工作

（节选）

杨竹亭

缘　起

在太平洋战争爆发那年冬天我在遵义总校的大教室里，听了一次顾谷宜教授作的关于“太平洋战争爆发后的世界形势”的报告，十分精彩，令人佩服不已。自从那时候开始，我就想转系到史地系去，很想多听听史地系教授们的教课。

我们浙大的老校长竺可桢是我国地理和气象两科学之父。是他最早把这两门科学引入到我们中国来，并且培养了一代又一代的杰出专家。史地系主任张其昀教授，是竺校长在南京高师担任地学系主任时期培养的第一代门生弟子。竺校长来浙大以后，很快就于浙大文理学院设立了史地系，并委张其昀教授为系主任。以后文科与理科分开来，成了两个学院，史地系被划分在文学院内。

文学院院长梅光迪教授是五四时期学衡学派的领导人，学衡的八字宗旨“阐扬旧学，灌输新知”是符合中国国情的，但受当时白话文运动的过激影响，而受过一些人的攻击。但是他的这种学术主张,为竺校长所采纳。因此,在浙大文学院培养出来的学生,都是中西文学兼长和古文与白话文都会应用的“求是”学人。在我当年投考大学时,中学里的老师告诉我们说:你们如果要报考中大和浙大,写作文时,一定要用古文去写。如果考西南联大等原来在北方的大学,一定要用白话文去写,否则你就吃亏了。这就是各个大学的文风。

张其昀教授是一位历史和地理兼长的著名学者,他在人文地理学上有很多著述,而且是这一领域的创建者和领导人。同时,他又是一位著名的历史学家,著述了许多历史书籍,著名的《中文大辞典》和《中华百科全书》等大部头书都是他主编的。其中的历史和地理部分,都由他亲自编辑。晚年在台湾还编撰出版了《中华五千年史》。他是我国近代历史和地理学界的一代名师。

浙大史地系是一所“藏龙卧虎”之地

我是由师范学院理化系转到史地系的,按学校规定,凡要求转系的学生,还需经过双方系领导的同意。那时候,史地系主任张晓峰(其昀)先生已去美国讲学,代主任李絜非先生不能做主,说要在系务会议上讨论决定。有一位同乡同学姚宜民兄,陪着我去拜访史地系的各个教授,要求他们在系务会上讨论时能接纳我转去。当时会上决定:“必须各门功课在70分以上,而且还要再参加一次大学入学统一考试,其历史和地理这两门课的成绩,都必须在60分以上。”否则就不能转系。所以我在这一年暑期里,又参加了一次大学入学的统考。在及格以后,才正式算史地系的学生。

当时,史地系是由历史和地理两大学科部门组成,系里的同学对历史和地理的课,都要选读。到高年级时,才能侧重一方。史地系里，还分有中国史、西洋史、地理学、气象学、地质地貌学和中国历史地理学等各个专业。这些专业，都有一位著名的教授把关和指导。

史学组是由张荫麟教授把关，他因教我们唐宋史和魏晋南北朝史等而著名。他在清华大学读书时期，师从梁启超、陈寅恪等名家，获清华公费留美，入斯坦福大学研究院获哲学博士，所以也是一位中西文化和文史兼通的学者。著有《中国史纲》一书，在学术界评价很高，公认为既是文学名著又是史学的不朽之作。张老师后来患有晚期肾炎，不能登台讲课。凡要选他课的学生，去他宿舍里，听他讲课或指导学生阅读和应用参考书籍，进行自学。每次上课要学生交出阅读笔记，由他批阅。他一次指定的参考书计有《通鉴纪事本末》《晋书》《魏书》《南史》《北史》《周书》《北齐书》《宋书》《齐书》《梁书》《陈书》等十多种，并规定《通鉴纪事本末》必须熟读，且要做详细的笔记。这些笔记都要经他批改后评分，真像历史研究所里的导师去指导研究生一样。被指导的学生，通过这一学年期的阅读和指导，会学到很多历史知识和懂得研究方法，去掌握这一朝代的历史知识。与张老师同住一起的，有一位姓叶的土木系同学，张老师常托他去图书馆借书还书。叶同学知道张老师来遵义时间不久，但是张老师却能背得出图书馆中的全部古典书籍放置的位置。为了好奇，叶学长故意问他："你怎么会背得出这么多的书，放在什么地方？"他回答说："我自幼喜欢读历史，对于唐代以前的有关史书我都看过。我非但知道浙大图书馆的史书放在何处，就连清华与西南联大的史书，放在何处，我都知道。另外，这些史书的篇章次序我都能记得，所以要用何篇文章时，不必去翻阅全书，只要说出何书在何处，第几卷，就可以了。我指导学生研究历史，也只要直接告诉他们什么书，大概哪一页，不会错。"他撰写《中国史纲》时，每写一个朝代，都是把这个朝代的名著进行反复的阅读、背诵和体会,待到吃透这篇文章的思想精神和时代背景以后,才去动笔撰写。有一次姚宜民同学前去问他:“为什么要去背诵这些名篇呢?”他说:“要撰写历史,必须身临其境,并要求对这个时代有一个非常彻底的了解。我背诵这些名篇,是希望把这些名篇变成我的思想和语言,然后再去应用它,这时的文章内容就成了我的语言文字了。只有这样去做,才有独到的见解。”可见他治学之严谨。可惜不久,张老师病笃去世,年仅37岁,全系师生都十分悲痛。当时史学大师陈寅恪教授闻此噩耗后,也悲伤不已,深为张老师的早逝而叹息。

陈寅恪大师推荐陈乐素教授来浙大

张荫麟老师去世以后,竺可桢校长想请陈寅恪教授来浙大任教,因为他要医治眼疾,遵义无此条件。后由陈寅恪教授介绍了另一位唐宋史专家陈乐素教授来接任。陈先生也是一位杰出的史学教授。

陈乐素教授是史学前辈陈垣先生之子。陈垣先生是我国自学成才的著名史学大师,他自幼就熟读古典文选,后又按照张之洞《书目答问》开列的学习古史文献目录,按目录顺序把几百册古书全部读完。此外,他还购买了一部二十四史,潜心阅读。陈垣先生以擅长元史、宗教史考据而见称于世。他在新中国成立后,曾任北京师范大学校长兼中科院历史研究所所长等职。陈乐素老师自幼受其父影响,熟读中国史书。于1918年遵父命去日本,进明治大学攻读政治经济学,研究日本历史和帝国强盛之道。他为了研究历史,在课余之暇,还常去日本各大图书馆抄书,专门抄录日本在历次侵华战争中所掳去的中国古籍和日本历代学者对中国历史的研究。

陈乐素老师为人诚恳踏实，平易近人。教学时条理清晰，容易笔记。初来浙大时，专为史地系本科生开设唐宋史和日本史两门课，讲述周详，内容充实，且富新意。同学们都喜欢听他的课，在课余之暇，还教我们如何收集历史文物，如何鉴别考证各种史实和如何去组织材料去写文章。这种治学方法对我们学生吸引力很大，所以选他课的学生也越来越多。以后他又为高年级的学生和研究生开设“中国目录学史”“宋史专题研究”“避讳学”“校勘学”等多种专门课程。因此，不少选读中国历史的同学，都喜欢请陈老师为自己的论文导师。有些同学在毕业以后，又考进史地研究所，进一步地潜心研究宋史。所以浙大培养出来的宋史名家很多，而且大都是在这时候由陈老师开始精心培养出来的。

我选读过陈乐素老师的唐宋史。他的课，不但系里的同学喜欢选读，不少校外的教师、店员和本校职工也都前来旁听，真如孔夫子所提倡的“有教无类”儒家风尚。星期日我去他家中拜访，见他书房里坐着好几个旁听生前来请教。陈老师不因他们是旁听生而有所异别，而是热情地接待并回答他们提出的各种问题。在谈话结束以后，他还亲自带我们走后山去看城北的城墙并讲述这城墙内外所发生过的历史故事，即景述史，兴趣特浓，令人印象很深。

陈老师家中人口较多，而收入常不足以维持生活。再加上抗战时期，物价不断上涨，而教师工资总是打折发给，所以生活十分清苦。有一次我与老师的助教徐规先生听完陈老师的课后，路过新城丁字口时见陈师母在那里摆地摊，出售家中衣物，凄婉之状，令人鼻酸。徐规先生对他家里情况最为了解，他对我说：“因为乐素师没有钱交学费，所以他的长子智超只好停学留在家里，由师母教他功课。”此事给竺校长知道了，决定把中英文化学会的两份困难教授补助金（英镑，数目不小）批给陈老师一份。可是陈老师坚决不肯要，他说："我何德何才，受此巨款，请考虑其他教授吧！"坚决不肯接受这项补助（吕东明兄告诉我说，那时期除了陈寅恪送给他的那套西装以外，其他值钱的东西几乎都卖掉了）。我毕业那年，陈师母（姓洪，留学法国学医，吕东明兄称呼她洪医生）到我宿舍来叫我晚上去他家吃饭，并且说："一定要来，老师要为你饯行。"傍晚时我去了，见满席丰盛菜肴，惊惶不已，且深感不安。陈老师家的经济情况不佳我早已知道，联想起那天"师母摆摊"的情况，更令我无法下箸。席间，老师对我说："每一个做学问的人，一定要寻找到自己的'原子能'，然后要充分发挥你的能量，像原子弹爆炸那样，对社会发挥最大的作用。"又说："一个历史工作者至少要掌握两门外国语言文字和熟读'三通'（《通鉴》《通典》《通考》），在这个基础上，再去不断充实和提高，长此以往，才能有所作为。"此外，他还向我介绍了日本执政的主要军阀的历史和特点，指出这些军阀的内部矛盾很尖锐，日本外强中干，是难以持久的。老师的语重心长，我至今难忘。

不久日本投降了，我回到上海，在浦东的三林中学教书。

在人民解放军渡江占领南京，上海尚处围困之时，我从上海越过封锁线到了北京。因闻陈老师的父亲陈垣先生在解放后的辅仁大学任校长，且是北京学术界著名的民主人士。因此，我以陈老师的学生名义去拜访他，他接见我后，非常诚恳地对我说，来到解放区后一定要先找个地方去学习，没有学习过的人是找不到工作的。于是他替我写了一封介绍信，要我去拜访黄炎培先生，后来由统战部分派我进了四野的南下工作团学习。今天我能享受离休待遇，是与陈垣先生的引见分不开的。若干年以后，我闻乐素老师在广州的暨南大学执教，在他八十华诞之时，我写信前去庆贺，他寄给我上、下两册的《求是集》。我如获至宝，能够在数十年后，再次拜读老师的著作，实属不易，太幸福了！

历史地理学家谭其骧教授

我们史地系有一门把历史和地理二者密切结合在一起的学科，名曰历史地理学，是人文地理学的一个重要领域。开设这门学科的教授是谭其骧（季龙）先生，他在少年时期曾考入中国共产党早期领导人恽代英等创办的上海大学，读社会学系。在校时加入中国共产主义青年团，参加过上海工人第三次武装起义。后转学到上海暨南大学中文系，最后在暨大历史系毕业。1930 年去北京，进燕京大学研究院，受潘光旦教授影响，选中国移民史作为研究课题。1931 年秋，选读了顾颉刚先生讲授的《尚书》研究课。在讲到《尚书·尧典》的写作时代时，谭先生认为顾老师印发的《汉书·地理志》讲义中列举的证明有误，这不是顾先生所说的西汉制度，而是东汉的制度。于是师生之间开展了一场关于州制的讨论。那时期谭先生才 20 岁，尚是个不知名的青年，而顾老师却早已是闻名海内外的著名教授了。但是顾老师一向虚怀若谷，从不以权威自居，他希望学生们都能畅所欲言，就把问题深入讨论下去。

这场讨论，解决了两千年来一直没有解决的汉武帝十三刺史部，王莽十二州以及传说中的虞舜十二州等问题。而且在这次讨论的基础上，顾老师还写成了著名的《西汉州制考》。这场讨论过后，谭先生对人说："由此使我对历史地理学发生了浓厚的兴趣，同时也提高了我做研究工作的能力。"顾老师对谭先生非常赏识和器重，他在 1934 年 9 月给胡适（当时北大的教务长）的信中写道："我北大课已由谭其骧君代，让我可以多陪家父几天尤感。他对于地理的熟悉，真可使人咋舌。任何一省，问他有几个县，县名什么，位置怎样?都能不假思索地背出。对于地理沿革史,夙有研究兴趣……看《禹贡》半月刊、《史学年报》、《燕京学报》诸刊物所载可知。他在燕大研究院毕业生中,应列第一。"为什么季龙先生对地理的地域、地名等如此熟悉?他后来对人讲过,儿时在家里与兄弟们玩游戏时,尝以背地名争胜负。所以他对地学之爱好,在幼年时期就具有了。

1932 年春,北京各大学要开学了,而辅仁大学历史系担任中国沿革地理课程的柯昌泗先生因故不能到校教课,这是二年级的必修课,而北京又找不到能胜任此课的教师。校长陈垣先生十分焦急,幸有谭先生的老师邓之诚教授引荐谭先生担任。那时先生年仅 21 岁,且还未从研究院毕业。可是他信心十足,教得很好。自那以后,在北京(当时称北平)的几所主要大学历史系的沿革地理课,就由他一人包办了。

1940 年冬,谭先生来浙大,先在湄潭县永兴场一年级分校教中国通史,后到遵义总校史地系开设中国地理沿革、中国史学史等课。史地系的史学组同学和研究生都必须选读这些课,印象很深,同学们都佩服他的才华和独到的研究成果。西洋史教授顾谷宜先生素闻谭先生在中国沿革地理上的成就,也向谭先生提出要求,去他教课的班上,做一个"旁听生",向谭先生学习。于是同学们对先生更加敬重。以后不少史学组毕业的同学在大学里教课,也都开设过沿革地理学,编写过中国历史地理沿革地图,这些学术上的贡献,全与谭先生当年的教导有关。所以在新中国成立后,历次历史地理的国际会议上,都会有浙大校友从世界各地赶来参加,而谭先生常是大会的主持人。

谭先生在我国学术上最大的成就与贡献,是为国家主编了《中国历史地图集》这部大型图集,有八大册,304 幅彩图,包括自原始社会到清代末期的历代山川、城邑的位置、沿革、变迁,详尽地反映了我们这拥有五千年历史、多民族统一国家的发展过程。它为研究历史变迁、疆域变异以及地貌、气象、民俗等情况提供可靠的资料，也为当今国家的国防、经济、外交等各方面，提供了极重要的历史依据。谭先生为此工作，真是倾注了后半生的心血。这部图集中，单是山川、城邑的名称就有7万多个，而每一个地名的方位变化，名称沿革与地图上的定位、定点，都经谭先生亲自考证审定。尤其可敬的是，图集的定稿是在先生大中风、半身瘫痪，手都难以握笔的情况下完成的。学术界把他的这些巨编誉为20世纪的《水经注》，具有重大的历史意义。他在八十寿诞之时，出版了一本《长水集》，把毕生的重要文章都集中在一起，曾赠我一本。长水是他祖籍地嘉兴的古名，是不忘先祖和故乡。悠悠长水，长年流淌，滋润着大地，犹如他把毕生心血都献给了人民。他的学生葛剑雄教授说："谭其骧的名字已经与中国历史地理学这门学科紧紧地连在一起了，任何一个想学习或研究中国历史地理的人，都将离不开他的著作，都将是他的贡献的受益者。"

西洋历史教授顾谷宜先生

顾谷宜先生与著名革命家陆定一是同乡同学，一同考进了上海南洋大学(今上海交通大学)读电机系。两人先后担任过学生会主席和上海学联会主席，参加过上海五卅运动，并参加了中国共产党，以后又先后去苏联进莫斯科中山大学留学。陆定一毕业后就回国并参加了红军长征，而顾先生毕业后考入国家研究院，继续研究经济学和经济地理学。到研究院毕业以后，才从西伯利亚经符拉迪沃斯托克乘海轮回国。不意在轮船上被国民党特务盯上了，所以到了上海口岸就被捕了，很快被押解到南京去，关在老虎桥监狱里。经顾先生的父亲请了无锡著名乡绅会同国民党要人吴稚晖出面力保,方被保释。出狱后先在东南大学(中央大学)理学院地学系教经济地理学,后受聘浙大教经济学。到浙大史地系成立以后,就一直担任西洋历史教授。

在史地系的教授之中,选读他课的学生最多。因为文理、师、法各个学院的学生都需选读这门课。再者他善于演说,经常在学校大会上作时事形势报告,给许多同学留下了深刻的印象。所以工学院的学生也都愿意选读顾先生的课。在遵义时,有位学生会的主席支德瑜同学,也因听了顾先生的演讲以后,去选读西洋通史课。50 年后,我们在杭州母校聚会时,他还念念不忘顾老师的教课。系友毛昭晰学长告诉我说,他在 60 年前考取龙泉浙大,读中文系,第二年开始时(1946 年秋)浙大总校迁回杭州,转入了史地系,攻读的课程主要是史学。在史学方面的课程中,最受同学欢迎的是顾谷宜先生讲的西洋史,他讲的课讲得非常好,所以从二年级到四年级,先后修习了顾先生开设的“西洋近代史”“法国大革命史”“英国史”和“西洋史学名著”等课。顾先生是终生难忘的老师。毛学长后来在杭大历史系开设过多门世界历史,是认真运用了顾先生的治史方法和生动的教学方法去教育学生的,学生们都受益匪浅。

我是听了那次顾先生作的“关于太平洋战争发生以后的世界形势”以后,才决定由师范学院理化系转入史地系的。所以对顾先生开设的课,我都认真选读,直到毕业。我读过顾先生开设的“西洋通史”“西洋近代史”和“法国大革命史”等课。其中对“法国大革命史”的印象最深,我常常联系顾先生的教导去分析每一个历史阶段的时事政治,很有帮助。顾先生是浙大在遵义时期唯一的西洋史教授,又是一位富有革命历史经验的史学家。

他是以他的实践经验去分析探讨历史,他的许多至理名言,会使你终身受益。我从浙大毕业以后，一直在中学里教历史和地理，经常用顾先生教我的时事政治分析方法去研究当代的历史，到一定时期，就向学生们作一次时事形势报告，学生们都非常喜欢听。抗美援朝时期，我的班级报名参军的学生最多。我教过的学生里，许多选考地理、地质等专业，还有不少人进了外交部。

记得当年费巩先生去复旦大学讲学前，我去费先生住处拜访。那时我问过他：此次离开浙大为时有多久，去向何处，何时可归？先生说：这次我利用休假一年的机会，一是去复旦大学讲学，二是想在重庆调看几个部里的档案，如教育部、外交部等，做一些研究。那时期我们都知道，这些部里特务如麻，他们怎么会允许你去调查他们的档案呢？结果费先生到了重庆后不久就失踪了。为了此事，我专门拜访了顾先生。他对我说：费先生离校以前，来我家进行了一次长谈。我与他详细分析过重庆的政治形势，并对他说，既然黄炎培要你去参加他们的活动，你一定要他在一次重大的集会上，把你介绍给那些著名的民主人士。然后你要去参加所有的政治集会，而且要不断发言。要像罗隆基那样，几乎天天在报上都能看到你的名字。国民党特务不敢逮捕名气响亮的学者，但也不会去捉那些没有地位的人，要抓就要抓那些有点名气却还没成气候的人。这次费先生到重庆后，我只在报上看到他参加过一次政治集会，以后就见不到他的名字了。最后在重庆《新华日报》的“对时局进言”签名上看到了，有他的签名，这就有可能被国民党注意上了。其实那次签名活动除了郭沫若等著名活动家以外，不少书店的店员和社会上的文化人也都签了名，有一位在桂林工作的校友是签了一个笔名，所以特务想抓也不容易。费先生要去重庆教育部调看档案时，教育部部长陈立夫趁机请他吃饭，企图拉拢他。费先生当然不会去参加，结果先生失踪了。最后是被他们抛入硝镪水中，连尸骨也找不到了。可惜当年费先生没有听进顾先生善意的形势分析,以致遭到了如此的不幸。

竺可桢校长对顾先生最了解,远在竺校长担任东南大学地学系主任时,就能聘用这位刚从陆军监狱里被放出来的苏联国家研究院毕业的留学生来当经济地理学教授,是很不容易的。在浙大迁回到杭州以后,正值学生民主运动高潮时期。那时候,竺校长要去欧美各国参加各种重要学术议,估计出国需要半年,怎能放心学校?最后决定请顾谷宜先生出来担任训导长,他在自己的日记中写道:"渠(指顾谷宜先生)比较能得学生信任,且余将出国半年,故渠能担任,则余可较安心,俶南(谷宜)允再考虑。"(1946 年 10 月 26 日)这是因为顾先生在交大读书时期,领导过学生运动,了解学生们的心理,以后又长期研究西洋的革命历史,是一个既有理论又有实践的教授。他出来担任当时的训导长,是最佳人选,可是当年有些同学对他担任训导长和出于安全考虑劝学生们不要上街的做法,不太了解,而对他产生不满,说他不应该劝阻学生上街游行,这是阻止学生革命的行为。

"文革"初期,我曾去华东师大拜访过顾先生,并直白地问过他:"在当时的形势下,谁都知道国民党必垮,而共产党必胜。先生为什么要担任对自己极为不利的训导长呢?"他回答说:"我岂不知自己的历史和地位?但是你也应该知道,那时期竺校长是在那样复杂形势下,一个人坐在围城之中,是如何去应付他们,是何等困难!在这样的局势下来找我,要我帮助他,为他分忧,我怎能拒绝?我明知担任训导长对自己不利,但是我不能只想着自己。我也知道劝学生不要上街,因为太危险了!也一定会遭到学生的反对或不理解,可是我只能这样去做,换了任何一个教授,也一定会这样去做的。"事实上当时国民党真的逮捕了许多学生,而且把学生会主席于子三关在牢狱中并将他杀害了。据参加运动的毛昭晰学长告诉我说,当时的地下党也已发现国民党特务会动杀机,并派学生会负责人于子三等骨干进行劝阻,但在群众情绪高度兴奋时,是谁也阻止不了的。正如顾先生教我们法国大革命史时所形容那样“都疯狂了!”但那时顾先生还冷静地帮助竺校长,去监牢时帮助校长分析,且肯定地指出于子三是他杀,绝不是“自杀”。接着建议校长在杭州和南京召开记者招待会,向社会宣布事实真相,争取舆论支持。结果使全国的学运又推向了另一个高潮。顾老师后来到上海,在沪江大学和华东师范大学等校执教。

地理部的老师们

浙大史地系的地理部是全国著名的系部,因为竺可桢校长是我国地学的创始人。全国著名的地理学家,绝大多数出自竺公门下。他的两大门生,一是胡焕庸教授,留在中央大学担任地理系主任,该系的教师都是他的第二、三代门生。竺校长每次去重庆时,总是抽点时间去那里看看。胡焕庸师曾告诉我说:“不少教授因为不满意罗家伦(校长)的思想作风,是我把他们介绍到浙大去的,例如吴文晖、张德粹等教授。”在学术界有一句戏言:“要想做官的到重庆去! 想做学术研究的去浙大。”竺校长的另一位大弟子,是张其昀(晓峰)先生。竺校长把张先生聘请来浙大,创设史地系,是竺校长在地理气象学的科学事业上的另一个大贡献。

张其昀先生来浙大以后除了聘上面所提的著名历史教授以外,在地理、气象、地质、地貌等方面也聘请了全国一流的学者前来任教,其中有著名的教授如黄秉维教地学通论和植物地理,沙学浚教国防地理,任美锷教自然地理和区域地理等。其中最应该提到的教授,是叶良辅和涂长望。因为他们教过的学生最多,而且在中国学术界的影响最大。在中国科学院地理所和气象所中,绝大部分的院士是他们两人辛勤培养出来的。

中国近代地貌科学的奠基人叶良辅教授

叶良辅(左之)先生是丁文江的得意门生,少年时期在上海南洋中学求学时,丁文江先生在这所中学教书。因为叶先生成绩优异,受到丁文江先生的赏识。1913 年叶先生高中毕业时,恰逢丁文江先生受聘于中国工商部新设的地质研究所,且任所长。这是中国历史上第一个地质研究所。为了培养中国第一批地质人才,就在这年暑期开设一个地质班。叶先生奉丁先生之召前去报考,这也是我国历史上第一所地质专门学校,谢家荣等我国地质学前辈都是在这第一期的毕业生,而叶先生是毕业成绩第一名。过去中国地质图全是清朝政府聘请洋人调查绘制,错误很多。丁先生决定用这些学生作为骨干,自己进行野外实地调查,把这 10 多个青年分成七个组。先在北京西山进行全面的地貌地质测量,由叶先生带队,完成任务后再由叶先生总结。丁文江先生对他的工作十分满意,以后的许多地质调查工作,常常委叶先生负责去完成。

1920 年,地质所公派叶先生去美国哥伦比亚大学地质研究所深造,由于经费的限制,叶先生在该校获理学硕士学位回国。他在美国学习期间,除了努力学习和提高地质科学的专业知识以外,还主动去开辟第二专业的地貌学,所以又向约翰逊(D. W. Johnson)教授潜心学习地貌学。这对中国地貌学的引进和开创,起了非常重要的作用。方今我国著名的老地貌学家,几乎都是他培养出来的。

叶先生回国后,曾在北京大学任地质系教授。1927 年,又应广州中山大学之聘,任该校地质系主任。到 1928 年,中央研究院成立地质研究所，所长李四光请叶先生前去担任该所研究员。因为叶先生在地质科学上有着许多杰出的贡献，在1935年他当选为中国地质学会的理事长和中央研究院的评议员。

叶先生在中央研究院工作达10年之久，在这个时期内他在全国各地进行了大量的野外实地调查，刻苦耐劳，为了取得第一手资料，不分季节、不怕酷暑与寒冬，到各地奔走。其丰硕的研究成果，深为国内外学术界所推崇。地质研究所所长李四光因受其英国老师之聘，要他去英国讲中国地质学，离开之时，委请叶先生代理地质所所长之职。不料树大招风，为中央研究院内地质界另一位实力人物（翁文灏）所妒忌，使他难以开展工作，不得不在抗日战争爆发前夕，向院方称病提出辞职。

叶先生离开地质所以后，因情绪不佳，加上长年累月的超负荷工作，导致劳累过度。所以在辞职以后，身体确已十分虚弱。经医生诊断，说已染上了肺结核症，因此就回杭州的老家调养。不久抗战爆发，杭嘉沦陷，叶先生又搬家到诸暨乡下避难。1938年，竺可桢校长得悉先生困守乡下，就聘请他来浙大任教。同年4月，叶先生携家带眷至江西泰和，后又随校到广西宜山，最终定居在贵州遵义。

来浙大以后，叶先生主要开设地质、地史、地貌等课。中国地貌学界的绝大部分专家人才，都是这个时期他在遵义培养出来的。留美匹兹堡大学地理学著名教授谢觉民学长对我说："在北京中科院地理所参观，得知地理所的学部委员（后改称院士）中绝大部分的学部委员是浙大史地系的校友，而且全是叶先生的学生。"可见先生在我国学术上的贡献了。所以有人说遵义是我国地貌科学的摇篮，此言非虚。

我选读过先生的地质学课，那时候他因病已不能在教室的讲台上为我们上课了。那时正值抗战后期，物质条件更差。且他家人口很多,师母没有工作,四个孩子都是小青年,要上学,他的营养得不到保证,所以常常生病,不能去教室上课,我与几个同学就到他家里去听课。那时候,我选的学分正好不多,所以总是在课后留下来,帮他做点事。如他病了,我替他去请医生;需要什么药,就替他去市上购买。李天助校医在老城开了一家小药房,每次去时,知道我是为先生买的,所以收费很少。有一天,叶先生告诉我说,已决定把那个刚毕业的儿子送到四川自贡盐矿公司去做工人,因为没有条件供他升学了。又说:"就是把书读出来了,也不一定能养活一家人。"他既病又贫,还要上课教学生和指导研究生搞研究,太不容易了。

叶先生的一生,最重视实践。常对我说,描述的科学是不全面的,我们必须重视实践。搞地理和地质的人,必须重视野外观察。只有取得了第一手实践资料以后,才有发言权。他的这种重视实践的思想方法和工作方法,对我们广大同学影响很大。

抗战胜利以后,浙大迁回杭州。那时叶先生工作已满 8 年,按规定可以休假一年。然而先生只是暂停上课,而学术研究和指导研究生等工作还是照常进行。一部 10 万余言的《地质学教本》就是他在这个时期编写出来的,另一部《地史学》也是在这时期完成了大部分。到了第二年休假期满,他又带病上课,从此他再也没有时间写作了。

涂长望教授是我国气象科学上的长庚星

如果把竺可桢比作气象学领域里的太白星,那么涂长望先生便可比为长庚星。他们两个人,对中国气象科学的创立和发展太重要了。涂先生是汉口市人,生长在一个传教士家中,而且读书的小学、中学和大学，也都是洋人办的教会学校。但是他厌恶洋人。在小学读书时期，他被洋牧师打过。为了报仇，他把那洋人养的狗打得几乎半死。他在上海沪江大学读科学系时，除了必修数理课外，还选修了著名地理学家葛利石开设的地理学，从此对地理学也产生了兴趣。1930 年他荣获教会大学系统的出国留学生公费奖学金，去英国留学。先入伦敦大学政治经济学院，研究经济地理，次年又转入英国帝国理工研究院专攻气象科学，从此他决心把一生献给中国的气象科学事业。

20 世纪初叶，挪威航海家根据渔业发展的需要，广泛地在各处建立起许多的气象站。在这个基础上才有气象学家根据资料进行气团和锋面的分析，从而提出了气旋生成的波动学说和建立了气旋的模式，使天气学进入近代气象学的研究阶段。20 世纪 30 年代后，西欧许多国家也不断增加气象台，特别是高空气象资料的不断获悉，许多新事物的发现和新理论的建立，使气象科学的发展进入了一个新的历史时期。英国的沃克、苏联的牟尔坦诺夫基和德国的鲍尔，成了三大气象学派。他们在丰富的天气图分析基础上，对大气环流长期演变的规律进行了概括，奠定了近代长期天气预报的基础。涂长望先生在帝国理工研究院跟随沃克教授学习长期气象预报。年迈的导师对这个聪明、勤奋和好学的中国青年非常喜欢，把自己多年研究的经验，热心地授给了这位中国学生。涂先生潜心学习并结合中国气象资料，写成了具有独到见解的论文《中国雨量与世界气候》。这是一篇出色的高质量论文，不久被收在《英国皇家学会论文集》中。涂先生也被推选为英国皇家学会的会员，并因此文的发表获得帝国理工科研究院的硕士学位。

涂先生在决定写这篇论文以前，必须搜集国内的气象资料，就写信给竺可桢校长要求帮助。竺校长在获悉他的学习和研究情况以后，十分高兴。他把国内的研究动态和有关资料及时寄去，以满足涂先生的需要。而涂先生也出于对竺公的尊敬和对祖国的热爱，把国外的许多科学成就，不断地介绍给竺校长作参考。由此，他们通信不断，相互的了解也不断加深。

1934 年时，竺校长鉴于国内的需要，电召涂长望先生说："现在就回国吧！气象研究所请你担任研究员。"这是一张从祖国发来的电文，代表祖国的召唤。他原想在完成了博士论文以后再返回祖国，但是等不及了，只好中断博士论文的研究，提前回国了。

1939 年，浙大史地系需要聘请一位气象学的教授，竺校长就请他来担任。他接聘以后，于是年 4 月离开重庆的北碚气象研究所，到宜山浙大来任教。不久又随校去遵义，不料在旅途中患了伤寒。因无钱治病，只好忍痛把心爱的打字机和望远镜都卖掉了。到达遵义以后，尽管那时的物质条件很差，但是他对浙大的学术环境和学习气氛还是满意的。许多后起的著名气象学家都是在遵义这个学习环境中培养出来的。

1943 年秋，他在重庆中央大学任教，这时期正值全国民主运动的高潮时期，他热情地投入这次运动中去，与梁希、金善宝等民主教授一起组织大学教授参加民主运动。1945 年时，他们发起成立"中国科学工作者协会"(即今中国科技协会的前身)，他在草拟好会章后，先寄给竺校长看，请他提意见。协会成立时，推竺可桢任理事长，李四光任监事长，他自己担任了这个协会的常务理事兼总干事，实际上他是这个组织的总负责人。在协会成立的这一年年底，他代表中国科协去英国伦敦出席"科学与人类福利"的国际会议。大会号召全世界科学家团结起来，利用科学造福人民。此后不久，战后"国际气象会议"也在伦敦召开，对这次重要的气象会议，政府决定派竺校长率领代表团前去参加。因为浙大要迁回杭州，无法抽身，于是竺校长就请涂长望和赵九章两人作为代表前去参加。

新中国成立后，中央人民政府对涂先生非常重视，据胡焕庸先生告诉我说，经由涂先生向郭沫若积极推荐，中央决定请竺可桢担任中国科学院的副院长，涂先生自己则被委为中央气象局的局长。同时涂先生还代表中央写信给正在国外留学的浙大校友叶笃正、谢义炳等，动员他们快点回来，一同参与祖国建设。新中国的气象科学，在他们通力合作之下，很快进入了世界先进行列。

（原载谢觉民主编:《史地文集》，浙江大学出版社，2007 年）

大学时代师友的怀念

程光裕

民国三十一年的夏天，日军向浙东进攻，浙大龙泉分校一部分师生向后方疏散。我和几位同学，背着包袱，芒鞋竹杖，涉水越山，风餐露宿，于十月中旬到达了遵义本校。

在新城何家巷教室里住宿了几夜，蒙张晓峰师的照顾，于旧城经历司街何家祠堂那座已坍毁一角的后厅得到安顿。

不久，我们写《自传》和《读书心得》。一个寒冬的晚上，晓峰师于水峒街系办公室约见我，垂询生活读书情况，阐述史学、地学的密切关系，此姊妹之学，犹车之两轮，鸟之二翼。我也报告对史地学的兴趣，他说："国史繁赜，浩如烟海，须研求地理之学，时空配合，以为经纬，有助于史学。"

三年级，修读晓峰师的"中国文化史"和"中国地理总论""中国区域地理"，他讲词简练，有内容，有条理，且善于譬喻，"成竹在胸，随缘说法"，他的讲述，随堂记录，不必多加整理，就能成好文章。下学期，钱宾四师到校讲"中国学术思想史"，内容深入浅出，声调起伏有节，各种表情，处处入胜，我后来离校教书，时时模拟效法，略有心得。

三十二年春，每星期有一两次到系办公室，抄缮数据，院内的花狗，一听到门外脚步声，就狂吠起来，有一次竟乘我不备，袭击脚跟，幸得周丙潮先生的喝阻，否则难免受伤，现在回想，犹有余悸。晓峰师蝇头苍劲的小楷和摘取资料的高明手法，提高我对搜集资料进行专题研究的兴趣，终于三十三年秋，进入本校史地研究所。

在研究所追随陈乐素师研究唐宋史，兼及目录校勘之学。乐素师为史学家陈援庵先生之哲嗣，生活朴素，待人诚恳，视我们如家人，抗战期间，就读后方，举目无亲，倍觉温暖。他治学严谨，督课认真，我每周至少有一次到乐素师寓邸请益，他对史料出处，书籍版本，内容考据，文字组织等每次都有新的启发。他从褚遂良的圣教序碑帖，谈及报告论文的抄写，因此我重做习字的小学生，每天练习几行小楷。他也重视现代学者的学术造诣，介绍姚从吾、牟润孙、李哲生、方壮猷等先生有关宋辽金元史方面之研究成就，在当时，这几位先生也就成为心目中所敬佩的前贤。

胜利复员，回到杭州，乐素师和谢幼伟师同住在岳王路石贯子巷十一号。在遵义时我去听幼伟师的论理学，板书章节分明，音调尖锐高亢，听者注意力很集中。他走路步幅小而速，勤于写作，在《思想与时代》上发表的文章，也是同学们喜欢阅读的。他也很关怀史地系的同学。

在杭州，乐素师盼望我到省立图书馆再找些数据，由夏朴山先生介绍，馆中特藏部予以很大的便利，每天到文澜阁《四库全书》书库看书，连续差不多一年，真是生平一大快事。

浙大研究宋史的风气，张荫麟师倡于前，陈乐素师导于后，很多同学，都亲受恩泽的。

谭季龙师讲"历史地理"，标准国语，娓娓动听，他患目疾期中，在油灯下为我批改《淮泗考》，我内心不安，几次去慰问他，他连说："没有什么，没有什么！"令人难忘。

叶左之师讲"地质学"，我常去听讲，他祖籍安徽休宁，回杭后，住在佑圣观巷一五一号，那是祖产，他喜欢谈青年时地质考察情形，对于故乡新安江一带的地质地形，谈来尤其详尽亲切。

方杰人师授"元史"，曾任过我与王省吾兄这一组的导师，他住在遵义旧城的天主堂，课余拜访，茶点招待，谈笑风生；陶云孙师讲授"明清史"，温文儒雅，平易近人：他们的治学为人，亦为青年楷模。

同学中平日过往较密者有阮文华、赵廷杰、程蕴良诸兄，见面多以"老头子""老恍惚"相称呼，时以幽默语相戏谑，湘江岸边露天茶座，常有我们的踪迹，上下古今谈，笑语四溢，沱茶、瓜子，以资谈助，尽尝生活艺术之乐。

文焕然兄是研究所的同房伙伴，他为人诚朴，沉默寡言，头发稀疏，近视眼，背微弯，这副体态，印象怎能不深刻呢？

荫麟、左之师先后仙逝，良师益友东西星散，望关山云烟，倍感怅惘！

1961 年 11 月 22 日于新加坡南洋大学

（原载谢觉民等：《国立浙江大学史地系成立二十五周年纪念集》，私立中国文化研究所出版部，1963 年）

史地学家张其昀传略

张则恒

张其昀字晓峰，浙江鄞县人，生于公元1901年11月9日（即清光绪二十七年阴历九月二十九日），于1985年8月26日在台北市病故，享年85岁。

一

张其昀于1913年进鄞县第四高级小学，1915年考入浙江省立第四中学（即现在宁波第一中学前身）。在中学读书阶段，有几位教师对他毕生事业有较大影响。如当时的国文教师陈康黼先生曾提示："教育是立国之本，尤以中小学教育最为重要。"历史教师洪允祥先生（字樵龄）和地理教师蔡和铿（字芝卿）先生认为"历史须以地理为背景，地理应以史实为印证"，这些对他立志教育工作和治学方法甚多启发。1919年夏，全国各地学生群起响应五四运动，他被推派为宁波学生联合会代表，参加在上海举行的"全国学生联合会"，这是他第一次参加全国性的学生会议，也是他实践当时的"救国不忘读书，读书不忘救国"的意愿。同年7月，他考取南京高等师范学校（即现在南京大学的前身）文史地部。

在南京高师求学时期，对他影响较深的有西洋哲学教授、后任东南大学副校长的刘伯明，史学大师柳诒徵（字翼谋）和地理、气象学家竺可桢(字藕舫)等教授,其中尤以柳诒徵先生影响最大。当时他更倾向于地理学。柳氏认为博览古籍外,并研究科学,应以追踪顾炎武之史学与顾祖禹的地理学相勖勉,得益最多。南京高师毕业后,他在东南大学任助教半年,次年应上海商务印书馆之聘,编辑初高中本国地理教科书。所编教科书曾流行一时。在这期间,他时去东方图书馆纵览群籍,博观约取,既为编书充实材料,自己亦多有所获。1927 年秋,东南大学扩充改组成立国立中央大学,张氏以其地理学之造诣,即应聘担任地理系副教授、教授。其时张氏的老学友胡焕庸先生留法学习地理归国,对张氏甚为倚重,胡氏任系主任职,并以胡、张两人分主中、外地理之教学工作,且增聘师资,使后来国内各大学之地理系教授,出身于东南大学与中央大学者甚多。

在这期间,张氏与昔日师友和同学时相切磋,若干译著和论文即在这时先后发表和刊行,如《中国民族志》《中国经济地理》《浙江史地纪要》《战后新世界》(与人合译)和《人生地理学》等书。同时在《史地学报》及其他报刊发表论文多篇。自 1931 至 1935 年中,还曾先后作三次重要考察旅行:一、浙江全省旅行,遍游天台山、雁荡山、天目山及雪窦山等名胜;二、东北三省的考察旅行,东至安东,北至长春等地;三、西北各省考察旅行,以兰州为中心,向北到达内蒙古的百灵庙,向西循河西走廊至敦煌,南越秦岭至汉中及青海与甘肃之西南隅拉卜楞喇嘛寺等地,时间约一年。在这几次长途考察旅行中,他深刻体会到地理学有助于史学的研究,并与国计民生关系密切。先后撰写的多篇论文陆续在《地理学报》等刊物上发表。当 1931 年 8 月从东北三省考察旅行回南京后约一个月,日本军国主义在沈阳发动九一八事变。张氏曾作《思念冀东》一文,对唤起当时国人爱国的热情有一定的作用。这些论文发表后,颇受当时我国著名地质学家丁文江先生的推崇。在 1935 年中央研究院成立第一届评议会时，张氏当选为第一届评议员。在当时被选之评议员中，他是最年轻的。

二

1936 年竺可桢先生出任国立浙江大学校长，即创办史地学系，聘张氏为教授兼系主任。因而张氏离开执教达十年的母校来到杭州，以作育江南的莘莘学子。1937 年 8 月，日本继七七事变后又发动淞沪战争。当时杭州频遭敌机空袭，教学工作发生极大困难，因而学校初迁建德上课，是年冬战区扩大，再迁至江西之吉安与泰和上田村，在天目山的一年级师生也皆撤至江西。1938 年冬三迁至广西之宜山，次年 2 月宜山竟遭敌机狂炸，虽师生幸无死亡，而教室和学生宿舍被毁甚多。1939 年冬广西又有被敌入侵之虞，遂四迁贵州之遵义和湄潭，校总部设在遵义。

浙大自迁遵义之后，在竺可桢校长的领导下，当时学校颇有发展，如文理学院分为文、理两院，史地与数学二系增设研究所，培养科学研究人才。全校师生人数俱有增加，不敷校舍也有增建，且由于后方环境比较安定，与当地政府和各界人士之大力协助，以及竺校长教导所凝成刻苦团结前进之精神，使教学与科研工作得有多方进展。英人李约瑟博士曾誉抗战时期的浙大为“东方的剑桥”。

1939 年前后，国民党政府在战时首都重庆成立国民参政会，浙大被遴选为国民参政员的有梅光迪先生和张氏二人。

1941 年 8 月张氏邀约浙大和校外著名学者创立《思想与时代》月刊。该刊以探讨时代思潮和民族复兴之关系及沟通中西文化为宗旨，并计划编纂中国通史和国史长篇等丛书(《中国军事史》即在这期间出版)。当时主要特约撰稿的有朱光潜、钱穆、张荫麟、郭斌龢、谢幼伟和张氏自己。张氏曾撰写论文多篇，如《中国之陆权与海权》《国防中心论》及《再论建都》等。该刊前后共计出版53期，《思想与时代丛刊》5种，在当时对全国有较大影响，重庆和桂林设有总代售处。

1943年2月，美国国务院文化交流处约请我国六所著名大学各遴选教授一人赴美访问讲学。当时应选聘的有昆明西南联合大学金岳霖教授等六人，张氏以浙大教授亦为其中之一。经中美两国政府核准同意，于是年6月乘中国航空公司班机，经印度至美国首府华盛顿，稍事访问后，张氏即至麻省哈佛大学，其大部时间从事地缘政治学的研究，并曾多次作考察旅行。张氏留美二年多时间里，曾先后多次作专题讲学或报告，如向东方学会发表题为《文默生论中国文化》的演说，又在旧金山电台向中国各地发表题为《战时的美国青年》之广播演说等。其次应邀访问当时美国霍普金斯大学校长兼世界地理学会会长鲍曼博士，并与他进行关于过去中国作为海上与陆上强国之交谈与讨论。其间参观了美国第三任总统杰斐逊的故乡。

1945年8月，日本军国主义宣布无条件投降，全国人民无不为之欢腾，张氏也着手结束在美国两年多的访问研究工作，并于是年9月乘轮回国，抵达上海后旋赴重庆汇报，遂返遵义浙大校中。当时复员交通困难，张氏在遵义仍任史地学系和史地研究所主任等职并整理系务。当时文学院院长梅光迪先生已因病逝世于贵阳，院长职务暂缺，校长竺可桢先生旋聘请张氏继任文学院院长。次年1月张氏在史地学会发表题为《战时美国的社会》演讲。

在遵义期间，史地系与史地研究所诸先生曾就遵义地理各方面实地考察的资料和研究成果撰写成论文。张氏在抗战胜利复员回杭州后，即汇集和综合有关遵义这方面的资料和研究成果编印成《遵义新志》一书，此书打破传统地方志的编纂方法，实为地方志之创举。是书于1948年5月出版，全书共分十一章，内容包括地质、气候、地形、相对地势、土壤、土地利用、产业与资源、聚落、区域地理和历史地理等，全书并有附图22幅。《遵义新志》的出版，也是浙大史地系全体师生给广大遵义人民一件珍贵的献礼。

张氏主持浙大史地学系，前后共计十三年，曾先后访聘和罗致各课程专家学者，以充实各学科的师资和科研力量。该系实际上有四个部分，即文学院史地系、史地研究所、师范学院史地系和史地教育研究室。由于单位多，因此经费相对比较充裕，教授人数亦较多，师资力量相当于两个系的实力，先后在史地系及研究所任教的多是国内一时积学之士。

三

张氏于1949年5月离开杭州，于同年6月至台湾，曾先后担任国民党的党政要职。他得到一些志同道合之士的协助，于1962年在台北阳明山创办中国文化研究所，次年扩大为中国文化学院，1980年发展为中国文化大学；该校为私立大学，办学的宗旨为弘扬中华文化。创办时经费由中外人士捐助，尤以华侨捐款为最多，以后依靠兴办企业以维持日常经费。校址设在台北阳明山华岗。1966年张氏又在华岗创办“中华学术院”。几年后又建立华岗兴业基金会，其目的以科学研究推动实业，复以实业奖助兴学，合教育、研究及企业三位于一体，总称为华岗学园。中国文化大学是一所多院系的综合性大学，共有十个学院以及各学科研究所；全校教授近千人，尚有不少兼任及外籍教授；全校学生包括夜大据说有数万人，为目前台湾规模最大的私立大学。自张氏于1985年逝世后，现由其子张镜湖博士继承父业，任该校董事长。张镜湖原在浙江大学史地学系毕业,后在美国麻省克拉克大学获博士学位,执教于美国夏威夷大学地理系逾二十年,为著名的气候学家。

张其昀为我国著名的地理学家和教育家,在中国地理方面的著作和学术论文极多,同时对地图的搜集和创作也极为重视。其代表作有《中国地理研究》《中国地理大纲》《中国区域地理甲、乙编》,另外主编和监修有《中国之自然环境》《中国标准地图》和《世界地图集》等。

张氏对历史也极为重视,认为史地二学,一以知古,一以知今,互为经纬,相辅相成。因此他在晚年1961年开始撰写《中华五千年史》,全书计划三十四册,从远古史到民国史,原定十年完成,后因故拖延。这是一个十分宏伟的计划,至他逝世之前共已出版九大册,即从远古史到西汉史。该书以清新的笔调,深入浅出地综合各家之长,融会贯通,自成一家之言,又辅以大量图片,图文并茂,实在中国通史中独创一格,惜未能完成全书。

张氏毕生的著作极为丰富,计有专著200种,学术论文2000余篇,英文论著100余种。

张氏平日生活极为简朴而有规律,待人接物较谦和而严肃。对地理学和历史学的研究与著述,孜孜不倦,即在逢年过节之时也从不见其中辍。中年以后又潜心于兴办教育事业,创办中国文化大学。张氏晚年仍壮心不已,专心撰写《中华五千年史》,虽全书没有完成,但其立志要完成一部具有特殊风格的中国通史的夙愿,是值得称颂的。

本文承陈训慈(字叔谅)老先生热情给予校阅,以及提供宝贵的意见和借阅一些有关资料,谨此深表谢意。

(原载贵州省遵义地区地方志编纂委员会编:《浙江大学在遵义》,浙江大学出版社,1990年)

迟到的百年祭

——怀念顾谷宜老师

毛昭晰

六十年前我在龙泉考入浙大，当时恰逢抗战胜利，学校通知我们这批新生到杭州报到。第一个学年我读的是中文系，第二学年开始时（1946 年秋）浙大总校从贵州迁回杭州，我转入了史地系，攻读的主要是史学，也兼读一些地学的课程。

史地系师资力量之强，在浙大是有名的。在史学方面的课程中，最受同学欢迎的是顾谷宜先生讲授的西洋史，他的课讲得非常好，所以从二年级到四年级，我先后修习了顾先生开设的“西洋近代史”“法国大革命史”“英国史”和“西洋史学名著”等四门课。顾先生是我终生难忘的。

记得第一次听顾先生的课是在大操场旁的“子弹库”。这个地方抗战前是军队存放军械弹药的仓库，所以叫作“子弹库”，抗战胜利后划归浙大使用。浙大略作修缮，辟为几间教室，虽然房子十分简陋，但丝毫不影响我们听顾先生课的兴趣。顾先生穿一身旧的蓝布长衫，长得不高也不矮，圆圆的脸，戴一副近视眼镜，头发微秃，再加他行动较慢，所以我以为他是一位老先生。其实那时顾先生才四十岁出头，正是学识非常丰富，精力也很充沛的时候。他讲的课深深地吸引着我，对我后来的读书、治学、教课都产生了很大的影响。

顾先生的“西洋近代史”是从文艺复兴讲起的，因为文艺复兴是欧洲资本主义社会的序幕,它所产生的人文主义思想,打破了中世纪封建意识的束缚,使人们从教会的精神枷锁中解放出来,并开始建立一个以人为本位而不是以神为本位的新的社会。

在文艺复兴时期的许多伟大的思想家和艺术家中,顾先生讲到一个人物,给我很深的印象。这个人就是15世纪著名的历史学家瓦拉。原来公元8世纪中期法兰西国王矮子丕平为报答教皇对他的支持,曾出兵意大利,并把意大利的一片土地赠送给教皇,使教皇这个宗教首领,同时变成了拥有领土的国家的君主。但野心勃勃的教皇觉得这片土地还不够大、于是伪造了一个称为"君士坦丁的赠礼"的文件,诡称罗马帝国君士坦丁大帝将罗马帝国西部的统治权赠送给教皇及其继承者。这样,整个欧洲都要服从教皇的命令了。从8世纪开始,历代教皇都把这一文件作为自己权力的凭证。可是瓦拉精通古代的语言文字,他在研究中发现所谓"君士坦丁的赠礼"的文件是用公元8世纪的拉丁文写的,而君士坦丁大帝是公元4世纪的人物。4世纪的人怎么可能用晚于自己几百年的文字来书写文件呢?这说明作为教皇神圣统治权的凭据的这份文件是伪造的。瓦拉的研究揭穿了教皇神圣的假面具,动摇了教皇的权力和地位。顾先生讲的这一史实,使我认识到历史研究不是如有些人所想象的脱离现实的钻故纸堆的行当,它在推动人类社会发展中起着重要的作用。通过瓦拉这一人物,我初次领会到了历史学者对社会应有的责任。

顾先生不但用具体的史实使我们认识到研究历史的重要意义,而且他还用生动的语言教给我们研究历史的方法。上述瓦拉的例子是深入细致地进行比较研究的方法,但是历史研究不但要能钻得进,还要能够跳得出,这样才能认识历史的真实面貌。在开始讲"西洋近代史"的时候,顾先生说:研究历史就像我们看一个人,如果你能保持一定的距离,那么这个人的眼睛、眉毛、鼻子、嘴巴、耳朵和整个脸型都可以看得清清楚楚。但是凑得太近去看，那么你所看到的都是汗毛，甚至搞不清这些汗毛究竟是长在脸上的还是长在背上的。顾先生讲得太生动了，使我们这些学生在笑声中懂得了学习历史的方法。明代学者何坦曾经说过："水道曲折，立岸者见，而操舟者迷，旁观者审。"这和顾先生说的是一样的道理，但顾先生讲得更浅近更生动，使我一辈子都忘不了。

像这样的史学方法或理论，顾先生在讲课中经常给予点拨。例如在讲 18 世纪伟大的启蒙思想家伏尔泰的时候，他就说到伏尔泰从法国逃亡到英国，因为对英国的政治民主制度进行了考察和研究，回头再来看法国，对法国封建制度的弊病就看得更清楚了。他把自己的观感写成《英国通讯》，这部书就是跳出法国来进行研究所取得的成果。当然，这部书不可避免地得罪了法国的统治者，所以在伏尔泰结束了英国的三年流亡生活回到法国时，法国政府马上对他发出逮捕令，使他不得不再次逃亡。

顾先生研究历史常有独到之见，例如法国大革命中被送上断头台的国王路易十六，许多书上把他描绘成一个穷奢极欲，只知道向人民搜刮钱财的暴君。但顾先生却不这样看。1775 年路易十六加冕为法国国王时还很年轻，他和只知吃喝玩乐，拼命搜刮人民钱财的路易十五不一样。他一掌权就起用了杰出的哲学家杜尔果，杜尔果计划改革税收制度，要向特权等级（贵族和僧侣）征税，以解决财政危机，结果遭到了特权等级的反击。而饥寒交迫的平民和被特权等级搜刮的资产者都把希望寄托在路易十六身上。经过反复的较量，最后路易十六只好召开三级会议，而这一举措却成了法国革命的前奏。顾先生说，法国的封建君主专制制度，到了路易十六的时候已经走到了穷途末路、朝不保夕的地步，而路易十六却想进行整顿和改革。这时的法国正像一件又破又脏的旧衣服，如果不去洗它，那么还可以勉强穿一段时间，可是路易十六偏偏想把它搓洗干净,这一搓一洗,破旧的衣服就彻底地破碎,不能再穿了。顾先生用生活中常见的事例来说明重大的历史事件,简直讲得妙透了。

这样的例子还有不少。记得顾先生讲“英国史”时说到公元前一世纪罗马人打到不列颠,并且在不列颠建造了城墙。顾先生说罗马人造的城墙,其实对英国的历史没有起多大作用,它好像一个人在婴儿时期穿的一双鞋,留下来只不过是一个纪念罢了。他讲的这段话,经过了几十年的时间,我还记得十分清楚。1988 年我去英国做学术访问时,特地到伦敦的泰晤士河畔,找到了罗马人留下来的那段城墙。我用我那只蹩脚照相机为古城墙照了相,这张照片不但是我对两千年前古罗马遗址的凭吊,也寄托了我对可敬的老师顾谷宜先生的思念。

由于顾先生的课讲得特别好,所以我听课也特别认真,每次完课之后回到寝室,我都要把听课笔记整理一番,抄写在另一本笔记簿上。有一次顾先生的助教管佩韦先生抽查学生的笔记,要我把我的笔记交给他。隔了两天他通知我到他的办公室。那时浙大建了一些新房在新建的梨洲馆。我到管先生的办公室向他鞠躬,管先生笑着把我的笔记本还给我,夸奖我说我的笔记记得很好。后来我和管先生成了同事,而且是五十多年的老同事。不过他到现在可能还不知道五十八年前被他抽查的这个学生的笔记,是花了多少时间认认真真地编整过的啊。“文化大革命”期间,我的许多书和多年收集的几百张西方古典音乐的唱片,还有我做的一些笔记和读书卡片,包括听顾先生课时所做的笔记,在一夜之间全都毁了,真是叫人心痛极了。

有一件事,至今想来我自己也弄不明白。从 1946 年下半年到 1949 年夏天我从史地系毕业,前前后后修习了顾先生的四门课,却从来没有向顾先生提过一个问题。也许是因为我那时太年轻,只知道吸收知识，却不懂得思考，也许是因为顾先生的课使我心满意足，没有想到向老师提问。韩愈在《师说》中说："师者，所以传道、授业、解惑也。"顾先生的课虽然深入浅出，容易理解，但我也有需要解惑的地方，有一个问题在我心中搁了很多年，不知为什么我一直没有提问。顾先生在讲到 18 世纪法国启蒙思想家时介绍了卢梭的学说，卢梭是启蒙思想家中最彻底的民主主义者，他在《社会契约论》一书中提出的平等自由思想和人民主权的学说在推翻法国封建专制统治的大革命中起了重要的作用。顾先生在充分肯定卢梭思想的进步性的同时，提出了一个问题，那就是卢梭特别强调的 Common will（公共意志）。"公共意志"是卢梭《社会契约论》的核心，它是全体人民的共同意志，是绝对的，至高无上的，是人民主权的体现。卢梭认为个人在"公共意志"中丧失的是"自然的自由"，而通过"社会契约"却可以获得"社会的自由"，在体现"公共意志"的国家中，人们得到的要比失去的多。可是顾先生却认为 Common will（先生当时就是用英文讲的）实际上非常可怕。在法国大革命时期，雅各宾派领袖罗伯斯庇尔在"公共意志"思想的影响下越走越左，最后连他自己也被送上了断头台。我当时对顾先生的论述感到迷惑不解。我想，"公共意志"是代表全体人民的利益的，那有什么不好呢？为什么顾先生把它说得那么可怕呢？直到经历了"文革"，我才认识到顾先生意见的正确，因为"公共意志"极有可能被林彪、"四人帮"那样的政治野心家或专制主义者用来作为欺骗群众、篡夺政权、实行暴虐统治的工具，而公民个人的权利和存在价值却在"公共意志"的大旗下被抹煞了。我后来读到恩格斯说的一句话，他说："卢梭的社会契约在恐怖时代获得了实现。"顾先生的意见其实和恩格斯的论断是一致的。当我从迷惑中醒悟过来的时候，我更感到顾先生的可敬，他不但是一位优秀的史学家，也爰一位了不起的思想家。他对事物的看法总是那么深远，那么透彻,真是令人钦佩不已。

顾先生不但以课教得好而闻名浙大,他的传奇般的经历也是全校教授中少有的。我当时从同学怕的闲谈中得知顾先生原是上海交通大学电机系学生,是上海市爱国学生运动的领袖人物,曾经被选为交通大学学生会主席,还担任过上海市学联主席,后来又到苏联莫斯科中山大学留学。这些传闻增添了我对顾先生的敬意。我在浙大读书时也参加了学生运动,不过只是一个摇旗呐喊的小卒。我对浙大爱国学生运动中的几位领导人如和我同系同届的李景先、吴士濂、吴大信,外系的于子三、邵浩然、周西林、李德容等十分佩服,他们的活动能力、演讲才能都是我望尘莫及的。而顾先生年轻时竟然是上海学生运动的领袖,可以想见当时他的思想、才华、胆识和人品是如何的出众了。他舍弃了电机专业,历尽艰险,万里迢迢到莫斯科中山大学去学习,说明他对人类的未来怀着极其美好的理想,他是为了献身于这一理想才到莫斯科去的,这需要多大勇气和决心啊!

可是在同学中还有一种流言,说顾先生在莫斯科中山大学时是“托派”。对这种流言,我并不在意,因为我不知道“托派”是什么。

1947 年暑假期间我在浙大史地研究所编图书目录,用半工半读的办法来解决生活上的困难。史地研究所有三万多册图书,都未编过目。有一天我在小书库的书架上发现一本书,书脊上印的书名很奇怪,叫作《联共布党史》,当时我不知道什么是“联共布党”,于是好奇地把书拿了下来,翻开一看,才知道是苏联共产党的历史,这本书是苏联共产党出的中文版。书中把布哈林、托洛茨基批判得一塌糊涂,我从这本书里第一次知道托洛茨基的名字,并且知道他是反布尔什维克的。就在暑假快要结束时,我在西湖边的东南图书公司买到了潘际坰翻译的《反苏大阴谋》上下两册,这部书从头到尾都是骂托洛茨基的,一直骂到他在墨西哥被他的秘书用鹤嘴锄敲死为止,甚至连他的生活习惯、性格脾气都骂到了。虽然现在我手头已无此书(“文革”中被抄了),但我还记得书中说托洛茨基脾气十分暴戾。这本书的译者潘际垌是我们浙大的校友,是师范学院数学系 1941 年毕业的,和教我“西洋通史”的胡玉堂先生是同届好友,这是我后来听胡先生和杨士林说,杨士林先生“文革”后当过浙大校长,也是浙大 1941 年毕业的。

在短短的两个月里读了两本狠批托洛茨基的书,我对托洛茨基的印象自然很坏,也正因为这样,我无论如何没有办法把我心中敬爱的老师顾谷宜先生和“托派”联系在一起,我不相信顾先生是“托派”。

1998 年浙江省政协送给我一本当代中国出版社出版的《风雨征程七十春——毛齐华回忆录》。毛齐华同志是浙江省政协原主席,出身印刷工人,早年投身大革命,并加入中国共产党,后来到莫斯科中山大学学习,是联共莫斯科中山大学支部局的委员。新中国成立后毛齐华曾任劳动部副部长,1965 年调到浙江政协工作。毛齐华和顾先生是莫斯科中山大学的同学,又是支部局(毛齐华在回忆录中说“相当于我国现在大学的党委”)委员,他对顾先生的情况是十分了解的。在这本书的第四部分“难忘留苏岁月”中,毛齐华同志说,当时莫斯科中山大学“有一些中国学员俄语水平较高,兼任翻译工作,如顾谷宜、董亦湘、俞秀松等。因为学员平时吃穿都由校方供给,而做翻译的人,每月还有 100～200 卢布的工资收入。这些人有了卢布,就经常邀请一些熟悉的人下馆子,这次你请我,下次我请你,你来我往,……有吃有喝,有说有笑,很是开心。”有一次其他中国学员开玩笑说:“你们这些人是‘江浙同乡会’吧。”因为这些当翻译的人中确有不少是江浙一带的人,于是“江浙同乡会”这个称呼就传开了。苏联人看到这些人常在一起,又听不懂他们的话,也没有深入了解情况,就认为这是“封建性的组织”。有一次向忠发到莫斯科中山大学作报告,对“江浙同乡会”作了严厉的批评。毛齐华同志说:“后来此事被别有用心的王明等人抓住,大做文章,借以整人,结果被搅得满城风雨,并造成极严重的后果。事实上,‘江浙同乡会’不是一个组织,当时我也没有听说俞秀松他们是‘托派’,这些同志平时在学习上工作上,都是很好的。”毛齐华还说:“个人品质不好的王明得志以后,和康生勾结在一起,利用手中的权力,随意诬人为‘托派’或‘托派嫌疑’,陷人于死地,犯下了种种不可饶恕的罪行。”毛齐华的《回忆录》中有三十几页写的是他在莫斯科中山大学的经历,他以亲身所见的事实告诉我们顾先生根本不是“托派”。

其实我对顾先生最不理解的是他为什么要去当训导长。训导长这个职务,顾名思义,既要训,又要导,是最不受同学欢迎的。顾先生虽然从不训人,但他任训导长的时候,正是浙大学生运动的高潮时期,同学们要罢课,要游行,要反对国民党的暴行,顾先生作为训导长却要执行校务会议的决议,要出来劝阻,要同学们复课;这样就自然成了同学们的对立面,顾先生在讲台也本是极受同学欢迎的教授,当了训导长之后就要卷入到学生运动和反动政府高压政策的旋涡中去,如果从个人的利害关系来说,他何苦去受这份罪呢?

2001 年 5 月下旬,老浙大史地系系友在浙大历史系举行“历史地理学术讨论会”,会议期间 1945 届毕业的杨竹亭老学长送给我一本他写的《求是群芳集》。在这本书中,他介绍了浙大(包括求是书院和浙江高等学校)的师生共十人,其中老师两位,一位是工学院的李熙谋先生,另一位就是顾谷宜先生。学生则有陈独秀、蒋百里、陈布雷、胡乔木、邵飘萍、路甬祥、秦元勋、陈平章等八位。在此之前杨竹亭老学长还写过一本《求是先哲群英传》,内容主要是浙大许多著名老师的传记。《求是群芳集》可说是《求是先哲群英传》的续集。我对竹亭学长在这两本集子里所写的每一位人物都非常感兴趣，特别是关于顾先生的那篇文章，它使我知道了顾先生不平凡的一生，同时也为我解开了顾先生为什么要担任训导长之谜。想不到我不理解的这个问题，在竹亭学长心里也同样存在，不过他有机会当面向顾先生提问，而且提得直截了当：为什么顾先生要在浙大民主运动最高涨的时候，站在风口浪尖上担任对他最不利的训导长？而顾先生的回答竟然是那么简单。那时候，是竺校长为了浙大师生的安危，要顾先生担任训导长为他分忧。顾先生明知自己的历史与地位不可担任此职，但竺校长再三要顾先生帮助他，顾先生说："我怎能拒绝呢？竺校长已把生死置于度外，我又何惜此残生呢？至于学生们一时不理解我，将来一定会理解的。"

读了老学长写的这段话，我的眼前浮现出学生运动期间顾先生那焦虑不安的神情，这和他讲课时安详的神态完全不一样。为了学生的安全，顾先生不知多少次和国民党省政府和保安司令部的反动头目沈鸿烈、竺鸣涛等进行交涉，另一方面还要做学生的思想工作，避免事态扩大、学生吃亏。结果国民党对他有意见，同学们对他也有意见。我从顾先生当时的处境，真正体会到什么叫"忍辱负重"。一个人挑了重担已经很难，但是在负重的情况，还要"忍辱"，还要被人不理解，还要受到指责，受到了指责仍然还要"负重"，这是多么不容易啊！

回想起来，当年我虽然对顾先生的学问非常钦佩，但是在学生运动中，我却是一个不听先生劝导的学生。1947 年 5 月"反饥饿、反内战、反暴行"的学生运动中，浙大同学在阳明馆前的广场上集会，决定"长期罢课"。五二〇惨案发生之后，浙大同学情绪更加激昂，有两百名左右的学运积极分子组织了宣传队进行活动，我也是宣传队的一员。当时全国学联号召各地同学于 6 月 2 日举行示威和宣传,而警特务也举起了屠刀,扬言要在6月2日对学生进行镇压。6月1日,国民党宪警冲进武汉大学,有三个学生被达姆弹打死,其中一个是去洗室洗脸时被打死的,还有一个是躺在床上被打死的。消息传到浙大,同学们愤怒极了,坚决要在6月2日上街宣传,向广大市民揭露国民党的暴行。当时竺校长去美国未归,顾先生的担子很重,他怕同学们遭到国民党的血腥镇压,要求大家不要上街,可是我们根本听不进去,有的同学还觉得顾先生是胆小怕事。

让人想不到的是,那天下午以于子三为首的罢课委员会的一些骨干也来劝说我们不要上街。他们分头来做我们的工作,我记得做我工作的是数学系的沈文信,沈文信和我都是浙大合唱团的成员,他待人诚恳,音乐天赋很高,我们罢课时许多激动人心的曲子是他作的,我和他很谈得来,可是这时沈文信的话我也不听了,因为武汉大学发生的事情实在太气人了。最后,要上街去宣传的和劝我们不要上街的同学都聚集在健身房展开了辩论。于子三一再要大家不要上街,不要作无谓的牺牲,他说得声泪俱下,可是我和许多宣传队员都听不进去。这时有一位同学振臂高呼:“不怕死的跟我来。”我和许多同学都站到了他那一边。于子三见实在劝阻不了,就建议大家组成小分队,分散活动,避开国民党的宪警。那天我和物理系的陈昌生、药学系的许殿英、数学系的许武建四人到城站和清泰门一带的茶馆和沿街的居民家里进行宣传。当时我对劝说我们不要上街的同学很不理解,新中国成立后才知道这是地下党组织为了保护学生的安全作出的决定。顾先生劝我们不要上街,其目的是和地下党一致的,都是为了爱护我们。回顾当年,地下党组织的决定是对的,顾先生的劝导也是对的,我们这一些坚决要上街的我觉得也没有错。错的是反动政府,他们竟敢派宪警在光天化日下冲进武汉大学,向无辜的学生开枪,这样的暴行难道我们不该进行抗争吗?

到了1947年下半年,国民党宪警特务真的向浙大学生开刀了。10月26日凌晨二时,经国民党省政府主席沈鸿烈批准,警察和特务以查夜为名,在大同旅馆逮捕了于子三、陈建新、黄世民、郦伯瑾等四位同学。竺校长和顾先生四处奔走,进行营救,却毫无结果。10月29日傍晚,于子三被国民党特务杀害于保安司令部的监狱中,而他们却卑鄙地伪造现场,说于子三是用锐角玻璃自杀的。

这之后发生的许多事情,如当天夜间竺校长、顾先生、校医李天助教授和两位同学代表探视于子三遗体;10月30日上午全体同学在阳明馆前的广场上召开大会,要求查明于子三被害真相,向全国、全世界控诉省保安司令部的暴行;还有10月30日下午的游行示威以及此后的许许多多事情,李景先学长有专文作了详细的叙述,其他一些同学也写过一些纪念文章。许多文章都提到了李天助先生不怕国民党特务的威胁,坚持正义,用事实说明于子三不是用锐角玻璃自杀的。我对李天助先生十分敬佩,并且一直和他保持着很亲密的关系(顺便提一句,"文革"后期,造反派要他交代的材料是他从"牛棚"里跑出来找到我,要我偷偷地替他修改的)。这些我都不多说了,我在这里要说的是顾先生在于子三运动中的一件事。

1947年10月30日,在同学们上街游行示威的同时,竺校长召开了临时校务会议,决定于10月31日召开浙大教授会紧急会议。在教授会紧急会议上,竺校长和顾先生分别报告了于子三等四位同学被捕、营救过程,以及于子三惨死于狱中的情况。顾先生在报告时对国民党政府提出的"于子三用锐角玻璃自杀"的说法提出了强有力的质疑。他的质疑和李天助先生所提的不完全一样,李天助先生的质疑是从医学上验尸的角度提出的,而顾先生的质疑则是从监狱管理的角度提出的,他的意见写入了那次会议通过的《国立浙江大学教授会为于子三惨死事宣言》,这份宣言对"治安当局"诬陷于子三为"自杀"的说法作了有力的驳斥。《宣言》提到两个疑点,第一个疑点就是顾先生提出来的。1947 年 11 月 3 日《浙大校刊》第 167 期《宣言》的原文是这样写的:"同人等认为有可疑者数点:(一)顾训导长前往探视该生时,见其常带之眼镜已卸除,送去纸烟一包,据看守人说眼镜是玻璃,吸烟用火柴皆所不许,则其防其自杀颇为周密,何以反致容其用长达五六寸之玻璃自杀。"顾老师对保安司令部的这一严厉责问,十分清楚地写在浙大抗议宣言中印发全国,《申报》等报纸曾经摘登,其影响可想而知。在驳斥安保司令部的谎言时,顾先生提出的意见思维缜密,逻辑性很强,使对方难以回答。这说明顾先生和李天助先生一样,是一位坚持正义的正直的知识分子。

最近我和老友周西林谈起当年浙大学运的事。周西林是 1947 年五二〇事件中浙大同学推举出来到南京去请愿的六位代表之一,是浙大学运中的骨干,而对学运情况了解得比我多。他认为先生是好的,当时那么复杂的情况下,顾先生能不计个人安危,出来协助竺校长工作,这是十分难得的。

我写了这么多,但我和顾先生之间除了听课之外,平时并没有多少接触,不像竹亭老学长和胡玉堂先生、管佩韦先生那样有机会到顾先生家里做客,向他求教,我连课余提问都没有提过,这是终生的遗憾。我知道顾先生对我这个学生不一定会有印象,但我对先生的培育爱护之恩却是永世难忘的。

新中国成立后听说顾先生到上海去教书了,而我则一直留在杭州。在杭州大学历史系我教过许多课,包括世界通史、中国通史、日本史、印度史、史前史等,但主要是教世界古代史。因我新中国成立初曾在浙大人类学研究所当过研究生,我的研究方向是世界史前史，于是最终就很自然地承担起世界古代史的教学任务了。世界史这门课，确切地说应该称为“外国史”，在顾先生讲课时称为“西洋史”是因为其内容只及于西洋诸国，而“世界史”的范畴则比“西洋史”更广一些。我在备课和讲课时总会情不自禁地想起顾先生，我不断地鞭策自己，要像顾先生那样去搜集资料，思考问题，把课讲得深入浅出，让学生们容易接受。不过要做到这一点是很难很难的。

从最初听顾先生的课到现在，将近六十年了，我心里经常在想念着顾先生，顾先生讲课时和蔼可亲的笑容、略带凝思的神情以及他那浓重的无锡口音，至今宛然如在昨日。2001 年读到杨竹亭老学长的文章，我感到特别高兴。当时我也想写一篇纪念顾先生的文章，但顾先生的学问博大精深，一时不知从何写起，因而拖延了下来。

今年年初收到竹亭学长的信，才知道 2004 年是顾先生的百年诞辰纪念。竹亭学长赶在 2004 年的最后一天写了纪念文章，我却怎么也赶不及了，只好挤时间就我记忆所及拉拉杂杂地写了这篇不成章的东西，题为“迟到的百年祭”，以寄托我对恩师顾谷宜先生的怀念之情。

（原载杨竹亭主编：《师恩难忘：顾谷宜教授诞生 101 年纪念文集》，上海市浙江大学校友会，2005 年）

顾谷宜教授在教学和科研上的贡献

——纪念顾师诞生一百周年

杨竹亭

顾谷宜教授(1904—1966),字俶南,江苏无锡人,1926 年赴苏联留学,1929 年返国。1936 年浙江大学史地系创办后,就被聘任为史地系教授。当我在贵州遵义读书时,他是史地系唯一的西洋史教授,曾开设的课程有“西洋通史”“西洋上古史”“西洋近世史”“西洋断代史”“希腊罗马史”等。顾先生口才很好,讲课娓娓动听,引人入胜。他娴于俄语、英语,而且说得很流利,讲课时,有些标题还用英文,有时也插几句英语。我们的参考书,都是用外国出版的英文书,这样对培养我们阅读英语的能力,是很有帮助的。

他讲课时,不照本宣读,没有讲稿,但条理清楚,而且很风趣,每次听课,笔记下来,课后整理一下,就是一篇文章。有一次,他要我的听课笔记看,非常满意地说我记得很好。我当时记的“罗马史”笔记,至今还保存完好。

罗马史是世界古代史中最重要的组成部分,罗马的政治、经济曾在古代世界历史上产生深远的影响,也有现实意义。我在大学三年级时,曾选修过顾先生开的“罗马史”,他上课时有时都讲英文,深入浅出,大家都专心听课。我还记得他对布匿战争(Punic Wars)分析得很详细,他说布匿战争后罗马风气的转变,主要是由于国民心理的转变和国外机会的促使,但罗马风气的转变是由许多条件促成的,不能是突然转变。诸如此类,我们听了以后,印象很深刻。他的知识面很广，学问渊博，对每一个问题，都有自己的看法，非一般人所能企及。我听了他的课以后，启发很大，他确是一位才、学、识兼长的史学教授。

在科研方面，顾先生发表的论文，据我现在所能查到的，有下列六篇。现按发表时间的先后，扼要介绍如下：

一、《留学苏俄时之见闻》

《史地杂志》创刊号，1937 年 5 月。

这篇文章是他从苏联返国十年后写的，回忆在苏联时所得的印象，以及在苏联观察所得的结论。内容第一部分：在苏俄所得的印象，其中有(一)苏俄自然景象；(二)苏俄社会；(三)苏俄的政治；(四)中国学生之生活。第二部分：在苏俄观察所得的结论。这是顾先生在史地系第一次读书会上所作的报告。

二、《苏俄国防地理略述》

《史地杂志》第一卷第二期，1937 年 7 月。

该文先述苏俄国防地理的两大弱点，其一为东西两边距离过远，其二为人口分布太不均匀，这是地理上的弱点。苏联的国防建设分两方面：首先经济方面为着重重工业的发展；其次，在地理方面即注重东方的发展与欧亚间的交通事业。此外，如北冰洋航线的开拓，其价值不仅在军事方面，而经济方面的利益更为重大。

三、《俄国政治文化史论》

《国立浙江大学师范学院院刊》第一集第二册,1941 年 6 月。

该文分三篇论述:一为人文地理篇,二为社会与文化篇,三为俄国革命论。

第一篇:人文地理篇。论述俄国地理的特点及其对文化的影响,是决定其对外政策的基本因素。其最重要的表现为孤立政策。如表现在政治上的孤立,在经济发展上,也只能立足于孤立自保,在文化上,其孤立文化过程也久长而显著。

第二篇:社会与文化篇。论述近代欧洲国家演进的历程,大致有三个阶段:一为民族形成时期,二为国家形成时期,三为国民解放时期。俄国政治社会发展形态,亦是如此。俄国文化的特征为简陋、早熟、变质诸现象。这三种现象,互为条件,互为因果。俄国文化的各方面均受外来的影响,西欧化潮流为推动俄国文化的主要力量。

第三篇:俄国革命论。俄国的革命在世界上可以说独标一格。其革命斗争中阶级色彩浓厚,革命后社会变动的刚烈远胜 17 世纪的英国革命和 18 世纪的法国大革命,其革命的彻底,也属空前。

俄国革命的发展,具有特殊的色彩,列宁坚决主张工农联合为俄国革命成功的关键,最后布尔什维克获得革命胜利,实为时势所造成,加以列宁的领导得宜。布尔什维克的成功,不仅是由于布尔什维克主义,还须从俄国的历史探究其来龙去脉。综观俄国历史演进的过程,颇符合黑格尔辩证的历史哲学,帝国时代的俄国,可称为“正”(Thesis),一百年来的革命运动,可谓之“反”(Antithesis),革命后苏联的成立,则为“合”(Synthesis)。

四、《罗邱宣言与威尔逊十四条之比较》

《史地杂志)第一卷第一期,1942 年 1 月。

该文首先认为威尔逊宣言与罗邱宣言是人类进步的两大里程碑,其重要虽同,而精神意义则异,两者不同之处如下:

(一)威氏十四条主张外交公开,废弃秘密外交,而罗邱宣言无只字提及;

(二)威氏主张海岸航行自由,而罗邱宣言乃英美联合维持海洋安全;

(三)罗邱宣言与威尔逊宣言均主张各国商业机会均等,而罗邱宣言的内容更具体,更进步;

(四)关于军备裁减的态度,为罗邱与威尔逊所未提及;

(五)威尔逊十四条主张成立国际联盟,而罗邱宣言未提及。

此外,对未来世界和平组织,在原则上罗邱的认识也与威尔逊不同。

五、《论外交》(书评)

《思想与时代》第二十三期,1943 年 5 月。

本书 *Diplomacy*,作者为尼可尔生(Harold Nicholson),此书共十章:(1)论外交制度之起源;(2)论外交理论之发展;(3)论新旧外交之递变;(4)论民主外交;(5)论理想外交家;(6)论欧洲外交之形式;(7)论最近外交习惯;(8)论外交手续要点;(9)论外交人员的培养;(10)论外交术语。其主要内容,可归纳于下列四点:

(1)现代外交之渊源与批评;

(2)外交家之理想态度;

(3)欧洲各国外交作风;

(4)各国外交人员之培养。

外交以国际和平秩序为主旨,外交家以维持国际良好关系为天职。此书为代表职业外交家,对外交实际与理想之见解。经验之谈,多足取法。

六、《雷少森著苏联与西方国家》(书评)

《浙江学报》二卷一期,1948 年 3 月。

本书 *Russia and the Western World*,作者雷少森(Max M. Laserson)原籍俄国,后入英籍。全书除论外共分七章,内容是论述革命后三十年苏联的演变。本书从苏联改变作风,与西方国家日趋接近一点立论,引据史实甚多。因此书出版于 1945 年盟国对德胜利的时候,作者仅看到苏联与西方国家之间关系的日趋密切,未及见双方的裂痕,因此,作者仅列举彼此接近的因素,而忽略双方尚有距离。

今年是顾先生 101 周年诞辰,回忆在贵州遵义浙大求学时,亲聆顾师教诲,迄今忽忽已六十多年了。回首往事,历历在目。今重温顾师文章,倍感亲切,爰草此文,以志纪念。

2005 年 5 月 15 日于西溪寓所

(原载杨竹亭主编:《师恩难忘——顾谷宜教授诞生 101 年纪念文集》,上海市浙江大学校友会,2005 年)

怀念恩师顾谷宜教授

管佩韦

1940年11月2日，我从浙江大学龙泉分校到贵州遵义浙大本部读文学院史地学系二年级，前后曾选读顾谷宜教授所教的西洋古代史、西洋近代史和西洋现代史等课程，获益良深。

顾教授在上课时，经常用英文在黑板上写国名、地名和历史人物姓名，颇觉新颖并倍感兴趣，使我深深地认识到，要学好外国历史，必须学好外语。

在一个星期日上午9时许，我去顾教授家中拜访他，他交给我一本较厚的练习本，嘱咐我把西洋古代史的听课笔记，经整理后抄录在练习本上，到学期结束时交给他。我就把它当作一件重要事情，努力去完成它。这样一来，就督促我用心听课，好好做笔记。等到第二学期，在顾教授审阅我的西洋古代史的听课笔记后，他当面称赞我说："没有采用速记，能够将听课笔记写得这样详细，主要内容几乎没有遗漏，全都记上，确是难能可贵的。"顾教授的话，对我来说是极大的鼓励。

学习西洋古代史一课，当顾教授讲到一位古代希腊哲学家曾说"吾爱吾师，吾更爱真理"的一句话时，给我以深刻的印象。我总认为，每一个人要做到"吾更爱真理"是很不容易的。浙大校训"求是"确有深刻的意义。想起许多为追求真理，不惜牺牲自己的生命的先烈们，是多么值得我们敬仰！同时，也就想起不少为自己谋私利，不顾国家和人民根本利益，口是心非地做了违法犯罪的事，确实令人气愤！我还认为，为人至少要有一点正义感，绝对不能做那些违法乱纪的事情。如果做了损人利己的坏事，触犯刑法，受到严肃处理时，懊悔也来不及了。人人必须遵纪守法，讲究公道，然后才能建立起理想和美好的和谐社会。

1941 年 10 月，抗日战争和整个国际形势都非常紧张。顾教授在贵州遵义浙大本部作了题为“当前国际形势”的学术报告，在一间比较大的教室里，坐满了浙大师生，我坐在最前排去听讲。顾教授在演讲中，观点很明确地预言美国和日本矛盾尖锐，必然发生冲突。他还说，美国和日本之间，一旦发生战争，日本极大可能实现“南进政策”，就会迅速攻占我国香港地区、新加坡、缅甸、菲律宾等。此后，国际形势的发展，完全证实了顾教授的预言。我们浙大各系师生们都很敬佩顾教授对国际形势发展的预言和远见。

1941 年 9 月，我继续选读顾教授所授的西洋近代史，当顾教授讲到美国独立战争胜利后，建立了美利坚合众国。到 1787 年，制定了美国宪法，规定美国总统任期不能超过两届，共计八年。美国第一任总统乔治·华盛顿在第二届总统任期满后不参加第三届竞选。当时，只是当作一件历史知识学习看。后来，等到学习世界现代史以后，才进一步认识到它的历史意义。

从 1942 年 9 月四年级上学期开始，我请顾教授指导写毕业论文，选定的题目是《中国与第一次世界大战》。他介绍我参考有关资料。通过这篇毕业论文的写作，我学习到不少有关世界和中国近代史的知识。在第一次世界大战时期，中国政府曾参加英、法等协约国方面对德、奥等同盟国的宣战。中国虽然没有直接派遣军队参战，但曾派出十四余万远涉重洋，去英、法等国参加修筑公路，建造铁路，搬运伤亡官兵，其中有一部分华工还曾被迫上前线作战，对协约国在第一次世界大战中取得最后的胜利，作出了一定的贡献。作为战胜国的中国，在 1919 年巴黎和会上，英、法等国竟然袒护日本，没有让我国收回在大战期间在山东失去的权利，我国参加巴黎和会的代表团毅然拒绝在《凡尔赛和约》上签字。我深深地体会到所谓“弱国无外交”的惯例，令人感慨万千。

1943年2月，我接到史地学系系主任张其昀的短信，嘱我到系主任办公室去，有事商榷。当时，我已读满四年级上学期的功课，再读一个学期，即将在1943年暑期毕业。接到短信后，我心中在猜想，张主任叫我去，一定有重要事情告诉我。到了系主任办公室后，张主任就对我说：“再过一个学期，你将要毕业了。经顾谷宜教授推荐，系教师会议决定，同意在你毕业后，聘请你担任顾教授的助教兼任史地学系教务员，负责管理全系学生注册和成绩等教务事宜，征求你的同意。”我就很高兴地答应了。我是多么地感谢顾教授的关心和栽培啊！

1943年7月，我在浙大文学院史地学系毕业了，遵张主任嘱咐，我即到史地学系办公室上班，担任教务事宜。同时，随史地学系学生班级，继续听顾教授上课，并担任批阅学生作业，代拟各个课程考试题目和负责阅卷评分等工作。

1946年10月，浙江大学各院系师生先后复原回到浙江杭州大学路原浙大旧址开学上课。我除了继续到史地学系办公室上班，料理教务外，仍继续担任顾教授的助教工作，听课、批阅作业、拟题、阅卷、评分。1947年下半年，顾教授开出法国大革命一门课，选读者比较多，颇受学生们欢迎，顾教授讲到孟德斯鸠提出的行政、立法和司法三权分立的学说，当时，我的体会不深。等到得知世界上有些国家中的一些实际情况以后，我深深地感到要做到三权分立是很不容易的。更突出的是行政往往干涉司法，司法不能独立，法院怎能作出公正的裁决？

同时，我也时常到顾教授家，向他请教相关世界历史问题，顾教授在百忙中，每次都耐心地给我详细解答，不断地帮助我继续学习和提高,我在心中深深地树立了“一日为师,终身为父”的信念和永久师生情谊。

顾教授不但在学业上经常给我教导,而且还在生活上时时给我无微不至的关怀。每年除夕,顾教授总请我到他家中去吃年夜饭,使一个孤身浪迹在他乡的游子感到无限的温暖。1946 年我结婚后,顾教授还请我和妻子同到他家中去聚聚。我的妻子曾说:“顾教授和顾师母对待我们非常关心和亲切,他俩好像我们自己的父母一样!”特别使我感激不尽的,在 1948 年冬,当时杭州物价飞涨,浙大教师们生活都很困难,有一段时间,杭州连食用油都很难买到。一天下午,顾教授嘱顾师母从杭州刀茅巷浙大教授甲种宿舍来到浙大龙泉馆教职工宿舍我的家中来,送我满满一瓶优质的花生油。在一段时期内解决了我们在生活上的困难,使我们永世难忘!

恩师顾教授谢世已多年,顾教授永远活在我们的心中,我们的师生情谊犹如苍松翠柏一样,岁岁常青!

(原载杨竹亭主编:《师恩难忘:顾谷宜教授诞生 101 年纪念文集》,上海市浙江大学校友会,2005 年)

叶良辅老师的生平和贡献

李治孝

叶良辅老师字左之，原籍浙江杭县，1894 年 8 月 1 日出生于杭州佑圣观巷。自幼父母双亡，赖祖母抚育成人。他平时体质较弱，形貌清癯，但读书十分勤奋，成绩优异。于杭州盐务小学毕业后，考进上海南洋中学，在校读书期间，深为任教的丁文江先生所器重。以后丁文江先生于 1913 年 6 月主办工商部地质研究所，暑期招生，9 月授课。同年，叶师毕业于南洋中学，考进地质研究所学习。该所相当于地质专科训练班，课程皆按大学标准，教师均为当代名流，学制三年，教学水平很高。叶师于 1916 年 6 月毕业，学习成绩居全班之冠。据朱庭祜先生追述，叶师科学基础已优厚，又加勤勉，每试必冠军，同学无不倾服。叶师平时对人诚恳，不苟言笑，每发议论，深彻有理。新中国成立前夕，同班谢家荣来到杭州，二位知交促膝谈心，一致认为应留大陆，不必迁徙，可见他们同学道义之交感情深厚。他们当年毕业后，同去农商部地质调查所工作，任职为调查员。1920 年 1 月，叶师被派往美国哥伦比亚大学地质系进修，他除学习地质学方面的课程外，还随约翰逊(D. W. Johnson)教授学习地形学。1922 年叶师获得了理学硕士学位，于当年 7 月返国，仍留地质调查所工作。其中一度曾兼任北京大学地质学教授。1927 年至 1928 年受聘担任中山大学教授兼地质学系主任，并由朱庭祜老师邀请协助创建两广地质调查所。1928 年到 1937 年受聘为地质研究所研究员。在此期间，曾被选为中央研究院第一届评议员,并曾在李四光先生去北平大学讲学时,代理过所长职务。叶师平时既善于在野外作地质矿产的调查,又精于在室内作矿物岩石的鉴定。他足迹遍及河北、山东、辽宁、山西、湖南、湖北、安徽、江苏、浙江等省。工作辛劳而生活又十分艰苦,终于不幸在1936年染患了肺病,不得已在杭州养病。后值抗战爆发,淞沪沦陷,叶师举家避居诸暨乡间。1938年初应聘担任浙大史地系教授,于当年4月携眷随校西迁,先迁至江西泰和,再迁到广西宜山,最后到达贵州遵义。沿途风霜劳累,备尝艰苦,以致叶师的肺病又加剧了。但他一直是带病工作的。1943年暑期后,史地系系主任张其昀先生赴美讲学,浙大校长竺可桢先生改聘叶师为史地系主任并负责史地研究所工作,叶师平时主持系务会议和所务会议,处理重大问题,而将历史和地理两方面的具体系务工作分别请李絜非先生和严德一先生帮助办理。1945年底张其昀先生返校后,叶师才得卸去重任。1946年暑期,浙大迁回杭州,叶师又随校东迁。到杭州后,按学校规定休假一年,但其研究工作并未间断。1947年暑期后又带病上课。1949年5月3日杭州解放,他精神振奋,豪情溢于言表,不久受聘为浙大地理系系主任。当时,新建地理系的工作甚为繁忙,同时政治学习安排的时间也较多,其他会议也很多,叶师是每会必到的。记得当时我任浙大研究生会主席,曾邀请学校研究生的导师参加一个座谈会,内容是反映研究生的共同要求,叶师不但按时前来参加会议,而且还作了充满热情的讲话,至今使我记忆犹新。可惜叶师以久病羸弱之躯,应付繁重的工作与学习,终于支持不住了。他于1949年8月11日召开地理系系务会议时就感到身体发热,回家后一直高烧不退,历时3周。当时还没有治疗肺病的特效药物,医生们也束手无策。自1949年9月9日起叶师开始咯血,终于1949年9月19日下午2时,溘然长逝,享年56岁。浙大师生前往吊唁者,络绎不绝,莫不流泪痛惜一代哲人的早逝！1949 年 9 月 28 日下葬于杭州灵隐西首石人山老虎洞之侧。这块坟地是朱庭祜老师奔走选择的。

叶师生前热心于中国地质学会工作，他是学会 26 位创立会员之一，也是永久会员（一次缴足会费 50 元）。中国地质学会于 1922 年 1 月在北京正式成立，叶师任第一届评议会编辑和第二、第三届编辑主任；自第二届起至第六届（1923—1928）任评议会评议员，第七届（1929）任评议会副会长。第九届（1981）开始，评议会改称理事会，会长改称理事长，评议员改称理事。叶师自第九届起至十五届（1938），连任理事，并在第十二届（1935）时担任理事长职务。学会自二十一届（1944）起增设监事会，叶师连任监事，直至二十六届（1949）逝世为止。

在学术研究方面，叶师对岩石学和地形学造诣最为精深，在地质矿产方面已做了很多调查研究工作。自 1919 年起至 1947 年止，他发表 20 余篇论著，既具理论价值，又有经济意义，受到了当时国内外地学专家的共同赞赏。

有关岩石学方面的论著，先后有《中国接触变质铁矿区闪长岩之岩性研究》（本文铁矿区包括山东金岭镇，南京附近，湖北大冶、鄂城，安徽当涂、铜官山，湖南武安之红山等处）、《山西临汾县之方沸正长斑岩》、《中国东南沿海区流纹岩及凝灰岩之矾石化及笔腊石化作用》、《中国东南沿海火成岩区之研究》（本文火成岩区包括永嘉、瑞安、平阳、青田、玉环、乐清、黄岩等县）、《青岛一带火成岩之研究》以及《南京镇江间之火成岩地质史》等。叶师的研究方法是野外与室内相结合、宏观与微观相结合、理论与应用相结合，故所提论证均确切有据，学理精湛；其岩石分类命名，均根据倪格里氏值而定，故甚准确。直至今日，叶师的上述论著还是值得参考和效法的。他不愧为我国近代最早的知名岩石学家。

叶师主编的《北京西山地质志》于 1920 年出版，内容分为地层系统、火成岩、构造地质、地文,以及经济地质等五章,是中国最早的也是当时最完美的区调报告,所附北京西山地质图也是当时水平最高的图件,这份资料一直为后人所参考,可谓文图俱优、誉满中外。《湖北阳新大冶鄂城之地质矿产》也是一份区调报告,内容主要有地质、火成岩、构造和矿产等章,其研究水平也是很高的。

在矿区地质调查研究方面,主要有下述贡献。《安徽南部矿之类别及成因》和《湖北鄂城灵乡铁矿》两文,是我国早期关于长江中下游铁矿矿床学研究的论著,具有重要历史意义和实用价值。他对浙江平阳明矾石和青田印章石的调查研究报告是非常精细而极有价值的。我们从 20 世纪 50 年代起开始对矿区进行普查勘探工作时,就一直参考上述报告及所附地质图件的。他于 1934 年计算的矾山明矾石储量与今日的勘探结果并无多少差异,其准确性尤其令人敬服。他调查过的煤田有直隶临榆县柳江煤田、安徽宣城泾县煤田、浙江长兴煤田和鄂西煤田等,其研究报告的主要学术贡献是详细研究了侏罗纪地层,确定“门头沟煤系”代表下侏罗纪,“髫髻山系”代表上侏罗纪;他首先命名了志留纪“铜官层”和中上二叠纪“宣泾煤系”。据称“铜官层”居下石炭系之下,以砂岩、砂质页岩、硅质砂岩和石英岩为主,因初见于铜陵县铜官山,故名;同时,在宣城、泾县两县内煤储量最为发达,且富于化石,时代可以确定,故以宣泾煤系名之。

叶师还是我国最早的知名地形学家,为我国近代地形学的研究奠定了基础。他以构造地质学和岩石学为基础,研究地文史,更具特色。自 1915 年从事北京西山地质调查工作起,就作了地形的研究,所著《北京西山地质志》专列地文一章,讨论了五个地文期;1925 年所著《扬子江流域巫山以下地质构造及地文史》,内容主要有地层系统比较、地质构造,以及地文史三章,讨论了长江的成因及其变化的历史。此文为我国最早而又最精辟的地形专论,一直被后人所参阅。叶师还对山东海岸变迁进行了研究。他主要以岩石学和构造地质学为基础研究地形之构成，对我国地形研究具示范的作用。他还著有《地形研究指要》和《科学方法之研讨》，为研究地形者的重要参考文献。叶师晚年收集了丰富资料，以辩证的地貌学观点编著了《瀚海盆地》，是我国干旱区地貌的一本划时代著作。

叶师的研究工作十分严谨，实事求是，不迷信专家名人。在主编《北京西山地质志》时就对庞泼来、李希霍芬、梭尔格等诸家意见，加以修正。新中国成立前，李四光先生在杭州休养期间，曾提出杭州九溪一带“之江层”（盛辛夫先生以后命名）为冰川沉积物。叶师为了研究其可靠性，不顾身体病弱，专程到现场去进行观察，确定这是古九溪的洪积物，从而否定了冰积物之说。

叶师在教育界的贡献也是十分重大的，他早期曾在北京大学、中山大学任过教授，但自 1935 年起就一直在浙江大学任教，除担任研究生指导工作外，曾开设普通地质学、历史地质学、岩石学，以及地形学、高等地形学等课程，还为土木系开设工程地质学。1946 年下半年起，普通地质学才改由孙鼐先生讲授，工程地质学改由朱庭祜先生讲授。叶师在日，一直是带病上课的，声音甚为低弱，但同学们专心听讲，安静无声，都以能听到叶师授课为快。在杭州开课时，叶师体质更弱，声音嘶哑，日益严重，同学们不忍心他走到学校上课，劝他在家里讲课，他执意不肯。同学们只得请他在课堂里坐着讲课，但经常咳不成声，有时要连续咳喘几分钟，才稍平静，又接着上课。大家既为叶师的严重病情担忧，又为叶师认真的工作态度所感动。

叶师对学生的要求是很严格的，但又十分爱护和关心学生。我们都把他当作是严父和慈母。我读研究生时，他指定我读参考书，有些书是他亲自为我找出的，都是英文地形学原著。他根据参考书的内容，限定每半月或一个月上交一份读书报告。我每次交读书报告时，他总要问我理解如何，收获如何？我的读书报告都是送到他家中的，如果不能按期上交，我是不好意思到他家里去的。他这样培养研究生的方法确是严格的，但也确是必要的。我们在读书或野外观察中有问题提出请教时，他总是静心听着而不急于回答，他反过来从侧面一步一步地启发，最后让我们自己顺理成章地去得出结论。因此，也培养了我们独立思考的能力。

同学们最乐意到叶师家去拜访请教。话题可以从具体的学习上问题到研究方法，从国家大事到史地系分家意见，从个人思想到个人前途，范围广泛，无所不谈。而每次谈话以后，总使同学们有所启发，有所收益。久而久之，大家更感到叶师的可亲可敬。记得在“反内战、反饥饿、反迫害”的学生运动中，国民党在浙大校园内散布了黑名单，我也名列在内。我曾向叶师倾诉胸中的愤慨，叶师既热情地表达对学生运动的同情和对国民党的憎恶，又叮咛我行动小心，免遭祸害。他的慈母般温暖情意，深深印在我的脑海里，至今也不会忘记。1942 年，浙大学生“倒孔运动”后，国民党将逮捕王天心学长。王由湄潭回遵义时，由施雅风学长带他去叶师家暂避。叶师知情后，留食留宿，彻夜为王筹划安全。次日，王脱险离遵，叶师才露出笑容。叶师对学生充满同情和爱护的真挚感情，对学生亲如家人子女。

叶师对学生主张德才兼备，他身教更重于言教。他曾向同学们介绍地质调查所老一辈人的为人之道：“他们自有其特点，奉公守法，忠于职务，虚心忍耐，与人无争。无嗜好，不贪污，重事业，轻权利。所以地质调查所内部颇富于雍雍和睦与实事求是的风气，从未有恭维迎合，明争暗斗，褊护猜忌的那些衙门恶习，后进人才，也跟了同化，这是大有助于事业进步的一因素。”这样的品质在旧社会是多么高尚啊！在今日社会主义社会中，这样的品质，也是十分难得的。叶师为人，高尚正直，表现在各个方面，难于尽述。举一个小小例证：记得他在上历史地质学第一堂课时，首先开列一些参考书籍，特别说明自己对古生物学没有很好研究，希望同学们着重参考 A. W. Grabau 著 *Stratigraphy of China* 中的古生物部分，他公开承认自己的弱点，虚怀若谷，实事求是。我们不仅敬重叶师的学术，更敬重叶师的品格和道德。地学组的同学们，大多受到了叶师潜移默化的影响。

叶师自 1938 年到浙大任教后，呕心沥血地培养出来的地学人才是很多的，难于一一列举。就他指导的研究生而言，共有严钦尚、丁锡祉、沈玉昌、杨怀仁、施雅风、蔡锺瑞、陈述彭、陈吉余、李治孝等人。除我本人外，诸位学长都是专攻地形学的，学术上造诣深厚，研究工作各具特色，在近代中国地形学的发展上，起到了继承和创新的作用。他们在新中国的教育界、科学界和技术界，均素负盛名。施雅风和陈述彭两位学长并荣任中国科学院地学部委员，贡献尤为突出。此外叶师还指导过工作中的地形学者丁骕，地质学者李璜、张更、赵国宾，陈恺、刘之远等；在学生中还教导过海洋学者毛汉礼，地理学者赵松乔、谢觉民、杨利普，气象学者叶笃正、谢义炳、姚宜民、郭晓岚、张镜湖等。叶师的教育是成功的。他曾经对我们学生说："我们教导诸位，有否成功，要看诸位毕业之后，做人做事的成绩如何。诸位的成绩，远在若干年后才可明白，所以我们是否成功，亦须等到若干年之后才见分晓。"现在叶师逝世已 40 周年了。诸位学长们的做人做事如何，如今也见分晓了。我想叶师在九泉之下，如果知道他的教育工作的成功的信息，当会含笑欣慰的。

叶师的成就，实有赖于叶师母汪华尘女士的助力。叶师母勤劳和善，治家有道，平时教养子女，照料叶师病体，无微不至，费尽心血。叶师专心科技和教育事业而无内顾之忧，叶师母的功劳是很大的。我们怀念叶师,同样也怀念慈祥的叶师母。

(原载贵州省遵义地区地方志编纂委员会编:《浙江大学在遵义》,浙江大学出版社,1990 年)

缅怀涂长望教授

施雅风

涂长望教授离开我们快 30 年了,他的音容笑貌经常展现在眼前,他为科学与民主坚毅奋斗、不屈不挠的事迹激励我们后来者继续努力。现就接触到的印象深刻的几件事,简述于后,以为纪念。

1939 年春,应竺可桢校长的邀请,涂师从重庆来到广西,就任刚迁到那里的国立浙江大学史地系气象学教授。我那时正在史地系一年级读书。在一个小型的师生联欢会上,首次见到涂师。他中等身材,三十来岁,鼻架眼镜,穿一套素色西装。系主任张其昀介绍说:"涂先生英国留学,在中央研究院气象研究所工作多年,发表过许多出色论文,是国际知名的气象学者。"并随手拿出涂师在一份德国出版的杂志上发表的近作,以为证明。他又说:"涂先生能来史地系任教,联想起前次著名地质学家叶良辅来系任教,一管天,一管地,都是史地系的大幸。"涂师在浙大开设了 5 门课程,即气象学、气候学、中国气候、天气预报和大气物理,我学习了除天气预报以外的 4 门课。当时条件很差,没有教本和讲义,全凭老师口讲,学生笔记。涂师讲课条理清晰,不快不慢,常就一些似是而非或似非而是的问题向学生指名提问,锻炼学生思考能力。在涂先生的教育下,不少学生毕业后从事气象工作,并卓有成就。1940 年浙大迁至贵州后,成立研究院,招收硕士研究生。清华大学毕业的高才生郭晓岚、叶笃正、谢义炳等均来浙大读研究生,拜涂师为导师,开辟新的研究课题。毕业后又去美国深造,毕生致力气象研究,均成为国际知名的学者。1942 年初,浙江大学发生倒孔(祥熙)的学生运动。事后,原学生中的三民主义青年团书记由于参加学生游行被撤职审查。涂师的一位助教兼研究生被指派继任三青团书记,涂师深为不满,劝阻未成,加上其他一些因素,便愤然辞职离校。离遵义前他到我的导师叶良辅教授处辞行,我适在场,涂师倾吐了他对国民党政府腐败和亲国民党的系主任的强烈不满。叶师也深表同感。涂师从到浙大至离开浙大前后不到 4 年,但给浙大师生的印象是极为深刻的。

涂师很早就树立了爱国、民主和反帝、反封建的革命思想。据闻,在英国留学时,他曾参加留学生中的反帝大同盟;在清华大学任教时积极支持一二・九学生运动并被选为北京文化界救国会理事。涂师在离开浙大后,先到一工厂短期任职,不久就到重庆中央大学任教,参加进步教授梁希、潘菽等组织的和中国共产党有联系的不公开的重庆自然科学研究会的活动。1944 年,周恩来同志建议自然科学研究会进步教授们组织范围比较广泛的、公开的科学团体,在爱国民主运动中发挥更大的作用。1945 年春天,涂长望、梁希、潘菽、谢立惠等十余人,就积极筹组中国科学工作者协会,发出倡议,得到一百多位科学家的热烈赞成。7 月 1 日在重庆开大会宣告协会正式成立。竺可桢被选为理事长,李四光为监事长,涂长望为总干事。不言而喻,涂师肩负有实际推动协会工作的主要责任。这时,我已到了重庆北碚中国地理研究所工作。以后,涂师去伦敦参加了由英、法、美、中、加、澳等国科协联合发起的世界科学工作者协会成立大会,涂师当选为远东区代表理事。国内科协的活动这时也更加积极地开展。在抗战胜利以后,科协总会则随着主要负责人所在单位中央大学迁到了南京。

1947 年初,我和吕东明同志也到了南京,和涂师的接触比以前更方便了。反对国民党的腐败统治,追求民主和解放的共同愿望把我们更密切地联系在一起，我们原有一个小团体叫科学时代社南京分社，有三十多位青年科技工作者参加，以共同支持已迁上海出版的《科学时代》杂志为宗旨，约每两周集会一次，为杂志组稿筹款。但主要是学习讨论政治形势，准备迎接解放。同时我们也积极参加科协的活动。科协总会的核心成员梁希、潘菽、涂长望、丁钻、张楚宝等，也有一个不定期的小型座谈会，约我们参加讨论。其中一个重要内容是如何充实扩大科协力量，特别是吸收进步、肯干的青年科技工作者参加。在这年的春夏之交。涂长望、梁希、潘菽、吕东明、陈志德、张长高、施雅风会商，相约由后四人发动科学时代社南京分社的全体社员，参加科学工作者协会。由于科协有许多上层科学家参加，名望较大，在当时国民党反动统治下，尚能做些活动。科学时代社员也就踊跃参加。果然上议实行后，科协基层力量大为加强，于是决定召开科协南京分会成立大会。大会于 7 月 20 日在中央大学举行，有四五十人参加，选举姚克方（中央医院院长）为分会理事长，我被选为理事之一。在总会的指导下，分会的工作重点放在宣传教育方面，组织小组座谈会和公开的讲演会。这些进步活动后来为抵制国民党反动政令，保护机关、工厂、学校等财产设备，为新政权的顺利接管起了一定作用。也正为此，涂长望、梁希、潘菽等几位进步教授，受到国民党的迫害威胁，不得已于南京解放前潜赴解放区，直到 1949 年 4 月南京解放后才得以返宁。

中华人民共和国成立后，涂师全部身心投入中央气象局的建立和新中国气象事业的发展中。我们见面的机会少了。从 1958 年起，我长期在西北从事冰川研究，几年中都难得见上一面。当听说他患有脑病，不易治愈，自己深感担忧。1961 年初，见《人民日报》刊载涂师《关于二十世纪气候变暖的问题》一文，以为涂师病情好转已能正常工作。后来听说，涂师的病情恶化，脑干瘤继续压迫视神经,一目失明,仅有另一目可勉强阅读,可见涂师是在忍受疾病折磨的情况下写成此文的。其毅力和远见卓识是何等的令人钦佩。

1962 年 6 月 9 日涂师在北京逝世时,我适出差北京,得以参加在北京医院的遗体告别,涂师清瘦的面容宛如民主革命斗争时期奋力拼搏之神态。他的英年早逝是科技界的重大损失。近 30 年来,经后继者的努力,他所致力的气象事业已发展壮大,跻身于世界先进国家之列,对他所倡导的现代气候变暖问题进行深入研究的范围日益扩大。我作为涂师的学生,早年未能从事气象工作,晚年转入与气候变化有关问题的研究,亦借以报涂师教育之恩于万一。涂师热爱民主与科学的精神,将代代相传,永放光芒。

(本文为纪念涂长望教授诞辰 85 周年而作,原刊《人民日报》,1991 年 10 月 27 日;后收入施雅风:《地理环境与冰川研究》,科学出版社,1998 年)

涂长望教授

杨竹亭　束家鑫

在《竺可桢日记》中，提到名字最多的，涂长望老师是一个。

涂老师在英国伦敦帝国理工研究院，获得硕士学位并被接纳为英国皇家气象学会外籍会员后，竺校长就以中央研究院气象研究所所长的名义，电请涂长望老师回国任研究员。这时涂老师接到他所尊敬的气象学前辈的热情相邀，就决定中断博士学位的学习，毅然返回祖国，参加气象所工作。

1939年5月，浙大西迁到广西宜山。涂老师又应竺校长之请，离开重庆（气象研究所）来浙大史地系任教。以后浙大迁黔，他又随校辗转跋涉来到遵义。浙大设立史地研究所，竺校长委他兼任副所长，气象部门的硕士生工作由他负责。当时的史地研究所是全国各大学中建立最早的一个研究所。现在的许多著名气象学家和地理学家，不少在那时候听过涂长望老师教课的，或者是直接受涂老师指导学习的，如施雅风、叶笃正、谢义炳、毛汉礼、陈述彭等这些中科院的学部委员都是他的学生。另外还有许多在国外的著名专家如郭晓岚、姚宜民、谢觉民等，国内的专家赵松乔、杨利普、丁锡祉、张汉松等也都是他培养过的学生。他为了实践理论联系实际的教育方法，在浙大史地系中还设立一厂一所"测候所"，日夜记录气象资料，负责测候的有束家鑫、吕东明和欧阳海等。涂老师为人正直，教学认真。他常把国际气象科学上的新成就编进教材，使同学们在学习进程中知识日新月异，以此培养广大学生攀登科学高峰的雄心壮志。

勤奋的经历

涂长望老师出生于汉口市的一个职业宗教家庭,父亲是传教士。他生于1906年10月28日。他7岁进教会小学,14岁考入教会办的武昌博文中学,中学毕业后又考入教会办的华中大学。于1926年转入上海沪江大学(也是教会主办)攻读科学科,主修数学、物理、化学,也选修地理学。沪江大学有一位著名的美国地理学家,名叫葛利石(著有《亚洲地与人》和《欧洲地理》)。涂老师受他影响很深,产生了对地理科学浓厚兴趣。毕业后,他曾回博文中学任理科教员,于1930年10月(时年24岁)赴英国考入伦敦大学政治经济学院,研究经济地理。次年9月又转入帝国理工研究院专修气象学。

涂老师在帝国理工研究院时,专门研究长期天气预报。在当时世界气象科学的发展正进入一个新的历史时期,并已形成了英国的沃克、苏联的牟尔坦诺夫斯基和德国的鲍尔这三大学派。他们在丰富的天气图分析基础上,对大气环流长期演变的规律性进行了概括,从此奠定了近代长期天气预报的基础。涂老师师承沃克教授,并在他的亲自指导下进行长期天气预报的研究。年迈的英国导师非常喜欢这个勤奋的中国学生,所以肯把自己的研究经验,尽数传授给自己的学生。涂老师研究中国的情况,写出了具有独到见解的论文《中国雨量与世界气候》,后来这篇论文收录在英国《皇家学会论文集》中,这在英国是一种很高的荣誉。

中国长期天气预报的开拓者

涂老师在英国留学期间已经开始长期天气预报这项研究工作，回国以后继续研究，于1937年发表了著名的论文《中国天气与世界大气的浪动及其长期预告中国夏季旱涝的应用》。这篇论文是根据沃克教授的理论进一步结合了中国的冷暖和旱涝同世界各国天气的关系，特别是同三大浪动的关系提出了一些预报方法。这些研究成果为中国长期天气预报工作奠定了基础。

开辟了前途广泛的三度空间的中国气象学

20世纪30年代的气象工作者，都重视气团和锋面的研究，而涂长望老师根据收集到的资料，对东亚气团进行全面研究，对气团的分类提出了新的看法。他认为气团的标准实例之具有代表性比仅研究平均情况为好。以往的天气分析，只是根据地面的气象要素推测高空大气的状况，即所谓的间接高空天气学。涂老师从全世界的气压分布来测定未来东亚的天气趋势和利用高空资料分析中国的气团，开始对我国大气垂直结构有了了解，使地面两度空间分析发展到了三度空间分析，开辟了前途广阔的三度空间的中国气象学。

爱国民主教授

涂老师出身于宗教家庭，而且一直接受着教会学校的教育，但是他反对教会的精神枷锁。在英国留学时,他参加伦敦进步中国留学生组织的“反帝救亡大同盟”。回国后,在清华大学任教,又积极支持学生参加一二·九运动,并被选为北平(京)文化救国会的理事。来浙大以后,他劝导学生们把主要精力用于学习和研究,不要参与三青团等的活动。1943 年他在重庆沙坪坝中央大学任气象学教授,同时又在上清寺美军总部工作。他利用在上清寺美军总部办公的机会,参加市区里的各项民主进步活动,同时通过接待美国专家,向国外宣传中国的民主运动。不久他参加中华自然科学研究会,该会中的梁希、潘菽、金善宝等也都是爱国民主人士。潘菽是新华日报社负责人潘汉年的堂兄弟,所以他们常常相约一起去化龙桥新华日报社参加时事座谈会,并结识郭沫若、柳亚子、金仲华等民主进步人士,还听过周恩来的形势报告。1945 年他和一些进步的科学家参与发起九三学社,并当选为中央理事兼秘书长,后参与组织了中国科学工作者协会,壮大民主运动的力量(他又被推选任常务理事兼总干事)。同年年底,他作为中国科协代表去英国出席在伦敦召开的“科学与人类福利会议”,他在大会上发言谴责原子战争,并号召科学家团结起来,利用科学为人类谋福利。他是浙大除费巩以外的另一个奔赴重庆的民主运动战士。

1946 年,涂老师随中央大学回南京任教。在南京又积极参加了“反饥饿、反内战、反独裁,反迫害”的民主运动,并向学生们作“民主与科学”的讲演。这时九三学社等进步组织都被南京当局认为非法而被取缔了。在 1947 年底他又由金仲华介绍进美国大使馆新闻处担任编译工作,他利用工作之便,一面摘译引起美蒋矛盾的文稿,一面又把有利的进步消息向外界传递。直到南京解放前夕,他和潘菽、梁希等的名字都被国民党特务列入黑名单中。于是他们被迫离开南京,绕道香港,最后到达了北京城,这时的北京已经解放了。

同志友谊深

涂长望老师在气象科学上的卓越成就，是竺可桢第一个发现的。涂老师在伦敦帝国理工研究院获得硕士学位后，出于对竺可桢这样一位德高望重的前辈科学家的信赖，中断了博士学位的攻读，毅然回归祖国服务。回国后竺可桢所长又在气象所中对涂长望委以重任，尽量发挥他的才能。在《竺可桢日记》中有许多处提到“长望”名字，都是对他成就的赞美，从中也可以看出竺校长内心的喜悦。涂老师在浙大，工作非常努力。他从广西宜山再迁遵义的途中，贫病交加，仍然舍不得离开浙大。在遵义他以身作则，鼓励学生们发奋学习，以致取得了巨大的成绩。这些都是他与竺校长相互信任有关。在抗战胜利时，竺校长把自己应该去参加的国际气象会议(这是中国第一次被邀请参加的国际气象会议)改派涂老师前去参加，可见涂师在竺校长心目中的地位了。

涂长望老师对待竺校长这位气象界的前辈，也一直执弟子礼。后来他去重庆，参加了进步组织，还不忘记竺校长，他写信给校长，要他签名也参加小国科协。

涂老师自己是一位卓越的气象学家，但是对竺校长在气象学上的成就十分佩服。竺校长在1931年提出了中国第一幅《中国气候区划图》，受到世界各国科学家重视。涂老师在1936年发表的《中国气象区域》一文，对中国气候区域的划分及各区的特点提出了新的改进意见，把竺校长的研究又向前推进了一步。涂老师的许多论文，都经竺校长看过然后发表。在学术上他们二人配合得非常契合。

为新中国气象事业的发展鞠躬尽瘁

新中国成立以后,他为首任中央气象局局长,从此他把全部精力投入气象事业的发展中去。当时需要大量高级科技人才,他写信给他在海外的学生,如在美国芝加哥大学留学的浙大校友叶笃正、谢义炳等,鼓励他们尽快回来参加祖国气象事业的发展;青年气象学家如顾震潮、顾均禧、朱和周等受他们的影响也都毅然返回祖国。老师还写信给在香港皇家气象台工作的浙大校友周恩济等,要他们回来参加祖国建设。此外他自己还举办了许多期的训练班,亲自讲课,培养业务人员,这些人员中有许多派赴朝鲜前线,为空防和海防立下了不朽战功。

他关心人民,特别重视提高灾害性天气预报的质量。1954 年长江中下游遭遇百年未遇的特大洪水,但是由于预报及时,使沿江各地政府重视防汛,结果使洪峰安然渡过每个地区,这对当时人民真造福不浅。他领导全国气象事业的发展,工作极其繁忙。他常常废寝忘食日夜不断工作,但是他像竺校长一样,对科研工作还是一直不肯放松,总是设法抽出时间对中断了的科研再重新继续研究。他的《中国气候纲要》一书,就是利用工余时间,与校友欧阳海、张汉松合作而编著成的。这本书对青年气象学家业务上的提高,作用很大。1958 年他的脑干瘤发展了,但他还是在青岛主持气象学会理事会的召开。青岛回来,走路都失去平衡了,但他知道上海气象台"测雨雷达"刚新装,就执意要去察看。他拄着拐杖颤颤巍巍地硬撑着爬上了 30 米的凌空铁塔,这种顽强毅力为随行者惊叹。

此后不久他住进医院,由于脑干瘤压迫视神经,右眼已看不见了。于是他在右眼镜片上贴上一张白纸，利用左眼写字。一封长达三千五百言的“临终建议书”，就是在这种情况下写出来的，其中内容包括观测、预报、通讯、资料、云雾物理、海军气象和农业气象等，各个问题都涉及了。这是一个爱国科学家燃尽了自己生命的最终火焰所发出的光。1962 年 6 月 9 日涂老师在北京逝世，终年 56 岁。竺可桢副院长在《追念涂长望同志》一文中，高度评价了他的毕生成就。

（以上由吕东明、毛礼汉、张则恒等先生和华东师大胡焕庸教授提供大量资料，由上海浙大校友会副会长杨竹亭执笔撰写）

在气象科研上的卓越贡献

涂师学识渊博，在气象科学领域里涉猎很广，诸如中国气团与锋面，中国气候分区、海洋环流和中国降水同温度的关系，远东大气活动中心，地形对贵州天气的影响，中国气候和高空气候等，都具有高深的造诣。这里仅就他在海气相互作用和 20 世纪气候变暖问题上的精辟见解，简要介绍如下：

（一）关于海气相互作用

20 世纪 20 年代，德国学者瓦克（G. T. Walker）发表北大西洋、北太平洋涛动和南方涛动学说，成为长期天气预报有影响的学派，奠定了海气相互作用的基础。在今天，海气相互作用仍是地球科学中一个十分活跃的课题，也是影响大型天气变化的一个十分重要的因子。三大涛动中的南方涛动，应用最广，它是从低纬热带洋面上气压的季节分布和温度、雨量变化而得到的，是发生在热带太平洋和印度洋之间的一种大尺度大气量的周期性变动现象。由其导致的“厄尔尼诺”就是产生异常天气气候变化的一个核心问题。南方涛动所以重要,在于它是促使“厄尔尼诺”发生的一种先兆,它实际反映了全球低纬度大气与海洋间大型环流长期变化的一种重要特征。大范围地区的气压变化,好像水里的起伏浪潮一样地波动,所以标志南方涛动的两个热带海洋站点的气压变化,可以反映全球地区的天气气候变化。

早在半个世纪前的1937年,涂师就卓有远见地提出三大涛动与中国天气气候异常问题。根据当时有限的气象资料数据,他系统地分析了三大涛动与中国各季温度、雨量、气压变化的相关关系,从而论证了我国1931年大涝和1934年大旱的天气气候背景,把中国天气与全球天气联系在一起。这个观点不仅在当时是先进的,而且,在目前国内外长期天气预报研究和业务实践中,仍然是主要的预报思路和指导思想。

(二)关于“温室效应”

在28年前,涂师在病榻上撰写《二十世纪气候变暖》的文章,于1961年1月26日发表在《人民日报》上。文中列举大量事实,正确地论证20世纪初世界气候明显趋于变暖的事实,并呼吁科学界要重视这一现象并采取相应的对策。“温室效应”是当代全球气候变化和环境科学上的热门课题。

1986年7月,英国公布了一份由电脑计算出的地球气候变化图,从那份科学测定图上,可以清楚地看出过去一百多年来以及今后一个时期内的地球气温变化。地球南北半球,从20世纪初以来,温度逐渐升高,变暖了。其中变化最突出的两个时段,即1920—1940年和20世纪80年代初。

在当时国内外专家学者尚未十分注意的情况下,涂师排除病魔的严重干扰,敏锐地指出全球气候变暖可能给人类带来的危害,呼吁我国应及早采取对策。

1988 年 7 月，在多伦多国际大气会议上，联合国世界环境和发展委员会主席、挪威首相布伦特说："我们的地球正在发烧哩！"这是因为自工业革命以来，煤和石油等矿物燃料的失控使用，积累了大量二氧化碳和有害气体。自 18 世纪以来，大气中二氧化碳已增加 25％，预计今后 50 年还要增加 30％。根据联合国环境专家收集的资料预测，今后 30—40 年中，"温室效应"将会使温度升高 1.5～4.5℃。这将会导致海冰融化促使海平面上升，并可能淹没沿海低洼地区。"温室效应"将在一定程度上打乱大气环流秩序，会使全球气候出现紊乱反常，导致降水、风云层、洋流等关键可变因素发生变化。

在我国气象台站网建设上的贡献

1982 年 6 月 9 日至 10 日，中国气象学会和涂师生前友好科技界代表王淦昌、潘菽、金善宝等学者，在北京举行"纪念涂长望逝世 20 周年大会"。与会同志都认为中国气象事业发展有两个转折点。其一是 20 世纪 30 年代，竺师可桢任前中央研究院气象研究所所长期间，奠定了中国气象事业发展的基础。其二是新中国成立后到涂师长望 1962 年逝世前担任中央气象局局长的十几年间，涂师长望兢兢业业。不遗余力地筹划着新中国气象事业的建设和发展。首先是打基础，那就是着手大力建设新台站，开展新业务。他提出了"分区建设，集中领导"的建站原则。1956 年 6 月，我国气象情报和天气图分析向世界公开广播后，引起了国际上的强烈反响。日本、英国、冰岛、埃及、芬兰、墨西哥等国纷纷来函、来电祝贺新中国气象事业取得的成就。日本一个气象职员工会来电说：

“在贵国辽阔的土地上直到边境的每个角落,完成了这样充实的气象观测网,是史无前例的伟业。”他们并对以涂局长为首的中国气象工作者的努力表示敬意。截至1982年2月初为止,我国现有地面气象观测站2000多个,无线电探空站102个,卫星云图接收站63个,酸雨观测站30个,本底大气污染观测站1个,有了这样密集的气象台站网,才可以进行天气预报、气候分析、气象科研、气象教学以及开展公众服务和有偿专业服务等。

狠抓对国民经济有重大影响的灾害性天气预报

我国从1951年起,首先在上海公开发布台风和大风警报。1954年中央气象局通过国务院发出通知,要求全国气象部门认真做好气象为国民经济服务工作,重点是开展灾害性天气预报、警报服务工作。涂师在当时业务工作十分繁忙的情况下,密切注视灾害性天气变化。记得1956年6月2日,浙西山地出现了百年不遇的特大暴雨,6月4日,涂师亲自给我打长途电话,询问上海中心气象台如何发布这次预报、警报的,我据实汇报了我们发布这次警报的来龙去脉和同浙江省气象台的电话会商经过等。过了一天,由涂师亲手签发给我的一份电报,要我立即去杭州拜访主管浙江省气象台的省委农村工作部领导,征求他们对这次预报服务的意见。事后,我写出一份6月2日浙西特大暴雨预报服务的报告专门向涂师作了汇报。他的这种抓人事和一丝不苟的工作精神,使我永志不忘。

十分重视新兴科学技术的发展和应用

经向上海市人民政府申请和中央气象局同意，上海中心气象台于1958年首先从香港进口一部英国马可尼公司生产的3公分测雨雷达，目的在于探测台风和强对流天气，为中小尺度天气分析提供图像信息。涂师对这部在当时国内认为是较先进的设备给予十分关注和重视，他多次来函询问该机器的性能及使用情况，并多次表示要来上海参观。1961年春，当时涂师已身患重病，脑子生瘤，连过马路也要人搀扶，我们对他的病情感到忧心忡忡。约在1961年4月的一天，我接到中央气象局的电报，说涂师要从汉口乘轮来上海参观马可尼的雷达。我当时真是喜出望外，认为他的健康状况好转了。谁知他在别人扶持下来了上海，走路还是东倒西歪的，但还坚持要乘电梯去了30多米高的铁塔上，察看雷达天线工作情况，我不得已陪他上了铁塔，他高兴地说："我完成了一桩心事，亲眼看到新中国气象部门第一次使用了气象雷达，也可以说我们气象现代化的开始吧！"他这一番语重心长的话，深深扣动了我的心弦。因为自从1945年雷达开始应用到气象业务后，雷雨结构等图像信息不断出现，开创了中小尺度天气分析的先河。在当时，我国雷达气象学落后于国外先进国家10多年，现在国内也使用了气象雷达，怎么不令忧国忧民的涂师为之高兴呢？

（原载贵州省遵义地区地方志编纂委员会编：《浙江大学在遵义》，浙江大学出版社，1990年）

遗泽长存

——悼念陈叔谅师逝世一周年

倪士毅

我最初认识陈师是在1940年春，他担任浙江大学龙泉分校主任的时候。新中国成立后，他在杭州任浙江省文物管理委员会委员，后又在省博物馆工作，这期间，也时有见面。1980年以后，他住在龙游路12号，我的长子集裘与他同住在一幢房子里，从此，碰面的机会较多。后来他迁居华侨新村（即庆丰新村八号），我每年都好几次去拜访他。去年春节初二日上午，我同絜民兄去他家拜年，他已是九旬的老人了，但精神矍铄，身体还很健康。我们谈起往事，他都能记得。他的贤婿宋晞学长是我在浙大史地研究所时的同学，所以他时常告诉我宋学长在台湾的情况和寄来的书信。陈师待人，态度非常慈祥谦和，平易近人。他对我们学生非常关怀，不仅在学业上给我们帮助鼓励，同时，对我们的生活、身体也都十分关注，他这种如同家人一般的亲切之情，使我们铭记心头，永远不能忘怀。

我每次到他家中的时候，他总是非常高兴，与我谈这谈那。有时我们谈话的时间较长，他老人家也不感到疲倦。他在一次给我的信中说："屡承存问，既欣话旧，亦以频多劳步，引为不安。惟老益荒落，旧友凋零。每接清言，不仅得通学林之新讯，亦庶几不会与时代隔绝，则二三子之惠我多矣。"可见他老人家是如何喜欢我们去看望他，并告诉他一些学校的信息啊！

陈师为人，温良恭俭，谦虚谨慎。我记得他卧室挂着一副对联："白首未能成一事，青灯犹可役双眸。"可见他是多么地谦虚勤奋。其实他一生在教育文化上的贡献是很大的。我的《浙江古代史》一书完稿以后，请他替我写一篇序言，他在序中也说："自维谫陋，晚更荒落，无以相益。"这种虚怀若谷、学而不厌的精神，是值得我们好好学习的。

陈师学问深湛，博古通今，是著名史学家和学者，他在 20 世纪 30 年代商务印书馆出版的《新时代史地丛书》中著有《世界大战史》和《近世欧洲革命史》二书。又在南京高等师范学校史地研究会编的《史地学报》上发表了许多文章，主要的如《史学观念之变迁及其趋势》《中国之史学运动与地学运动》《历史之社会的价值》《对于吾国最近经济变迁之观察》《史学蠡测》等论文。此外，还有翻译美国赫尔教授著的《历史之价值》、葛尔绥教授著的《战后之德意志历史教学》和 Dr. Harry E. Barrs 著的《史之过去与将来》等文章，其他见于《文澜学报》的有《晚清浙江文献述概》《桐乡劳玉初先生小传》《师石山房丛书序》《歙县金石志序》，见于《图书展望》的有《论学术研究成功的要素》，见于《国风》的有《浙江文献展览会之旨趣》等。新中国成立以后，由于从事图书资料整理编目工作，任务很忙，影响了他的科研工作。直到近几年来，他退休以后才与方祖猷同志合写了《万斯同年谱》一书，先成简编在香港中文大学《中国文化研究所学报》1988 年第 18 卷上发表。他在这篇文章的开头说："1981 年后得识乡友方祖猷，时祖猷方集万氏事迹，将为订谱，乃相约共涉览群书，合作年谱。时光荏苒，不觉已成稿二十万言，因校补需时，先成此简编。"至于全书已于去年在香港出版，这是他晚年的精心之作。

陈师治学谨严，每读一书，非常仔细认真。他看了《柳翼谋先生纪念文集》一书以后，发现很多错误，于是作了勘误表，改正错误达八十多处。凡他看过的书,总是在书的旁边或上头,密密麻麻地加以修改或批语。他写的《劬堂师从游脞记》一文,搜集了不少资料,大都是根据他的日记和回忆。他平时勤于写日记,什么《丁丑日记》《庚寅日记》《渝州日记》《龙江日记》等达17本之多。

陈师记忆过人,人们称他为“活字典”“半个图书馆”。许多人来请教他,他都能一一回答,或拿出资料来给他们看。他家中收藏的资料很多,同时,保管得也好。1990年6月12日浙江图书馆在大学路举行庆祝陈师九十寿辰暨从事图书资料工作六十周年活动时,他捐赠给省图书馆的资料有《丁丑日记》三册,近现代各界名人的信札148件,其中有杨复(浙江图书馆第一任馆长)、柳诒徵(江苏国学图书馆馆长)、赵万里(著名版本目录学家)、顾廷龙(著名版本目录学家)、蒋复璁(著名图书馆学家)、茅以升(著名科学家)、陈训正(著名学者)、陈布雷(陈师胞兄)、傅斯年(前“中研院”历史语言研究所所长)、洪范五(著名图书馆学家)、叶恭绰(著名藏书家)、余绍宋(著名书画家)、冯贞群(著名藏书)、孙延钊(前浙江图书馆馆长)、王驾吾(著名学者)、向达(著名学者)、孟宪承(著名学者)、沙孟海(著名书法家)等。此外,他还保存了许多有关浙江文史方面的资料,他赠给我一份《浙江高等学堂正科第一次毕业生一览表》,就是浙江教育史上的珍贵资料。他平时对搜集和保管资料是有丰富的经验的。

陈师热爱家乡,他对浙江的历史非常熟悉,如数家珍。1935年他曾在《浙江青年》月刊上登载过一篇《浙江省史略》,文中说道:“我们鉴于本省今日文化的繁昌,应知其实有积久而致的由来,如土地的开辟,经济的发展和伟大人物多方的努力,莫不铢积寸累,积以岁月,才能造成今日灿烂的浙江。”在拙著《浙江古代史》的序言中也说:“浙江在我国素称‘文物之邦’,历代人才辈出,积绪深厚。”这是有其历史的原因,但也有地理的原因,正如他所说:“自然环境有促进民智，蔚成民风之效。”“峻岭湍流，足以激发聪明才智；山海险阻，适为多种经营，各业精进的条件。”两者相互影响，所谓人地关系，造成今日浙江经济文化的发达。他对永嘉学风，也颇为赞许。他给我的信中说：“瓯郡多士，学风之发皇，殆肇自宋世永嘉学统，至清季又复冠冕南浙与台属为伯仲。晚清文风朴学，则又不仅孙氏、黄氏以世业显其学行德业。视海通以后之宁绍，兴盛过之。”他还说研究浙江地方史，“不仅了解本省的往事，也惟有这种了解，愈能油然声发我们爱乡之心，进而继承发挥先贤为国效劳的精神”。对培养青少年的乡土意识，也有一定的意义。

陈师对乡邦文献，非常重视。1936 年 11 月他任浙江图书馆馆长时，举办了一次“浙江文献展览会”，展览内容有乡贤遗著、郡邑丛书、刻书文献、藏书文献等。他在《浙江文献展览会之旨趣》一文中说：“浙江省立图书馆承文澜之旧绪，萃新故之典籍，久为全浙公家藏书之重镇。近年来尽力改进，为东南学术文化之一中心。而自维其保存与阐扬本省文献之职责，对于本省乡贤著作，新旧志乘，以逮书版文物，尤蓄意搜访，且以余力从事考撰宣导之业。”这次文献展览会规模宏大，轰动一时，对弘扬浙江学术文化和发扬爱乡爱国的思想有很大的作用。

新中国成立后，陈师对祖国社会主义现代化建设也非常关心。他是中国人民政治协商会议浙江省委员会委员，从第一届起连任至第六届。去年三月份省政协会议，他已是九十高龄的委员，还参加会议直至结束。在之江饭店住了八天，参政议政，不辞劳瘁。对浙江的文化教育事业和文物古迹的保护等方面，发表了很多意见。并对祖国的统一事业，也做了不少工作。他有许多亲友在台湾，经常寄书信给他们反映祖国建设的成就，对促进海峡两岸的学术文化交流，贡献了一定的力量。

此外，陈师也积极参加各种学术活动。如省历史学会，他是第一届的理事,后来担任顾问。每届历史学会年会,他都争取参加,如遇特别事情,也来信请假,以不能参加会议为憾事。会后还向我询问会议情况,非常关怀。1989 年 5 月浙江大学史地学会成立五十周年学术讨论会,因他曾任浙大史地系教授,对四十多年来未获会面的史地系老同事、老同学,不免有怀旧之情。当时他正在开省政协会议,只好请假半天赶来参加座谈,他觉得这真是一次人生难得的机会啊!

陈师虽然离开我们已经一年了,但他的音容笑貌还深深地留在我的脑海里。去年五月初他卧病浙江医院时,我曾去看望他。听说他在四月底的一个晚上,看书一直到天亮,早晨觉得头脑昏迷,急忙送往医院,谁知一病不起,就与世长辞了。

先生学术踵万全(万斯同、全祖望,清初浙东史学家),
史学浙东一脉传。
掌录文澜创伟绩,
巍巍硕德仰高贤。

1992 年 2 月 15 日

(原载浙江省博物馆编:《陈训慈先生纪念文集》,北京图书馆出版社,1996 年)

敬悼张荫麟先生

张其昀

张荫麟先生于(民国三十一年)十月二十四日上午三时在遵义逝世,享年三十七岁。他于去年十一月间曾患血压太高,鼻孔流血,至本年七月间发现小便有血,旋进贵阳中央医院,诊断为慢性肾脏炎症,需要静养。本学期未授课,旬日前患失眠,病势转剧,群医束手,作者驰赴重庆,延医诊治,因途中覆车,历四日方达,抵渝后请医官金诵盘先生乘专车赴遵,作者随行,至东溪站,站长告以适接重庆电话,荫麟兄于今晨去世,原车折返重庆,痛悼曷极。他的生平及其在学术上的贡献,他的至友当有详文纪念,兹就作者近年交游讲论所及,含泪濡墨先述此篇,以抒哀感,以代赴告。

民国十五年作者在《东方》杂志发表《金陵史势之鸟瞰》一文,承荫麟兄撰为提要,刊在《清华学报》附篇中,是为吾二人文字缔交之始。在抗战以前,我们仅会晤两次。民国十八年夏,荫麟兄在清华大学毕业,赴美留学,作者适以事经沪,由王以中兄之介绍,获一夕之畅谈。以后他在美国斯丹福大学攻哲学四年,自称"居西美一僻乡,与世绝缘,真成韬隐"。回国后即在母校清华大学任教。民国二十四年夏,作者自西北漫游而归,道出北平,访荫麟兄于清华园,他与其新夫人一同进城,为我洗尘。卢沟桥事变以后,他只身脱险南下,就国立浙江大学之聘,住天目山禅源寺,为新生讲史学。浙大几度播迁,他回故乡广东东莞,后在西南联合大学授课,至二十九年浙大迁至黔北遵义,他亦重来本校,迄今二年有余。

民国二十二年三月间，他从美国寄我长函，自述志趣，略谓："国史为弟志业，年来治哲学治社会学，无非为此种工作之预备。从哲学冀得超放之博观，与方法之自觉，从社会学冀明人事之理法。"在其前他曾惠寄长稿，题为《传统历史哲学之总清算》，为刊于《国风》杂志二卷一期(二十二年一月出版)。回国以后，专精于《中国史纲》之撰述，其初稿曾在《大公报》发表一部分，其上古史之部，经改订后，刊为《中国史纲》第一辑，于三十年三月由国立浙江大学史地教育研究室出版。宋史之部曾在《思想与时代》月刊发表两篇，预定络续整理刊布，因病中辍。他自序说明写此书时所悬鹄的如下：(一)融会前人研究结果，和作者玩索所得，以说故事之方式出之，不参入考证，不引用或采用前人叙述的成文，即原始文件的载录，亦力求节省。(二)选择少数节目为主题，给每一所选的节目以相当透彻的叙述，这些节目以外的大事，只概略地涉及以为背景。(三)社会的变迁，思想的贡献，和若干重大人物的性格，兼顾并详。《中国史纲》一书是呕心血的著作，他常常工作至午夜以后，因此就深伏了病源。本书价值，识者自有公评，即就文字而论，亦用力至勤。世人多惊羡其文笔之粹美，以为胜过一般文学创作，不知其字字珠玑，皆为潜心涵泳几经锤炼而后成。他是一位饱学之士，能禁其阅书，而不能禁其运思。他念念于《史纲》之完成，虽在病中仍精思不休，而病势遂陷入深渊。

荫麟兄是思想与时代社最初之发起人，去年四月间，作者因事赴渝开会，先一夕走访荫麟兄其寓舍。其时他住在遵义老城石家堡三号第三层阁楼，窗前竹树森蔚，湘川在望，据全城登眺之胜。吾二人纵谈至夜深。谈话结果我们拟纠合同志，组织学社，创办刊物，在建国时期从事于思想上的建设，同时想以学社为中心，负荷国史编纂之业，刊行"国史长编丛书"。盖以国史艰巨之业，决非少数人力所克负荷，断制营构，固须自运匠心，至若网罗散佚，分析史材，及各方面之综合，则非资众手不可。拟约集同志，先成一国史长编，此非徒为少数人谋，后来任何有志通史者，均可用为资借。此长编不必有一贯之统系，各册自成段落，为一事一人一制度一时代或文化一方面之专史可，为丛杂之论集亦可，要以于国史知识有新贡献者为准。各册随得随刊，不必按伦类或时次编排，这是我们共同的理想。是晚话别，他从曲折的幽径，送我到门口。此时遵义山城百花盛开，在纯洁的春夜，和风送来一阵清香，诵“数点梅花春读《易》”之句，相为欢乐。他是多么精壮，多么兴奋，回首不过一年多以前的事。

战时物力维艰，印刷困难，我们编辑月刊和丛书的计划，原不敢期望短时期即能实现。其后作者因事晋谒蒋委员长，承勖以集合同志，致力于言论事业，及闻我等有此计划，备加鼓励。作者回遵义后，复与几位知友往复函商，于是思想与时代社遂于去年六月正式成立，八月一日创刊号出版，事先本拟请荫麟兄撰发刊辞，他谦让不遑，后来决定以一简单的征稿条例表明本刊的性质。但是荫麟兄发起期刊的宗旨，是作者耳熟能详的。

他对革命二字有极深透的见解，他常说吾侪有要务曰读《易》，曰读史。“作《易》者其有忧患乎?”是的，但那可不必是一己身世的忧患，却必是对于人类命运的忧患。“数点梅花春读《易》”，古人认为是很值得流连的境界。春是万物滋生的时期，数点梅花是万物滋生的象征，而《易》的着眼处在生命，故曰“生生之谓易”。什么东西可以急，生却不能急；读《易》使人感觉雍容，感觉冷静。革命的成功决不是突然的，偶然的，在瓜的生长里，只看见蒂落的人不配谈种瓜，在革命里只看见暴动的人不配谈革命。易就是变易，革命就是变易的一种。以一种新的社会秩序易一个旧的，终于归到易，革命的名词从《易经》“革卦”出来的。社会秩序是活的，原是一个有机体；所以革命的命要当作生命解，只有创造新的生命才能革掉旧的生命。哲学的理论就是宇宙秩序的描写,政治的主义就是改变人间的秩序的计划。我们对于某种哲学理论的从违,乃是我们对于某种政治主义的从违的决定因素之一。政治家不能忽视哲学,尤其是流行的哲学思想,其原因之一在此。

“亢之为言也,知进而不知退,知存而不知亡,知得而不知丧。其惟圣人乎!知进退存亡而不失其正者,其惟圣人乎!”这一段话就声情和意蕴说,都是光焰迫人的。很明显的,这一段是对于主持政治的人的箴言。以今语释之曰:“一政策之实行,或可以为进步,或亦可以为退步,或可以兴邦,或亦可以丧邦,若一意直行,不反顾焉,则亢也。”执两用中,乃得正路,惟圣人能之。嗟乎,知进退存亡而不失其正,原非所以期于不以深思远计为命之人也。若乃聚一世之所谓才智之士,使操历史之舵,而所为乃无减于亢焉,则覆辙相循,何时得已?赞易者其深于史乎?宋以后之浙东学派,言性命者必衷于史。近十余年来我国哲学界风气似趋向于一种“形式主义”,凡把握经验世界之真实血肉之哲学,悉屏置之不道,而史学界又往往徇考据而忘通义,易于流入玩物丧志之途。吾侪有急务,曰读《易》与读史。

荫麟兄于近代学者对梁任公尤有一往情深之感。作者曾录存任公遗札中语数十事,他怂恿刊布,作者因撰为《梁任公别录》一文,他亲为之跋(载于《思想与时代》第四期)。其结语谓:“任公之学所造最深者惟史,而学人之訾之者亦在此。实则任公所贡献于史全不在考据。虽然考据史学也,非史学之难,而史才实难。任公在‘新汉学’兴起以前所撰记事之巨篇,若《春秋战国载记》,若《欧洲战役史论》,元气磅礴,锐思驰骤,奔砖走石,飞眉舞色,使人一展卷而不能自休者,置之世界历史著作之林,以质言而不以量言,若吉朋、麦可莱、格林、威尔斯辈,皆瞠乎后矣。曾试自操史笔之人,读此种书而不心折者,直无目耳。”十月三日国民政府明令褒扬梁任公,他在病榻中,作者报告此消息,他坐起,谓政府爱惜士类的盛心,影响所及,一定是异常深远的。

“九一八”以后,作者接其自美来书,略谓:“当此国家栋折榱崩之日,正学人鞠躬尽瘁之时。”又谓:“国事目前诚无使人乐观之余地,然吾人试放远眼光从世界史趋势看来,日寇之凶焰绝非可久者。然中国否不极则泰不来,且放硬心肠,伫候大河以北及江海沿岸之横遭蹂躏可耳。历史上腐化之时代而能为少数人道德的兴奋所转移者,殆无其例,必有假于外力之摧毁,摧毁之甚而不致于亡则必复兴。弟于国事对目前悲观,对将来则并不悲观。”其评议时事具有史识类如此。其所著《从政治形态看世界的前途》一文(载于《思想与时代》第三期),于世界第二次大战同盟国所操之胜算,亦有透辟的观察。

荫麟兄以为民族复兴的根本大事,当在教育改革,德哲费希德之前例,可为吾人师法,而今热心从事其学识人格足以副之者何其寥寥耶?国事之可忧固不止一端也。顾教育改革之精义在于改造自己,能改造自己方能改造社会,复兴祖国。在其所著柏格森一文(载于《思想与时代》创刊号)结语中,曾阐发此意,略谓:“夫生命之发皇无在而非创造,然艺术哲学之创造,以至事功上之创造,非人人时时所能为力也。有一种创造焉,为人人时时所能者,即以自我创造自我,由一切庸德之实践,以恢宏其人格,而宇宙亦于以日新而日富,所谓成己而成物者,其在斯乎?其在斯乎?”教育之尊严尤在于教师之自尊自爱,吾国古来学风最重节操,大师宿儒,其立身行己,靡不措意于斯,虽在穷困之时而守志弥坚。汉申屠蟠所谓安贫乐潜,味道守真,不为燥湿轻重,不为穷达易节,最能形容其精神。近年物价波动剧烈,教师生活至为清苦,一般教师难免见异思迁,丧其所守。荫麟兄最近于病榻口授一文,嘱弟子徐规君笔述,题为《师儒与商贾》(载于《思想与时代》第十六期),针砭时弊,义正辞严,竟成为他的绝笔。

吾二人之友谊渊源于史地关系之结合。他给我一信曾说:"地理与历史可称为姊妹科学,其相辅相成之处甚多,治一时代之史而不明其地理环境,犹演戏之无配景,乌乎可?弟深愧于地学毫无素养,他日必先于本国地质地势稍加考究,并恣游秦晋宋鲁之故墟,然后敢下笔写国史也。在此种预备中,其有需于吾兄他山之助,从可知也。"他近著《论中西文化的差异》一文(载于《思想与时代》第十一期)曾抉发此义,略谓:"就社会生存上看,过去中国的文化始终是内陆的农业的文化,而西洋文化自其导源便和洋海结不解的关系。这种差异从两方面的文学也看得出。洋海的文化和内陆的文化,二者各有其利弊。孔子说:'智者乐水,仁者乐山;智者动,仁者静。'我们也可以说,洋海的文化恰如智者,尚知;内陆的文化恰如仁者,尚德。洋海的文化动,所以西方的历史比较的波澜壮阔,掀起社会基础的急剧革命,频见叠起。内陆的文化静,所以中国的历史比较的平淡舒徐,其中所有社会大变迁都是潜移默运于不知不觉。洋海的文化乐水,所以西方历史上许多庞大的政治建筑,都是其兴也勃焉,其没落也忽焉,恰如潮汐。而中国数千年来屹立如山。"真正的新文化应该是东西文化长短相补,荫麟兄鼓吹海国思想,实为新时代的晨钟。

荫麟兄在遵义山城,宏开讲坛,青年学子如坐春风。作者近三年来亦深得过从之益,每成一文,辄先呈教,荫麟兄不惮细心改定,一语之褒,为之色喜。今后赏奇析疑之乐,何可复得。哲士凋零,夏月凝霜,天夺斯人,伤痛何极!半年以来,作者既哭林文英君,又哭荫麟兄,二君皆粤人。荫麟兄虽早逝,其在学术上之贡献,除《中国史纲》外,在各学报所发表之史学论文,累数十万言,论其著作,诚可谓戛戛独造,自辟户牖,卓然成一家言。《思想与时代》月刊尚在创办时期,他实际负起掌持文衡的责任,于甄选稿件不辞劳怨,以期树立本刊严格之标准。将来本刊对时代思潮果能稍有贡献，我们永远忘不了这位最可敬爱的创议人。在政治上，广东奠定了中华民国的始基，在经济上粤侨开拓了海外发展的机运，在学术文化上，像荫麟兄所代表的宏博坚实的学风，深信必能继往开来，垂诸不朽。

（原载《大公报》（重庆版），1942 年 10 月 27 日；收入《思想与时代》月刊第十八期“张荫麟先生纪念号”，1943 年 1 月）

附：张荫麟先生追悼会致辞（1942 年 11 月 29 日）

张荫麟先生于上月二十四日去世，今天已过五七之期，国立浙江大学同人同学在此举行追悼会，实在有无限沉痛的意思。兄弟忝与共事，在其病中虽曾作种种努力，终于不能医救，尤觉疚心无已。

荫麟先生在学术上的贡献，不待兄弟赘言。其人格最使兄弟感动的有二点：第一点是纯洁，他的心地真好，如白璧般的无瑕，如婴儿般的赤诚，无机心，无城府。他论人亦最重心地，宋人所谓“光风霁月”之怀，和他在一起，使人时常领略到这种境界，真是难能可贵。第二点是质朴，他在幼年家境甚好，富于藏书，父亲督教很严，国学根柢早有渊源。后因父亲去世，家道中落，在大学时他是一个苦学生，赖投稿补助用费，留美时把官费节省下来供给弟妹求学，回国时外衣仅有冬夏二袭，即在新婚亦未添制新衣，薪额所入肆力于购书，其生活可谓简单极了。他谈话也异常率真，不假辞令，有时难免为人所不谅解，但由衷之言，退无后语，就直道而言，可谓此心耿耿，肝胆照人，谏果回甘，久后必能为人所谅解欣赏。

荫麟先生是一位纯粹学者，其在纯粹研究方面，固不待言，其服务国家之念,未尝一刻忘怀。他曾说:“当此国家栋折榱崩之日,正学者鞠躬尽瘁之时。”民国二十一年淞沪战役以后,政府有国防设计委员会之设立,荫麟先生回国后曾参加此组织,当时会中分八组,第八组为文化组,包括历史地理的研究。他住在北平从事于《中国通史》的草创,兄弟当时和他有同事之雅。“七七”抗战以后,国民政府迁至重庆,当时军事委员会下设五部,陈辞修先生将军主持政治部,荫麟先生曾应陈氏之请赴渝在政治部工作,他曾拟订宣传工作纲要,并有著作数种,其一为《蒋委员长抗战必胜训词释义》,现已出版。学术研究是知,实际工作是行,宋儒有经义治事之分,二者非不相容者,必须相辅相成,方收知行合一之效。上述荫麟先生在政府服务之事,因为他平素不提,许多人或不知道,但身教比言教更有力量,其踊跃从公的精神,实足令我们注意。

关于荫麟先生身后事,其师友戚属至所关怀,远道驰书询问者甚多,其昀略为报告如下:

(一)遗族赡养基金保管委员会业已组织,委员八人,贺麟、谢幼伟、谢文通、王焕镳、张君川、李絜非、李埏及其昀。拟募足三万元,委座赙赠万元,加以他处接洽,已有相当结果。只用息金,不动基金,以维久远。另由思想与时代社予以补助,俾按月共有五百元寄交其遗族,以供生活费。

(二)荫麟先生遗著《中国史纲》第一辑原由国立浙江大学史地教育研究室石印出版,现已售罄,此稿曾经荫麟先生亲自校改,并增加三章,共十一章,至新莽改制为止,稿存其昀处,本预备铅印。此稿现决定列入《思想与时代》“国史丛书”第一种,不久拟在赣南印行,俾纸张印刷可较精美。其他散见于各杂志之论文,因篇幅较巨,拟先事整理,俟战后出版。尚有遗稿数篇,现请谢幼伟先生整理校定,在《思想与时代》月刊发表。

(三)荫麟先生生前原欲以学社为中心,刊印“国史丛书”,务求精审，不图速成。思想与时代社兹决定于三十一年度开始编印此丛书，预定一百种，期于二十年内完成之，每年约出书五种，以实践其遗志。

（四）思想与时代社原欲辟一藏书室，兹定名“东莞室”以志永念。

（五）拟在国立浙江大学史地教育研究室设置纪念奖学金，奖励中国史之研究，其名额暂定每年一人，待遇相当于大学助教，当选者得继续领取奖金四年，俾有较长之研究时间。

（六）荫麟先生墓在遵义老城南门外碧云山上天主堂坟地，居高临下，宜于眺望，当树立石碑，其周围稍加平治，拟筑一纪念亭。

据吴晗先生来函，西南联合大学亦正筹备追悼会及募集恤金，并在清华大学史学系设置“通史”或“宋史”奖学金。

荫麟先生夫人伦慧珠女士携一子一女现寓广东曲江，其弟炜麟、泽麟二君曾由昆明来遵义祭墓，因有公事不能久留，临行时特托谢文通先生代表家属在追悼会中致谢。

（原载《思想与时代》月刊第十八期“张荫麟先生纪念号”，1943年1月。该期“编者启事”称：“张荫麟先生殁后，承其生平知交远道寄文悼念，现已收到冯友兰、萧一山、贺昌群、吴晗、容肇祖、张君川、丁则良、徐规、管佩韦诸先生文字，本刊因限于篇幅，不克于本期刊出，殊以为歉。以上悼文及挽诗、挽联、墓志铭、祭文等，将另印增刊[由国立浙江大学文科研究所史地学部刊印]，俟出版后再行公告。”）

张荫麟先生生平及其对史学的贡献

——纪念先生逝世五十周年

徐　规

张荫麟先生(1905 年 11 月—1942 年 10 月),笔名素痴,广东东莞石龙镇人。1923 年秋,考入清华学校中等科三年级,曾在该校国学导师梁启超的中国文化史班上听课。是年九月,本着"吾爱吾师,吾尤爱真理"的精神,在《学衡》杂志上刊登了《老子生后孔子百余年之说质疑》一文,批评梁先生对老子的考证。那时张先生还是仅十八岁的中学生,《学衡》编者便以为他是清华的国学教授。1929 年,先生毕业于清华大学,以官费赴美国斯坦福大学留学,专攻哲学与社会学。他在《与张其昀书》中说:"国史为弟志业,年来治哲学,治社会学,无非为此种工作之预备。从哲学冀得超放之博观与方法之自觉,从社会学冀明人事之理法。"1933 年冬回国,执教于清华大学历史、哲学两系,并在北京大学讲历史哲学课。

卢沟桥事变后,先生应浙江大学之聘,在天目山禅源寺为新生讲国史。杭州沦陷,先生辗转返回故里。翌年,赴昆明任西南联合大学教授。1940 年夏,又来遵义山城,再度担任浙大国史教授兼史地研究所导师,弘开讲坛,青年学子如坐春风,越两载有余,不幸患肾脏炎病逝世,墓地在遵义老城南门外碧云山上,立有墓碑,题云"史学家张荫麟先生之墓"。1960 年前后,先生之高足弟子李埏教授曾道出遵义,往访墓地,已不见遗存矣。

先生兼通文史哲,才学识为当代第一流,其生平贡献以史学为最大。所著《中国史纲》(上古篇)一书,被推为近代"历史教科书中最好的一本创作"(陈梦家教授语)。其他学术论著,散见于报章杂志者百余万言,多自辟蹊径,开风气之作。台湾出版的《张荫麟文集》,收载未全。

从青年时代开始,先生即重视中国科技史的探索。盖中国自近代以来科学技术落后,为西洋人所轻侮,先生有感于此,故特别留意发掘中国古代的科技人物及其成就之资料,予以表彰,企图激起国人爱祖国、爱科学的热情,从而有助于我国科技研究事业的振兴。关于这方面的论文有十多篇,其中《沈括编年事辑》一文,是近人全面研究沈氏生平及其贡献的启蒙之作,奠定了研究沈括这个课题的基础。1985 年,杭州大学宋史研究室为了纪念先生八十周年诞辰,曾编成《沈括研究》一书,交由浙江人民出版社出版,就是继承先生这个意愿的。又如先生所撰的《中国历史上之"奇器"及其作者》一文,上起远古,下迄清朝中叶,对中国古代一些主要科技发明及其作者加以介绍,确是一篇十分精练的中国古代机械史略,对后来科技史界影响颇大。[①]

先生又是近代我国宋史研究的先驱者之一。关于这方面的文章有三十余篇,所考究之问题多是首次提出来的,其中不少创见给宋史研究增添了宝贵的财富。如宋初四川王小波、李顺起义一文刊布后,这两位农民军领袖的英雄业绩才为世人所知,史学界始加以注目。又如《刘锜与顺昌之战自序》[②]《〈顺昌战胜破贼录〉疏证》[③]两文,乃近人研究南宋抗金名将刘锜战功的唯一作品。时先

① 参见徐规、王锦光合写的《张荫麟先生科技史著作述略》,载《杭州大学学报》第 12 卷第 4 期;王锦光、闻人军合写的《史学家张荫麟的科技史研究》,载《中国科技史料》1983 年第 2 期。

② 载《益世报·史学副刊》第 6 期,1940 年 6 月 13 日。

③ 载《清华学报》第 13 卷第 1 期,1941 年 4 月。

生僻处遵义山城，书缺有间，未克毕其全功，且上述两文刊布于抗日战争期间，流传不广，今已难以觅得。笔者与此间博士生王云裳女士继承先生遗志，草成《刘锜事迹编年》一文，将在中华书局今年出版的《岳飞研究》第三集中刊布。并由王女士继续撰写《刘锜新传》一书，以期完成先生的夙愿。

香港中文大学许冠三教授撰写的《新史学九十年》[①]一书，列有专章对张先生史学造诣加以评介，誉之为“近八十年罕见的史学奇才”。又说：“就他的最后造诣论，可以说他比绝大多数新汉学家更长于考据，比芸芸浮嚣的史观派更精于哲学思维，也比所有讲求新史学的人更重视艺术描绘。”此外，云南大学李埏教授亦撰有《张荫麟先生传略》，发表在云南人民出版社 1986 年出版的《史学论丛》第 2 辑上，对张先生的事迹、学术贡献作了翔实而精辟的记述，读者可参阅。

（原载《杭州大学学报》[哲学社会科学版]1992 年第 2 期）

① 香港中文大学出版社，1986 年。

张荫麟先生传

李　埏

一、生平述略

张荫麟先生是广东东莞石龙镇人，清光绪三十一年（公元1905年）十一月生于那个镇上的一户书香人家中。他还幼小，母亲便去世了；父亲把他抚育长大。他的父亲既是一位慈父，又是一位严师。从他开蒙受书，便给他以严格的旧学训练，要他把五经、四书、三传、史汉、通鉴、诸子书、古文辞……一一熟读成诵。他天赋很高，有异乎常人的记性和悟性，对读书又特别爱好。到十六七岁他辞家赴北京时，他的旧学根柢已经很坚实，知识颇为广博了。同时，他追求新学新知；新思潮的洗礼使他很早就能出入旧学，不受传统局限。

1923年秋，荫麟先生年十七，负笈北上，考入清华学堂中等科三年级。那时梁任公正在清华主讲"中国文化史"课，所以他一入学便得亲受业为弟子。他素不喜交游，在校中唯与贺麟、陈铨相友善。贺麟先生回忆[①]说："他是一个天天进图书馆的学生。……他

① 荫麟先生逝世的噩耗方传开，贺先生便立即写了一篇悼念回忆的文章，述张先生的生平最详。本文在很多地方依据它，不一一注明。文章题为《我所认识的荫麟》，载《思想与时代》第20期。

给我的第一个印象是,一个清瘦而如饥似渴地在图书馆里钻研的青年。”贺先生还讲了一个故事,大意是,一天晚上,梁任公讲课,“从衣袋里取出一封信来,问张荫麟是哪一位。荫麟立即起立致敬。原来他写信去质问梁任公前次讲演中的某一点,梁任公在讲台上当众答复他”。贺先生又说:“他那时已在《学衡》杂志上登过一篇文章,批评梁任公对于老子的考证。那时他还是年仅十七、初进清华的新生。《学衡》的编者便以为他是清华的国学教员。哪知这位在学生时代质问梁任公、批评梁任公的荫麟,后来会成为承继梁任公学术志业的传人。”就我所知,荫麟先生确乎是“最向往追踪”梁任公的,但在学术研究上他真是“吾爱吾师,吾尤爱真理”,做到了“当仁不让于师”。而梁任公呢,不唯不因此有慊于心,反而对他更加器重、奖掖。

荫麟先生在清华求学历时七年(1923—1929),先后在《学衡》杂志、《东方杂志》、《清华学报》、《燕京学报》、《大公报·文学副刊》等刊物上发表论著四十余篇,甚得学术界的称誉。他苦攻英语,入清华才三年,已能纯熟地阅览英人典籍,翻译英文英诗。他的英语译文之典雅,曾受当代名家吴雨僧先生的嘉许。

1926 年夏,他的父亲去世了。他是长男,所以此后还得兼负教养诸弟之责。这样,卖文之外,又到城里兼课,给一些广东学生补习英语。学生中有知名学者东莞伦明的女儿伦慧珠。后来,他们间产生了爱情,结为伉俪。

1929 年,荫麟先生在清华毕业。这年初秋,以公费出国留学,东渡太平洋,赴美,入斯坦福大学,攻哲学和社会学。他之所以选择这所大学,原因是这所大学僻处美国西部,费用较低,可以节省出一部分公费供给弟弟们上学。至于他之所以选习哲学和社会学,则是为了将来能更好地研究祖国历史。这是他研究史学的一种战略计划。1933 年,他在给友人的一封信中说:“国史为弟志业。年来治哲学、治社会学,无非为此种工作之预备。从哲学冀得超放之博观与方法之自觉,从社会学冀明人事之理法。”可见他的研究规模是非常宏远的。在美四年,他按照自己的计划修完了课程。于是不待五年期满,取得博士学位,便束装归国。归程横贯美国,游览了东部地区,然后渡大西洋,游历英伦欧陆,经地中海、印度洋,于1933年冬抵香港,旋即北上,年底到北平。去程与归程合计,恰好绕地球一周。贺麟先生认为,荫麟先生之所以提前归国,原因有三:一是九一八事变后忧国情殷;二是希望回来专心致志于国史研究,三是与伦女士完婚。但婚礼因伦女士患肺病,直延至1935年4月初乃举行于北平。

荫麟先生一回到北平,即应清华之聘回母校任历史和哲学两系专任讲师,同时兼授北京大学“历史哲学”课。1935年暑期后,应当时教育部之聘,编撰高中历史教科书(后来改为专著,即《中国史纲》),于是向清华告假,专事著述。1937年七七事变爆发,他南下浙江,在天目山小住,为浙江大学作短期讲学。冬间,一度到清华、北大、南开合成的长沙临时大学。因学校又将西迁,遂回东莞故乡住了些时日。1938年夏初,西南联大迁昆明,他乃自粤入滇,向清华销假,任历史和哲学两系教授。初到昆明,正值暑假,暂住安宁温泉小憩。学期开始,回城中住吴晗先生家。每周为历史系讲宋史,为哲学系讲逻辑各一次。寒假间(1939年初),忽然接到重庆军委政治部陈诚部长的一个电报,请他立即命驾飞渝。他去了。原以为此去或能对抗战大业有所贡献,哪知去到以后不过备顾问、资清谈而已,他觉得事无可为,乃不辞而别,仍回联大授课。回校不久,伦夫人奉母携幼至自东莞。不幸,来未一载琴瑟失调,伦夫人一行又回粤东。恰当此时,荫麟先生不容于学校某当轴,遭受不公正待遇,不得已离开联大,到遵义浙江大学任教。那时的遵义还是一个古老的、闭塞的山城,医药条件甚差。荫麟先生由于积劳和连遭拂逆之故,到遵义不过一年,便染上肾脏炎症;延至1942年10月24日,竟与世长辞,终年才三十七岁。

二、历史哲学

1923年9月,《学衡》杂志第21期刊出荫麟先生的第一篇论文《老子生后孔子百余年之说质疑》。从那时起,到1942年10月先生逝世止,为时共十九年,发表论著近两百篇,约百万言(详见同门徐规先生所编的《张荫麟先生著作系年目录》及增补)。这些论著,什九为史学的或与史学有关的。涉及的范围很广,从先秦到近世,从社会经济到科技文艺、学术思想、风俗习惯。他治学所志甚大,早在留美期间,他已郑重声言:国史是他的志业。从后来他对《中国史纲》之高度重视,可知他所说的"国史"就是《中国史纲》那样的著作。为了专心致志撰写这书,他宁可向清华告假,而且以他才思之敏捷,还花上五年工夫才成"上古篇"。他在青年书店版的《中国史纲》①里,冠有一篇《自序》,一开头便说:

> 现在发表一部新的中国通史,无论就中国史本身的发展上看,或就中国史学的发展上看,都可说是恰当其时。就中国史本身的发展上看,我们正处于中国有史以来最大的转变关头,正处于朱子所谓"一齐打烂,重新造起"的局面,旧的一切瑕垢腐秽正遭受彻底的涤荡剜割,旧的一切光晶健实正遭受天捶海淬的锻炼,以臻于极度的精纯;第一次全民族一心一体地在血泊和瓦砾场中奋扎以创造一个赫然在望的新时

① 《中国史纲》有一个青年书店版,1940年6月刊于重庆。这篇自序,以下省称为"青年本《自序》"。

> 代。若把读史比于登山,我们正达到分水岭的顶峰,无论回顾与前瞻,都可以得到最广阔的眼界。在这时候,把全部的民族史和它所指向的道路,作一鸟瞰,最能给人以开拓心胸的历史的壮观。……写出一部新的中国通史,以供一个民族在空前大转变时期的自知之助,岂不是史家应有之事吗?

这篇《自序》是 1940 年 2 月在昆明写的。那正是汪伪政权即将在南京成立、国民党已经掀起第一次反共高潮、抗战处于极端危急的时候。可是,荫麟先生不唯对祖国的前途依然充满信心,而且深刻地预见到这是“中国有史以来最大的转变关头”,前面是“一个赫然在望的新时代”。后来的历史发展证明正是这样。

在这篇《自序》里,他说:写一部通史,“显然不能把全部中国史的事实,细大不捐,应有尽有地写进去”;也不能“凭个人涉览所及,记忆所容,和兴趣所之,以为去取”。要有一个判别史事重要程度的“笔削”标准。他列举过去通史家们部分地、未加批判地或不自觉地采用过的标准有五:

一是“新异性的标准”。所谓新异性就是史事“内容的特殊性”,也就是每一史事具有的“若干品质,或所具若干品质的程度,为其他任何事情所无者”。关于这个标准,他特别着重指出,“历史不是一盘散沙,众史事不是分立无连的;我们不仅要注意单件的史事,并且要注意众史事所构成的全体;我们写一个民族的历史的时候,不仅要注意社会局部的新异,并且要注意社会之全部的新异;我们不仅要注意新异程度的高下,并且要注意新异范围的大小。”

二是“实效的标准”。所谓实效即是“史事所直接牵涉和间接影响于人群的苦乐者”。

三是“文化价值的标准”。“所谓文化价值即是真与美的价值。”

四是“训诲功用的标准”。“所谓训诲功用有两种意义:一是完善的模范,二是成败得失的鉴戒。”

五是“现状渊源的标准”,即“众史事和现状之‘发生学的关系’”。

他认为“以上的五种标准,除了第四种外,皆是今后写通史的人所当自觉地、严格地,合并采用的”。他说:“我们的理想是要显出全社会的变化所经诸阶段和每一阶段之新异的面貌和新异的精神。”那些“对文化价值无深刻的认识的人不宜写通史”;“知古而不知今的人不能写通史”。当然,应用这些标准去权衡史事的轻重是不容易的,因为要使“权衡臻于至当,必须熟习整个历史范围里的事实”。接着,他进一步指出:除标准外“还有一个同样根本的问题”,就是,“我们能否用一个或一些范畴把‘动的历史的繁杂’统贯?”他认为可以用四个范畴去统贯:

第一个是因果的范畴。这个范畴指的是“因果关系”,而不牵涉因果律,因为历史事实是不能复现的。

第二个是发展的范畴。所谓发展“是一个组织体基于内部的推动力而非由外部的变化”。这个范畴又包括三个小范畴:一是定向的发展,即循一定方向分阶段而变化的历程。二是演化的发展,即进化的或退化的渐变的历程。三是矛盾的发展。这“肇于一不稳定组织体,其内部包涵矛盾的两个元素,随着组织体的生长,它们间的矛盾日深日显,最后这组织被内部的冲突绽破而转成一新的组织体,旧时的矛盾的元素经改变而消纳于新的组织中。”

这四个范畴,他认为“应当兼用无遗”。此外,还有一些要求,《自序》的末了,说:“到此,作者已把他的通史方法论和历史哲学的纲领表白。更详细的解说不是这里篇幅所容许。”事实上,《自序》所讲的,不仅是他写作《中国史纲》时所遵循的纲领,也是他治史的总则。当《自序》问世时,史学界所受的影响是很大的。尤其是一般有志于史的青年,为《自序》的新颖理论和进步思想所吸引,争相传诵。他们敬佩这位追求真理、前进不已的学者和老师。①

历史哲学是荫麟先生治史的一个重要方面。早在1932年留美时，他已撰成《传统历史哲学之总结算》一文（翌年一月刊于《国风》二卷一期），列举以往的各种史观，一一加以评价。他认为生产工具和经济制度的变迁“对文化其他方面恒发生重大的影响”，但不必尽然。这篇文章可以代表他留美时期的历史观点。他回国后，不止一次开出“历史哲学”课。最后一次开于西南联大，所讲内容已与此文颇不相同，特别是对唯物史观的评价。假若我们以此文和前述《自序》对读一下，就可看见他前后观点变化之大了。到遵义后，他曾着手写一篇《马克思历史观的晚年定论》，可惜未竟而卒。他殁后半年，《思想与时代》又把他的《总结算》一文重新登出，但这不是他的遗愿，他已不能修改了。

三、《中国史纲》

自西学东渐，中国的史学家们采用章节体裁撰写通史以后，张荫麟先生的《中国史纲》是一部既深邃而又通俗、既严谨而又富趣味的，像英人韦尔斯（H. G. Wells）的《世界史纲》那样为学界推崇。这部未完之作，到东汉便中止了。新中国成立以前，它始终没有一个好的版本，也没有在全国流传过。1955年，三联书店出版一个较佳的本子，印行万余册，流布于国内外。国内和国外的读者

① 1941年，浙江大学史地教育研究室石印《中国史纲》五百册，翌年又重印，这篇《自序》均未收入。作者另作短序冠篇首，亦名《自序》。其所以如此，乃因作者欲以青年书店版《自序》为主，另成《通史原理》一书，故不复收入《史纲》。或谓因《自序》中有唯物史观的观点，研究室执事感不便，故尔删削。以荫麟先生之耿介，若非己意，盖不可能，今不取。

对这本著作都给予高度的重视。苏联历史学者鲁宾(Рубин)的书评是颇为全面而中肯綮的。书评作者在文末如此概括地写道:"这位历史学家的全部论述给人以这样独特的印象,可以说,从本书的字里行间也会感觉到他不但是位历史学家,而且是一个人。"又说:"处理史料时感情丰富,能激发读者对于以自己劳动创造伟大中国文化的普通人命运的热烈关怀,这是此书最吸引人的特点之一。""把科学的解释和通俗性成功地结合起来也是《中国史纲》的一个突出的优点。在张荫麟的笔下,中国古代的历史是鲜明生动的、容易了解的,对现代的读者是亲切的。同时书中没有一点庸俗化的地方,也没有因简述一些问题而使论述降低到非专家水平,更没有否认别人的成果。如果估计到中国古代史料的复杂性以及几千年形成的儒家的历史编纂学的影响——有时甚至于那些努力运用马克思主义的观点来阐明中国古代史的历史学家们也还不容易从它们的影响之下出来——那么就应该大为赞扬著者的才能已达到了高度科学水平,同时又能生动地、引人入胜地、简洁地讲述古代中国历史的变迁。"[①]

我很敬佩这位异邦的学者,他能透过艰难的汉文,深刻地理解这本书,热情地赞赏这本书,并对辞世已久的著者给以如此崇高的评价。下面再就本书着重的方面略说几点。

一是特出的写作方法。

《史纲》青年本《自序》写于"上古篇"定稿之后,依据这篇《自序》去读《史纲》,大致可以理解他笔削取舍的命意所在。《史纲》所包括的年代,自殷商至东汉,上下几乎两千年。这期间,按标准可以选取的史实还很多,而《史纲》不过十一章,共十六万言。以这样

① 鲁宾:《评张荫麟著〈中国史纲〉》,原载苏联《古代史通报》1957 年第 1 期,许克敏译。

少的篇幅去写那么长时间的“社会组织的变迁，思想和文物的创辟，以及伟大人物的性格和活动”，是要有大手笔的。怎样办呢？用他自己的话说就是要“选择少数的节目为主题，给每一所选的节目以相当透彻的叙述，这些节目以外的大事，只概略地涉及以为背景”①。不用说，这种选择是极费苦心而又十分妥适的。他的选择和叙述使许多人都叹赏不已。

二是对重大人物的处理。

举一个例子，全书共十一章，春秋时代占两章：一章为“霸国与霸业”，另一章为“孔子及其时世”。在前一章中又以一节专属郑子产。这样，对整个春秋时代他只写了争霸一大事和子产、孔子两个人物。争霸是这时代的第一大事，那是任何通史都不能不写的，虽然论断各有不同；至于人物，这时代堪称伟大的人何止十数，而以专节专章叙述的唯有这两人，那就是《史纲》独具的特色了，乍看起来，《史纲》似乎太突出这两人了，待细读之后就会觉得，这样笔削是匠心独运的。请看《郑子产》这一节，子产这个人确实是一个了不起的大人物。他道德高尚，态度开明，有善于处理内政外交的才干和开创革新的精神。虽然他的功业不如管、晏的那样大，但他处境的艰难却非管、晏所能比，假若要在这时代的政治家中找一个人格最完美的，恐无人能出其右。因此，荫麟先生把他选出来给以专节叙述，是妥当的。但是还不只此，节目在“子产”之上加一“郑”字，而且把这一节作为“霸国与霸业”一章之殿，也是有深意的。我们知道，郑是一个小国而位于大国争霸的焦点，其处境的艰危为诸小国之最，具有典型性。把它写了进去，读者不仅可以看到大国争霸的活动，也可以看到小国求存的挣扎，对局势有一个全面的了解。而写郑国又以子产为主题，这就能够更具体地、集中地揭示郑

---

① 石印本《中国史纲·自序》。

国所面临的种种问题。因此,这一节是这一章的重要组成部分,是著者精心安排的。

孔子一章对孔子的一生作了较详的叙述,给以崇高的评价,占去颇大的篇幅。有人因此以为荫麟先生是“尊孔派”,对孔子有特殊的情感。其实这是误解。若论情感,他爱好墨子恐更甚于爱好孔子。《墨子》一节中,他把孔墨作了对比。他说:“春秋时代最伟大的思想家是孔丘,战国时代最伟大的思想家是墨翟。孔丘给春秋时代以光彩的结束,墨翟给战国时代以光彩的开端。”又说:“在政治主张上,孔子却是逆着时代走的。”“孔子是传统制度的拥护者,而墨子则是一种新社会秩序的追求者。”还把墨子推到世界史的范围里去评价,说:“在世界史上,墨子首先拿理智的明灯向人世作彻底的探照,首先替人类的共同生活作合理的新规划。”从上面所引可知,虽然荫麟先生认为孔墨都是“最伟大的思想家”,都给各自的时代以光彩,但他的思想感情无疑更多地倾注于墨子。那么,为何他在《史纲》中给孔子以一大章,而墨子才占两节呢?原因是,墨子的历史作用不如孔子,按照他的笔削标准,不能不有所轻重。他指出:墨学在汉以后无嗣音,而孔子,在我国教育史上,是好几方面的开创者。“这些方面,任取其一也足以使他受后世的‘馨香尸祝’。”若再论到奉他为宗师的儒家,那么,他对后世的影响就更非古代任何思想家所可企及。这样的重大人物,不以足够的篇幅,给予相当透彻的叙述,不仅不能把他们很好地呈现于读者之前,也很不利于阐述尔后历史发展的某些特征。汉代的司马迁心好道家之言,但在他的《史记》里却以孔子入“世家”,以老庄入“列传”,这种不以情感定褒贬的客观态度,荫麟先生是继承了的。

三是对于社会变迁的论述。

社会的变迁是《史纲》的重要内容之一。它贯穿于全书之中,随处可见。但第二章“周代的封建社会”,全书最大的一章,是集中讲述西周社会的。为什么特详于西周的社会？原因是，著者认为物有本末，事有终始，古代社会是后世社会所从出，知道了古代，然后才能追寻递嬗之迹，明白后世社会的由来。但是，文献不足征，商以前已无法详考。只有到了西周，历史资料才可能提供一个较全面的社会概况。《史纲》说：西周“这个时期是我国社会史中第一个有详情可考的时期。周代的社会组织可以说是中国社会史的基础”。

这章一来便从土地占有状况出发，对周代社会加以等级和阶级的分析。在第一节之始，它就昭告我们：“严格地说封建的社会的要素是这样：在一个王室的属下，有宝塔式的几级封君，每一个封君，虽然对于上级称臣，事实上是一个区域的世袭的统治者而兼地主；在这社会里，凡统治者皆是地主，凡地主皆是统治者，同时各级统治者属下的一切农民非农奴即佃客，他们不能私有或转卖所耕的土地。照这样说，周代的社会无疑地是封建社会。”接着，第二节便讲“奴隶”；第三节便讲“庶民”。在“庶民”节中，首先叙述土地占有状况，然后进而叙述庶人（农夫）的地位、负担和反抗斗争。土地占有分两种：一种是侯伯大夫占有由农夫或奴隶代耕的公田；另一种是农夫占有并自行耕种的私田。农夫的负担很沉重，不堪痛苦乃起而暴动叛变。这些论述在当时是很新颖的。特别应指出的是，荫麟先生对土地问题非常重视。当他正写《史纲》的同时，撰写了另一篇论文①，说：“在一个‘农业经济’的社会里，土地分配几乎可以说是‘生产关系’的全部。所以拿经济因素做出发点去研究中国社会史的人，首先要注意各时代土地分配的情形。”他在《史纲》中正是这样做的。

① 《北宋的土地分配与社会骚动》，载《中国社会经济史集刊》第6卷第1期（1939年6月）。

西周以后的社会变迁,《史纲》特别着重战国秦汉时期商品经济的发展,它几乎把现存的有关当时商品经济的记载,如《史记·货殖列传》等,都全写进去了。但它不是照录原书,而是用自己的语言,天衣无缝地纳入于自己的创见,重新加以表达。它指出:“自从春秋以来,交通日渐进步,商业日渐发达,贸迁的范围日渐扩张,资本的聚集日渐雄厚,‘素封之家’(素封者,谓无封君之名,而有封君之富)日渐增多,商人阶级在社会上日占势力。”这些现象的出现确实是社会的重大变迁。《史纲》还说,战国时代有“用奴隶和佣力支持的大企业”和“大企业家”,如白圭、猗顿等人。为什么这时候的工商业有这么大的发展呢?《史纲》指出有许多“因缘”。综合起来,一是“自战国晚期至西汉上半期是牛耕逐渐推行的时代,农村中给牛替代了剩余人口,总有一部分向都市宣泄”。二是“秦汉之际的大乱,对于资本家,与其说是摧残,毋宁说是解放”。三是汉初实行放任的政策,“一方面废除旧日关口和桥梁的通过税,一方面开放山泽,听人民垦殖,这给工商业以一个空前的发展机会”。这些“因缘”当然都是重要的,但似有未备,《史纲》没有展开申论。此时的工商业的发展水平是很高的,《史纲》估计“为此后直至‘海通’以前我国工商业在质的方面大致没有超出过的”。

在商品经济如此高度发展起来后的社会是什么社会呢?《史纲》没有明言,但不以为仍是封建社会。它说:“在中国史里只有周代的社会可以说是封建社会。”显然,这论点现今是不可能被我国史学界所接受了。但是,当年的史学界,除少数马克思主义者而外,一般都不要求对每段历史的社会性质定性。即在马克思主义史学者之间,对中国历史各阶段的社会性质也看法不一。直到现在,我们对西周社会性质、对两汉社会性质还莫衷一是。荫麟先生当年没有给秦汉的社会定性,虽属缺陷,但不失“多闻阙疑”之旨。

四是科学内容的文学表述。

《史纲》是一部科学著作。科学著作的要求是准确明晰，而不必具备文学的优美。但《史纲》兼而有之。他的文字之美是读者所公认的一大特点。他本有很好的文学修养，并且主张历史应为科学与艺术的结合，加之受梁任公先生的熏陶，“笔锋常带情感”，所以他的著作，即使是很枯燥的考据文章，也能令人读之忘倦。《史纲》是他的精心之作，他更是字斟句酌，力求给读者以艺术的享受。但他不让情感超越理智，不以辞害意，他的文学乃是为他的史学服务的。可以说，他是文以载史、文为史役的。这里，让我们举两个例子。

荫麟先生写“楚的兴起”一节，首先讲江汉一带的地理特征，及其嘉惠于楚人的政治上和经济上的安全感。接着指出这两种得天独厚的安全感对楚人的深刻影响。早在周时已在文学上反映出楚人和北人的显著差异了。他这样写道：

> 这两种的安全使得楚人的生活充满了优游闲适的空气，和北人的严肃紧张的态度成为对照。这种差异从他们的神话可以看出。楚国王族的始祖不是胼手胝足的农神，而是飞扬缥缈的火神；楚人想象中的河神不是治水平土的工程师，而是含睇宜笑的美女。楚人神话里，没有人面虎爪、遍身白毛、手执斧钺的蓐收（上帝的刑神），而有披着荷衣、系着蕙带、张着孔雀盖和翡翠旍的司命（主持命运的神）。适宜于楚国的神祇的不是牛羊犬豕的羶腥，而是蕙肴兰藉和桂酒椒浆的芳烈；不是苍髯皓首的祝史，而是身衣姣服的巫女。再从文学上看，后来战国时楚人所作的《楚辞》也以委婉的音节、缠绵的情绪、缤纷的辞藻而别于朴素、质直、单调的《诗》三百篇。

这读起来，简直是一篇无韵的史诗。然而它没有诗人的虚构与夸张，而是无一句无来历的史家之作；当然也不是排比寻章摘句得来的史料,而是“作者玩索所得”的自然表述。

再举一例。

《史纲》第七章“秦始皇与秦帝国”是很有生气的一章。假若我们在阅读这一章之前,先掩卷想一想,秦始皇这样的大人物,秦帝国这样的大事件,应该从何写起?不用说,这是一个不易处理好的问题,若要使它能和所写的人物和事件的气势相应,那就更难了。荫麟先生巧妙地引李白的一首《古风》[①]作为楔子,接着写道:“这首壮丽的诗是一个掀天揭地的巨灵的最好速写。”然后从子楚在赵说起,回溯“这巨灵的来历”,逐步展开这段波澜壮阔的历史。这样的开端是前无古人的。它一下子把一幅壮丽的图景注入读者心中,同时把他们的注意力和兴趣吸引到书里,使他们欲罢不能地读下去。

《史纲》是一部史学著作,也是一部文学著作。它的艺术魅力使很多读者以未能读到后续部分为憾。为了普及历史知识,增强爱国主义精神,这种兼具文学特色的通史著作是最可贵的。《史纲》的特点不止这些。这里,不过是在鲁宾所已经指出的以外,再增益几点而已。

四、考据与论评

(一)考据

荫麟先生的史学著作,用心最多的是《史纲》,而分量最大的却是考据论文。首先要指出的是,考据不是荫麟先生治史的目的,而

① 这首《古风》,自《史纲》引用后。已为读者所熟知,并多次被转引,所以这里不再转录了。

只是他的手段。他的主要目的，前面已经说过，是撰写“国史”，即《中国史纲》这样的著作。这部书涉及面广，只靠史学界已有的研究成果是不够的，若干问题还得自己去探索。他的大部分考据论文即为此而作。当然，那些论文也有其独立的价值，不只是备通史之采择而已。

展开著作目录，首先跃入读者眼帘的是那些发前人所未发的论文。第一是中国科技史的考索。1923年他开始发表论文，第二篇就是关于科技史的[①]。自此以后直至赴美留学之前的六七年间，每年都要发表这方面的论文一篇或两三篇。归国以后，又续有著译，先后发表了有关沈括、燕肃、古铜镜的论文数篇。[②] 荫麟先生在其著名的论文《中国历史上之“奇器”及其作者》中，曾慨然指出：传统史学对科技史研究上的不足，“自秦汉以降，新异之发明，不绝于史。其间亦有少数伟大之‘创物’者，至少亦足与西方亚奇默德、法兰克林之流比肩，而于世界发明史上占重要位置焉”。可是旧日的中国，“艺成而下，儒士所轻；奇技淫巧，圣王所禁”，奇器的作者、源流、纪录、内部构造……都难于详考。近世西方科学输入，一些浅学迂儒，又穿凿附会，说是我们的先民早已前知，以致为通人所厌听。在这种情况下，我们的科技史几乎是一片空白。然而要写一部完善的通史又不能任其阙如，那怎么办呢？只有负起史家的责任，以科学的态度，去进行考察。他这样做了，取得许多创获。可惜《史纲》未能继续写下去，来不及收入。但是，那些论文因有其独立价值，仍产生了很好的影响。时隔多年后，还得到刘仙洲、袁翰青、胡道静等科技史专家的赞扬。在国外，执中国科技史

---

① 这篇论文是《明清之际耶稣教士在中国者及其著述——近三百年学术史附表校补》，载《清华周刊》第300期。

② 见徐规编《张荫麟先生著作系年目录》；又见徐规、王锦光合著的《张荫麟先生科技史著作述略》，载《杭州大学学报》第12卷第4期。

研究牛耳的李约瑟博士,其研究后于荫麟先生十余年,也参考了荫麟先生的论文。荫麟先生确是我国科技史早期研究的先驱。[①]

荫麟先生自美归国后,学术思想有了颇大变化,注意力渐集中于两宋史事。从 1936 年起直到逝世,写了不少考订宋代历史问题的文章。那些文章多是发覆拓荒之作,产生了很深远的影响。如宋初四川王小波、李顺的武装起义,荫麟先生认为,那是"在中国民众暴动史中,创一新旗帜,辟一新道路","有裨于阶级斗争说之史实",可是,"当世无道及者,今故表而出之",乃撰为《宋初四川王小波李顺之乱》一文[②]。此文一出,王小波、李顺的英雄业绩才为世人所知,史学界才加以注意。新中国成立以后,农民战争史受到空前重视,王小波、李顺的斗争被公认为划时代大事,中国历史教科书和各种中国通史都大书特书(这是完全应该的)。现在,连初中的少年学生都熟知了。在这篇论文之前,荫麟先生还发表了《南宋初年的均富思想》,之后,又发表了《北宋土地分配与社会骚动》《宋代南北社会之差异》等论文。这些论文所考究的问题多是首次提出来的。其中的许多创见,给宋史研究增添了宝贵的财富。

除以上外,还有考索其他朝代史实的许多论文,从老子生年到甲午海战,从社会经济到哲学思想……他都有所探究。但是,其中难免有失误的地方。如徐规先生指出并补正的李顺广州就逮之说即与实际相违。又如科技史的某些论文,"因发表时间较早,以今天的学术水平来看,似尚不够详备深入"[③]。这就有待于后起者的补充和修正了。可是从史学发展上看,那种筚路蓝缕的开创之功,仍然是极可贵的。

---

① 关先生研究中国科技史的影响,详见徐规、王锦光的论文外,又见王锦光、闻人军的《史学家张荫麟的科技史研究》(载《中国科技史料》1983 年第 2 期),兹不备录。

② 载《清华学报》第 12 卷第 2 期,1937 年 4 月。

③ 见前引徐规、王锦光文。

(二)论评

荫麟先生的史学著作,还有很大部分是属于论评的。这类文章多是因当时史学研究中的某些问题有感而发,对当时的史学研究起到了补偏救弊的作用。下面略举其要。

(1)论史学的学风。在 20 世纪 20 年代前后,中国史学界出现所谓的“新汉学”。它崇尚考据,标榜“以科学方法整理国故”。对“言之无文,行而不远”的传统,不加措意。荫麟先生认为这是偏向,特著文给以批评。他在 1928 年发表的《论历史学之过去与未来》一文中,一开头便说:

> 史学应为科学欤?抑艺术欤?曰,兼之。斯言也,多数绩学之专门史家闻之,必且嗤笑。然专门家之嗤笑,不尽足慑也。世人恒以文笔优雅,为述史之要技。专门家则否之。……然仅有资料,虽极精确,亦不成史。即更经科学的综合,亦不成史。

当然他并非以为资料可以忽视。相反,他认为“资料必有待于科学的搜集与整理”。他对当时的资料整理工作深致不满,在《洪亮吉及其人口论》一文的“引言”中说:

> 迩来“整理”旧说之作,副刊杂志中几乎触目皆是。然其整理也,大悉割裂古人之文,剌取片词单句,颠倒综错之,如作诗之集句;然后加以标题,附会以西方新名词或术语,诩诩然号于众曰:“吾以科学方法董理故籍者也。”而不知每流于无中生有,厚诬古人。此种习气,实今后学术界所宜痛戒。

(2)对重要史实的发现和评价。这里举两篇为代表。一篇是《洪亮吉及其人口论》(1926 年刊于《东方杂志》)。“引言”说:“清乾嘉间之汉学大师,其能于汉学以外,有卓然不朽之贡献者,惟得二人:在哲学上则戴东原震,在社会科学上则洪稚存亮吉。"戴氏之学,当时已大显于世;洪氏之学则犹湮没不彰。荫麟先生深为之不平,特为文介绍洪亮吉其人及其人口论。他指出洪氏的人口论与英人马尔萨斯之说不谋而同;二人完成学说的时间又都在18世纪90年代。可是马尔萨斯之说在西方产生了至深且巨的影响,"洪氏之论则长埋于故纸堆中,百余年来,举世莫知莫闻"。他深有感慨地说:"不龟手之药一也,或以伯,或不免于洴澼絖,岂不然哉。"到现在,因人口问题受到空前重视,洪氏的人口论已多为人知。上距荫麟先生揭橥阐扬其说已六十年了。

另一篇是《跋水窗春呓》①。《水窗春呓》这部书,不著撰人,前此盖无人知。荫麟先生偶然看到,知其为记咸同史事的重要史料,特属学友李鼎芳考出作者为欧阳兆熊。此人与曾国藩有故,深知曾的为人。跋说:书中"所记曾事,虽寥寥数则,实为曾传之最佳而最重要资料"。跋文专就这几则曾事,加以论说,所以特加附题:"(记曾国藩之真相)"。这真相是什么?是一副凶残、阴险、善弄权术的狰狞面孔。跋说:"自曾氏之殁,为之谱传者不一,而皆出其门生故吏手,推崇拜之心,尽褒扬之力,曾氏面目遂在儒家圣贤理想之笼罩下而日晦。"应该指出,荫麟先生写这篇跋时,民国已成立二十四年了,但因历任执政军阀的吹捧,许多文人学士的颂扬,曾氏的真面目仍"在儒家圣贤理想之笼罩下"隐晦着。因此,跋对曾氏真相的揭露就不仅是史学上的一个求真的问题,而且是个现实中的政治问题。它的影响所及就不仅局限于史学领域之内了。"诛奸谀于既死,发潜德之幽光。"韩昌黎的这两句名言,我们在荫麟先生的笔下看到了。

(3)书评。荫麟先生喜欢与人讨论问题,他发表的第一篇论文

① 这篇跋始刊于1935年3月出版的《国闻周报》上。

就是批评梁任公关于老子生年的说法的。由于他有渊博的学问和过人的识力，所以常能通过批评给人以帮助。如对冯友兰先生的《中国哲学史》上下卷，他都写了书评，提出许多有价值的意见，有助于这部著作之更臻完善。（冯先生最近出版的《三松堂学术文集》还把这两篇书评收入。）但是，荫麟先生的书评，有的还兼有更重大的意义。例如他对顾颉刚先生的批评，其意义就不止于所讨论的那些具体问题。他写了《评近人顾颉刚对于中国古史的讨论》《评顾颉刚"秦汉统一的由来和战国人对于世界的想象"》等文章。在那些文章中，他除对若干具体问题的考订和解释，提出自己的不同看法外，还批评到当时流行的疑古之风。

荫麟先生的史学论著，除上述几种外，还有许多别的文章。伦伟良编《张荫麟文集》，收各类文章五十六篇，共五十余万言，实际是一个选本。在这种情况下，我在这里的叙述自然不能是完备的。

五、讲席侧记

荫麟先生不唯是一位良史，而且是一位良师。自 1934 年归国后，就在清华大学、西南联大、浙江大学等校任教。他对教学很认真，对学生很热情，凡亲沐其教泽者没有不思念他的。贺麟先生回忆说："他初任教时，最喜欢与学生接近，……一点也不知道摆教授的架子。"在西南联大，我从他学宋史，常送习作请他指教。每次他都是立即当面批改，边改边讲，不仅改内容，而且改文字，教我怎样做文章。有时候改至深夜，一再请他休息他也不肯。宋史课一开始，他就教我们读《宋史纪事本末》，并从其中自选六十篇作"提要"。每篇提要不得过百字，须按时完成。听课者几十人的作业，他都一一批阅。课上只讲专题，很富启发性。他总是每两三周，提出一个问题，指定几卷书，要我们从那几卷书中找材料，去解决那个问题，以后，问题越来越难，指定的书越来越多；最后，他不再指定，要学生自己提出问题，自己找书看。他用这样的方法，训练我们一步步地学会独立做研究工作。他很重视选题和选材，常警告我们，不善于选题的人就只能跟在别人后面转，不善于选材的人就不能写出简练的文章。由于他诲人不倦，我感到课外从他得到的教益比在课堂上还多。因为在课堂上他是讲授专题，系统性逻辑性强，不可能旁及专题以外的学问；在课外，则古今中外无所不谈。从那些谈话中，使我们不唯学到治学之方，而且学到做人的道理。回想起来，那情景真是谊兼师友，如坐春风，令人终生难忘。到遵义后，因为那是一个小小的山城，师生聚居在一起，学生得到他的陶冶更多。现今在宋史的研究和教学上很有贡献的徐规教授就是那时在他的培育下而踏上毕生研究宋史的道路的。那时的遵义又是一个白色恐怖笼罩下的地方，学生们对时政稍有不满的言论，便受到迫害。在倒孔运动中，有的学生被追捕，荫麟先生挺身而出，给予保护，使得脱险，表现了很高的正义感和勇敢精神。

荫麟先生在清华和联大，除在历史系开课外，还在哲学系开历史哲学、逻辑、哲学概论等课程。他常常介绍历史上重要哲学家的学说，最能引人入胜。他以史学家应有的客观态度，原原本本地如实讲述那些学说；所写的这类文章也是这样。他曾这样说过："我不想做哲学家、也不想做文学家，只想做一个史学家。"在我国历史上，他最崇敬的人物是司马迁。

还有一点应该说明的是他的政治态度。他说过："知古而不知今的人不能写通史。"出于这样的认识，他对现实政治是很关心的。从他的著作看来，留美归国以前，他是一个爱国主义和民主主义者，对国内的政治派别没有显著的倾向性。回国以后，他的政治思想有了显著的变化，日益倾向于人民民主革命，逐渐转变成为中国共产党的同情者。这一转变在他文章中是有流露的。例如在《中国史纲》中讲述墨子时他写道：

> ……总之一切道德礼俗，一切社会制度，应当为的是什么？说也奇怪，这个人人的切身问题，自从我国有了文字记录以来，经过至少一二千年的漫漫长夜，到了墨子才把它鲜明地、斩截地、强聒不舍地提出。墨子死后不久，这问题又埋葬在二千多年的漫漫长夜中，到最近才再被掘起！

这些话写于20世纪40年代初。请问那时谁把那“人人切身的问题”再度掘起呢？除了中国共产党人外还有谁人？答案不是像太阳一样明白吗！

又如在《宋初四川王小波李顺之乱(一失败之均产运动)》一文的“引言”中说：王小波、李顺的暴动和钟相、杨幺的暴动，是“皆可助阶级斗争说张目者”。因为王小波、李顺的事迹，“世尚无道及者，今故表而出之”。此文写于1937年初，那时持阶级斗争之说的不正是中国共产党人吗？荫麟先生要把“可助阶级斗争说张目”的、“在中国民众暴动史中，创一新旗帜，辟一新道路”的史事“表而出之”，他的政治态度和同情所在，不也是像太阳一样明白吗？实际上，从这篇文章灼然可见，为阶级斗争学说张目的，也是荫麟先生自己。荫麟先生在“引言”中还指出：《宋史》《宋会要》《续资治通鉴长编》对王小波、李顺的暴动，皆有记载，“惟其特质，即‘均贫富’之理论与举动，皆绝不显露，谓非有阶级意识为祟焉，不可得也”。这更可见荫麟先生对中国共产党的理论持何态度了。他在昆明寓居欧美同学会时，赁房一间，是书斋也是卧室。他在案头或枕边常放着一部“人人丛书”(Everyman's Library)本的《资本论》。在离别昆明前数日，他假同学会的会议厅邀宴友好十余人。席间，谈及时局，人人都以抗战前途为虑。他乐观而又兴奋地说：“抗战是长期的、艰苦的，但最后是必胜的。只是到胜利之后，国旗上的‘青天白日'已不存在,只剩下满地红了。"他在《中国史纲》的青年本《自序》中说:"我们正处于中国有史以来最大的转变关头。"听了上面那番谈话,这"最大的转变关头"何所指,不是也很明白吗?遗憾的是,他享年不永,当1949年10月1日全中国的人民欢庆这个"最大的转变"胜利出现的时节,他已凄凉地长眠遵义荒郊七年了!

(原载《史学史研究》1993年第3期)

师友杂忆·讲学浙大

钱　穆

是年春，又折赴遵义浙江大学，作一月之讲学，乃由张晓峰力邀成行。先在北平时，晓峰已邀余去浙大，余未去。又邀张荫麟，亦未去。嗣在昆明，荫麟屡责其妻治膳食不佳。其妻谓，君所交膳食费请各分一半，各自治膳。荫麟无以答，勉允之。夫妻对食，荫麟膳食乃大不如其妻之佳。其妻曰，果何如。荫麟遂愤欲离婚，经友人劝，先分居，荫麟乃一人去遵义。患肺病。余之去，荫麟已先在前年之冬逝世矣。

余来浙大，晓峰外，谢幼伟已先识，郭秉和缪彦威乃新交。余常与彼等四人往来，相谈甚欢。余于清代诗人尤好遵义郑子尹，常诵其诗不辍。此来惜不能一游其母之墓。余在果育小学时，即知有蒋百里。百里病殁于遵义，余来已不及见。

余尤爱遵义之山水。李埏适自昆明转来浙大任教，每日必来余室，陪余出游。每出必半日，亦有尽日始返者。时方春季，遍山皆花，花已落地成茵，而树上群花仍蔽天日。余与李埏卧山中草地花茵之上，仰望仍在群花之下。如是每移时。余尤爱燕子，幼时读《论语》朱注"学而时习之"，"习，鸟数飞也"。每观雏燕飞庭中，以为雏燕之数飞，即可为吾师。自去北平，燕子少见。遵义近郊一山，一溪绕其下，一桥临其上。环溪多树，群燕飞翔天空可百数，盘旋不去。余尤流连不忍去。

一日，李埏语余，初在北平听师课，惊其渊博。诸同学皆谓，先生必长日埋头书斋,不然乌得有此。及在昆明,赴宜良山中,益信向所想象果不虚。及今在此,先生乃长日出游。回想往年在学校读书,常恨不能勤学,诸同学皆如是。不意先生之好游,乃更为我辈所不及。今日始识先生生活之又一面。余告之曰,读书当一意在书,游山水当一意在山水。乘兴所至,心无旁及。故《论语》首云,学而时习之,不亦乐乎也。读书游山,用功皆在一心。能知读书之亦如游山,则读书自有大乐趣,亦自有大进步。否则认读书是吃苦,游山是享乐,则两失之矣。李埏又言,向不闻先生言及此。即如今日,我陪先生游,已近一月。但山中水边,亦仅先生与我两人,颇不见浙大师生亦来同游。如此好风光,先生何不为同学一言之。余曰,向来只闻劝人读书,不闻劝人游山。但书中亦已劝人游山。孔子《论语》云,仁者乐山,知者乐水。即已教人亲近山水。读朱子书,亦复劝人游山。君试以此意再读孔子、朱子书,可自得之。太史公著《史记》,岂不告人彼早年已遍游山水。从读书中懂得游山,始是真游山,乃可有真乐。《论语》曰,有朋自远方来,不亦乐乎。如君今日能从吾读书,又能从吾游山,此真吾友矣。从师交友,亦当如读书游山般,乃真乐也。李埏又曰,生今日从师游山读书,真是生平第一大乐事。当慎记吾师今日之言。

余在浙大上课,常有农人肩挑路过,即在课室窗外坐地小休,侧耳听课室中作何语。余每忆及王心斋泰州讲学时景象,自思余今在此,固不如王心斋为农村人讲学,窗外人亦非真来听讲,然果使有王心斋来此,讲堂情形当大不同。天地仍此天地,古今人不相及,乃人自造,非天地强作此限制也。念此慨然。

(原载钱穆:《师友杂忆》,生活·读书·新知三联书店,1998年。标题为编者所拟。)

昔年从游之乐，今日终天之痛！
——敬悼先师钱宾四先生
（节选）

李　埏

宾四先生在联大仅一年。1939 年 7 月初暑假开始，先生告假返苏州省视太夫人。初但欲在苏州小住数月，后延至一年；又以受齐鲁大学聘，可更住一年，所以 1940 年初秋方辞家入蜀，移账成都华西坝。1943 年春，先生应浙江大学的邀请，到贵州遵义作短期讲学。其时我也在那里，于是又获亲教。计自联大一别，至此已与先生分别三年有半了。其间，我多次肃函求教，得先生复书十余通。“十年浩劫”中，师友书翰全被抄没，但先生手教四通因置于一旧杂志中幸存。这四通手教主要是教我治史，同时也述及先生近况，因此以与《八十忆双亲》及《师友杂忆》合读，可以对先生有更全面的了解。至于教我治史的那些教言，想必同门学友以及今日有志国史的青年，都是很愿意一读的。出于这样的考虑，所以我把它抄录于下（标点是我加的）：

第一书

埏弟如面：七月初一别，转瞬将及三月。前接弟书，欣悉近况。仆此次归里，本拟两月即出。奈家慈年高，自经变乱，体气益衰。舍间除内子小儿一小部分在北平外，尚有妇弱十余口。两年来避居乡间，一一须老人照顾，更为损亏。仆积年在平，家慈以多病不克迎养，常自疚心。前年自平径自南奔，亦未能一过故里。此次得拜膝下,既瞻老人之颜色,复虑四围之环境,实有使仆不能恝然遽去之苦。顷已向校恳假一年,暂拟奉亲杜门,不再来滇。弟志力精卓,将来大可远到。去年仆往来宜良、昆明间,常恨少暇未能时相见面。方期此次来滇,可以稍多接谈之机会,而事与愿违,谅弟亦深引为怅也。惟师友夹辅虽为学者要事,要之有志者自能寻向上去。望弟好自努力,益励勿懈!……

此询

近祉

梁隐手启

八月廿六晨

来信或寄上海爱麦虞限路一六二号吕诚之先生转,或寄苏州海红小学转,均书钱梁隐收可也。

[埏注:钱梁隐为先生避日寇迫害所用的化名。吕诚之即吕思勉先生。信末日期为1939年。]

第二书

埏弟如面:接诵来书,岂胜惋怅!自顾德薄,于弟等无可裨补。然与有志者相从讲贯,不有利于人,亦有利于己。此次杜门,遂成索居。不仅使弟等失望,即穆亦同此孤寂。惟有志者能自树立为贵。虽此隔绝,精神自相流贯,甚望弟之好自磨砺也!张荫麟先生年来专治宋史。弟论文经其指导,殊佳!在此无书,抑短札不足剖竭,不能有所匡率矣。归时经沪曾摄一小影,大可为此行纪念,即以一帧相赠。嫌太小,可夹爱读书中,悬壁则不称也。率此顺颂

近祺

小兄穆手启

昔年从游之乐，今日终天之痛！

一月八日

［埏注：此书作于1940年。］

第三书

［埏按：1940年秋，我与今南开大学教授王玉哲先生同时考入北京大学文科研究所。入学后，共同作书告宾四先生。时先生已在成都，翌年元月复示如下。］

埏、哲两弟英鉴：即日得读来书，获稔近况为慰。穆本无意离滇，惟老母年七十五，穆年四十六，事变前后未亲慈颜已五年。适因归里省视，而齐鲁许其在家作研究，因遂决心杜门。惟既受人惠，不当不报，本年遂来此间。蜀中久想一游。成都风物颇似北平。所居在城外，离城尚三十里。一孤宅，远隔市嚣。有书四万本，足供缮帑。每周到城上课，一如往来昆明、宜良间。乡居最惬吾意。惟研究所诸生极少超迈有希望者。齐鲁文史各系素无根底，华西金陵各校程度亦差，颇恨无讲论之乐。在此授通史及诸子学两门，诸子学先讲《论语》，两课皆开放旁听，仍在夜间授课。有远道自城来者，亦有一二启发相从之士，然皆非学校学生也。大抵国内优秀青年皆闻风往滇。此间只齐鲁医学、金陵农院较有生色耳。欲在此间振起文史之风，大为不易，信知英才之难得。两弟皆卓越，平日甚切盼望，期各远到。恨不能常相聚，不徒有益于两弟，亦复有益于我耳。再三读来字，岂胜怅惋！然学问之事，贵能孤往。隔阔相思，往往有一字一语触发领悟，较之面谈为更深切者。故师友集合，有时不如独居深念，对古人书，悟入之更透更真；而师友常聚，亦有时不如各各睽违而精神转相诉合者。窃愿以此相勉，并盼时时勤通讯闻，亦足补其缺憾。埏弟有志治宋史，极佳。所需《续资治通鉴长编》，当代访觅。惟此间旧籍，在最近一年来已颇难见，恐不必得耳。又，私意治宋史必通宋儒学术，有志于国史之深造者更不当不究心先秦及宋明之儒学。拙著《国史大纲》，对此两章着墨虽不多，然所见颇与当世名流违异，窃愿两弟平心一熟讨之。哲弟治吉金古文字学，深恐从此走入狭径，则无大成之望。惟时时自矫其偏，则专精仍不妨博涉也。《史纲》成之太草促，然实穆积年心血所在，幸两弟常细心玩索之。遇有意见，并盼随时直告，俾可改定，渐就完密。最近一年内，拟加插地图，并增注出处及参考书要目，以后并随时增订。近人治史，群趋杂碎，以考核相尚，而忽其大节；否则空言史观，游谈无根。穆之此书，窃欲追步古人，重明中华史学，所谓通天人之故，究古今之变，以成一家之言者。本不愿急切成书，特以国难枨触，不自抑制耳。相知者当知此意。其中难免疏误，故望弟等亦当留心指出，可渐改正也。滇中常遇空袭，近迁黑龙潭想较好，然警报来仍以走避为是。穆在成都，遇警即避，惟在研究所则否。孔子所慎在斋、战、疾，近世战事更当慎，此非畏葸也。远隔无以相告，姑述此亦表其相关切之微意耳。匆匆不尽，即复顺颂

进步

穆手白

一月二十日夜十一时

第四书

［埏按：此书作于四川嘉定武汉大学。时太夫人方逝世于苏州，故书中有“稍陶哀思”之语。］

埏弟如面：两函先后收到。穆以武汉大学宿约，亦欲嘉定山水稍陶哀思，因于三月中旬转来此间。拟于四月杪返蓉。在此开短期讲课两门：一中国政治研究，一秦汉史，均以清晨七时起讲。听者踊跃，积日不倦。墙边窗外，骈立两小时不去

者复常一二十人。青年向学之忱，弥为可感。惟恨时艰日重，平日所学殊不足真有所贡献耳。弟能研讨宋儒学术，此大佳事。鄙意不徒治宋史必通宋学，实为治国史必通知本国文化精意，而此事必于研精学术思想入门，弟正可自宋代发其端也。欧、范两家皆甚关重要。惟论学术方面，欧集包孕较广。弟天姿不甚迟，私意即欧集亦可泛览大意。不如于宋学初期，在周、程以前，作一包括之探究。大体以全氏《学案》安定、泰山、高平、庐陵四家为主，或可下及荆公、温公。先从大处着手，心胸识趣较可盘旋，庶使活泼不落狭小。此层可再与汤先生商之。弟论《国史大纲》几点皆甚有见地。书中于唐宋以下西南开发及海上交通拟加广记述。其他如宋以下社会变迁所以异于古代者，尚拟专章发之，使读者可以了然于古今之际。至问立国精神之衰颓于何维系防止，此事体大，吾书未有畅发，的是一憾。然此书只有鼓励兴发，此层当别为一端论之也。鄙意拟于一两年来，再为《国史新论》一书，分题七八篇，于宗教、政治、文学、艺术各门略有阐述。此刻胸中未有全稿，尚不愿下笔也。专此复颂

学祉

钱（制）穆手启

四月十六日

［埏注：此书作于 1941 年。书中的汤先生，即汤锡予（用彤）先生，时任北大文科研究所所长。］

1943 年春，宾四先生应浙江大学的邀请，自成都赴贵州遵义讲学，为时一月。那时我也在浙江大学任教。想不到，既不在昆明，也不在成都，却在黔北这个山洼里的小城见到先生。自从送别先生离开昆明到此时，已经三年半了。真是“东山犹叹其远，况乃过之，思何可支”！我的欣喜是无法形容的。

遵义城以湘江中分为二：在江西的部分为老城；在江东的部分为新城。先生抵后下榻老城水硐街，和我住处极近。中间只隔一座郑莫祠（奉祀郑珍、莫友芝的祠堂），步行三分钟可到。学校为先生雇一厨师治餐。先生约田德望教授夫妇和我参加共食。因此，我每天必见先生至少三次。遇到上课或有事时，那就成天在先生左右了。

先生自重庆到遵义这段路程乘的是“邮政车”。那时滇川黔之间的交通唯有汽车。达官贵人和富商巨贾之辈有小轿车专用，至于一般旅客则只能乘“木炭车”（以烧木炭为动力的客车或货车）。木炭车极慢，又易“抛锚”，常常是一天的路程要走几天。邮政车（运送邮件的货车）烧汽油，较快；邮局出售司机旁的座位票，价较高，极难购得。因其虽不如小轿车的轻便舒适，但比之木炭车又算是好多了。先生在重庆得一北大毕业生之助乃购得车票。到后我问先生途中劳顿否？先生莞尔笑答道：“我是乘驴子车来的，还好。”我不解其意，再问：“何谓驴子车？”先生说：“你知道‘人骑骏马我骑驴’那首打油诗吗？我坐的是邮政车，虽不如轿车之佳，但胜木炭车多矣，故我称之为驴子车。”在座诸人听了皆大笑。先生偶尔说两句幽默的话，总是很风趣的。

到校后第三天上午，学校在新城中心丁字口一寺中为先生举行盛大的欢迎会（当时的遵义无大建筑，这寺最大，浙大租用为图书馆和大礼堂）。竺可桢校长主持，致欢迎词，盛赞先生的成就和治学精神。接着请先生讲演。先生讲了大约一小时半，讲的是中国传统文化的特点，无一句致谢之类的客套话。这次讲演可算是先生在浙大讲学的第一课，因为这正是所要讲的第一个题目。浙大校本部及文学院在遵义，全体师生和许多职工都不请自来，争一听先生宏论，以致寺院虽很宽敞，后来者仍无立锥之地。我来遵义已十月，从未见过如此隆重而热烈的盛况。

此次讲演之后便开始讲学。新城有一大教室，可容百人。先生每周到那里讲课二次，系统讲授中国文化史专题。我每次都随先生一同去来，并遵嘱做笔记。讲了五周，课程结束，我以所作笔记呈先生。对先生后来撰著《中国文化史导论》，可能起了一点备忘的作用。

先生很喜欢散步。每晨早餐后，由我陪从，沿着湘江西岸顺流南行；大约走一小时，再沿着去时的岸边小道回老城。这样的散步，除雨天外，没有一天间断过。先生总是提着一根棕竹手杖，边走边谈。先生说，他很爱山水，尤爱流水，因为流水活泼，水声悦耳，可以清思虑，除烦恼，怡情养性。沿湘江散步便有此乐。在《师友杂忆》里，先生对这些谈话也有所记述，这里我就不重复了。

散步时先生的谈话无异是对我的耳提面命，对我尔后的立身为学都是深有影响的。先生讲课谈话极少重复，但对学史致用一事却谆谆再三言之。先生说：学史致用有两方面，一是为己，二是为人。为己的意思是自己受用。若不能受用，对自己的修养毫无作用，那何必学呢？为人就是为国家、为社会。倘若所学对国家社会毫无益处，那是玩物丧志，与博弈没有什么不同。近世史学界崇尚考订，不少学者孜孜矻矻，今日考这一事，明日考那一事，至于为何而考，则不暇问。这种风气，宋时朱子已批评过。你们决不宜盲目相从，只窥一斑，不睹全豹，要识其大者。先生关于治史的教言还很多，但这里不能备举了。

先生还应我的请求，为我讲述家世和生平。在讲述中，我看到先生有时很高兴，有时很感慨，不能自已，一连讲了三个早晨。我听了很感动。知道先生很早便志于学，又能刻苦自励，所以虽无师承，终成一代大师。我对先生说：孟子说的“若夫豪杰之士，虽无文王犹兴”，先生可以当之了。三年半后，先生将重游昆明讲学，我应五华学院之请，据先生所谈，写了一篇介绍先生生平大略的文章，刊于1946年10月的昆明《民意日报》上。风行草偃,它曾鼓舞了许多好学的青年。此文惜已久轶,但《八十忆双亲》及《师友杂忆》既出,我的那篇小文也没有什么用处了。

先生在遵义,尚有一事当记。那也是在散步中,先生问我近读何书,我答:方看完一本克鲁泡特金的《我的自传》。克氏是安那其主义巨子。我虽不赞成那种主义,但对克氏其人甚感钦佩。先生听了,索观其书,我旋即奉上。先生很快看了,也很感兴趣。于是命代觅其他有关安那其主义的书,得三数种。先生边看边对我讲:安那其主义与中国先秦道家思想有可比较之处,也连续讲两三个早晨。讲后,先生便作文一篇,题曰:《道家与安那其主义》,旋即刊于《思想与时代》杂志上,引起了读者的极大兴趣。

先生在遵义的这一个月,我觉得过得特别快。竺校长很想留先生长期设帐浙大,殷勤劝说,但先生终以主持齐鲁研究所工作之故,不克接受。所以仍按预定计划,再乘邮政车返川。行前二日,先生书一横幅赐我,上录杜甫《奉简高三十五使君》诗。其文如下:

> 当代论才子,如公复几人。骅骝开道路,鹰隼出风尘。行色秋将晚,交情老更亲。天涯喜相见,披豁对吾真。
>
> 杜诗一首录赠幼舟仁弟
>
> 钱穆

多少年来,这条横幅,我一直悬于壁间。但"文革"中亦被抄没,今已不知所在了。

(原载李埏、李伯重:《良史与良师:学生眼中的八位著名学者》,清华大学出版社,2012年)

一代儒宗钱穆

（节选）

程光裕

最成功的史学名著

民国三十一年秋，我自浙江龙泉的浙江大学龙泉分校到贵州遵义总校，就读文学院史地系三年级，修读张其昀（晓峰）师的“中国文化史”“中国地理总论”，晓峰师于讲课时，亦引述国学大师柳诒徵《中国文化史》、钱穆（宾四）师《国学概论》《国史大纲》的说法，又说：“作为一个中国人，应有中国历史文化的知识。”

《国史大纲》是一部很有影响、最成功的中国通史著作。在重庆版本的前页写着“本书谨奉献于前线抗战为国牺牲之百万将士”。次页标示出“凡读本书请先具下列诸信念：一、当信任何一国之国民，尤其是自称知识在水平线以上之国民，对其本国已往历史，应该略有所知。二、所谓对其本国已往历史略有所知者，尤必附随一种对其本国已往历史之温情与敬意。三、所谓对其本国已往历史有一种温情与敬意者，至少不会对其本国已往历史抱一种偏激的虚无主义，亦至少不会感到现在我们是站在已往历史最高之顶点，而将我们当前种种罪恶与弱点，一切诿卸于古人。四、当信每一国家，必待其国民备具上列诸条件者比较渐多，其国家乃再有向前发展之希望。”书中“引论”,洋洋洒洒二万言,论述国史研究法,各时代史事特点,寄望国家民族有赖于自身的努力。他说:“自觉之精神,较效法他人之诚挚为尤要。”“值此创巨痛深之际,国人试一翻我先民五千年来惨淡创建之史迹,一棒一条痕,一掴一掌血,必有渊然而思,憬然而悟,愁然而悲,奋然而起者。要之,我国家民族之复兴,必将有待于吾国人,对我先民国史略有知。此则吾言可悬国门,百世以俟而不惑也。”“民族与国家者,皆人类文化之产物也。”“一民族文化之传统,皆由其民族自身递传数世,数十世、数百世血液所浇灌精肉所培壅,而始得开此民族文化之花,结此民族文化之果。”“我民族国家之前途,仍将于我先民文化所贻自身内部获得其生机。”王恢教授于《当代史学家简介——钱穆先生》文中说:“在全面抗战中,《国史大纲》彻底反映了他的史学思想与爱国精神,以为在抗战中重建国家,必先复兴文化,要唤醒民众,必先创写新通史,认识历史。因本通史致用的原则,要求治者尤必附随一种对其本国已往历史之温情与敬意。传播国史真态与全民,激发对本国历史文化爱惜保护之热情与挚意。”(刊《中国历史学会会讯》三十八期)宾四师的民族文化史观,振聩之声,真有唤起民族灵魂,恢复民族信心的功能。我任教史学课程四十余年,每引其说,以启发青年学子,并以其情怀而自励,重庆版《国史大纲》虽在漫长的岁月中略受蠹害仍极珍惜保存。

龙王庙讲学的震撼

浙大史地系于民国二十五年八月成立,初隶文理学院,二十七年八月,浙大增设师范学院,内设六系,史地系亦其中之一,二十八年八月文理学院分立,史地系属文学院,文师二院之史地系,其行政与师资设备合并办理，二十八年七月，浙大奉教育部令设立研究院文科研究所史地学部，同年八月史地系又奉教育部委托设立史地教育研究室，二十九年八月，并添设师范学院史地系第二部，招收大学其他学院性质相同学系之毕业生，授以一年之专业训练。晓峰师主持各单位，师资阵容坚强，设备亦称充实，学风淳朴，声誉盛隆。宾四师应聘于三十二年春莅校任教，讲授“中国学术思想史”，史地学会于二月二十一日设茶会欢迎，瞻睹宾四师风采，欣慕不已！抗战时，物资缺乏，各种笔记多用粗糙纸张，我以超过普通纸笔记本数倍价格买了一本舶来品的抄本来做笔记，胜利后，他种笔记多蠹蚀碎失，唯独“中国学术思想史”笔记迄今尚存。1984 年春，一日我前往荣民总医院奉侍晓峰师，谈及遵义往事，宾四师到校讲学情况，及尚留有笔记，晓峰师大为惊喜，嘱速交印发表，我将此事面报宾四师，亦获嘉勉。惟笔记字体太小，辨认较难，后由华冈校友朱重圣博士将原本放大影印后送《文艺复兴》月刊一五七、一五八期刊出，以《龙王庙的震撼》为题。我在文中说：“下学期，钱穆（宾四）师到校讲中国学术思想史，文学院史地系、师范学院史地系同学全部选修，外系同学来旁听的更超过本系同学，总共一百多人，教务处排定在何家巷底的龙王庙上课。龙王庙其实是座无龙王塑像、神位、联匾的有名无实的破旧房屋。”“龙王庙内有十几排木板课桌，分为四行，每行有一条宽约一尺，长约六尺，厚约五分木板钉在木桩上的桌子，和一条宽约五寸，长约六尺，厚约五分木板钉在木桩上的凳子，课桌前排中央置一讲桌，桌后壁上挂着黑板，天井射入光线，有时阳光在室内浮动。”“上课铃声响起，同学入座，女生在前，男生在后，鸦雀无声。宾四师衣蓝布长衫，穿着布鞋，轻步而来，于讲桌前立定，众男女生起立为礼，只见宾四师目光四射，卷起衣衫，手执粉笔，开始宣讲，教材内容深入浅出，每讲一小时，起承转合，自成段落，无锡官话，声调起伏有节，忧伤激昂，其声如空谷佳音，岩瀑奔腾，举手投足，各种表情，尤引人入胜，课后有余音绕梁之感。众皆言又是龙王庙的震撼！”所讲分绪言、孔子以前、秦以前、两汉、魏晋南北朝、隋唐、宋元明清、近代（民国以来）诸段落。

《当代史学家简介——钱穆先生》文中也说：“他是当时北平各大学中最叫座的教授之一，能与他比的只有胡适之。通史课室设于北大梯形礼堂，从来是室内室外坐立皆满。他讲通史有五个特点：一、事实性强，不骋空论。二、有考有识，简要精到。三、凭各代当时人的意见，陈述得失。四、满腔热情，激荡全室。五、深入浅出，能近取譬。如他比较中西文化，喻秦汉文化犹如此室的四周，遍悬万盏明灯，打碎一盏，其余犹亮；罗马文化为一盏巨灯，熄了就一片黑暗了。因此这种充实而光辉的讲授，自然而然的长期吸引人。”（引《北大与北大人——钱穆先生》）我在《大学时代师友的怀念》文中说：“三年级下期，钱宾四师到校讲中国学术思想史，内容深入浅出，声音起伏有节，各种表情处处入胜，我后来离校教书，时时模拟效法，略有心得。”（刊《国立浙江大学史地系成立二十五周年纪念集》，1963 年 3 月出版）如此情景，师恩难忘！

《思想与时代》著作多

《思想与时代》是抗战时的一份具有学术水平的期刊。民国三十年八月创刊，由浙江大学、西南联大、中央大学、齐鲁大学、云南大学等校的教授联合主办，编辑部设在贵州遵义的浙大，在贵阳刊印，实际负责人为晓峰师。共出至四十期，未曾间断。黔南之役以后，贵阳所受影响最大，物价又激增不已，维持不易。接着抗战胜利，复员所需时间又长，以致停顿年余之久。民国三十六年一月一日复刊，为四十一期，至是年十二月，共五十期。是刊创刊时，不曾写发刊辞，只有一征稿启事，以工作的内容来说明刊物的旨趣所在："本刊内容包涵哲学、科学、政治、文学、教育、史地等项，而特重时代思潮与民族复兴之关系，大致分为下列六类：一、建国时期主义与国策之理论研究。二、我国固有文化与民族理想根本精神之探讨。三、西洋学术思想源流变迁之探讨。四、与青年修养有关各问题之讨论。五、历史上伟大人物传记之新撰述。六、我国与欧美最近重要著作之介绍与批评。"晓峰师撰四十一期复刊辞又说："就过去几年的工作看来，本刊显然悬有一个目标，简言之，就是科学时代的人文主义。科学文化是现代教育的重要问题，也是本刊努力的方向。具体地说，就是融贯新旧，沟通文质，为通才教育作先路之导，为现代民治厚植其基础。英国《自然》(*Nature*)周刊是一个有计划的论述现代自然科学人文科学和哲学教育的良好园地，本刊对于《自然》周刊的宗旨，实深具同感。"是刊撰文者竺可桢、梅光迪、张其昀、钱穆、朱光潜、冯友兰、贺麟、谢幼伟、张荫麟、吴宓、楼光来、范存忠、周鲠生、叶良辅、熊十力、缪钺、杨联陞、黄尊生、陈乐素、顾谷宜、佘坤珊、涂长望、任美锷、黄秉维、吴其昌、贺昌群、黄翼、丰子恺、郭斌龢、王焕镳、陈梦家、沙学浚、陶元珍、丁骕、方豪、王绳祖、陈之迈、周一良、徐近之、李旭旦、李春芬、朱杰勤、李絜非、夏定域等，俱系知名学者，所撰专文共计论文与书评三五三篇，学术通讯十一则。宾四师撰有论文四十篇、学术通讯二则，为作者中最多者。各期论文题：《两种人生观之交替与中和》(一期)，《大学格物新释》(二期)，《中国传统政治与儒家思想》(三期)，《中国社会之剖视及其展望》(四期)，《论建都》(五期)，《中华民族之宗教信仰》(六期)，《中国传统教育精神与教育制度》(七期)，《中国人之法律观念》(八期)，《政治家与政治风度》(十期)，《中国民族之文字与文学》(十一期)，《中国民族之文字与文学(续)》(十二期)，《再论大学格物议》(十六期),《战后新首都问题》(十七期),《中国今日所需要之新史学与新史学家》(十八期),《理想的大学》(二十期),《五十年来中国之时代病》《孔子与心教》(二十一期),《道家思想与安那其主义》(二十二期),《古代观念与古代生活》(二十三期),《法治新诠》(二十四期),《农业国防刍议》(二十五期),《古代学术与古代文字》(二十六期),《从秦始皇到汉武帝》(二十七期),《新社会与新经济》(二十八期),《新民族与新宗教之再融和》(二十九期),《个性伸展与文艺高潮》(三十期),《宋以下中国文化之趋势》(三十一期),《东西接触与中国文化之新趋势》(三十二期),《中国近代儒学之趋势》(三十三期),《易传与礼记中之宇宙论》(三十四期),《辨性》(三十六期),《说良知四句教与三教合一》(三十七期),《禅宗与理学》(三十八期),《再论禅宗与理学》(三十九期),《三论禅宗与理学》(四十期),《读康南海欧洲十一国游记》(四十一期),《灵魂与心》(四十二期),《略论王学流变》(四十三期),《二程学术评》(四十五期),《朱子学术述评》(四十七期),《正蒙大义发微》(四十八期)。范围及于经史子集,于文化学术思想、宗教阐发尤为精宏,足为研究文史哲学方面之重要参考,当时浙大文师学院同学多有订购。

(原载程光裕:《常溪集》,中国文化大学出版部,1996 年)

忆陈乐素师在遵义

徐　规

1941年冬，太平洋战争爆发，香港为日本军队所占领。次年秋，乐素师携眷属自香港脱险进入内地。时西迁在遵义的国立浙江大学史学教授张荫麟师因病逝世，史地系主任张其昀以系里骤失著名学者，即与校长竺可桢师商定，函聘滞留桂林的史学大师陈寅恪先生来校讲学，寅恪先生因病未果行，遂推荐乐素师为浙大史学教授。乐素师于是年12月抵达遵义，寓居新城凤朝门马路旁山坡上一座三间两层楼房的二楼上，一家七口人分住中央一间的前后两室，面积约30多平方米，其局促情状可想而知。

1943年春开学，乐素师担史地系本科"唐宋史"和"日本史"两门课程教学任务，并指导四年级历史组学生毕业论文多篇。秋天，兼任史地研究所导师，指导攻读硕士学位研究生两名，一名是毕业于上海光华大学的袁希文君，另一名即笔者。1944年秋又招收研究生倪士毅、程光裕两君，1945年秋招收研究生宋晞君一名，均为浙大本科毕业生。乐素师还先后为研究生开设"中国目录学史""宋史专题研究""避讳学""校勘学"等多门课程。

乐素师教课极为认真负责，课前写有详细讲稿，引文必仔细核对，标明出处，内容充实，富有新意，板书清晰有力。他讲课不仅给予学生以历史知识，而且更重要的是传授如何收集、鉴别、考订史料以至组织材料写成文章的一系列治学方法。他对学生的论文和作业，总是细心阅读斟酌，并与学生商讨，从选题到写成初稿和最后定稿,要经过多次研讨和修改,真是呕心沥血。后来他的学生中不少人在学术上有所建树,这与先生的辛勤栽培是分不开的。

在生活非常困难的条件下,在繁重的教学任务和培养研究生工作之余,于短短的三年半时间里,乐素师先后写成了《第七世纪中叶的中日战争》(载《思想与时代》月刊第22期,1943年5月)、《〈直斋书录解题〉作者陈振孙》、《〈宋史·艺文志〉序文之正误》、《〈四库提要〉与〈宋史·艺文志〉之关系》(以上三篇均发表于1946年,现已收入《求是集》第二集中)等论文以及《中国目录学史》专书初稿,并继续从事《〈宋史·艺文志〉考证》一书的撰著。

乐素师对学生不仅在修业、进德方面十分关心,而且在生活上也尽力予以帮助。有位同学患严重肺结核病,无力医治,他获悉后,立即帮助这位同学住院疗养,并经常去慰问。另有一位同学因生活困难影响学习,他经过了解,便不时给予援助,鼓励他努力完成学业。当时我们这些家在战区的学生都把乐素师的家当作自己的家,到他那里如同见到亲人一样温暖。

(原载徐规:《仰素集》,杭州大学出版社,1999年)

回忆陈乐素师的宋史教学

倪士毅

1942年9月—1943年7月，我在贵州遵义浙江大学史地系三年级读书时，当时听陈乐素教授讲授宋史课，从此我对宋史发生了兴趣。陈师为人诚恳温恭、治学谨严。他对史料的搜集、选择、鉴别、考订非常严格，从他早年的著作《三朝北盟会编考》和《徐梦莘考》两书来看，网罗宏富，考订翔实，就可知道他治学的严谨了。他教我们宋史课时，材料很丰富，每次上课黑板上都写得满满的史料，引经据典，事事有据。他教学的内容，举凡宋代的政治、经济、文化、社会各方面都有专题。现将他一学年的教学专题抄录如下：

1. 宋代之几种特点
2. 宋代之取士
3. 宋初之右文
4. 君主集权与宋太祖
5. 宋官制概要
6. 宋之财政
7. 宋之商税制度
8. 宋代之专卖制度
9. 宋代之对外贸易
10. 宋代之货币
11. 宋代之客户
12. 宋代都市之发达

13. 澶渊之盟与天书
14. 宋与西夏
15. 王安石之政略
16. 北宋之亡
17. 宋金之和战
18. 南宋之亡
19. 宋代佛教与政治
20. 宋儒与佛教
21. 宋代道教与政治
22. 宋人之史学
23. 宋人刻书之风气
24. 党争与党禁
25. 宋代文学
26. 唐宋过渡期间之五代
27. 辽金元与汉文化

共二十七题,分两个学期教完。

此外,他上第一课时,还开了一批参考书目,并一一加以介绍,要我们平时阅读。我听了他的宋史课以后,到大学四年级,我的毕业论文《宋代士大夫的私生活》也是在他的指导下完成的。他的评语是“材料丰富,文亦缜密,足见用力之勤”,给我很大的鼓励。

当时陈师住在遵义老城中山路359号,我经常到他家中请教,还帮助他整理《〈宋史·艺文志〉考证》。陈师母很客气,有时还做广东菜请我吃饭,真的像一家人一样。教学之余,我们研究生还同陈师一起去郊外散步,当时浙大也推行导师制,平时师生的关系是非常融洽的。

(原载倪士毅:《西溪集》,浙江省文史研究馆,2006年)

对乐素师教学风范之感念

宋　晞

一、就读浙大龙泉分校

我于民国三十年(1941)夏参加浙江大学龙泉分校与厦门大学的联合招生考试,当时浙江省丽水县碧湖镇是考区之一。这一年,我从浙江省立联合高级中学春季班毕业,考入浙江省审计处担任录事工作,就寄居在碧湖龙子庙的联高教师宿舍内,所以参加联考非常方便。

待联招放榜,我被录取在浙大龙泉分校中文系。分校设在龙泉县郊外坊下村。按,浙江大学龙泉分校设立于民国二十八年(1939)夏秋之际,我是第三届的学生。当时分校只办一、二年级,文学院只有中文、外文两系。我的志趣是史地,但分校没有这一系,就在中文系就读。当时的教师有王季思(国文)、张其春(英文)、夏承焘(词选)、孙养癯(诗经)、胡伦清(论孟)、张慕骞(中国通史、中国近代史)与季平子(西洋通史)等。

两年很快过去,民国三十二年(1943)夏,凡是要到贵州遵义浙大本校去的,就组队西迁。公路局的长途车有26个座位,遂以26人为一队,推队长及各组服务人员。自龙泉出发,乘公路局的车子,经过福建浦城、光泽,进入江西省的黎川、南丰、广昌、宁都,南下经雩都、赣县、大庾,越大庾岭到广东的曲江,才改乘火车,循粤汉铁路北上至衡阳,转乘湘桂路火车到桂林、柳州,换乘黔桂路火车到金城江,费了一番折腾,搭上运钨沙的军车到达贵阳,改乘公路车抵达遵义,历时 20 多天。乘公路局车在闽、赣等省沿途夜宿学校教室,以省费用。

二、进史地学系史组

到达遵义县,住进何家巷二楼宿舍,与史地系高年级同学见面,谈起系内教师阵容。系主任张其昀教授是史地学家,史组的老师有顾谷宜(西洋通史、希腊罗马史)、陈乐素(唐史、宋史、日本史)、谭其骧(中国历史地理、中国通史)、李絜非(史学方法、中国近代史)与陶元珍(明史)等。民国三十二年(1943)秋季三年级注册,我选了谢幼伟师的“哲学概论”、陈乐素师的“宋史”“日本史”,谭其骧师的“中国历史地理”与李絜非师的“史学方法”等。承高年级学长徐规、倪士毅等指教,特别提到讲授宋史的教授,过去有张荫麟先生,现在有陈乐素先生。我对断代史的研究可以说是从大三才开始,选定宋史为研究范围,并拟定毕业论文题目。因此除了听课以外,在撰述论文方面也要向乐素师请教。我在大三这一学年,功课较多,课余阅读的时间也较长。当时晚上点油灯在床前读书,白天还为教务处写钢版讲义,以工读收入来维持最低的生活需求。

当我撰写《北宋稻米的产地分布》为毕业论文时,进图书馆看书与借书的机会比较多。以便条纸来摘录史料,就是那时候开始的。我要定期晋谒乐素师,报告研究进度,他会指示应该阅读哪些书籍。有时候,看完一部书,却找不到一条相关的资料,向他陈述时,他会安慰我:“你看完那部书,没有你需要的资料,就是你的收获。”事后想想,不无道理,乐素师讲课很有条理,扼要而且切题。我记笔记算是有一手的,譬如“唐史”“宋史”与“日本史”等,笔记还保留下来。相隔多年,自己在大学里教书,事先作充分准备,讲授时有条不紊,学生反应良好,这都是受乐素师的影响。

我的学士论文《北宋稻米的产地分布》,经他指导完成,获师长、同学的好评,使我研究宋代史有了初步的信心。

三、完成史地研究所学业

民国三十四年(1945)6月大学毕业,即准备报考史地研究所。我在大四下学期即进遵义地方法院检察处工作,担任主任秘书。暑假忙于工作,也准备考试。研究所放榜,仅取两名,史组是我,地组是同班陈吉余学长。当时研究生人数甚少,也有奖助学金,乃迁出何家巷,与研究所高年级同学赁屋居住,膳食也可参加助教、职员的膳团。8月中旬,抗日战争因日本投降而结束,我们在心情上较为兴奋,对研究工作也更积极。

秋季开学,研究所的课比较少,我已辞去法院的工作,浙大附属小学王师母胡校长英楣女士,邀我去兼课,与多位教职员的子女经常相处,如梅光迪教授的儿子本修、诸葛麒主任秘书的女儿茜茜,都是我的学生。这一年我选修乐素师的课有“中国目录学史”与“史学方法”。同时也着手硕士论文的准备工作,决定以《宋代豪商与士大夫、政府的关系》为题目,进行史料的搜集。

民国三十五年(1946)的暑假,浙大迁回杭州,我们也组团自贵州经过湘西抵达湘潭,转往长沙,换乘火车到了武汉,再乘轮船经过九江、南京,到上海登岸,乘火车回到杭州市大学路的浙大。学校经过战乱,校舍遭受破坏,正百废待举,下学年延后开学,乃先返回丽水老家。旋被设在云和县的省立处州师范学校请去讲授历史、地理等课,采浓缩的办法,在不到三个月把一学期的功课教完。秋末才回到杭州,那时研究生的宿舍已落成,读书环境良好,浙江省立图书馆与浙大毗邻,浙大本身图书也充实不少,如吴兴南浔嘉业堂的藏书有一部分由浙大收购,瑞安孙家玉海楼的藏书也转给浙大。我在研究所第二年选吴定良师的"普通人类学"与乐素师的"史学名著选读"。课余与倪士毅兄经常到西湖孤山的文澜阁看书。那张借书证我至今还珍藏着。

因为撰写论文的关系,与乐素师接触的机会较多。他的寓所是在杭州市岳王路石贯子巷 11 号,我隔一段时间就去请教,乐素师的谆谆训诲,不但是学业上得益良多,就是待人接物方面也受其默化。那时师母也亲切地接待我们,师妹莲波、师弟智超等还小,斯文中带活泼,给我的印象很深。

四、任助教与完成硕士论文

民国三十六年(1947)夏,研究所学业告一段落,承文学院院长兼史地系、所主任张晓峰老师留我担任助教一年,硕士论文也在暑假中修改完成。当时京沪与沪杭甬两铁路局设在上海,为调查两路沿线的名胜古迹,与浙大史地系合作采建教合作方式来进行。我当时的任务有三:(1)负责成立图书室。因经费有着,即采购国内各大学与学术机构的出版书刊,以学术性者为主,入藏前并予精装以利保存。(2)到两路沿线调查史迹,先从杭州做起,曾出版《西湖图景》小册,由上海华夏图书出版公司于三十七年(1948)5 月出版,内收晓峰师的《西湖胜迹的由来》、我的《西湖名胜史迹述略》,附图多幅,出于陈述彭学长之手。该书列为现代文库第一辑之一。

(3)系、所会议由我担任记录,兼授先修班的“中国通史”。在这一年当中,曾被派往上海、南京等地考察,两路局特发免费乘车证一枚,供出差时使用。公余也时向乐素师请教,所谈以学术研究为主。

五、泉州任教与乐素师切取联系

三十七年(1948)夏,我应设在福建晋江的国立海疆学校聘,担任副教授。离开杭州之前一日(即9月17日),我前往乐素师寓所拜谒并辞行。师母留我午餐,吃广东烩饭,别有风味。乐素师勉以教课之余,应勤于研究。并谓社会学、心理学、经济学等乃治史者必须熟识之学科。欲治经济史不如治社会史之易致功云。9月18日离杭前往上海,等候船期间也采购些衣物,与沪上的友人聚首,藉叙阔别。想不到在上海足足等了四周,才于10月15日上了招商局的邓铿轮,开往厦门,17日抵达,19日改乘侨光轮前往晋江。

海疆学校于10月下旬才开课,我讲授“中国上古史”“西洋通史”,及两班普通历史。生活初定,即给母校晓峰师、乐素师写信,报告抵校后近况。后来又寄《宋代的商税网》一文请其指正,及告知正在撰写《南安九日山宋代石刻》一文。是年冬我患盲肠炎,随即进医院割治。翌年3月27日乐素师来函,有云:

> 兹于絜民弟处获悉肠病已愈,至慰。近想康健胜常为颂。乐半年来多读少写,各地学术研究刊物亦极少出版。去年所成《余靖奏议中所见北宋庆历时社会》文,载《浙江学报》,已排好,但以经费,久延未出。浙大员生本月生活尚勉可应付,来月如何,未可知也。

关切之情溢于言表,且示知学术研究近况。又云:“税网文容稍待阅读,发表则似不必急急,普通刊物不宜也。九日山上知州或提举市舶题名已知者谁,宋代石刻一文甚有意思,但'宋代'二字似当改,太泛也。"对我的研究成果,一如在校时,谆谆指正。是年秋局势巨变,我与光裕学长应晓峰老师之邀,8 月下旬抵达台北,遂与大陆师友失去联系。

六、任教珠海大学期间与乐素师通讯频仍

1980 年秋,我应香港珠海大学聘,担任客座教授兼中国文史研究所所长,为期一年。第二年续任所长,但只抽空到校处理重要所务,并作专题演讲。在此期间,与在广州石牌暨南大学任教之乐素师经常通讯。如 1981 年 6 月 2 日来示,有云:

> 阔别多年,时在念中,忽睹来书,至深喜慰。忆昔黔杭共学,乐趣良多,更喜别后异地各自攻研,依然同是两宋。据闻在弟等倡导下,爱研宋史学,颇不乏人;并重印不少有关史著史料,方便学人,正可互相勉励,共同前进,但惜消息不畅,俱自间接传来,即如吾弟佳作,至今尚未获一读,诚为憾事。屈指吾弟年已近花甲,家中想多佳趣,儿孙成长造就如何。晓翁谅健康胜常。光裕弟近在何处,其余诸旧,统希代致怀念之忱,并候起居。

我接读此函,不胜雀跃,因 30 多年未通音讯,过去只在刊物上获悉他在北方研究机构指导研究生。而乐素师之书法向珍为墨宝,笔力依然。对后辈嘉许有加。我利用暑期返台北之便,即将历年出版的专著《宋史研究论丛》与宋史座谈会编印的《宋史研究集》寄呈乐素师。他于同年 11 月 27 日来示:

> 叠接来翰，并承惠赠大作论丛两辑，又《宋史研究集》三辑，至感至谢。书寄到时，知弟业已离港，遂迁延未即作答，抱歉殊深。读大作及光裕诸君论著，具见功勤，尤喜吾弟于序文中言志，谓将制作一部新宋史，以弟卅余年专研所得，并在继续穷究之中，此番事业，他日异彩可期。来书云晓峰先生高年，犹孜孜不倦于中华五千年史之作，斯又一盛事也。来月十六乐将赴港作学术讲演，但来信云六日即离港，失此会晤良机，殊为可惜。叔谅先生常通问否？先生体质虽云弱，但精神尚佳。乐去岁南来后，工作较前更紧，且带研究生，又忙于写作，幸身心顽健，堪告慰。

他接到我寄去的著作，来函慰勉有加。函中提及晓峰师，也提到我外舅叔谅先生，他们都是多年好友。乐素师在杭州大学任教时，与叔谅先生常有见面机会。此后我与乐素师经常通信，并寄呈近作。他于 1982 年 12 月 15 日来示，提及华中、华东一带访书讲学情形，他说：

> 乐最近曾有湘、鄂、宁、沪之行，访书讲学。归来得读本月七日手书，并佳作《华工之贡献》《浙东史学》及《上古史研究》等诸篇，至深喜慰，谢谢！族谱、方志等之研究，此间正在兴行，港地盛会之结果，盼能知一二。
>
> 湘、鄂、宁、沪之行，获晤不少旧相识，三十甚至四十年不见，一旦重逢，喜何可言！因此联想君等，虽有通讯，然久未得一晤。前岁省吾弟曾一度来粤，亦失之交臂，为之怅怅。乐去岁原有赴港计划，又因事中止，否则借此尽可畅聚一时也。今后吾弟赴港有期，可否先函告知，当争取一晤。
>
> 乐年逾八十，身心尚健，写作不辍，现有两名研究生外，明年当续增加若干。总觉责犹未尽，在学术上仍希弟等助我前进也。此次读《浙东史学》一文，即甚感兴趣，在海外华工作出

贡献,弟为之表彰,是亦一贡献也。本年我校新购台湾影印方志千余种,甚有裨于研究工作。史学界有何新著,或重版史书,望以目录见告。

他收到我寄《清末华工对南非屈兰斯瓦尔金矿开采的贡献》一书与《七十年来中国上古史之研究》及《南宋浙东的史学》等文,表示喜慰,并予鼓励。对香港大学亚洲研究中心与美国犹他族谱学会合办"区域性研讨会——以方志、族谱为中心"情况,深表关切。他很想与我能在香港晤面,藉叙阔别。

七、出席在香港举行的"国际宋史研讨会"

1984 年 12 月 18 日至 20 日香港中文大学举办"国际宋史研讨会",台湾去的有 5 位,即王德毅、张元、梁庚尧、黄宽重与我;来自内地的 6 人,即邓广铭、陈乐素、漆侠、郦家驹、朱瑞熙与王曾瑜,加上美国的刘子健、陶晋生、陈学霖,澳洲的王赓武,以及欧洲、中国香港的学者,共计 20 多人,每人皆提交论文。在 18 日的早餐席上见到乐素师,非常高兴。已有 36 年未见面了,他虽比以前清瘦些,然精神颇佳,风度依然。

我在 19 日下午 B 组任主席,也宣读论文《论范成大知处州》。他在 20 日上午 A 组任主席,并宣读论文《北宋国家的古籍整理事业及其历史意义》。会议期间聚谈的机会较多,且在数次宴会席上,均同席毗邻而坐,方便谈话,我也发现乐素师的酒量很好。

会议结束,还有几天的停留,我在廿二日下午又到北角书院街他的外甥寓所拜访他,谈了好一会,想邀他外出晚餐,那天是冬至,他已允在亲戚家过节,乃合影后握别辞出。

八、书信往还,感念无既

1980 年开始鱼雁往还,乐素师来示,均以“晞弟如晤”开其端。自 1985 年以后来示,则改用“旭轩弟如晤”开头。几每年均接其手示。如 1985 年 9 月 29 日中秋节来示,有云:

> 我多年来从事历史研究,曾未中断,成效虽微,新知不少,时亦切盼诸君多造就。以吾弟言,年复一年,辛勤努力,多收硕果,不愧名家,可喜!可贺,至可慰!因亦时思良晤,切磋琢磨,共相前进。三十余年离别,去岁一相逢,快慰奚似!惜为时仅五日,距今又逾半岁矣。
>
> 本拟秋冬间赴港作十日留,并望重相见,无奈又因事阻。明春能否成行,尚未可知。但愿今后多联系,通消息,未获晤言能见信,亦可稍慰也。
>
> 上月曾赴海南岛及雷州半岛,参加学术会议并调查,亦为新方志编写交流经验。联想在台之方志学国际研讨会,定有不少佳作,能寄一二否?

按“方志学国际研讨会”于 1985 年 4 月 1 日至 3 日在台湾举行。我承王振鹄兄事先邀约,参与筹备;会议席上也提交论文,曰《论地方志在史料学上的地位》。该次会议论文集曰《方志学国际研讨会论文专号》,分一、二册,亦即该馆附设汉学研究资料及服务中心出版之《汉学研究》季刊第三卷第二期。论文集出版后即托人携至香港邮寄给乐素师参考。他于翌年 4 月 29 日来示:

> 去冬及今年初,两度来书,附大作,又托友人惠寄《方志学国际研讨会论文专号》上下册,厚意至感!而我久未作答,抱

歉良深。昨又接本月十四日来信,怀念云云,使我益增惭愧。

半年来,我实在忙,校内有指导研究生之责;古籍所新成立,迫于充实研究人员与图书(去冬曾一度赴港,专为选购台湾出版书);校外屡有送来论文评论;又有广东若干县市地方志编纂工作之研讨;至于手头上之科研工作与文债,更非一年半载所能了;如此等等,直不知何日为假日也。但我不能以此作为迟未复来信理由。

吾弟累年学术研究,既深且广,至佩!至佩!即如方志学,在我是因实际需用,年来始稍事攻究,而吾弟于此,已多有成果,可畏!可慰!在台之方志学研讨会,吾弟以所长,有力促成,与会诸君又多佳作。兹事我当与朱士嘉先生谈之。朱先生与我为五十年旧交,现在武汉。我之着意方志工作,亦朱先生之影响。

晓峰先生不幸病逝,深切悼念,便希代向镜湖诸君致意!《中华五千年史》,当有继成之日。

五月,我将有杭、沪之行,主要为收集宋史资料。届时当拜访叔谅先生,别又一年矣。去夏在杭时,日本梅原郁教授特地为叔谅先生与我合照,惜照片尚未寄到。

欲言未尽,总望与诸旧良晤有日,遵义一别四十年,宾四先生、光裕弟等便希代候,祝愿康健,并多文果。

他在暨南大学任教,致力研究,又指导研究生,忙碌不堪。且又参与地方志的编纂工作之研讨,乃有“直不知何日为假日”的感叹。

他在1986年9月以后拟投入广东地方志工作之研讨,1987年1月27日手示有云:

乐自去年九月以来,忙于广东地方志工作之研讨,先后访问江门、新会、阳江、开平、鹤山、阳春、新兴、肇庆、翁源、南雄、始兴、仁化、乳源、韶关、曲江等诸县市(前年又已有海南岛、雷州半岛之行);另一方面,三十年来,对《宋史·艺文志》之研究,断断续续,积累不少资料,包括二十余万字之初稿,计划今年写成定稿,以应诸同好之需。故昨今两年,不免特别紧张。且本校尚有不少业务,以及研究生之指导工作(去年研究生俱已毕业,今年不复招生矣),所幸康健如常,可以告慰。

年来虽在忙中,时切思念诸旧好,尤其是吾弟与省吾弟。两弟均在年前匆忙中相见,而未获畅叙。所喜者两弟在学术上累累硕果,而不辍钻研。即如吾弟方志史诸作,我读后获益殊不少(承惠赠方志学国际研讨会论文,亦大有补益)。今后新作,仍希见寄为幸。

去岁与倪士毅兄同访叔谅先生,正忙于写作,精神奕奕,并赐我年前在香港与吾弟晤时照片,亦一纪念品也。

何日又在香港会晤,作长谈,是所切盼。

乐素师晚年除继续宋史之研究外,也对地方志的研讨感兴趣。提及"康健如常,可以告慰",使我感慰不已。他提及"省吾弟",乃王省吾学长,在浙大史地系高我一届,原在中央图书馆工作,来台后继续在图书馆服务,后来赴美进修回来,即被澳洲国家图书馆延聘去主持东亚部主任,现已退休,定居在澳京堪培拉。

陈师年事渐长,而工作忙碌,后来积劳成疾。1988 年未接其来示,到 1989 年元月廿九日来函,提及已收到我寄呈的《国际宋史研讨会论文集》,以在病中,未曾即复为歉。按"国际宋史研讨会"于 1988 年 6 月 24 日至 26 日在台北市举行,出席的国内外学者 49 人,其中来自日本、韩国、新加坡、马来西亚及美国等共 20 人。共有论文 43 篇。函中有云:

兄多次寄赠大作并众学者论文,使我不仅知识频增,更感情深谊厚。病中读新作《宋代明州州治鄞县城乡之发展》《从

〈资治通鉴〉看司马光史论》，又重读《宋史研究论丛》一、二辑诸作：《宋代役法与户等的关系》《南宋浙东的史学》，以至《旅美论丛》《华工对南非金矿开采的贡献》，再又读《宋史研究的发展》《评介宋元地方志丛书》，深佩吾兄多年勤奋力作，成绩卓著，真不愧为宋史专家。

我重读《评介宋元地方志丛书》一文，原因之一，在于我年来着重于《宋史·艺文志》的研究，而方志为研究对象之一，两年来又先后到广东之梅县、揭阳、潮、汕，以及海康等二十多个县市，与编新方志诸君共同商讨研究，结合古今，亦一有意义的史学工作。因《评介》一文，更增加我的研究兴趣。

他研究《宋史·艺文志》多年，想自地方志中找史料，予以斟补，其研究精神弥足敬佩。乐素师晚年罹病体弱，但对学生仍甚想念，他于1990年5月13日致函我与光裕兄，有云：

迩来想安泰为慰。纪念先父诞生110周年学术研讨会邀请书，谅已得达。现另附上广州市地方志学会一函，请考虑！久别未晤，甚盼两兄拨冗偕来畅叙，如何？乐年近九十一(现八十八)，体虽较弱，科研之兴未已，拟写论文数篇，材料均已略备，有兄等共商，自易促成。

关于纪念陈援庵先生110周年学术研讨会之邀请书收到后，即回复如期出席。他提及广州市地方志学会函，是邀请我们去参加是年7月中旬在广州市举行的地方志研讨会。我因已接受香港中文大学举办的“中国知识分子：理念与行止(以宋代为中心)研讨会”，时间是1990年7月19日至21日，如应邀前往广州市，最多只能参加地方志研讨会的开幕式，所以没有答应去。想不到我在香港中文大学出席会议的第二天，乐素师就在广州与世长辞了！7月21日中午，李弘祺兄与我给陈师母常绍温女士与陈智超兄通电话，深致悼念之忱，如果我应邀先到广州停留一二日，当可在病榻旁与乐素师见面话旧。及今思之，犹有悔意。

我的研究历史，受乐素师之教导，为时虽只四年，然长期通讯，受益实深。而近十多年来，除在香港聚晤一次外，书信往还已如上述。师生的关系是永远的，我对乐素师的感念是历久弥深的。

（原载暨南大学中国文化史籍研究所编：《陈乐素教授（九十）诞辰纪念文集》，广东人民出版社，1992 年）

永怀乐素师

程光裕

浙江大学史地系于1936年8月成立，初隶文理学院，1938年8月，浙大增设师范学院，内设六系，史地系亦其中之一。1939年8月，文理学院分立，史地系属文学院。文、师二院之史地系，其行政与师资设备，合并办理。1939年7月，浙大奉教育部令设立研究院文科研究所史地学部，同年8月史地系又奉教育部委托设立史地教育研究室。1940年8月，并添设师范学院史地系第二部，招收大学其他学院性质相同学系之毕业生，授以一年之专业训练。各单位均由张其昀(晓峰)师主持，师资阵容坚强，设备亦称充实，学风淳朴，声誉日隆。浙大原设校于浙江杭州，对日抗战时西迁，经江西泰和、广西宜山而至贵州遵义，校本部设于遵义老城，研究院、文工学院及师范学院文科各系设于遵义新城，理、农学院及师范学院理科各系则设于湄潭，一年级生则在湄潭之永兴场上课。另于浙江龙泉设置分校。抗战胜利后，俱迁返杭州。

先后任教于浙大史地系所之教授，史学方面有张荫麟、钱穆、陈乐素、顾谷宜、谭其骧、方豪、俞大纲、贺昌群、陈训慈、李源澄、陶元珍、李思纯、黎子耀、李絜非、苏叔岳、胡玉堂、李埏诸先生。地学方面有叶良辅、沙学浚、李春芬、任美锷、朱庭祜、涂长望、吕炯、卢鋈、李海晨、黄秉维、王维屏、么枕生、严德一、沈思屿、严钦尚、刘之远、郭晓岚、赵松乔诸先生。荫麟师在贵州遵义于1942年10月24日病逝，年仅三十有七，为史学界莫大损失。陈寅恪先生以诗悼之:"纵谈学术惊河汉,与叙交情忘岁年。"诚深惜之。荫麟师任教课程初为中国上古史、历史研究法,继开宋史。荫麟师对有宋一代,掌故史实,多能记述,其于史之可疑者,屡有发明,有关宋代史料,搜集至多。所撰宋史各篇,精审翔实,超越前人。生平著述,都百万余言,后经辑纂成《张荫麟文集》,计五十余万言,由台北中华丛书委员会于1956年印行。

乐素师于1942年冬应浙大竺可桢校长之聘莅校,继荫麟师后主讲宋史,并开唐史、日本史、中国目录学史诸课程。翌年2月21日,史地学会于遵义新城何家巷设茶会欢迎,乐素师衣蓝布长衫,履黑色布鞋,翩然莅临,言谈和蔼。瞻睹风采,欣慕之至!是时我于三年级肄业,选读唐史、宋史及中国目录学史,并在乐素师指导下从事毕业论文之写作。1944年5月完成《宋代四川茶盐》,经乐素师评为"能于事之本末述其概要",给予84分,列为甲等。8月,浙大教务处通知我准予免试升入本校研究院文科研究所史地学部肄业。此皆乐素师之提携。获此殊遇,终生难忘!

文科研究所史地学部后易名为史地研究所。我在史地系成立25周年时,撰《大学时代师友的怀念》一文,刊于纪念集,其中说道:

> 在研究所追随陈乐素师研究唐、宋史,兼及目录校勘之学。乐素师为史学家陈援庵先生之哲嗣,生活朴素,待人诚恳,视我们如家人,抗战期间,就读后方,举目无亲,倍觉温暖。他治学严谨,督课认真,我每周至少有一次封乐素师寓邸请益,他对史料出处、书籍版本、内容考据、文字组织等每次都有新的启发。他从褚遂良的圣教序碑帖谈及报告、论文的抄写,因此我重做习字的小学生,每天练习几行小楷。他也重视现代学者的学术造诣,介绍姚从吾、牟润孙、李哲生、方壮猷等先生有关宋辽金元史方面之研究成就。在当时,这几位先生,也

就成为心目中所敬佩的前贤。

又说:

在杭州,乐素师盼望我到省立图书馆再找些资料,由夏朴山先生介绍,馆中特藏部予以很大的便利,每天到文澜阁《四库全书》库看书连续差不多一年,真是生平一大快事。

浙大研究宋史的风气,张荫麟师倡于前,陈乐素师导于后,很多同学,都亲受恩泽的。

乐素师曾说,目录校勘之学是治史之基础学问,也是工具之学,叮嘱阅读正史艺文志、经籍志,《通志·艺文略》,《通考》经籍、金石、图谱、校雠考,于《汉书·艺文志》、《隋书·经籍志》、晁公武《郡斋读书志》、陈振孙《直斋书录解题》、永瑢等撰《四库全书总目提要》,尤须精读。校勘学则多本陈垣太老师所撰《元典章校补释例》所云,以为之范。

乐素师于目录、版本、校勘、避讳学极为精湛;掌握史料,鉴辨真伪,论述史事,引证翔确,所撰《徐梦莘考》《三朝北盟会编考》两文,网罗宏富,考订甚详,享誉学界。忆1947年春某日,我自杭州赴上海,晋谒乡前贤胡适之先生,适之先生对我的就学情况垂询甚详,当询及"你的论文指导教授为何人"时,我以乐素师对之,他连声说:"乐素先生是援庵先生的少爷,我在北京的寓所距离他家不远,他家学渊源,长于目录、版本、校勘之学,了不起! 了不起!"姚从吾先生、牟润孙先生自大陆来台后,任台湾大学教授,我亦时往请益。姚、牟二先生对《徐梦莘考》《三朝北盟会编考》亦称赞不已,认为研究宋史者应详予细读。

乐素师任研究所导师,督导课业至为认真,要求严格。我曾选修"宋史专题研究",每两周须缴报告一篇,乐素师每篇面授订改,不惮辛劳。我曾就全祖望《鲒埼亭集》中有关宋史史事撰作报告,

《书宋史胡文定公传后考释》《书陈忠肃公祠堂碑铭后》《宋枢密蒋文穆公端研记考释》《蕺山相韩旧塾记考释》《东埔全氏柯堂碑文考释》《石坡书院记考释》《题真西山集考释》等篇原稿尚存，各篇并收入《鲒埼亭集中宋史史料考释举例》一文中，刊于1954年台北印行之《大陆杂志》二十二卷五期。

我于1947年秋自上海乘轮赴福建省厦门转泉州任国立海疆学校史学副教授，课余继续修订《茶与唐宋思想界》论文，又函请乐素师指正，现尚存乐素师于1948年2月5日自杭州岳王路石贯子巷11号寄达函件，原文如下："光裕弟如晤：去月二十八日曾覆一函，想已得达，昨接二十八日来书，辍御茗调膏赐乌歇一段，可云：'《三朝北盟会编》卷九引赵良嗣《燕云奉使录》。'浙大考试甫毕，生活如不太困，当可利用假期草一短文也。此间唯去月二十六日室内降至二十九度最冷，以后渐转暖，昨虽整日下雪，今日室内仍有四十一度，但各处纷乱日甚为可虑也。此候近佳。乐素。"又九月九日函云："光裕弟如晤；接去月二十五日来书，并论文收悉种种，连日人事纷纷，迟复为歉。论文曾阅，其间错误尚不少，日内当略为修改。闻牟润孙先生本月二十日前后来杭，请其审查至便，惟李哲生先生久无复音，或须另想办法也。浙大已开学，十三上课，本年新开日本文化史一课。余未一一，此候近佳。乐素。"十月间接论文附"应改诸点"，计序文六、目录五、本文一百三十七，或删或增，或订正讹误，或当查原文，或暂存疑。我遵示订正后，将论文寄浙大史地研究所。其后局势紧张，联络中断，音讯遂失。1949年夏来台后，再检送论文经教育部学术审议会审查通过，补授文学硕士学位证书。自1949年迄今，除撰述历史、地理、通史、华侨史方面专书及论文外，宋史方面有专书《宋太宗对辽战争考》，论文亦有30余篇，亦略可告慰于乐素师。

1989年4月初，我赴香港出席香港大学召集之亚太地区地方文献国际会议,发表《新加坡侨贤章芳林的公益事业——兼论墓碑铭文的价值》专文。一日,莫世全先生至宿舍谈叙,转达乐素师邀宋晞(旭轩)与我至穗讲学之意,并递交绍温师母手书函件:"你们好! 我是陈乐素先生的妻子,受陈先生嘱咐,写这封信向你们致意问好。乐老本拟亲自执笔,惟因他最近患肠炎初愈,尚在康复之中,加之咽喉发炎,精神不太好,故令我代笔,诸祈鉴谅! 最近敬悉你们在香港开会,乐老和我很望你们能于会毕来广州见见面,并为我们研究所和历史系学生讲讲学(乐老现兼我所——中国文化史籍研究所名誉所长,我兼任所长),讲题请你们自定。不知你们是否能来,倘有可能,我们初步考虑,拟作四天安排,食宿及外出参观、返港车票等均由我们负责,具体日期则请你们酌定。现趁广东省方志编纂委员会莫世全教授赴港开会之便,带上此信,听取你们意见。因时间仓促,邀请信则俟面交。倘能来,盼给我们打一长途电话,商量有关事宜。……另外托莫世全先生带上乐老《求是集》第一册和我所集体论文集《宋元文史研究》各一奉赠,敬祈校正。今年五月涿州宋史国际会议,因恰与杭州浙大史地系校友会时间接近,我们拟率研究生赴杭听课,并赴苏、沪、宁等地实习考察(如乐老健康条件许可的话),故涿州之会就不能去了。不知杭州之会你们是否也准备去? 乐老嘱代问好并嘱代申怀思。……常绍温 1989.4.2。"我与旭轩均以华冈课务关系未能应约,我于4月6日作书禀复乐素师:

生与旭轩于日前抵港出席港大召集之亚太地区地方文献国际会议,得有机缘与莫世全先生晤叙,借悉师座近况,至以为慰。喉炎如久不愈,宜作电子扫描检查,以探究竟。赴暨大演讲事,因在学期期中考试时间,不易告假。(此次港大之会议日期适系春假期间,故可来。)一俟有适当时间,则作探亲之行并亲谒师座。《求是集》及《宋元文史研究》均已收纳,返台

> 后再细读。生近年多有国外之行，今岁一、二月间曾去澳洲、纽西兰参观访问，于澳京坎伯拉晤王省吾兄，省吾已退休，对澳洲华侨史之研究兴趣甚浓，对师座亦至怀念。海峡两岸往来日渐增进，……前浙大同学、现在中国科学院地理研究所工作之赵松乔兄，已获准到台居留两周，中国文化大学等学术机构已作安排，除观光实察外，有数场讲演。

广东省暨中山市孙中山研究会、日本国外交研究会鉴于“孙中山先生是一位受所有中国人尊崇的近代伟人，也是一位获世人景仰的国际政治家。多年以来，台湾海峡两岸的中国学者，日本及其他国家的学者，都对孙中山研究十分重视，并曾在一些国际学术会上进行过有益的交流。为了进一步发展各国以及中国大陆、台湾、香港、澳门学者之间的学术交流，联合发起将于 1990 年 1 月上旬在中国中山市翠亨村举行‘孙中山与亚洲’国际学术研讨会，于 1989 年 3 月 22 日函邀光临这一盛会”(见“孙中山与亚洲”国际学术研讨会组织委员会委员陈锡祺教授、山口一郎教授函)。会议主题为“旨在评价孙中山在中国大陆、台湾、香港、澳门以及日本和其他亚洲国家的实际活动和思想表现，评价孙中山与这些国家、地区的政府、人民、朝野人士、华侨、外侨的关系，评价孙中山与这些国家、地区在政治思想、经济思想、文化思想诸方面的相互影响等”(据该会说明)。邀请与会的学者，除中国大陆、台湾、香港、澳门学者外，还有新加坡、马来西亚、菲律宾、泰国、缅甸、朝鲜、韩国以及亚洲以外地区的学者，合 100 余人。台湾方面受邀请者计为 31 人，蒋永敬、张玉法等以此次会议主办单位系大陆与日本方面之民间学术团体，该会邀请中外学者在孙中山故居研讨其思想、事迹及其影响，意义重大，乃相约参加。9 月 10 日，“孙中山与亚洲”国际学术研讨会组织委员会又通知，原定于 1990 年 1 月上旬召开的研讨会，“经一些国家和地区的学者建议，决定延至 1990 年 8 月上旬举行。会议地点、中心议题、会议秩序及邀请对象均不改变”。“举办此次讨论会的宗旨在于促进海峡两岸和各国之间的孙中山研究的学术交流,故要求提交会议的论文在内容上尽可能不要引起政治性争论,以利共同创造良好的讨论气氛。”我函复决定出席,以《孙中山先生的宗教理念及其与黄乃裳的订交》专文于讨论会提出研讨。并借赴会之便至穗奉谒阔别40余年的乐素师。

1990年4月,“纪念陈垣教授诞生110周年国际学术研讨会”筹委会秘书处来函:“为纪念中国近代著名的历史学家、教育家陈垣教授诞生110周年,兹决定于1990年12月在中国广东省江门市召开‘纪念陈垣教授诞生110周年国际学术研讨会’。为此特邀请先生携论文一起来参加。”我决定准时赴会。拟以《通鉴胡注表微中之泉州》专文提供研讨。并于7月24日将中英文提要寄暨南大学中国文化史籍研究所张其凡教授。

五月,奉读乐素师手书:

> 旭轩、光裕两兄惠鉴:迩来想安泰为慰。纪念先父诞生110周年学术讨论会邀请书,谅已得达。现另附上广州市地方志学会一函,请考虑!久别未晤,甚盼两兄拨冗偕来畅叙如何?乐年近九十(现八十八),体虽较弱,科研之兴未已,拟写论文数篇,材料均已略备,有兄等共商,自易促成。
>
> 不一,顺候
>
> 著祺!
>
> 乐素
>
> 一九九〇年五月十三日

所附广州市地方志学会来函:“今年七月中旬,广州市地方志学会负责主办‘全国沿海开放城市和特区方志研讨会’,研讨重点是有关沿海城市地方志的编纂特点问题。现拟邀请你们两位教授以个人身份前来广州参加这次学术研讨会。会期约5天。如果你们时间许可而又对研讨会感兴趣，欢迎你们参加会议之全过程，若时间宝贵，估计在广州逗留时间不可能太长，亦可参加部分活动，即参加第一天的开幕式，请在会上作发言或作学术报告，和参加第二天小型学术交流座谈会，如是则二天可矣。参加全部或部分活动，悉听尊便。因时间匆促，会议不要求二位提交论文，如有当无任欢迎。两位教授来回之车船票请自理，到广州参加会议期间之食宿问题，则由会议秘书处负责。”“全国沿海开放城市和特区方志研讨会”，会期在 7 月中旬，因工作时间调度不易，致未能应命前往参加。惟寄望八月初翠亨村“孙中山与亚洲”国际学术研讨会前后至穗谒见乐素师，一纾久别情愫情怀。未料 7 月 26 日清晨旭轩电话告知乐素师已于 20 日仙逝，悲痛莫名，当即陈函绍温师母：“师母尊鉴：昨宋晞教授自港返台，传来乐素师仙逝讯息，无任悲悼，尚祈节哀！生下月初至穗出席‘孙中山与亚洲’国际学术研讨会，并至尊处奉谒以执弟子之礼，谨肃寸简，敬请礼安！”7 月 30 日，我偕妻陈碧莹女士乘华航班机赴港。8 月 2 日，乘广九铁路快车至穗，转乘大会交通车抵达翠亨村，出席“孙中山与亚洲”国际学术研讨会。会后至穗，8 月 10 日上午，由海疆校友谢炎君陪同我夫妇往暨南大学乐素师寓所奉访绍温师母，并于乐素师遗像前，献花行礼。就寓所陈设之简朴情况推知其清苦生涯，安贫乐道，高风亮节，无任钦敬！

12 月 11 日至 14 日在广东江门市五邑大学召开之“纪念陈垣教授诞生 110 周年国际学术研讨会”，原拟如期前往，后以手续办理不及而作罢。至为惭怍而抱憾！12 月 28 日，张其凡教授寄来贺年卡，又云：“12 月未能如约在江门聚会，十分遗憾。……先生为会议准备之论文，仍盼能寄下。先生所赐之论文提要，业已在大会上印发。论文寄下后，可望收入论文集。另有一事，本拟与先生当面问候，现在只得函问了。1992 年，乃陈师乐素先生九秩诞辰。

我倡议,乐师及门弟子各自撰文,结集出版,以为纪念。此议已与常绍温先生商妥,徐絜民、倪士毅、陈光崇诸先生均已函商,均表赞同。拟于1991年底前截稿,1992年出版。先生意下如何?同意赐文否?出版方面有何意见?尚祈赐告。"我于3月13日函复:"新年贺卡早已收到,稽复至歉!拙作《通鉴胡注表微中之泉州》十二页附奉,如得清校最好,未悉可寄下否?乐素师九秩诞辰纪念文,容草成后另奉。"

乐素师生活恬淡,治学谨严,论著精湛,享誉士林。从其学者,在严格的指导下,莫不受益。我有机缘,获乐素师青睐,得益良多,尤深感念!

1991年10月25日台湾光复节于阳明山

(原载暨南大学中国文化史籍研究所编:《陈乐素教授(九十)诞辰纪念文集》,广东人民出版社,1992年)

景仰与怀念

——陈乐素先生诞生90周年纪念

陈光崇

我的老师陈乐素先生离开我们，已经一年多了。每当我想到这位慈祥的老教授时，心里就感到十分难受。40多年的师生之谊，就像过电影一样，一幕一幕地不断闪现在我脑海中。

记得是在1943年，正当抗日战争极端艰苦的岁月里，先生从香港辗转来到迁移在遵义的浙江大学。那时国史教授张荫麟先生去世了，古代史教学正需要人，同学们对先生的到来都很高兴。我曾经选修了先生主讲的宋史课。他那朴实的语言，丰富的知识，加上整洁的板书，我们都很爱听，笔记也比较方便。那时很少发讲义，考试全凭笔记，因此笔记就显得特别重要，可惜当时的笔记一本也没有保存下来。抗战晚期，物价飞涨，教授的薪金又低，先生要维持七口之家的生活，实在不容易，有时不得不变卖衣物，以应燃眉之急。就这样他也自得其乐，诲人不倦。

先生为人和蔼可亲，同学们都愿和他接近。那时他住在遵义新城凤朝门山坡上的一座小楼里。连我这个不爱走动的人，也去过他家多次。有时是去请益，有时是去借书。记得有一次为了写毕业论文，我去借《二十五史补编》，先生正需参考，却也毫不迟疑地借给我了。那时他家七口人挤在两间不太大的楼房里，孩子们闹哄哄地，可他还得抢时间伏案备课，写文章，忙个不停。但是繁重的工作和家累，难不倒他昂扬的爱国精神。为了抗击民族敌人和收复祖国失地而教育青年,他宁愿承受极大的艰苦。

毕业之后,我奔走四方,先生却随浙大搬回杭州去了,长时间没有取得联系。后来我在沈阳听说他到了北京,在人民教育出版社工作。1962 年冬天我到北京,特地去看他。分别 18 年了,他仍然是那样健康、和蔼,彼此谈及别后的情况,感到十分愉快。我邀请他到辽宁大学去讲学,他欣然应允,当即约定第二年秋天来沈。

1963 年 9 月 10 日,先生和洪美英师母一同来到沈阳,住在辽宁大厦,离我家很近,我可以经常去看他。这回先生给历史系学生作了四次学术报告。第一次讲的是《脱脱〈宋史〉的编写工作》。这次讲演的内容,在我的札记中还保存这样一条:"乐素师云:《宋史》之主要作者为贾鲁、危素。其特点在于表彰道学,特立《道学传》,推崇二程、朱熹。朱熹弟子得立传者凡三十余人。"其余的内容都记不得了。第二次讲的是《宋代主客户的分析》。这个专题的内容比较丰富,连续讲了三次才讲完。先生运用丰富的史料和阶级分析的方法,对宋代农村中主客户的由来和阶级对立的情况,作了系统的论述和分析,引起全系师生的重视。先生初到沈阳,本想多住些日子,不巧接到陈援老因病住院的消息,洪师母先回京去了,先生也缩短了行期,只住了 20 来天。这期间我陪同参观了辽大图书馆,观看了电影《野火春风斗古城》,还游览了沈阳故宫。恰好那天傅乐焕先生也在辽大,他带有相机,一同在故宫拍了些照片。先生临走的那天,赶上国庆节,兴致勃勃地要我陪他去看看热闹。那天全市电、汽车都停止运行,我们步行上街,边走边谈,走到北市场。连行人也禁止通行,没有看到游行的盛况。我请他往照相馆合摄一影,作为纪念。当天晚上他就离沈回京去了,这一别又是十多年。

"文革"结束,经过拨乱反正,百废俱兴,全国各地的学术活动也重新开展起来了。1980 年 10 月上旬,宋史研究会在上海师院举行成立大会。这是国内宋史研究人员第一次大会师,我有机会又一次和先生相见。出席会议开幕式的有200来人,由先生主持大会,邓广铭先生致开幕词。先生在会上宣读了论文《陈振孙与〈直斋书录解题〉》。这是他多年研究的成果,对听众的启发很大。经过大会选举,先生被选为宋史研究会副会长。会议结束时,由他致闭幕词,宣告大会圆满完成。《陈振孙与〈直斋书录解题〉》没有正式发表,我在撰写《论陆游〈南唐书〉》一文时,参考了此文,还引用了其中的一段作为论据。后来先生把这篇文章改写为《略论〈直斋书录解题〉》,碰巧和我的文章同时刊登在《中国史研究》1984年第2期上,这也是我们师生间一段难得的文字因缘。

自从陈云同志号召整理中国古代典籍以来,学术界掀起了一股古籍整理的热潮。1983年2月下旬,教育部在北京召开古籍整理研究规划会议。先生以国务院古籍整理出版规划小组顾问的名义,偕夫人常绍温教授一起出席了这次会议。这时他已经81岁了,仍然是那样精神矍铄,步履矫健,相见之下,令人心喜不置。他在会上作了《学习历史,整理古文献》的报告(见《求是集》第二集)。虽然过从的时间很久,却是第一次听到他谈治学经历和整理古籍的意见,感到特别亲切。参加这次会议的老友还有李埏和徐规同志,我们都住在西直门内总政招待所。由于乐素师的提议,一同往展览馆附近合影留念,并在餐馆中小聚,白头师弟,把酒谈心,颇极一时之乐。会后我把照片给他寄去,还寄去了沈阳市图一幅(他爱收集地图),他很高兴。回信向我索取《欧阳修的史学》一文,据说他想就欧阳修的两次讼事做些研究,但一直没有看到他关于此事的文章。

最幸运的是1984年,我和先生相会两次。一次在北国的长春,另一次是在江南的杭州。这年8月上旬,中国历史文献研究会在长春举行第五届年会,中心内容是纪念《资治通鉴》成书900周年。先生应邀出席年会。但从广州到东北的航线不能直达长春,只好先飞沈阳,然后转车北上,托我安排一下到沈后的住宿和交通问题。8 月 8 日我到东塔机场欢迎先生和常夫人,下榻辽宁大厦,距他第一次住大厦时已经 21 年了。沈阳的 8 月,天高气爽,景色宜人。接连两天,我和女婿顾奎相陪同他们游览了东陵(努尔哈赤陵园)、北陵(皇太极陵园)和故宫,参观了辽宁博物馆。在东陵拍了许多照片,我至今还很好地保存着。11 日我们同乘火车到了长春。先生在这次会上作了《刘恕与〈资治通鉴〉》的报告,我也谈了一些粗浅的看法。会上就《通鉴》的评价和司马光的评价问题,展开了热烈的讨论,9 月 19 日的《光明日报》还就此作了比较详细的报道。没等这次会议开完,我因事先回沈阳,临别时,先生告我将往北京,不到沈阳停留了。过了几天,先生夫妇突然来到我家。原来他们在长春没买到去京的车票,临时挤上火车,车中拥挤不堪,没有座位,只好中途改变计划,在沈阳下车,转飞广州。我看他老虽经劳累,精神还好,用过便餐,送往宾馆休息。很幸运,飞机票很快就买到了,22 日清晨我亲自送往机场而别。

接着就是这年 10 月下旬,宋史研究会在杭州召开第三届学术会议。我搭机先到,22 日见到了先生,他依然是那样的健朗和愉快。第二天会议开幕,先生致开幕词,然后进行学术交流。25 日上午,全体会员考察了凤凰山南宋皇城遗址。在楼外楼举行午宴,我和先生同在一席,同席的还有邓广铭、徐规、郦家驹、傅璇琮诸先生,济济一堂,谈笑风生。席间尝到了西湖鲤鱼、叫花子鸡和莼菜,都是闻名的佳肴。会后还畅游了西湖。这是一次令人难忘的盛会。

从此又过了四年,先生从广州给我寄来亲笔题字的著作《求是集》两册,扉页印有玉照一帧,神态蔼然,可喜可敬,使我感到特别高兴。1989 年,浙江大学史地系系友约在杭州集会,我打算去参加，听说先生也准备前往，正高兴又有见面的机会。结果我因故未去，先生也不果成行。谁料想就在这一年之后，一纸讣闻，竟成永诀。而今而后，何处更闻教诲？追念师门，痛悼无已。

乐素先生是一个富有爱国思想的人，早年为反对军阀统治，而参加北伐战争；中年以后，为反对日军侵华，而致力于文化教育工作。他先后在浙江大学、杭州大学、暨南大学任教，除了担任本科的教学外，还一直培养研究生。开设的课程很多，如唐宋史、日本史、中国目录学史、宋史专题研究，以及史学方法如史料学、校勘学、避讳学等。他认真备课，每门课都写有详细的讲稿。在课堂上不但教给学生以丰富的历史知识，更重要的是教导学生如何收集、鉴别、考订史料的方法，指引治学的门径。20 世纪 50 年代，他被调到人民教育出版社工作，历时十余年，专门编写和审定统一的中小学历史教材，为教育青年学子花了大量的时间和精力，造就了无数的高中级人才。他是一位十分值得尊敬的教育家。

就在他忙于教学的同时，也丝毫没有放松学术研究的工作。研究历史是先生的家传素业。他从庭训到自己的实践中，积累了丰富的治学经验。每当他从事各种专题研究时，先要广泛地掌握史料目录，收集大量的有关史料，加以鉴别、考订。例如在《余靖奏议中所见北宋庆历时社会》一文中，对余靖的事迹，就举出了蔡襄所撰的墓志铭、欧阳修所撰的神道碑、曾巩《隆平集》、王称《东都事略》、《宋史・余靖传》、朱熹《五朝言行录》中的余靖事录，以及余靖的《武溪集》和李焘的《续资治通鉴长编》，这些都是最基本的史料。根据这些史料写成《余靖事迹证补》一节以及其他各节。

在各种资料中，先生最重视第一手资料。他在《徐梦莘考》中，认为楼钥所撰的《直秘阁徐公墓志铭》是“最早而又最具体之唯一重要资料”。他以《墓志铭》与《宋史》本传相比勘，发现《宋史》本传歧异或错误的地方凡有十处。因而深慨“《宋史》繁芜多误”，“其价值自远非《墓志铭》之比”。《读〈宋史·魏杞传〉》也指出《魏文节公事略》中所收《行状》及《神道碑》，“皆研究魏氏生平之重要史料”。因据《神道碑》纠正了《宋史》本传中的错误，并为本传作了补遗。还有《〈宋史·艺文志〉序文证误》一文，对1200字的序文，核对有关资料，“考其误有八，而可疑者二”。这也是陈援老提倡的史源学方法的体现。

先生对待学术的态度是很严肃的。他的文章都是经过反复修改，仔细推敲才写成的。我记得1980年他就写好了《陈振孙与〈直斋书录解题〉》一文，直到1983年才改写为《略论〈直斋书录解题〉》。该文以论书为主，和他早年发表的以论人为主的《〈直斋书录解题〉作者陈振孙》，可以称为直斋研究的双璧。他的文章，不但结构谨严，内容翔实，议论精辟，而且文笔优美，娓娓道来，令人百读不厌。

先生对宋史的研究，涉及面很广，造诣很高。在政治史方面，他作有《宋徽宗谋复燕云之失败》，对燕云十六州的得失利害，考辨详明，议论深刻，发人深省。《徐梦莘考》和《三朝北盟会编考》，网罗宏富，考订翔实，是研究宋金关系史的名著。在社会史方面，有《主客户对称与北宋户部的户口统计》《余靖奏议中所见北宋庆历时社会》及《宋代的客户与士大夫》，是分析北宋社会阶级关系的精心之作。在地方史方面，有《流放岭南的元祐党人》《桂林石刻〈元祐党籍〉》和《珠玑巷史事》等文，考述了北宋元祐年间被流放到两广的中原人士，以及两宋末年先后避难至珠江流域的中原人民，对发展岭南经济文化的贡献。在目录学史方面用力尤多，对南宋两位著名的目录学家陈振孙和晁公武以及他们的著作，作了精湛的研究，发表了《〈直斋书录解题〉作者陈振孙》《略论〈直斋书录解题〉》及《袁本与衢本〈郡斋读书志〉》，是这一领域的权威著作。《〈宋史·艺文志〉考证》一书的写成，尤为不易。那时在“四人帮”

的凶焰下，他被迫退休，安置在杭州郊区居住。为了到浙江图书馆去查阅资料，每天往返要步行 30 里地，经过 5 年时间，才完成这部专著。书中对 9000 多种只有书名、卷数、作者而无其他记载的宋代古籍目录，作了精密的研究和考订，是目录学史的一部杰作。我们殷切希望早日得到出版，将会对古籍整理研究工作起到积极的作用。乐素先生是有名的宋史学家，我对他的著作没有什么研究，谨举其概，以志景仰之忱。

1991 年 12 月 20 日于沈阳北陵

（原载暨南大学中国文化史籍研究所编：《陈乐素教授（九十）诞辰纪念文集》，广东人民出版社，1992 年）

夫子风范长存

——忆恩师陈乐素教授二三事

陈业荣

原浙江大学史地系有许多值得我尊敬的老师，但受业最多，过从最密，相处时间最长，影响最深的，唯陈乐素教授。作为陈教授的学生，我只是个未入门墙的弟子。在那大变动的年代，史学并不是我的最终志愿，所以老师开设的治史课，如“校勘学”“避讳学”“中国目录学”“宋史专题研究”，我都没有选读。新中国成立初，读毛泽东的《论人民民主专政》一书，感到需要重新学习时，老师要我写篇论文，要把我推荐给邓广铭教授。可惜，由于当时的需要和纪律，我只好改行，奉命来浙江医学院（浙江医科大学前身）工作。岁月蹉跎，一事无成，在史学上未能赞一词，这是我最有负于老师教诲一大憾事。但老师的治学精神和为人之道，却深深地影响着我的人生。

乐素教授是一位史学基础坚实、知识渊博、治学严谨的老一辈史学权威。1943 年，我二年级时开始选读他的唐史，1946 年秋，复学杭州后，继续读他开设的日本史和宋史。先生不善于辞令，他不靠生动性来吸引学生，而是以丰富的史料、严密的考据、科学的论证使学生折服。课后详阅听课笔记，更感先生学识渊博过人。尤为可贵的是先生的学术观点，随着时代的步伐而不断前进。1947 年左右，他的《主客户对称与北宋户部的户口统计》和《余靖奏议中所见北宋庆历时社会》两篇论著，敲响了阶级分析的大门。他的宋史课给人以一种新鲜感。跟先生讲课的新印象一样，令我终生难忘的是1947年秋开学后的一次史地系会迎新的晚会上，先生给我们讲治史之道时，讲到他那篇关于宋代主客户问题的论文寄给太老师陈垣教授审阅时，因引文错漏，受到严厉的批评，说："如此治学态度，何以为人师？"老师怀着沉痛的心情，在学生面前揭短，解剖自己，引以为戒。老师的虚怀若谷、严谨治学的态度和求实精神，深深地感染了我们。几十年的教坛生活，老师的治学精神始终在鞭策着我，引证必反复查对准确，有错必做公开的自我批评，绝不文过饰非，贻误青年。

陈乐素教授特别可贵之处，是他始终沿着历史轨迹探索前进，先生在论徐梦莘之所以成为有名的历史学家的时代背景和家学渊源时指出："徐氏以生于国难严重时期，而自幼备尝变乱之苦，致造成其史学上之爱好；同时感染时代之民族思想，故不持现代史为其所欲攻究，且如《墓志铭》所云'尤熟晋、宋、南北、五代史事'也。"①"徐氏之先世不详，然其家当时固以长于史见称。"②乐素教授成为有名的史学家，其时代背景和家学渊源，不是也有其相似之处吗？先生1902年生于广东新会，那正是八国联军、辛丑和约之后，清朝腐败，国政日非。孙中山领导辛亥革命，建立了中华民国，未几，袁世凯称帝，换来了亡国的二十一条。1918年，先生东渡日本，寻求救国图存之道，发现日本有些学者之所以着重研究中国，"未必是单纯的学术研究"。回国后工作的广州，正是第一次国内革命战争的策源地，爱国热情鼓动着先生投身北伐战争，成为一名宣传孙中山革命三民主义的宣传员。1927年，国民党右派发动"四一二"和"七一五"反革命政变后，先生在极度失望和苦闷中离开了国民革

---

① 《求是集》第一集，广东人民出版社，1984年，第125页。

② 《求是集》第一集，第142页。

命军。1928年初,到了“熟人不多的上海”。

大革命失败后,中国的思想界发生一场连续数年的中国社会性质问题、中国社会史问题和中国农村经济问题的大论战,许多寻求革命的青年都卷入了这次解决中国革命性质和道路问题的斗争漩涡,同反马克思主义思潮进行了针锋相对的特殊斗争。先生从另一个角度关注着中国的命运。他到上海后不久,发生了济南“五三惨案”,日本帝国主义亡我之心再次暴露在中国人面前,证实了先生早年怀疑日本“学人”研究中国的叵测居心,于是他利用工余潜心研究日本史和中日关系史,特别是中日甲午战争史。1929年,他担任《日本研究》主编后,在该刊创刊号和第二期上发表了《魏志倭人传研究》和《后汉刘宋间之倭史》,论证了中国是一个对日本有着悠久文化影响的友好邻邦,日本从甲午战争以来的所作所为,是完全违反中日友好历史的,他提醒国人和日本学者注意日本“史地考察”的侵略本质,谨防上当!九一八事变后,蒋介石的不抵抗主义,送掉了东三省的大好河山,沦三千万同胞于水深火热之中,未几又发生了一二·八事变,接着是何梅协定,“华北五省自治”。先生愤于时艰,借宋代的国难史抨击国民党政府卖国求存的政策,发表了一系列重要学术论文:《宋徽宗谋复燕云之失败》《徐梦莘考》《三朝北盟会编考》。这些著作除了它的较高学术价值之外,先生的一颗忧国忧民之心,跃然纸上。在那民族危机深重的年代,先生以历史为戒,提醒国人认清:中国自西晋灭亡至清朝覆灭,这1500年的亡国与偏安的历史,“无一不与长城之放弃”和“北方民族之南进有关”。文章回顾东汉初年,为了利用南北匈奴分裂的矛盾,乃助南匈奴对抗北匈奴,并许其迁入长城内的山西、陕西北部一带,废弃了长城的防御作用,北方各民族乃乘机潜来,各自形成一股势力,驱逐汉人政治势力远离黄河而南,从而出现西晋灭亡,东晋偏安,南北朝对峙的局面。石敬瑭出卖燕云十六州与契丹，换取了一个儿皇帝，但仅数年，“首先受其祸者即割让十六州之晋，出帝被掳而国亡”。提醒国人要警惕当代的石敬瑭，并预示东三省也将像燕云十六州那样成为敌人进一步侵略中国的根据地，亡国之祸不远了。所以任何一个稍具爱国心的人，在国破家必亡的情况下，都应奋起抵抗，以谋恢复国土。连宋徽宗那样的昏君也还有谋复疆土之行动，当代的执政者采取不抵抗政策，是连宋徽宗不如的。论著还鞭挞宋高宗为首的投降派，以讽刺蒋介石为头子的现代投降派，说：“非战派之高宗与秦桧乃向内以全力应付一切反对势力与思想，以遂行其所主张之苟安的妥协主义。”[1]读书到此，凡知道蒋介石反共卖国历史的人，没有不拍案而起，为这种以古喻今叫好的！

日本帝国主义不战而得了东三省后，以此为根据地，1937 年 7 月 7 日发动了灭亡中国的全面侵华战争。上海、广州相继沦陷后，先生携眷辗转到了香港，一面利用学校这个讲台，以历史来激励学生的爱国主义情愫，宣传抗日，一面受叶恭绰先生和《广东丛书》编委会的委托主持明末清初广东志士屈大均所著《皇明四朝成仁录》的汇编、校订工作。香港沦陷后，先生冲破敌人的封锁，1942 年冬来到当时迁到贵州遵义的浙江大学任教。在那抗战最艰苦的年代，米珠薪桂，先生被迫变卖衣物，以补生活之不足，但仍坚持培养学生。他忍受着最大的物质痛苦，期望抗战胜利，能获得一个良好的治学环境，培养更多的学生。没想到外战的炮声刚息，内战的枪声骤起，教授失望了。在两个中国之命运实行大决战的历史关头，是考验人的严峻时刻，国民党政府大员大发“劫收”财，全国学生抗议美军暴行和“反饥饿、反内战、反迫害”运动，深深地触动了教授的历史良心。1947 年 10 月，国民党政府杀害浙江大学学生自治

[1] 《求是集》第一集，第 116 页。

会主席于子三引发的国民党统治区第三次学运高潮,教授义无反顾地站在学生一边,拥护浙江大学教授会的罢教宣言,并对浙大学生自治会的申诉更直率地表白他的观点。他说:“我们国家已达到了 T.B.(按:肺结核的英文缩写)第三期了,而且病势一天比一天坏下去。不过中华民族的生命是不会死的。”[①]教授用他的历史敏感性揭示蒋家王朝将灭亡的前景,鼓励了浙大学生的斗争。历史进入大转折的 1948 年,春节后浙江大学学生自治会收到中共中央的双十宣言和土地法大纲,地下党内也学习了毛泽东的《目前形势与我们的任务》。在杭州石贯子巷乐素教授家里,我把党的文件内容尽可能完整地告诉了他。这可触动了史家的学术良心了。他说:“中国历代王朝的更换都取决于农民暴动的规模,谁得农民,谁就得天下。土地法大纲给农民以土地,又保护民族工商业,天下归谁,不用说大家都是清楚的。”教授的精神从没有这样振奋过。教授得出这样的结论,正是他宋史研究自然会引出来的。正是在这个历史大转折的年代,教授发表的宋代主客户和庆历时社会的论著,深刻地揭示宋代农村地主与农民的对抗,指出客户都是没有田地或失去田地的,占户数的三分之一,而主户中十分之九也是贫农。这广大的贫苦农民是延续与支持社会生命的柱石。可是他们的遭际艰苦,负担奇重。有的农民终年从事耕耘,要奉献收获的一半或一半以上给田主,有时还有不少其他劳役。农民之苦,在所谓庆历治世已到了极度,如余靖奏议中所说:“天下之民皆厌赋役之烦,不聊其生,至有父母夫妇携手赴井而死者。”作为一位正直的史家,他站在时代主流这边是必然的。4 月间,党内进行了革命气节教育,规定我们学生自治会的党组成员不准单独外出,教授的家就没有我这个常客了。10 月,我受国民党浙江省政府的通缉,住在

---

① 《于子三运动》,浙江大学出版社,1987 年,第 39 页。

浙大疗养室养病隐避，一段时间没有老师的消息，但我始终相信他是忠于历史规律的。“三大战役”后，南京国民政府如鸟兽散，蒋介石想动员一批大学校长、名教授去台湾。乐素教授婉言拒绝了史地系主任张其昀先生的劝说，毅然留在大陆，同浙大师生员工一道迎接解放。这是一位真正的历史学家必然选择的历史道路。

杭州解放不久，乐素教授来浙大疗养室看望我，情绪兴奋得像年轻人。他详问我怎样熬过这段黑暗岁月及疾病的现状。我们谈了许久许久。以后，他又送我金钱和衣物，还赠了一批马列原著。他参加了浙江大学的接管和政治教育，任政治教育委员会主任。这段时间，他一面讲社会发展史，一面如饥似渴地阅读马列毛泽东著作，他的历史观和人生观逐渐进入一个新境界。

1956 年夏天，我参加教育部举办的政治教师讲习班，抽空到人民教育出版社看望老师和师母。出版社的苏寿桐同志要我谈谈乐素教授的情况。我知道，老师成为一名共产主义战士为期不远了。这年冬天，我听说老师参加了中国共产党。

老师的一生，正是从爱国主义走向共产主义的。这正是一位忠诚的历史学家治史的逻辑道路。

老师一向安贫乐道，够得上是一位富贵不能淫、贫贱不能移的学者。在遵义时期，先生住在新城凤朝门外，同谭其骧先生住在一栋房子里。一家七口，居住面积不大，陈设一般，我第一个印象是四壁萧然，称得上是现代的“陋室”了。那时正值抗战最艰苦的年代，物价飞涨，公教人员生活清苦。先生一人工作只有一份米贴，要赡养七口之家，只得典卖衣物以补不足。因为贫困，老师的长子智超曾一度辍学在家，长女文静也无法进入正规学校读书。但为了学术研究，从不因为清苦而另谋生活待遇较高一点的职位。他安贫若素，坚守岗位，为培育人才而倾注其全部心力。为了培育学生，师母洪美英先生甚至放弃了在法国所学医术，辞去浙大的医生职务,独自一人操持家务,让老师能安心从教。回到杭州,住在中山中路的石贯子巷五号,与谢幼伟先生同住一幢楼房。谢先生家人少,住底层,老师一家住楼上。房子较遵义时宽敞些,但生活困顿依然。物价狂涨甚于抗战时期,工薪收入赶不上跳跃的物价,老师的生活更颠簸苦楚,未发工资就要细筹划,巧安排,领到工资就得赶买柴米油盐,或兑换“袁大头”。但老师为造就人才,仍然笔耕不止。为了生活,师母也曾应李天助医师之请,再度出任校医,终以家务缠身影响老师的教育事业,而悄然归去。这些就是乐素教授的现代“陋室铭”吧,而先生仍然不改其乐。

我是老师家的常客,这个家给我留下难忘的印象。

记得鲁迅诫子,勿做空头的文学家。老师和师母也只为子女创造一个自由发展才华的家庭环境,从不预设其未来。智超现在研究历史,也只是他后来的选择。新中国成立初,高中毕业,他报考南京公路学校,在云南工作了多年;智仁初中毕业,读杭州师范,从事小教多年才读杭州大学外语系;文静当护士,莲波学生物,智纯入北京矿业学院,均非父母的安排。老师都是尊重子女的所好,并不以自己专宋史而要求子女都继承父业。路是人走出来的,子女的成长也得靠自己奋斗,家庭只为培养幼苗提供一片沃土就好了。

老师有五个子女,虽非一母所生,但父母仁慈,对儿女均一视同仁,有过失也总是晓之以理,从不呵斥。儿女孝顺父母,兄弟姐妹互敬互爱,手足情深。跨入这个家庭,你会感到一种民主、平等、友爱、团结的气氛。每逢星期天,一家人或打康乐球,或打桥牌,天伦乐趣渗透在文娱活动之中。

爱生如子,这是老师和师母的一大特点。我们两广学生大多把老师的家当作自己家,把老师和师母视为父母,一有空常往他家跑。我三岁丧母,是一个得不到母爱的孤儿,到老师家就感受到一种从没有过的温暖。天长日久，老师和师母无形地把我当作他们家的成员了。只要几个星期天见不到我，师母总是惦记不已，在杭州的那段日子，最多隔两个星期，总是要去看望老师和师母，共度欢乐的星期天。岂料灾难突然降临这个幸福的家庭，师母洪美英先生乳腺癌复发，经过长期治疗无效之后，师母预感大去期近，希望能每天见我一面。有一次，我刚从她身边归来，第二天还是要弟妹们把我叫去。当她听到我叫师母时，立刻就拉着我的手，望着我点头微笑。她既没有更多的嘱咐，我也讲不出更好的话来安慰她。两人都心里明白，相对无言，一种凄楚感如潮涌上心头，忍着潸潸泪下陪伴着她。待师母因疲劳而入睡之后，我才辞别老师，带着一种苦涩离去。师母离开我们已经多年了，但她的音容笑貌，仿佛还在身边。

感到痛楚的是老师仙逝前，未能在床榻前侍奉片刻，尽点学生孝道。一年多了，生死两茫茫，理不清的思念，忘不了的恩情。翘首南天，望着依依落日，倍感怆然！

（原载暨南大学中国文化史籍研究所编：《陈乐素教授（九十）诞辰纪念文集》，广东人民出版社，1992年）

谭其骧季龙师的学术成就与学术思想(1940—1949)

——浙东学术、求是精神的实践

程光裕

一、浙东学术

浙江素称文物之邦，宋明以后，人才辈出，学术思想繁荣活跃。浙东学术尤为主流。“明州杨杜五子”①“永嘉九先生”②，多从事教育学术活动，孕育开辟新径。南宋时形成各学派，四明学派“甬上四先生”③之外，金华吕祖谦承二程之学，拯救衰世，重实用。永康陈亮讲无机事功。永嘉叶适修实政，行爱德，建实功，不以义抑利，主利和义。南宋末，王应麟抗元，主改革，撰《玉海》为经世之学。明王守仁，余姚人，主“致良知”“知行合一”，创教育良规，开创实事求是学风。明末清初黄宗羲梨洲，余姚人，起义抗清，拥鲁王，兵败返故乡讲学，师山阴(绍兴)刘宗周慎独实践之义，重“经世致用”，撰《明夷待访录》《明儒学案》《宋儒学案》(未完成)《元儒学案》(未

① “明州杨杜五子”为宁波杨适、杜醇、王致、王说、楼郁。

② “永嘉九先生”为温州周行己、许景衡、沈躬行、刘安节、刘安生、戴述、赵霄、张辉、蒋元中。

③ “甬上四先生”为杨简、袁燮、舒璘、沈焕。

完成),求实创新,为浙东学术开创之功臣。朱之瑜舜水,余姚人,清兵南下赴交趾还舟山往日本,乞师不成,讲学于水广,德川光国礼为国师,其学影响明治维新。万斯同,鄞县人,受学于宗羲,1679年开明史局,以布衣参与,承师说而发扬之,重忠节,主中西文化互补,撰《明史稿》,讲求经世之学,重实践力行。全祖望,鄞县人,重要著作《鲒埼亭集》《宋元学案补续》,学重实践,不在词说,表彰气节之士,亦为经世学者。章学诚,绍兴人,撰《文史通义》《校雠通义》,为创新之作,"持世而救偏",发挥"经世致用"。所创方志体例,扩大史学领域。邵晋涵,余姚人,重视"立身制行",伦常日用,与全祖望重在实践、不在词说思想,可谓一脉相承。综而言之,浙东学术研钻经史,不专注考据,重理论与实践互相沟通,实事求是,笃实事功,知行合一,经世致用。[①]

二、求是精神

1936年4月,地理、气象学家竺可桢博士接掌国立浙江大学,延聘史地学者张其昀晓峰师新办史地学系。翌年7月7日卢沟事变日军侵占宛平,八一三淞沪之役我以精锐之师迎敌,损失惨重,形势急变。杭州浙大于11月11日开始撤退,初迁建德,再迁江西吉安、泰和,三迁广西宜山,四迁贵州遵义、湄潭及永兴场。沿途停留,仍弦歌不辍,继续上课。[②]

竺校长、晓师秉持浙东学术真谛办学,敌机滥炸宜山,师生幸

---

① 详见程光裕:《香山集》,世新大学出版中心,2001年,第277—279页。并详参王凤贤、丁国顺:《浙东学派研究》,浙江人民出版社,1993年。

② 临安西天目山一年级师生移建德与杭州撤建德师生会合入江西。宜山迁贵州,亦在青岩设分部,容纳新生,后并此徙于遵义、湄潭及湄潭之永兴场。

无罹难,治学绩效渐显。1939年教育部令成立文科研究所史地学部,继设立史地教育研究室,增设师范学院,文理学院分为文学院、理学院,师范学院亦设史地学系,均由晓师以文学院史地系主任兼任部、室、系主任。晓师云:“是一个很兴旺的家庭。”[①]由于四个单位由晓师主持,经费比较充裕,教授人数亦较多,因此在教学方面课程比较完备,研究方面编印书刊,发表成果亦颇可观,培植史学、地学人才不少。[②]

浙大在宜山时,1938年11月19日下午,竺校长主持校务会议,决定校训为“求是”二字。继请时在浙大讲学之马一浮先生撰校歌之词,审察时势,“创新而不忘旧,前进而不忘本”,仿古典经书、箴言,撰成词句,庄穆劲扬。应尚能先生作歌谱,曲声淳雅,抑扬顿挫,如流水琴意,大自然启示“求是精神”。

校歌之词“国有成均,在浙之滨。昔言求是,实启尔求真”。求是精神之义,亦有脉络。溯自中日甲午战争(1894)后,国势殆危,有识之士,创言自强,改革教育,培养人才尤为急务。杭州知府林启、徐盛储本务实,在汪康年、陈汉第、朱智等大力协进下,于1897年正月,成立求是书院,所谓“求是”,意即“务求实学,存是去非”。[③] 亦富科学属性,有时代意义。

竺校长训勉学生:“教授是大学的灵魂……求学应不仅在科目本身。而且要训练如何正确地训练自己的思想。人生的目的是在能服务而不在享受。……大学的目的在于养成公忠坚毅,能担当大任,主持风气,转移国运的领导人才。……所谓求是,不仅限于

---

① 见《国立浙江大学史地系成立二十五周年纪念集》,私立中国文化研究所,1963年,张序。

② 见宋晞:《张其昀先生传略》,中国文化大学,2000年,第9页。

③ 详参戟峰、刘玉声:《求是书院创办者之一:多才多艺的陈汉第》,《浙江大学报》2007年3月2日。

埋头读书,或是实验室做实验。求是的路径,《中庸》说得最好,就是'博学之,审问之,慎思之,明辨之,笃行之'。单是博学审问还不够,须慎思熟虑,自出心裁独著只眼来研辨是非得失,既能把是非得失了然于心,然后责良力以行之。诸葛武侯所谓'鞠躬尽瘁,死而后已,成败利钝,非所逆睹'。"[①]晓师亦谓:"求是精神者,乃不问利害,但问是非之谓。……大学教育之最高境界为精神自由,意念自由。"[②]抗战胜利,浙大复员杭州,置阳明馆、梨洲馆、舜水馆,以纪念明代浙东王阳明、黄梨洲、朱舜水三大哲人。这显然含有鼓励后进的意义。[③] 所言与浙东学术要义,传承迹显,"求是精神"为浙大奋力继往开来,创新辉璨。

① 详参《以人为本,整合培养,求是创新,追求卓越,浙江大学校长办学理念选登,竺可桢,国立浙江大学校长任期 1936 年 4 月至 1949 年 5 月》,《浙江大学报》2006 年 12 月 15 日。

② 参见宋晞:《张其昀先生传略》,引 1943 年 6 月 24 日《敬告本校四年级同学书》(油印本)。

③ 参考程光裕:《五柳集》,世新大学出版中心,2007 年,第 303—304 页,《谭其骧师在浙大的教研生涯》,引《国立浙江大学史地系成立二十五周年纪念集》张序。序文又云:"阳明学说,注重笃行,他以为博学、审问、慎思、明辨应与笃行贯通之,是即知行合一之学说。凡此心信其为是为善者,不问如何困难,当断断乎行之,勇往直前,百折不回,精神何等痛快,梨洲、舜水都阐扬民族、民权、民生三大义,梨洲著《明夷待访录》尚在法国卢梭《民约论》之前一世纪,舜水则为中外文化交流最伟大的先导,明治维新后的新日本。饮水思源不能不归功于舜水讲学江户(今之东京)之明效大验。……浙东学术的影响所及亦不仅限于全民族,而且具有世界的意义。浙东学者言性命者必衷于史,其意以为科学与哲学必须互为表里。我们要有极笃实的科学功夫,日新又新,又要有极超旷的哲学修养,深根固蒂,以为安心立命之地。"可知浙大史地系的传统为浙东学术的绵延,科学与哲学互为表里,教研实施培育"一代青年顶天立地继往开来,毕生勤勤恳恳为着工作服务、贡献而努力不懈的勇气"。(《纪念集》)亦为浙大史地系的特色。)

三、教研优绩

谭其骧季龙师(1911—1992),浙江嘉兴人。父新润,清秀才,留学日本,习铁道管理,返国任京奉铁路皇姑屯站站长。季师幼年兄弟间常以全国地名互相答问,增进地理知识。初入慎远小学,转县立第一高等小学毕业,考入秀州中学,抗议校方措施而遭退学。赴沪考入上海大学,北伐军兴,学校停闭。考入暨南大学中文系,受教于系主任夏丏尊,修习余上沅、沈端先(夏衍)、林语堂诸师课程。丏尊师去职,转读外文系,主任为叶公超。上课二周,历史社会系新成立,又转入,主修历史兼修社会学,首任主任黄凌霜,后陈憬代理教务,许德珩继任。任教者有孙本文、邓初民、潘光旦、周传儒、王庸、徐中舒、方壮猷等师。季师毕业论文之《中国移民史要》由潘光旦师指导完成,并获得激赏。季师对顾颉刚先生仰慕已久,陈憬师推荐,进入北平燕京大学研究院。修习顾师讲授"中国上古史研究""尚书研究"诸课程,对顾师论述,质疑问难,经循循善诱,诚恳热忱鼓励,大胆探索问题,深感知遇,获益至多。季师另一恩师系邓之诚教授,渠博闻强记,文史兼通,熟谙历代典章制度,明清掌故,对季师之才识,颇为赞赏,邀居其寓,供给膳食,季师亲炙其学艺,对魏晋南北朝史、隋唐五代史有更深见解,历代典章制度亦饶有兴趣。季师又选修了张星烺,旁听陈垣师课程,选作中西交通史方面之学术论文。季师于1931年在顾师指导下完成毕业论文《中国内地移民史·湖南篇》,通过答辩,结束学业。论文刊于燕大历史系主办之《史学年报》。1933年季师又于《燕京学报》刊《新莽职方考》,为研究沿革地理之力作。季师在燕大研究院的成绩,顾师作出在毕业生中应列第一的评价。季师在学术界崭露头角,声誉鹊起。季师在燕大之同班同学叶国庆来自厦门大学,毕业后返母校任教。长期交往或关系密切的同学有俞大纲、姚家积、邓嗣禹、翁独健、朱士嘉、冯家昇、齐思和、聂崇岐、牟润孙、周一良等先生,以后俱成为著名学者。季师于1932年初,任国立北平图书馆馆员,负责汇编《馆藏方志目录》,又经邓师推荐于辅仁大学任教"中国地理沿革史",其教学为学生折服。明年邓师又向燕京大学推荐兼授同样课程。1934年代顾师在北京大学兼授之"中国古代地理沿革史"。又代邓师在辅大之"魏晋南北朝史""隋唐五代史"。1935年辞北平图书馆馆员,专教各校课程。季师借方志编目之便,阅读稀见珍本典籍,眼界大开。馆设编纂委员向达、贺昌群、刘节、王庸、谢国桢、赵万里、王重民、孙楷第等名学者供任编纂委员,后专事馆藏典籍之研究。季师与彼辈亦师亦友,关系日益密切,在学问上受益匪浅。王庸,字以中,长期从事中国地图学与地理学之研究,其后复为季师赴浙大任教之介绍人。季师在辅大之学生史念海,在燕大之学生侯仁之、张家驹、王锺翰,以后亦成为知名学者。1934年顾师与季师共同发起筹组一个以研究中国沿革地理与相关学科为宗旨的学会,名"禹贡学会",创办《禹贡》半月刊,由师生二人主编。发刊辞由季师执笔,顾师酌予修正后刊出,嗣以对办刊的方针与方法之"和而不同"时有争议。由于季师家庭经济因素,及邓师对二人治学处世为人至为关怀,推荐季师赴广州,任学海书院导师,主讲《汉书》、"三通(《通典》《通考》《通志》)研究"。《禹贡》编至第六期后,由顾师与冯家昇主编。1936年元月,季师在北平与李永藩女士结婚,婚礼后三日获电告父新润公在嘉兴病逝,遂返故里举哀尽孝。丧事毕,赴上海转广州。是年暑期,季师返北平休假,适广东政局动荡,书院停闭,遂留北平,由顾师推荐,燕大聘为兼任讲师。潘光旦师在清华大学任社会学系教授兼教务长,聘季师为社会学系助理研究员。翌年在系内开设"近代中国社会研究”课程。七七事变、“八一三”战起,烽烟弥漫,季师滞留北平两年,任教燕大“中国沿革地理”,又兼清大地理课程,由于北平在日军占领下,敌伪活动日益猖獗,燕大虽为美国教会所办,亦渐感不安,又以燕大系兼任讲师,前途发展难料,遂萌投奔大后方另谋栖枝之念。[①]

四、黔中岁月

季师获悉时在浙大任教之王庸教授返沪,致函请求设法。渠与晓师系南高师时同窗,亦为竺校长任教南高师时之高门弟子。王教授接函即向晓师推介,获准以副教授受聘。季师离平至天津南下上海,转香港经越南至贵州,初任浙大青岩分部一年级“中国通史”,其教学为同学敬佩。分部北迁湄潭之永兴场,师亦北移,又于湄潭开讲“中国通史”。师母李永藩率幼子稚女历经长途艰困,亦至贵州,初居永兴场,继移住遵义。1942 年秋,季师晋升为教授,调遵义校本部,改教本系(史地系)“魏晋南北朝史”“中国历史(沿革地理)”。此后,因眼疾为减轻工作,于 1944 年春至湄潭分部教授理学院“中国通史”。秋季回遵义,至 1946 年 9 月复员回杭州。[②]

晓师治史地学,着重时空、左图右史之理念。《中国历史地图》序,阐述时空与史地学关系至详。[③] 浙大史地研究所同窗挚友陈

① 详参葛剑雄:《悠悠长水——谭其骧前传》(以下简称《前传》),华东师范大学出版社,1997 年,第 5—112 页。

② 《前传》,第 117—119 页。

③ 详参张其昀监修,程光裕、徐圣谟主编:《中国历史地图》,中国文化学院出版部,1980 年。

吉余院士述求是精神,在求是、求真、求实、求新、求成,“成为我在学海中探索而恪守的诺言”,“史地结合或者融合是对事物认识的时空观,张其昀先生在他所授的‘中国地理’课堂上讲出时空观念的由来,古人治学左图右史,这也是对事物发展认识根本的出发点,这样的观点在我数十年从事河口海岸工作中受益匪浅”。[①] 吉余兄秉持“求是”开拓新境,创建未来,为浙东学派求是精神而实践,毕生不渝,良模钦敬。

浙大在遵义时,晓师主持史地研究所、史地系。所、系教授、研究生,致力于遵义之实地考察,举凡地质地形、气候、土壤、人口、聚落、土地利用、产业交通、民族、史迹诸项,均作详尽之研究,所撰专编汇为一书,名曰《遵义新志》,于 1948 年在杭州出版。1955 年 12 月,在台北重印,名曰《新方志学举隅》。全书分地质、气候、地形(上)、地形(下)、相对地势、土壤、土地利用、产业与资源、聚落区域地理、历史地理等十一章,都十七万言,附地图二十二幅,遵义相对高度之研究,在我国尚为草创之作。[②] 宋晞兄亦云:“以新地学之观点与方法著作之方志……阐明一地在地理上之特性,兼及人文精神之新方志,实为方志著述创新之途径。”[③]团队组织之创作,亦为浙东学术、求是精神实践之佳绩。季师亦有荣也。

晓师生活简朴,待人宽厚,对季师至为礼遇,葛剑雄教授云:“张其昀在任用人才时独具慧眼,并且用人不疑,对教学、学术从不干预,谭其骧来校一年多就提升为教授,这位主任当然是决定因素。他平时对谭其骧礼遇有加,生活上也多予照顾,使谭其骧颇为

---

① 参中国工程院院士文库《中国河口海岸研究与实践》中《前言——我和中国河口海岸研究》,高等教育出版社,2007 年。

② 详参程光裕:《常溪集》,《方志新例——遵义新志与阳明山新方志》,1996 年,中国文化大学出版部,第 1059—1060 页。

③ 程光裕:《常溪集》,《方志新例——遵义新志与阳明山新方志》,第 1062 页。

感激。”[①]晓师在台北归道山，季师言：“在浙大十年，待余不薄，遽而永隔，难免令人伤感。”[②]情深感人。

遵义位于贵州北部，“地无三里平，天无三日晴”，具有天然防空优点，季师身处其地，尚称安适，求是学风，师生融洽，加以史地师资坚强，旧知新友，专家学者切磋学能，得益至多，尤其与地理学家建立深厚友谊，交流频繁，补充地理学之不足，将史学与地学融合起来，创建“中国历史地理”学科真有如鱼得水之乐。[③]

季师于 1942 年在浙大开设“中国历史地理”新学科，学科的理论、性质、研究方法、体系、研究方法的认识，经历由浅入深的过程，至 20 世纪 60 年代才明确。尝言：“历史地理学不同于沿革地理，首先是研究的范围不同。历史地理学的研究对象包括自然和人文的各个方面，而沿革地理仅仅包括政区、疆域、乡邑、河渠等。……其次是研究方法的不同。沿革地理一般只依靠文献资料，且采用传统的考据方法，而历史地理学不仅依靠文献资料，而且要充分运用相关学科的研究成果，不仅采用传统的历史学研究方法，而且要进行实地考察和科学实验，利用新技术作为研究手段。更重要的是就研究的深度而言，沿革地理只满足于描述地理现象的变化，而历史地理学要进而研究这些变化的原因和规律。所以沿革地理是局部的、初级的现象罗列，而历史地理学则是全面的高级的本质阐述。”“谭其骧教授数十年孜孜不倦的求索使他从沿革地理走向历史地理学，为中国历史地理学奠定了坚实的基础。他的成就丰富了中国历史地理学，也使更多的人看到了这门新兴的学科的深厚

① 《前传》，第 130 页。

② 《前传》，第 131 页。

③ 参程光裕：《五柳集》，《谭其骧师在浙大的教研生涯》，第 329 页。

潜力和辉煌的前途。”[1]季师新学科命名,有创新,深具影响意义。

五、赞誉佳评

1947年初,为纪念求是书院50周年和浙大20周年校庆,季师撰《近代杭州的学风》,此文分两次在《浙大校刊》上刊出,又发表于4月6日的《东南日报》。季师认为:“杭州于浙西已属边缘地带。隔钱塘江与浙东学术中心的宁绍相接,故其学风虽以浙西为素地,同时又深受浙东的影响,实际上可说是两浙学风的一个混合体。……迨其融化而后,遂自成一型……杭州学风实有其特殊色彩。作为汉学全盛的乾嘉时代,杭州学风却始终在时代潮流的半化外状态之下,由此可见浙东学术对于杭州影响之大……自明末至乾嘉,杭州只是两浙不同学风的接触融合点,并不能领导全国。道(光)咸(丰)以后,一方面是发扬新风气的神经中枢,一方面又有保守的学术的坚强堡垒,不仅是经史之学的中心,同时又是科学的中心,即历算学的中心。光绪甲午后是杭州新风气领导全国的第二期,最先创立兼课中西学术、新式学府的正是求是书院。50年来,出身求是的学者甚多,他们的成就方面虽各有不同,但其等不忘因,新不蔑故,不偏不倚,择善而从,并具中西新旧之长则同。”作者以为这就是求是精神的表现,也就是50年来的杭州学风。其结论是:“求是即求真,要求是求真,必先明辨是非真假,要明辨是非真假,关键首在能虚衷体察,弃绝成见,才能舍各宗各派之非之假,集各宗各派之真。”[2]《前传》作者云:“一篇专谈学风的文章,与其

① 详参葛剑雄:《悠悠长水——谭其骧后传》(以下简称《后传》),华东师范大学出版社,2000年,第176—177页。

② 《前传》,第156—157页。

说是总结杭州和求是书院的学风,还不如说是在寄托自己的向往,抒发自己的追求。他对杭州学风的肯定性结论,也正是他对十多年学术生活的感悟。'求是求真'则是他治学经验的升华。在此后40多年间,尽管经历了一次次疾风骤雨,以至十年浩劫,但求是求真始终是他的学术信念,他不愧为他所总结的'杭州学风'的传人。"[①]所言深具卓识,至为钦佩。季师为"杭州学风的传人",而浙大为杭州学风之主导者,浙大以浙东学术、求是思想为学术思想之内涵,季师之"求是""求真"思想在浙大孕育成无比的功率,能量超胜。是季师为浙东学术求是精神实践且成功者。

1949年后,季师于暨南大学以"专任教授"兼任课程。浙大史地系异分为历史、地理二系,未久历史系停办,暨大历史系并入复旦大学,季师受聘复旦大学历史系教授兼主任、中国历史地理研究所所长,主编《中国历史地图集》,完成研究中国历史地理最有成果的佳作。列名美国传记研究所出版的《世界领袖辞典》,英国国际传记中心的《世界名人传》,为享誉国际的杰出人物。[②] 赞誉佳评,深具时代历史意义。

六、余言

中华民族源远流长,人为创造历史的主角,学术思想及其成就繁衍积聚,构成史事长篇,鉴往知来,为当代学人之职责。季师享誉中外,其"经历很简单,从6岁到82岁,都没有离开学校。他的

---

① 《前传》,第157、159页。

② 程光裕:《五柳集》,《谭其骧师在浙大的教研生涯》,第328—329页。

工作很单纯,从20岁登上讲台,就是上课和研究"[①]。在教学研究中探索真理,期可奉献智能,为民族国家谋福祉。季师尝言"学术之趋向可变,求是之精神不可变"。"历史好比演剧,地理就是舞台;如果找不到舞台,哪里看得到戏剧。"[②]季师在浙大任职,在竺校长及晓师卓越领导下秉持浙东学术、求是精神来开展教育学术,礼聘季师至校参与团队,供予舞台,使戏中主角大显身手,演出幕幕戏码,为观众掌声颂谈,此一时期可谓为生平的"黄金时代"。而晓师所创之时与空、左图右史之观念,自然与人文的互依相辅,天时、地利、人和,积蓄智慧之功能,发出辉煌灿烂的光芒,其因缘际会成为影响历史的巨人绝非偶然。[③]

(原载复旦大学历史地理研究中心主编:《谭其骧先生百年诞辰纪念文集》,上海人民出版社,2012年)

---

① 《后传》封底页。葛剑雄案季师主编之《中国历史地图集》外,还撰有《长水集》《长水集续编》,行集覃文,字字珠玑,均可参阅。

② 《后传》目录前页(谭其骧)。

③ 浙大人文学院暨历史系于2001年5月27日至31日在浙江大学西溪校区成功地主办了"浙江大学国际历史地理学研讨会"。历史地理学是浙江大学最先发展的几个优势学科之一,它的历史可以追溯到20世纪初求是书院开设的历史学和地理学课程,而在竺可桢任浙江大学校长,张其昀任史地系主任(后又任人文学院院长兼史地系主任)的1936年至1949年间是浙江大学历史地理学研究的辉煌时期。当时,先后有一批蜚声海内外的学者如张其昀、谭其骧、向达、钱穆、方豪、王庸等在史地系任教,他们为现代历史地理学科在中国的创立与发展,作出了不可磨灭的贡献。史地系历届毕业生人才辈出,培养了许多著名的学者,如谢觉民、陈述彭、王省吾、文焕然、程光裕、徐圣谟、宋晞、张镜湖、陈吉余、严钦尚等。他们以后各自的研究领域,均与历史地理学有着广泛的联系。在历史地理学的教学科研实践中,浙江大学史地系造就和培养了一批著名的历史学家、历史地理学家和具有史学素养的地理学家。其中产生了多位中科院院士和工程院院士,如谭其骧、李春芬、陈述彭、陈吉余等。他们的学术群体形象及其历史地理学方面的研究成果,为中国的经济建设与发展作出了突出的贡献,在中国和国际史地学界,迄今仍然保持着重要的影响。(《浙大校友通讯》第131期,台北市浙江大学校友会,2001年12月,第10—12页。引"浙江大学人文学院网站"。)历史地理学于浙大奠定发展的基础,竺校长、晓师、季师为重要的角色。

李埏教授学术述略

林文勋

李埏教授，1914年生于云南省路南县（今石林县），1940年毕业于西南联大历史系，旋即考入北京大学文科研究所攻读研究生。20世纪40年代初期曾任教于浙江大学史地系。后一直任教于云南大学至今，先后担任副教授、教授、博士生导师，云南大学历史系中国古代史教研室主任、中国封建经济史研究室主任、中国经济史研究所名誉所长。长期讲授中国古代史、中国封建经济史、唐宋经济史等课程，主要著作有《中国封建经济史论集》、《中国古代土地国有制史》、《〈史记·货殖列传〉研究》（合著）、《宋金楮币史系年》（合著）、《滇云历年传点校》，以及学术论著选集《不自小斋文存》等多种。在唐宋经济史、中国土地制度史、中国商品经济史等领域均有独到的研究，被学术界誉为"通古今之变，成一家之言"，为我国著名经济史学家。曾兼任中国经济史学会顾问、中国宋史研究会副会长、云南经济史学会理事长等学术职务。

为系统总结李埏教授的治学经历和学术成就，在访谈李埏教授和较为全面地研读李先生论著的基础上，特撰此文。

一

李埏先生对史学的系统学习和研究始于20世纪三四十年代。

1935年7月，先生在强手如林的竞争中，夺得云南省教育厅保送入北京师范大学公费生第一名，经北师大复试，入历史系学习。1936年秋冬，北大著名教授钱穆先生受聘到北师大讲授“秦汉史”。课余，先生常主动向钱先生请疑问学，得钱先生教诲，从此定下了立志史学的决心。

1937年卢沟桥事变爆发，先生不得不离开北平，转道回滇。在回滇的途中，先生巧遇吴晗教授，从此结下深厚的师生情谊。1938年8月，西南联大在昆明开学，先生转学入西南联大历史系学习。西南联大是由北京大学、清华大学、南开大学联合组成的当时国内规模最大的大学。名师汇集，学术气氛浓厚，选课制度灵活。先生倍加珍惜这难得的学习机会，除学好历史课程外，大量选习经济学、古文字学、英语、日语、地质学等课程，奠定了较为深厚的学术基础。先生常常撰写学习心得，向吴晗、钱穆、张荫麟三位大师求教。在三位大师的指教下，先生逐步掌握了史学的治学门径和研究方法，并走上了研究经济史和宋史的道路。短短几年内便撰写和发表了《北宋楮币起源考》《宋代四川交子兑界考》《宋代交子发展史》等论文，深得学术界好评。吴晗、张荫麟两位大师见先生才华横溢，勤学刻苦，遂介绍加入中国史学会，成为该会当时仅有的两名学生会员之一。先生学术研究的基石即奠定于此时。

1940年7月，先生毕业于西南联大，旋以优异成绩考入北京大学文科研究所攻读研究生。1942年夏，张荫麟先生在浙江大学病重，召先生前往扶持，先生立即赶往贵州遵义，任教于浙大史地系。当年十月下旬，张荫麟教授辞世，先生悲愤不已。但不幸中万幸的是，1943年春，钱穆教授应浙江大学之聘前往遵义作短期讲学，先生在这偏僻小城又与恩师重逢。在钱先生讲学的日子里，先生随侍左右，认真记录，对钱先生后来撰写《中国文化史导论》等著作提供了方便，同时自己也增益了不少新知新见。钱先生讲学毕，临别之际,手书杜工部《奉简高三十五使君》五律相赠,既寄托他对先生的厚望,也纪念他们之间的忘年之情。诗云:“当代论才子,如公复几人。骅骝开道路,鹰隼出风尘。行色秋将晚,交情老更亲。天涯喜相见,披豁对吾真。”钱先生的这幅手书,先生一直悬于书斋壁间。不幸,“十年浩劫”中因被抄家失去。40 年代末,在先生先后执教浙江大学、云南大学期间,撰写发表了《元昊和宋》《高平学案》等十数篇读史札记,并完成了《路南县沿革大事系年要录》上下册。

新中国成立,中国社会发生翻天覆地变化。李埏先生的学术研究也进入新阶段,迎来了学术研究的第一个黄金时期。1950 年,先生奉命接管云南省图书馆,旋任馆长。1951 年,参加云南武定地区的土改工作,并任工作大队秘书、罗次北厂乡和武定乌龙乡工作点点长。1953 年冬,先生为了专心治史,力辞省图书馆馆长之职,回云南大学执教。之后在《历史研究》1956 年第 8 期上发表了《论我国的封建的“土地国有制”》,引起学术界强烈反响。50 年代后期至 60 年代初,先生参加了多次上山下乡运动和边疆民族大调查。在上山下乡运动中,先生充分利用与农民“三同”的机会,对农村中的社会阶级结构、小农经济的构成、自然经济与商品经济的关系,以及农业“八字宪法”的实际运用等都进行了深入的调查和了解。在此前后所发表的《龙崇拜的起源》《〈水浒传〉中的庄园和矛盾》《略论唐代的“钱帛兼行”》等文都明显地反映着这一特点。1960 年,先生参加了云南大学组织的四川大凉山彝族社会调查,在与翻身奴隶的“三同”和对奴隶制亲见亲闻的过程中,先生认为西周社会与凉山彝族奴隶制相差甚远,而与云南西双版纳傣族领主制近似,因此从持西周奴隶社会观点改宗西周领主制社会观点,并写成《试论殷商奴隶制向西周封建制的过渡问题》一文发表于《历史研究》。在这些论文中,先生对土地所有制、古史分期、商品经济史等重要问题作了深入的分析探讨,逐渐形成一家之说。遗憾的是,“文化大革命”爆发,先生被错误地定为云大“三家村”和“四家店”的骨干,剥夺了教学和科研的权利,打断了整个研究工作。

十一届三中全会以后,科学春天到来,先生也迎来了又一个学术研究的黄金时期。在五六十年代的基础上,先生对中国土地制度史、商品经济史、唐宋经济史等领域作了更为系统和深入的研究,除发表了大量论文外,先生先后出版了《中国封建经济史论集》《中国古代土地国有制史》《宋金楮币史系年》《〈史记·货殖列传〉研究》等专著。更为可贵的是,先生痛感岁月的流逝,他考虑得多的是要利用有生之年,培育更多的人才,发展云南大学乃至云南省的经济史学科,促进祖国学术文化的繁荣。1980 年,先生招收培养硕士生,1982 年创建了云南大学中国封建经济史研究室,1983 年参与发起并组织了《历史研究》编辑部、南开大学历史系、云南大学历史系等单位在昆明召开的“中国封建地主阶级研究学术讨论会”。1986 年招收培养博士研究生,并联合云南大学研治经济史的同仁,共同组建了云南大学中国经济史学科,旋即被批准为首批省级重点学科。同年 12 月,先生还前往河北廊坊市参加了中国经济史学会成立大会并被选为顾问。会上,先生作了热情洋溢的发言,起到了重要的鼓舞作用。回昆不久,先生便联合云南多家高校和科研机构,于 1987 年 3 月成立了云南省经济史学会,先生被选为理事长,他号召全体会员共同努力,开创云南经济史研究的全新局面。

目前,虽然李埏先生已近望九之年,但他仍笔耕不辍。现正带领一批年轻学者对《盐铁论》作全面系统研究,以期继《〈史记·货殖列传〉研究》全面探讨中国历史上商品经济发展的第一个高峰的开始之后,对第一个高峰的终结作深入系统研究。同时,正在组织力量对《唐宋商品经济史》进行修订,完成对商品经济第二个高峰的全面研究。

二

李埏先生毕生致力于中国经济史的研究,在多个方面做出了重要的学术贡献。其中,最为主要的是中国土地制度史和中国商品经济史的研究。这是贯穿李埏先生整个学术研究的两条主线,也是他学术研究的两块基石。

作为中国土地所有制形式大讨论的重要参加者,李埏先生从理论上对土地国有制、大土地私有制和大土地占有制作了科学的区分,进而追溯了土地国有制的源头,并揭示了土地国有制和北方地理环境、农民大起义以及中央集权的封建国家的关系。他不同意单纯地依据地租来判定土地所有权,指出判断土地所有权的根本标准应该是看能不能将土地当作“私人意志的专有领域”,排他地、独占地去支配它。据此来看,在我国封建社会中,始终存在着封建的土地国有制、大土地占有制、大土地所有制,它们的区别就在于土地所有权上。此外,小农土地所有制和残余的村社土地所有制也同时存在。

在此基础上,李埏先生对中国封建社会土地所有制的变化发展以及地主阶级的产生和地主土地所有制的经营方式作了深入的揭示。他指出:农村公社是公有制和私有制并存的“二重性”的社会结构,它是从公有制向私有制过渡的必经阶段,农村公社的解体或者延续是由商品经济发展的程度决定的。西周时期,农村公社就是井田制。它是由公有制向私有制过渡的社会形态,是古代土地占有形态发展的一般规律和不可或缺的产物,并非孟子向壁虚构。井田制之所以长期存在，原因在于那时商品经济发展水平还不高，对井田制形不成破坏和瓦解力量；到了春秋战国时期，商品经济长足发展，商品货币关系渗入井田内部，逐渐引发土地买卖，最终摧毁了井田制。只不过由于当时商品经济的发展还有不小的局限性，井田制便有一些“活生生的残余”延续下来。井田制解体后，原来生活在农村公社里的人们摆脱了村社的束缚，但也同时失去了它的保护。士、农、工、商各在自己的道路上，为占有土地、获得财富而尽力奔驰。于是“齐民”不齐了；贫富分化如丸走坂似的不断扩大和加深，新的阶级、新的社会矛盾产生并发展起来。整个社会步入一个新的历史时代——封建地主制时代。在整个封建地主制时代，庄园制是地主土地所有制经营的重要方式，宋代庄园不过是其中的一段而已。《水浒传》有那么多的庄园，说明庄园制是存在的。

商品经济是李埏先生又一重要学术研究领域。先生根据恩格斯《反杜林论》中对于广义政治经济学的阐释，强调指出：生产和交换是社会经济发展的横坐标和纵坐标，而“商品经济发展的轨迹就是一个社会或一个时代的经济曲线”，代表着生产力和社会的进步。在商品经济存在的古代社会中，在战国以后的封建时期里，商品经济始终是一个进步因素和力量。每当它有所发展的时候，社会就相应地向前进展，战国时代和汉初、唐宋时代都是显著的例子。反之，每当它衰落的时候，社会就停滞甚至后退，例如魏晋时代就是这样。自然经济和商品经济是人类社会长期并存的两种经济形式，二者互相制约、互相影响，此进彼退、此消彼长。就这两种经济形式的对立运动来看，假如舍去曲折反复，只就总趋势而论，自然经济是由绝对的统治地位逐渐削弱，趋于消亡，而商品经济则是由萌芽状态逐渐增长，最后取得全面统治地位。针对我国历史上长期不重视商品经济的旧观念、旧传统，他主张把商品经济问题放在经济史研究的头等重要位置,号召更多的人从事这项研究工作。

基于这些认识,李埏先生还对中国商品经济发展的历史作了高度的理论概括和分析。他认为,在中国商品经济发展的历史进程中,曾出现两次高峰,两次高峰之间是一个低落时期,呈"马鞍型"发展态势,形成一条升降起伏的经济曲线。第一个高峰是《史记·货殖列传》所传人物生存的那个时代,约自春秋末至西汉前期。中间阶段是魏晋南北朝的低谷,人们所熟悉的《桃花源记》《山居赋》等作品,都是自然经济在意识形态上的曲折反映。进入唐代,商品经济否极泰来,又向前发展了经唐至宋,出现了第二个高峰。这个高峰,比第一个高峰更高。虽然封建统治者仍然实施管榷政策,但时移世异,商品经济发展之势已不可能逆转了。所以唐宋以来,商品经济的发展好像在高原平台上移动一样,就一直持续不断地向前发展了。

与此同时,李埏先生还对唐宋货币经济作了深入的分析与阐释。他说,唐代"钱帛兼行"是唐以前商品货币经济发展的结果。铜钱是小生产者的货币。唐代中叶以后,商品经济日益发展,作为小生产者的货币,单位细小的贱金属铜钱在流通过程中产生了尖锐的矛盾,于是出现了飞钱。飞钱的出现,使"认票不认人"的信用票据树立起更大的权威,为后来楮币的产生准备了历史条件。关于楮币的产生和流通,《宋史·食货志》说:"会子、交子之法,盖有取于唐之飞钱。"可谓直溯其源,最能得其演进之实。交子之率先起源于四川,主要是因为宋廷规定四川专行铁钱引起交换不便而又缺乏贵金属作为货币,交子便借信用业的发展而产生。交子产生的时间,说它出现于公元10世纪末叶应是最为恰当的。交子的界制前后有很大变化,凡有五期之不同。

最为独到的是,李埏先生还创造性地将土地制度史与商品经济史有机地结合起来，从商品经济的发展去考察中国古代土地制度的盛衰变化。他指出，在中国封建社会里，地主土地所有制、农民土地所有制、土地国有制等多种形态交织在一起，互为消长盈缩，构成一条曲折起伏的经济曲线，贯穿于整个封建社会，而规定秦汉以后社会性质的则是地主土地所有制。是什么原因导致各种土地所有制之间互为消长盈缩呢？李埏先生认为，主要是商品经济，商品经济曲线“是封建土地国有制存亡盛衰的关键”。以此为出发点，李埏先生分析了整个封建社会土地所有制的变化发展，以及商品经济与地主阶级产生和发展的关系。他强调商品经济的一定程度的发展是地主阶级产生的历史前提。春秋战国时期，货币经济冲击着农村公社，引起农村公社内部齐民的贫富分化。富者必然要剥削穷者，但由于双方均为齐民，同属一个等级，封建王法禁止隐占王民，不许抑良为贱，因而只能借助于租佃这种手段，这样，就产生了地主和佃农，产生了封建地主制生产关系。这比之于把地主阶级的产生简单地归结为阶级斗争的结果的观点，显然更具说服力。地主有贵族地主、官僚地主、庶民地主之分，决定地主阶级性质和动向的是庶民地主。庶民地主与农民、手工业者以及商贾之间，不仅没有等级界线的障碍，反而有商品经济这一经济通道。商品经济使地主、农民、手工业者、商贾经常处于贫富分化之中，身份不断发生转化，从而使地主阶级获得不断更新。这是导致地主阶级长期存在的重要原因。

此外，作为一位云南籍并且一生执教桑梓的学者，李埏先生还十分重视云南地方经济史的研究。20 世纪三四十年代编写了 10 余万字的《路南县沿革大事系年》，90 年代出版了《滇云历年传点校》，并发表了《重视云南经济史的研究》《汉宋间云南的冶金业》《马援安宁立铜柱辨》等一系列论文，成功地解决了云南历史上的一些疑难问题。

三

司马迁撰《史记》,提出“究天人之际,通古今之变,成一家之言”的宗旨,成为后世中国史学研究中的一大指导思想。李埏先生早年随钱穆先生问学,钱先生一再教导他要有中国通史的全局观念,能够上下相承,左右相连,不可以见其一端,以偏概全。李埏先生认为,一个研究历史的学者,应该力求做到“通古今之变,成一家之言”。数十年来,他一直以此为努力的目标。

李埏先生认为,要做到这一点,既要详细占有史料,又要充分重视理论的学习,二者不可偏废。要善于用理论分析史料,透过现象认识和把握历史的本质。所以,先生非常强调对马克思主义理论的学习。据他自己的回顾:“解放前,我于历史唯物主义毫无所知。而时常以不明历史发展之所以然而苦恼。解放以后,我开始学习马克思列宁主义。这真是指路明灯,一接触就令人欲罢不能。50 年代初那几年,我把过去所读的古籍全收起来,尽读马列之书及许多较早用马克思主义观点进行研究中国史学的著作。”(《中国封建经济史论集》序言,云南教育出版社 1987 年 7 月版)几十年来,他养成了这样一个习惯:每天清晨,起床后擦一下脸,第一件事就是攻读马列,少则半小时,多则四五十分钟,一本又一本马列原著被他通读了一遍又一遍。他对马克思主义理论的学习,从来都是力求从深层次把握其精神实质,加以灵活运用。五六十年代直至 70 年代,马克思主义被严重地教条化、口号化。即使在这样的政治气氛下,先生也没有盲从和轻信,没有脱离把握其精神实质的轨道。60 年代初,先生在撰写《略论唐代的“钱帛兼行”》一文时,文末曾引马克思《资本论》中的一句话,原中译文为:“生产越是发展，货币财产就越是集中在商人的手中，或表现为商人财产的特别形态。”联系前后文马克思的分析，先生认为“生产越是发展”一语应为“生产越是不发展”。在当时的历史条件下，提出此问题极容易与篡改马克思主义等同起来，是要冒相当大的风险的。为此，先生请教了一位研究《资本论》的资深教授和一位外语系的老专家，他们均不敢可否。尽管如此，先生仍相信自己的理解是正确的，并在引文中大胆加上了这个重要的“不”字，并对翻译的错误加注说明。论文在《历史研究》1964 年第 1 期刊出后，时任中国科学院院长的郭沫若先生立即给《历史研究》编辑部写了一封信，指出先生的见解是对的，证实中译本确实漏了一个“不”字，虽然只是一字之差，但会“差之毫厘，而谬以千里”，并建议中译本出版处重视这个字，加以改正。这既说明了先生对马克思主义理论的准确理解和把握，同时也显示出他敢于坚持真理的理论勇气。通过长期系统的学习和钻研，先生确立起了对马克思主义的坚定信念。在《中国封建经济史论集》的序言中，先生说道：“我笃信辩证唯物主义和历史唯物主义是颠扑不破的真理，力图正确地运用它去解决我所接触的问题。”对理论的深刻把握，使先生在研究具体的历史问题时常能洞悉窍要。著名历史学家、理论家苏双碧先生评论说：“李埏先生很熟悉马克思主义，他运用马克思主义研究历史很自如，这是他的学术著作见解深刻、新颖的重要原因之一。”（苏双碧：《渊博·严谨·求实——为李埏先生学术活动五十周年而写》，云南大学历史系编《纪念李埏教授从事学术活动五十周年史学论文集》，云南大学出版社 1992 年 9 月版）

在学术界，同仁常说李埏先生是一位“两头熟”的专家，即理论熟、史料熟。他认为，占有史料，精心求证是历史唯物主义揭示历史本质的基本前提和有效途径。在史料的具体运用上，先生强调一方面要详细占有材料，另一方面要能从人们熟知的史料中发人之所未发。举例言之,在《略论唐代的“钱帛兼行”》一文中,先生继承陈寅恪先生以诗证史的方法,以白居易《卖炭翁》印证历史,精辟地分析了唐代小生产者与市场的联系,指出与市场联系最为紧密的是那些朝不保夕的小生产者,而非达官贵人。在《〈水浒传〉中的庄园和矛盾》一文中,先生独辟蹊径,以《水浒传》这部小说为范本,深刻地解剖了宋代社会的矛盾及其发展变化,认为各种矛盾有主次之分,不搞清这一点,很难对宋代社会的特点作出准确的分析。

四

李埏先生特别强调,科学研究需要一种献身和牺牲精神。他常常对学生说:“科学研究必须坐冷板凳,啃冷猪头肉。”还说:“一个人处逆境的时候容易动摇,但处顺境的时候恐怕更易动摇,因为功名利禄等等是很容易诱惑人的。”这既是他对学生的要求,同时也是对自己的鞭策。五六十年代,李先生取笔名为“二冷”“敖冷”,意即自己甘愿坐冷板凳,甘愿啃冷猪头肉。

在科学研究上,是以多、快为道,还是以少、精为功呢?先生主张文不贵多,贵工。《汉书》卷51《枚乘传》载:“乘子皋,武帝时为郎,为文疾,受诏辄成,故所赋者多。司马相如善为文而迟,故作少而善于皋。皋赋辞中自言为赋不如相如。”早年,李埏先生就手录这段话置诸座右,并自加按语说:“自后世相如盛名观之,皋不逮相如远矣。由是可知,文章贵质不贵量。苟质不佳,虽多亦奚以为,疾则更无论矣。”顾炎武《日知录》卷19“文不贵多”条云:“二汉文人所著绝少,史于其传末每云所著凡若干篇。惟董仲舒至百三十篇。史之录其数,盖称之,非少之也。乃今人著作,则以多为富。夫多则必不能工,即工亦不必皆有用于世,其不传宜矣。”该条之下，注说："杨氏曰：今之文集与今之时艺，若不拉杂摧烧，将伊于何底！"80年代，当李埏先生读到这段记载时，他又亲手抄录，作为自己立身治学的准则。正因如此，李埏先生惜墨如金，从不轻易着笔。凡有所论，无不经过反复修改、推敲。他的稿子写就，不仅常常请同事们看，请他们提出意见、批评，还经常请学生看，请他们提意见和批评。即使到90年代，他仍坚持这样做而没有丝毫的松懈。以1997年底发表于《思想战线》的《夏、商、周——中国古代的一个历史发展的阶段》一文来说，初稿大约在1993年前后就已写成，在长达三四年的时间里，李埏先生对稿子作了多达七八次的修改。其间，有一次，稿子已被一家杂志社拿去排印即将发表，他感到其中一个地方论述尚不够完备，当即请学生到杂志社将稿子撤下拿回，又作了长达数页的修改补充。先生治学的严谨和风格由此可见一斑。

同时，李埏先生认为，要做好学问，一定要处理好博和精的关系。早在60年代初，先生就应有关报刊之约，相继发表了《博和精》《读书和灌园》《读书必有得力之书》《文章的眼睛》等十余篇杂文，以后又发表多篇有关专文，谈论自己的治学感受和为学之道。他指出：一方面学要有所专，另一方面又不可片面只求专约，孤立地研究问题。"读书为学，既要广博，又要专约，二者缺一不可"，"重此忽彼，都是读书为学的偏向"。几十年来，先生涉及中国经济史的诸多方面，但始终以唐宋经济史为重点，贯穿中国土地制度史、中国商品经济史这两根主线，二者兼容互补，相得益彰，正是这一思想的具体实践。

（原载《史学史研究》2003年第1期）

怀念陶元珍师

（节选）

程光裕

元珍师逝世将届三周年，他温文儒雅的气质，热爱国家民族的高尚志节，永为世人崇敬而难忘怀！

元珍师字云孙，四川安岳人，生于民国前四年，即清光绪三十四年（1908）十月十一日，殁于1980年6月3日，享年73岁。

元珍师生于书香之家，祖父云门公，以进士宦游鲁皖，出宰凤阳府，卓著政声。父幼云公，任安岳县参议会议长及县农民银行董事长等职，推动公路建设，修筑孔庙、中山堂，热心地方文教事业，不遗余力。

元珍师幼承庭训，品行端正，言词不苟。力学不懈，聪颖过人。年13岁，读毕《资治通鉴》，仰慕司马温公之治学政事，民国十三年（1924）肄业四川省立第一中学，阅读《醒狮周报》，由是信仰国家主义，遂奠定其爱国家、爱民族，崇尚民主自由的思想基础。十六年（1927）高中毕业，考入国立成都大学预科甲部一年级肄业，并加入中国青年党，参与团体活动。十九年（1930）春，创办《学府论衡》刊物。后离校乘船东下，"朝辞白帝彩云间，千里江陵一日还。两岸猿声啼不住，轻舟已过万重山"。壮丽的大好河山，益激发热爱的情愫。抵湖北省垣武昌考入国立武汉大学文学院史学系，课余之暇，从事救国运动。二十一年（1932）一月二十八日，日军进攻淞沪，是为一·二八事变，全国震动，青年学生纷纷发表救亡图存，抵抗日本帝国主义侵略的宣言，武汉大学学生会的《抗日救国宣言》即出于元珍师之手笔。又与教授周谦冲、同学朱祖贻等创办《现代青年》半月刊，报道日本侵华野心，鼓吹青年保家卫国，挽救国家民族灭亡的命运。在武大肄业时所撰《东汉末中国北部汉族南迁考》《三国食货志》等论著，甚受学术人士注意，《三国食货志》刊载《燕京学报》，深获胡适、傅斯年诸名学者之赏识。

元珍师于二十三年(1934)夏，毕业武大，北上北平投考国立北京大学研究院。不意，该院是年停招新生，经文学院长胡适推荐，特准为特别研究生，翌年(1935)夏始考入北大研究院文科研究所史学部为正式研究生，并获优厚的奖学金。

二十六年(1937)七月七日卢沟桥事变爆发，日本大举侵略，蒋委员长在庐山宣布，牺牲已到最后关头，全国军民奋起，全面抗战开始。元珍师离平间关南归，先后任中央政治学校大学部讲师，国立中山大学师范学院、国立东北大学文学院教授。三十二年(1943)秋应聘至贵州遵义国立浙江大学文学院史地系任史学教授，讲授“明清史”“中国政治制度史”，二课程我均选修，在遵义老城龙王庙的破陋教室上课。元珍师讲述操四川官话，声调爽朗，有条不紊，于明清兴亡得失，历代政制演变，要言不烦，予以评论，每至过节处，发人深省，启发甚多。

我于三十三年(1944)夏毕业，某日元珍师召我至其寓所亲切地询问我的家世及未来行止，我告以陈乐素师、谭季龙师俱有意留我在校继续在“唐宋史”“历史地理”方面努力，而战时首都重庆亦为我向往之地，以我有“读万卷书行万里路”之志，未知二者能得兼否？师云：“汝志甚好，不妨先去重庆再回遵义。”越二旬召我往叙告知：“重庆独立出版社卢逮曾副总经理复函，期盼你能前去担任助理编辑，待遇从优，并供给旅费，预支二个月薪津。”隔日我将此事报告乐素师，他亦同意利用暑期先至渝任职。其后我在独立出版社担任校对编辑工作三个多月，接浙大教务处通知升入本校研究院文科研究所史地学部续学，遂束装返遵义往谒元珍师，师笑曰:“如今已二者得兼”,“能遂汝志，亦一乐事。”其关怀学生，温谦语意，感激难忘!

三十三年(1944)秋，日军入侵桂林、柳州，继续进犯黔南，十二月独山失守，贵阳震动，风传母校有再迁校之议，元珍师乃返川。三十四年(1945)秋，至陕西城固，任国立西北大学文学院史学系主任。抗战胜利后，转任长沙国立湖南大学文学院史学系主任，元珍师作育人才，桃李已遍天下。

……

元珍师生平撰作甚多，《东汉末中国北部汉族南迁考》《三国食货志》(商务印书馆亦有单行本),外重要者有:《〈三国志〉世系表补遗附订讹》(《二十五史补编》第二册)、《两汉之际北部汉族南迁考》(《禹贡》四卷十一期)、《三国吴兵考》(《燕京学报》十三期)、《魏咸熙中开建五等考》(《禹贡》六卷一期)、《世传诸葛亮后出师表辨证》(《武汉大学四川同学会刊》一期，《经世季刊》二卷三期)、《〈三国志〉篇目考》(《史学季刊》一卷一期)、《傅玄秦女休行本事考》(《经世季刊》二卷三期)、《吴越不用车战考》(《志林》四期)、《张居正疏奏系年》(《武大历史学报》一期)、《整理张居正传记材料的杂论两篇》(《国学季刊》六卷二期)、《张江陵丧偶年代考》(《中央日报·文史副刊》二十三期)、《张江陵同考会试之年代》(《中央日报·文史副刊》二十五期)、《后明韩主续考》(《文史杂志》三卷七、八合期)、《万历起居注》(《文史杂志》四卷七、八合期)、《清季教案之解释》(《文史教学》四期)、《评金兆丰著补三国疆域志》(《图书季刊》三卷四期)、《林则徐的国际知识》(《外交研究》一卷三四期)、《林则徐与清中叶的经世运动及其对胡林翼、曾国藩、左宗棠的影响》(《新中国评论》二卷四期)、《〈聊斋志异〉对时局的讽刺和民族思想》(《新中国评论》一卷四期)、《民元以来的副总统制度》(《新中国评论》六卷二期)、《库页岛的法律地位》(《新中国评论》六卷六期)、《胡适之先生的反对袁世凯独裁专制和对推翻北洋军阀的功绩》(《新中国评论》二十四卷四期)、《曾慕韩先生在民国史中的地位》(《新中国评论》二卷二期)、《怀梁任公》(《新中国评论》二十四卷二期)、《亡师新化刘掞黎先生事略》(《国风》七卷一期)、《悼吴子馨(其昌)先生》(《新中国评论》二十七卷六期)、《中国历代官制演变的几种方式》(《新中国评论》四卷二期),以及《中国历代官制之演变方式》(《思想与时代》三十三期)等。

《第一届国民大会逝世代表传略》第四辑载《陶代表元珍传略》,所言元珍师之一生:"精通文史,博闻强记,触类旁通,尤擅长中国古代经济史,对明史及近代史亦有深入之研究,为文则详征博引,辨析锱铢,文不加点,倚马可待,好读书,但不忘救国,平日生活谨严,情感内蕴,伤时怀人,闲情偶寄,一一发之于诗,自奉甚俭,而待人也厚,遵奉固有道德,亦笃修科学新知;对人极为诚恳,从无谎语、戏言,有诺必信。"实为高风亮节儒士,青年模范。时光易逝,元珍师谢世瞬届三年,为文抒感,永志怀念!

(原载《浙大校友通讯》新第 82 期,1983 年 7 月)

黎子耀先生学述

黄朴民

黄朴民按：业师黎子耀先生于 2005 年 4 月驾鹤仙逝，终年 98 岁，对先生来说，是寿登期颐，了无遗憾；但对学生而言，则依旧是天人永隔，思之泫然！先生一生淡泊名利，“全真葆性，不以物累形”，道德文章，高山仰止。今谨将我 20 世纪 80 年代草就的“黎子耀教授学述”稍作修改补充后刊出，以表达学生我的缅怀追忆之情。

黎子耀，湖南汉寿县人，1907 年 3 月生。幼读私塾多年，后赴常德入湖南第二师范附小，学名明浩。1923 年，入长沙明德中学，得以在诗文方面，受教于刘永济、吴芳吉、苏雪林等名师。1935 年，毕业于武汉大学史学系。先后任教于苏州女师和贵阳女中，著名女高音歌唱家、中央音乐学院教授张权即系其在苏州女师任教期间的学生。1941 年起，任浙江大学史地系讲师、副教授。其间，与谭其骧、缪钺诸先生相友善，并给时为大学一年级生的李政道“中国通史”课程考试 100 分的成绩，成为当年浙大教学史上的一个佳话。新中国成立后，历任浙江师范学院、杭州大学历史系副教授、教授。

大学时期，受教于系主任李剑农教授，对中国经济史甚感兴趣。1937 年，因国难由苏州回湘，家居一年，撰成《补〈后汉书·食货志〉》。其上卷于 1943 年发表于《国立浙江大学文学院集刊》，同时发表于《思想与时代》杂志。该集刊未能续出，故下卷搁置至今。

新中国成立后，有学校（东北师范大学等）曾翻印上卷，供学人参考。

在浙大任教期间，阅读正史，上起汉魏，下及南北朝。并辑录刘知几《史通》对各体史籍的评论。关于刘知几在学术上的贡献，写有《刘知几思想述评》一文（载《思想与时代》月刊第三十期，1944年）。此文从四个方面概括了《史通》一书的内容：1. 论史籍的体裁；2. 论作史的方法；3. 论史家的修养；4. 论读史的鉴别。此外，还指出刘氏的治学精神："谨守求真之义，甘冒犯侮之嫌。"难能可贵，有利于学术思想的发展。又在韩愈提倡古文运动之前，刘氏已经提出文体改革的主张，这也是世之论文学源流者所不可不知的。

《史通》的研究，为后来在杭州大学讲授"中国史学史"，不啻作了准备工作。他讲授的内容，其范围上起古代、下及现代，意在使同学们对中国史学史发展的整个过程得到一个轮廓。他对同学们说："我没有钱给大家，所给的只是一根钱串子，以便将来自己寻找钱。"

这门课程，讲了几遍，曾经着手写一部《中国史学史》，因十年动乱而中辍。已完稿者，仅及南北朝而止。"魏晋南北朝史学"一章中，他曾挑选几节发表在《杭州大学学报》。计为：《史学在魏晋南北朝时期的新地位》（1979年第3期），《魏晋南北朝时期的历史编纂学》（1981年第1期），《魏晋南北朝史学的旁支——地记与谱学》（1982年第2期）。最后一篇中探讨了中国地方志的起源与家谱学发达的原因。

他著史之志，虽未得酬，但在育才方面却是有收获的，他所指导的学生与助手，继续他的事业，勇猛精进，十年之功，终写成了一部《中国古代史学史简编》，此书颇得读者的好评。

1965年，他研究李心传的史学，从《建炎以来系年要录》辑录李氏对熊克《中兴小历》的评语共五百余条，分为十类，编为《〈中兴小历〉李氏考异类辑》,计十万字。此书之辑,便于考订熊书。四库馆臣辑熊书时,误认此为完本,其实残缺颇多。仅就《系年要录》援引到的《小历》文字来看,熊氏原本有而今本无者,多至七十八处。由此可见,四库馆臣的话,不足置信。

此稿辑成之后,他进而想写出《〈系年要录〉引用史料目录》和《〈系年要录〉引用史籍叙录》。他又想到李氏对《日历》和其他史籍的利用和考订,亦可分别辑录,加以整理。在当时的原始史料中,《日历》是权威性的,但从《系年要录》的考证来看。《日历》也并非完全可以依据的。李氏利用《日历》之处固然很多,驳正它的也不少。这样,就值得将李氏对《日历》取舍两方面的资料汇集起来,成为一编。又如:徐梦莘《三朝北盟会编》所利用的史籍,大都为李氏所利用。这些史籍的资料为《北盟会编》所引用。而李氏在《系年要录》又有所考订者,为数不少,可以编成一部《〈三朝北盟会编〉李氏考异》。又如:《系年要录》中对王明清《挥麈录》,既多采用,又多驳正,也可以汇集成帙。由于时局的影响,使他的这些设想都无从实现。后来他的研究兴趣便转到经学方面了。

传说文王困而演《易》,他则困而读《易》。以前读《易》,不知所云,学了辩证唯物主义和历史唯物主义之后,重读《易经》,不免大吃一惊。他发现《易经》原来是一部西周社会史,更具体地说,它是一部西周社会对立冲突史。他将《易经》内容分为十类,加以注释。注本初稿曾请王驾吾教授审定。王氏习《易》,向来不出汉宋两派,看了这个稿本,也不能不承认《易经》反映阶级斗争这一事实,所以在函件中说:"凿破鸿蒙,自成一说,为读《易》者开辟一条崭新的道路。就奴隶社会阶级斗争来说,有凭有据,信非唯心逞臆之谈。《易》无达占,故《易》注较他经为多,然尚无如尊兄所说者,盖得助于马列主义为多也。"

关于《易经》的哲学思想,他首先断言八卦中包含阴阳五行思想。写了《阴阳五行思想与〈周易〉》一文(载《杭州大学学报》1979年第1—2期)。几年以后,他发现乾坤两卦的内容,就是阴阳五行思想的具体化。乾卦讲天道,即太阳的运行规律;坤卦讲地道,即月亮的运行规律。日月运行,乃有宇宙,故《系辞传》说:“乾坤其易之缊邪,乾坤成列而‘易’立乎其中矣。”

关于《易经》的写作方法,他又首先提出《易经》是一部谜语集。它以象征文学的手法反映西周社会的阶级矛盾。子曰:“书不尽言,言不尽意。”(《系辞传》引),正是这种写作方法的特点。

他的《易》注,历时十年,稿凡三易。最后又以焦氏《易林》作为旁证解经,丰富了注文的内容。稿本定名为《周易秘义》。

他认为儒家经典,多用隐语,以《易》《诗》为尤著。先秦注经,亦以隐语释隐语,《彖辞》《象辞》是如此,《毛传》释《诗》亦复如此。这种注经的传统,至汉魏之际而中断。因此他深有感慨地说:“王注行而《易》义失,郑笺作而《诗》义亡。”

关于《诗经》,他写了《〈诗经·清庙之什〉中所见西周礼制考》(载入陕西省社会科学院编《西周史研究》)。文中一方面指出《诗经》中包含阴阳五行思想,另一方面叙述了阴阳五行思想影响下先秦吉礼的源流。

关于《尚书》的研究,他写了《〈洛诰解〉献疑》一文,获得浙江省1983—1984年度社会科学优秀成果荣誉奖(此文载入华东师范大学历史研究所编《王国维学术研究论集》第一集)。

他因研究《诗经》编了一部工具书《〈诗经〉韵部通检》。他不久将着手整理焦氏《易林》,写一部《易林秘义》。要了解《易林》的意义,他认为必须首先明了《易经》的本义。由于自王弼注《易》以来,《易经》的研究一直陷于混沌状态,因而学者读《易林》,也就食而不知其味了。目录学书将它归入术数类,误认它为占卜之书。其实它是一部绝妙的古典文学作品。《易经》既然是阶级斗争史,《易林》解经，当然是阶级斗争诗，具有浓厚的人民性。因此，使人得见《易林》的庐山真面目，确是一件很有意义的工作。《周易秘义》竣工后，《易林秘义》之作，也就水到渠成了。

在他生命最后阶段，他克服白内障眼病带来的困扰，凭惊人的记忆力，致力于先秦经典文献的研究，考镜源流，辨章学术，发凡起隐，提玄钩要，在魏得良教授的协助下，先后撰著和出版《周易秘义》(浙江人民出版社)、《老子秘义》(三秦出版社)、《周易导读》(巴蜀书社)、《论语秘义》(陕西人民出版社)、《周易黎氏学》(陕西人民出版社)等著作。其学术成果受到学术界的关注和推重，其本人也以著名易学专家在学术史上享有一席之地。

黎先生以撰写《补〈后汉书・食货志〉》为学术研究的起点，突出反映了他考镜源流、钩沉史实的雄厚功力；中年后转入史学史与政治史的研究与教学；晚年则从事以《周易》为中心的先秦思想文化史的探讨，系统形成以"《周易》黎氏学"为标志的学术思想体系。这三个阶段以及其中的转折，实际上体现了黎先生治学上的显著特点与高明境界：早年治经济史，宗旨在于求其"实"；中年治史学史，宗旨在于求其"通"；晚年治经学，宗旨在于求其"理"。这本身就是一个合乎逻辑的研究境界的递嬗历程，是科学理性地走向治学自由世界的通途。尽管历史研究者在具体学术路数上各有不同，但是，求实究真、会通识变、明理致用当是共同的研究宗旨与价值取向。

"云山苍苍，江水泱泱，先生之风，山高水长"！

著名宋史专家徐规教授

方建新

徐规先生，字仲矩，号絜民，1920年3月23日诞生于浙江省平阳县江南区半浦村（今温州龙港沿江乡新兰村）。徐先生7岁就读于其父创设的鹤浦初级小学，课余，诵读《千家诗》《唐诗三百首》《四书集注》《古文观止》等书；点读《御批通鉴辑览》，日写大字数张，寒暑不辍。由于从小就受到良好教学与严格训练，为以后攻读中国史学打下了扎实的基础。1931年秋，徐先生离家进入平阳县宜山小学高级部。两年后，考取浙江省立温州中学。1939年暑期高中毕业后，又考入国立浙江大学中国文学系。次年秋，从中国文学系转入史地系。从此，与中国史学结下了不解之缘。

当时的浙江大学史地系分史学组和地学组，汇集着多位著名学者。其中史学组的张荫麟教授（1905—1942）是清华大学梁启超的学生，曾留学美国斯坦福大学，研究西洋哲学与社会学，后专攻中国历史，是著名的宋史专家。徐先生转入史地系后，由于勤奋好学，品学兼优，深得张荫麟先生的赏识和器重。张先生平时对学生要求严格，轻易不予表扬，但他却在系主任张其昀先生面前极力赞誉徐先生说："他（指徐先生）将来会成为名学者的。"张先生是徐先生一生中对其影响最大的老师，正是在张先生的指引下，徐先生走上了宋史研究的道路。他的大学毕业论文《李焘年表》就是张先生授予《周必大文集》指导他撰写的。可惜徐先生的《李焘年表》未及完成，张先生因患肾脏炎于1942年10月24日不幸逝世，年仅37

岁。徐先生对张先生的授业教诲,终身不忘,多次撰文纪念。1962年,张先生逝世20周年之际,徐先生从书笈中捡出《李焘年表》一稿,加以校补后刊诸北京《文史》第2辑,继又作补正稿,载于《文史》第4辑,以资纪念。1982年,张先生逝世40周年之际,徐先生又重撰《〈李焘年表〉再补正》(载于《文史》第16辑),再作纪念。平时,每谈及张先生,徐先生总是满怀崇敬感激之情,且常为张先生英年早逝叹息不已,教导青年教师与研究生要学习和发扬张先生认真踏实的治学态度及科学的治学方法。

另一位对徐先生影响很大的老师是陈乐素先生(1902—1990)。张荫麟先生逝世后,陈先生由史学大师陈寅恪先生推荐,于1942年底来浙大史地系任教授兼史地学部史学组研究生导师。陈先生是另一史学大师陈垣先生的长子,家学渊源,早年留学日本,回国后专治宋史,也是著名的宋史专家,又精通目录学、史料学、校勘学。在陈先生的继续指导下,徐先生完成了《李焘年表》的撰写,荣获全国大学生毕业论文优等奖。1943年秋,由于学业成绩优秀,又直接升入浙大文科研究所史地学部史学组为研究生,进一步以宋代历史作为研究方向,导师也为陈乐素先生。毕业论文题目是《宋代妇女的地位》,获文学硕士学位,并留校先后任史地系助教、讲师。自此,又颇受竺可桢校长的赏识,曾拟定他为台湾史地考察团成员,又准备选派他为洛氏基金研究员出国研究,都因故未成行(分别见《竺可桢日记》,人民出版社1954年第1版,第899、1208页)。

新中国成立初,浙江大学紧缩编制,历史系停办。徐先生返回故乡,在省立温州中学任教。1954年,调任浙江师范学院讲师。1958年,浙江师范学院与新成立的杭州大学合并,定名为杭州大学。他继续在杭州大学历史系任教。“文化大革命”时期,徐先生亦倍受艰难折磨,但仍坚持读书研究不辍。粉碎“四人帮”后,他受到极大鼓舞，从 1977 年到 1980 年短短几年时间内，连续发表了《朱仙镇之役与岳飞乞班师考辨》《陈亮永嘉之行及其与永嘉事功学派的关系》等 10 数篇重要论文，还与有关老师一起，完成了教材《中国古代史》中册五代十国宋辽夏金史部分的编写，并兼该册责任编辑(此书由福建人民出版社出版，被教育部推荐为全国高等院校文科教材)。1978 年，他晋升为教授，1979 年出任历史系宋史研究室主任，1983 年又兼任校古籍研究所副所长。现为中国古代史专业博士生导师、中国宋史研究会副会长、岳飞研究会会长。

如果从 1940 年转入浙江大学史地学系算起，徐先生在中国史学这块园地里已辛勤耕耘了半个世纪。他著作宏富，科研与教学硕果累累，而更以其高尚的道德文章赢得了学术界的赞颂与尊敬。

徐先生认为，作为一个史学家，最重要的也是最基本的一条就是要继承和发扬我国史家正直不阿、秉笔直书的优良传统，决不可迎合权贵，趋时曲笔；也不能追逐名利，赶时髦，凑热闹。他说，那些粗制滥造赶时髦的东西、仰承权贵鼻息的文章，或可逞快于一时，但最后会被时代淘汰，为天下人所耻笑，也使自己感到汗颜，抱恨终身。“文革”后期“四人帮”出于篡党篡国的需要，搞起了所谓评法批儒，一些文人学者也被动员起来著书撰文，投入“运动”。徐先生不但不去凑这份热闹，而且还直接写信给一位当时十分活跃的名教授，对其在文章中歪曲历史事实的做法提出批评，表现了一个正直的历史学家的胆识与高尚的史德。

徐先生素以治学严谨踏实著称，我国著名的马克思主义史学家范文澜同志生前就高度称赞徐先生做学问扎实，并要科学院近代史研究所的同志传阅徐先生写的《评范文澜著〈中国近代史〉》一文手稿，学习徐先生踏踏实实的治学态度。在历史研究中，徐先生十分重视理论学习。他指出，理论主要是指哲学修养，这是关系到是否具有正确的历史观与方法论的问题。而提高哲学修养，主要是努力学习辩证唯物主义与历史唯物主义的理论;其次也需了解中国传统哲学与外国哲学的一般知识,其目的是运用正确的立场、观点和方法来观察研究历史,提高“史识”水平,做到古为今用。他的论文,无论是长篇,还是短札,都能言前人所未言,发他人所未发,不同凡响。

徐先生还认为,搞历史研究必须详细地占有材料,有了充足的材料才能写出内容充实而又有见地的论文;但仅注意收集材料是不够的,还要学会鉴别材料,考订史实。他强调指出,历史资料浩如烟海,真伪杂陈,非下一番去伪存真的功夫不可。只有这样,才能写出信史,经得起时间考验。他特别推崇北宋大史家司马光(1019—1086)撰《资治通鉴》时先作“丛目”(即按时间顺序列出事目,在事目之下分注实录、国史、杂史、笔记、文集等史料),丛目既成,乃修“长编”(将事目下所列史料加以鉴别考析,决定取舍,写成初稿),最后写成定稿这种严肃认真、对材料加以反复考证的修史方法。他对北宋政治改革派的先驱,具有进步倾向的文学家和著名诗人王禹偁的研究专著《王禹偁事迹著作编年》就是运用这种方法,广泛收集材料,严密考证,去伪存真的一部信史。此书历时多年,引用文献书籍159种,按年月编排了王禹偁的生平事迹及有关当代大事,纠正了史籍上的许多记载错误;考定了王禹偁几乎全部著作的写作年代,钩沉和著录了王禹偁的许多散佚诗文,并对《小畜外集》内误收的诗歌进行了考证,补正了文集内的脱漏及刊误字句,包括影印宋本及王禹偁本人的误引原文,评述了王禹偁在历史上的地位。出版以后,受到海内外学术界的一致好评和赞许,荣获浙江省1978—1982年度社会科学优秀成果一等奖。日本老一辈宋史专家周藤吉之(1907—1990)读了此书后,深为赞叹,称誉此书是一部杰作,特地撰文向日本学术界介绍,奉劝日本的宋史研究者务必读一下这本书(见《东洋日报》70卷1、2号,1989年1月)。

徐先生治学严谨，还表现在他对待写作的严肃认真，一丝不苟。他的每篇文章，都是字斟句酌，反复修改。文章写就后，从不匆忙发表，总是要请有关老师看看，甚至也叫青年教师或研究生看看，广泛征求意见，态度又是那样谦虚诚恳。不管是教师还是学生，只要所提意见有点滴可取之处，他都立即修改。所以，他的文章内容充实而简洁明了，论述精辟且文辞优胜。如《"杯酒释兵权"说献疑》（载《文史》第14辑）一文，列举大量事实，对千百年来沿袭至今的所谓"杯酒释兵权"提出质疑。全文不到六千字，但论证严密，层层深入，读来引人入胜。这篇文章，被美国宋史专家刘子健教授指定为他的研究生必读参考文献。

长期以来，徐先生始终坚持教学第一线，在年过70高龄的今天，仍然上讲台为研究生上课。在教学中，他十分强调对青年进行阅读古代文献、提高鉴别史料与考证史实及文字表达能力这三项基本功的训练。他经常语重心长地对青年人说，读书做学问不能急，首先要把基础打好，把基本功练好；基础打好了，基本功扎实了，在中国古代文史哲领域就能触类旁通，搞什么都行。为了加强对学生和青年教师的基本功训练，他要求学生和青年教师选择几种古代文献原著，认真通读圈点，由他进行检查指导。同时鼓励青年人结合读书撰写读书报告、札记、习作论文。而对于青年人的每一篇习作，他都一字一句认真仔细地加以批阅。从文章内容的正确与否、论述考订的深浅粗精到遣词造句及标点、错别字，他都一一指出、订正。对文章中引用的材料，也总是不厌其烦地一条一条找原书核对；手头没有原书，就亲自到资料室、图书馆查核。为了批阅一篇文章，往往要通宵达旦地费上好几天时间。批阅完毕，又总是耐心地、逐字逐句地向作者分析讲评，听取对方的意见。真可谓呕心沥血，满腔热情。

接触过徐先生的人都知道，他待人真诚，乐于助人，只要有利于学术事业的发展,有利于人才的培养,他从不考虑个人的得失,竭尽全力,甘为人梯。就如为人批改稿子的事,由于他最认真不过,又由于他深厚的学识功力,所以,青年人自不必说,就是一些学有所长,在学术上已取得很大成就的教师,写好文章后,不请他看看,亦总感到不放心。可以说,这几年宋史研究室的老师及从该室毕业的与正在学习的研究生发表的论文,几乎没有不经过他审阅修改过的。最近,宋史研究室正在进行一项大型研究课题"宋史补正",其中《〈宋史·职官志〉补正》《〈宋史·选举志〉补正》等业已完成并即将出版,篇幅均达数十万字,也都经过徐先生反复审阅修改。而审阅修改《〈宋史·职官志〉补正》一稿就足足花了他半年多时间。至于全省乃至全国各地慕名前来向他请教问题或寄来稿子请他修改花去的时间更是无法计算。

对待青年后学、对待他人,徐先生是这样不惜牺牲自己宝贵的科研与休息时间,而对于学生和青年教师的时间却十分珍惜,从不叫他们代劳做一些查阅资料、抄誊、校对文稿之类本应为老师做的事。桃李不言,下自成蹊,徐先生之所以受到青年后学的衷心爱戴与尊敬,正是由于他的这种随处可见的高贵品质。

长期以来,徐先生就是这样以其诲人不倦、甘为人梯的忘我精神,为国家培养了一批又一批的史学人才。如今,他的学生已遍及省内外,有的已成为教授、学者。特别是在他的悉心培养下,在全省建立了一支以杭州大学宋史研究室为中心、校内外一批老中青宋史研究者在内的宋史研究队伍。这支队伍在他的言传身教下,以朴实严谨的学风,勇于探索的求实精神,在宋史研究领域内取得了可喜的成绩。作为这支科研生力军的学术带头人,徐先生对学术事业发展的贡献越来越显示出其巨大的作用与意义。

(原载《浙江社会科学》1990 年第 6 期)

徐规先生的宋史研究

曹家齐

徐规，1920年3月21日出生于浙江省平阳县江南区半浦村(今温州龙港新兰村)一个耕读之家，幼承庭训，小学时便熟读大量古典诗文，点读《御批通鉴辑览》。1933年秋，考入温州中学。1939年秋，考入浙江大学龙泉分校中文系。翌年，赴贵州遵义浙江大学总校学习，转入史地系读历史。先后师从张荫麟、陈乐素两位教授习治宋史。1946年4月毕业，获文学硕士学位。同年，留校任史地系助教，兼《浙江学报》编辑，并主持系图书室工作。因受校长竺可桢赏识，被拟定为赴台湾的史地考察团成员，并选派赴英国剑桥大学研究，后因杭州解放未果。1949年秋，浙大历史系停办，徐规应温州中学之聘，离杭赴温州担任历史教师。1954年夏，奉调至浙江师范学院(杭州大学前身)历史系执教，后一直在杭州大学和四校合并后的浙江大学历史系任教。

徐规的宋史研究，从议题到方法，都颇受张荫麟、陈乐素两位先生影响。张荫麟是20世纪的史学奇才，治学追求博通，兼融新史学、新汉学与史观派之长，于考据、义理、文章无一不精；陈乐素则秉承新汉学之法，善于将史料考辨、史实探究、义理阐发相结合，既展现出精湛的考据之功，又蕴涵着敏锐的问题意识和深邃见解。徐规早年的治学理路亦表现出这些特征，不仅专于宋史，亦兼及汉唐史。其研究成果既有考据文章，又注意讨论新问题，阐发史实背后的义理。在其教学中，同样强调义理、考据、文章并重。

徐规治宋史,于人物、史事考评和文献整理研究贡献最著。与20世纪上半叶多数治史学者一样,徐规也是以做人物年谱作为入门功夫,涉及的重要人物有李焘、王禹偁、沈括等。《李焘年表》便是其研究宋史的处女作,亦是徐规的成名之作。该文是在张荫麟指导下完成的本科毕业论文,于1943年获全国大学生毕业论文优等奖。后经不断补正,连续刊载在《文史》杂志上。在人物研究方面,徐规的最大成就是对王禹偁的研究。其代表作《王禹偁事迹著作编年》,征引159种史料,对王禹偁的生平、仕履和著作活动,及《小畜集》《小畜外集》的诸种版本,都作了详细考述,特别是将王禹偁的著作分别列入每一年的《编年文》和《编年诗》中,详细指明其出处,并反复作出考证。但该书并非王禹偁个人的传记和著作编年,而是将王禹偁的事迹,置于太宗朝到真宗朝初年的历史中进行全面考察,进而对北宋初年太宗绝对皇权及其基础科举制的扩大、官僚机构的确立、大量书籍的贮藏、类书的出版、古文的复兴,以及以国家权力为背景的流通机构中铜钱的大量铸造等,都予以深刻的揭示和论断。因此,该书实际上是一部北宋初期政治文化史的研究力作,在学界享有盛誉,特别是受到日本学者周藤吉之的高度评价,并被列为东京大学研究生的必读书

对宋代史事的考证是徐规20世纪70年代末到80年代中期的研究重点,涉及的重要史事有:“杯酒释兵权”、宋太祖的“先南后北”统一战略、宋太祖誓约、李顺之死和岳飞班师等。其中,影响最大的是关于“杯酒释兵权”和岳飞班师及相关问题的研究。“杯酒释兵权”故事一向为历代史家传为美谈,但少有人关注其真实性。尽管早在20世纪40年代,丁则良撰写《杯酒释兵权考》一文指出其种种疑点,但不为学界所重视,多数史著和教材依旧引为信史。80年代初,徐规发表《“杯酒释兵权”献疑》,再次指出该故事的不真实性,使这一问题得到宋史界的广泛关注,其观点受到著名宋史

专家邓广铭的认同，继而又引发国内外学者的热议。90年代中期，徐规又撰写《再论“杯酒释兵权”》一文，进一步论述这一故事为后世虚构。关于岳飞班师及相关问题的研究，他的主要论著有《朱仙镇之役与岳飞班师考辨》《南宋绍兴十年前后“内外大军”人数考》和《应该实事求是评价岳飞的抗金战功》等。这几篇论著从文献的具体记载出发，仔细分辨史实，揭示出南宋绍兴十年前后，宋金双方的客观力量对比和军事形势，并将对岳飞的评价建立在理性和事实基础之上。为加强对岳飞的研究，他还提议成立了岳飞研究会，积极组织研究岳飞的学术活动，编辑《岳飞研究》集刊等。

妇女史和性别史是当代新史学研究最时尚的议题和研究取向之一，就宋史研究领域而言，徐规应是这一问题研究的重要开创者。其硕士学位论文《宋代妇女的地位》，修订完稿于1945年6月，分别考察了宋代士大夫的妇女观及其教育主张、士大夫家妇女的文艺修养、妇女的宗教信仰和婚姻状况，以及妾、婢、妓等身份女性在宋代的生活状况和社会地位问题。文章征引史料宏富、立意新颖、考论精审，对妇女史研究领域的诸多实质性问题多有发轫。

文献整理研究是徐规重视的治史基础，亦是他学术成就的重要表现。他主持完成了《宋史》诸志补正（其中《食货志》《职官志》《选举志》之补正具体由梁太济、包伟民、龚延明、何忠礼等先生完成）等重要古籍整理项目多项，又对许多文献进行了具体的整理与研究。其中，以《建炎以来朝野杂记》点校影响最大。该书由南宋著名史家李心传所撰，分类记述了嘉定以前的典制和事迹，对研究宋代典章制度及相关问题极有价值。该点校本已成为宋史研究者的必备之书。

此外，徐规还完成了《全宋诗》王禹偁诗、李焘诗的点校和辑佚，并对《建炎以来系年要录》《续资治通鉴长编纪事本末》《宋史·地理志》《梦溪笔谈》《旧闻证误》《石林燕语》《渑水燕谈录》《四朝闻见录》《挥麈录》《容斋随笔》《齐东野语》《铁围山丛谈》《湘山野录》《老学庵笔记》《朱子语类》和《全宋文》等文献进行研究,或校勘,或补正,或订误。其成果皆成为宋史研究的重要参考资料。

徐规不仅是一位史学家,而且是一位教育家和毫无名利之心的纯粹学人。其从教六十余年,为国家的教育事业做出重大贡献。他曾主编《大学入门》《中国古代史》等教材。他的弟子中不少人已成为学界及其他行业中的骨干和领军人物。他教导学生做学问要坚持实事求是的原则,切不可趋炎附势,或故作惊人之笔;做人要看得透功名利禄,不可争名于朝,争利于市。他积极鼓励学生开辟自己的学术领域,大胆发表学术见解。他的学生在各自的研究领域和治学方法中大都呈现多样化特色。

(原载《中国社会科学报》2013 年 3 月 18 日)

徐规先生访谈录

康保苓

徐规先生是当代著名的史学家和教育家，浙江大学历史系教授、博士生导师。他长期致力于中国历史尤其是宋史、中国古代史学史等领域的研究。半个多世纪以来，徐先生在史学园地里辛勤耕耘，孜孜求索，撰写了大量论著，为我国史学研究做出了突出的贡献。他的大部分作品收在《仰素集》①一书中。徐先生又是教坛上德高望重的老前辈，近60年来，他教书育人，提携后进，为史学界培养了一批批优秀人才。1992年徐先生荣获国务院颁发的“政府特殊津贴”及证书，1997年1月被国家人事部批准为杰出高级专家。今天，徐先生在八十多岁高龄的情况下，仍从事博士生的培养工作，为祖国，为社会奉献着光和热。在一个阳光明媚的上午，我拜访了仍笔耕不辍的徐先生。

师学渊源

访谈开始，我请徐先生谈谈他的求学经历，徐先生娓娓道来。

徐先生是浙江省平阳县江南区半浦村(今属温州龙港新兰村)人，1920年生，初名毓珠，入学后，易名规，字仲矩。在省立温州中

① 杭州大学出版社，1999年。

学高中部肄业时,国文教师董朴垞先生又为取字絜民。徐先生家学渊源很深,其先君早年从著名学者刘绍宽先生问学,后考中清光绪二十七年温州府学生员,旋补廪生。清季即在家乡设帐授徒。民国初期,创办鹤浦初级小学,任校长,以善古文辞显名邑内。徐先生幼年入鹤浦小学,在其先君指导下,课余熟读《千家诗》《唐诗三百首》《四书集注》《古文观止》等书;点读《御批通鉴辑览》,每天写大字数张,寒暑不辍;闲暇时,浏览《水浒》《三国》《红楼》《西游》《聊斋》等小说。徐先生说:"这对我日后学习中国历史大有裨益。"

1931 年秋,徐先生考入平阳县立江南中心小学。1933—1939 年在省立温州中学肄业。

1939 年秋,西迁的国立浙江大学在本省龙泉县坊下村新办一所分校,招收东南沿海地区的学生就读。徐先生考入浙大龙泉分校文学院中国文学系。次年秋,长途跋涉,赴贵州遵义浙大总校继续学习,并转入史地学系读历史。当时系内名师荟萃,史学组先后聘有张荫麟、谭其骧、李源澄、方豪、陈乐素、钱穆等教授。徐先生在名师的指点下,受益颇多。如张荫麟先生(笔名素痴,1905—1942)是清华大学国学院导师梁启超的高足,曾留学美国斯坦福大学攻读哲学和社会学。张先生兼通文史哲,才学识为当代第一流,是近世我国宋史研究的先驱者,也是名著《中国史纲》(上古篇)的作者。抗日战争期间,张先生两度来浙大执教,开设"中国通史""中国上古史""唐宋史""历史研究法"等课程,指定学生要读《史记》《资治通鉴》《宋史纪事本末》和梁先生著的《春秋载记》《战国载记》《中国历史研究法》及《补编》等书。张先生讲课富有启发性,有哲理分析,有史实考订,有艺术描绘,使听者如坐春风,似饮甘泉!徐先生的大学本科毕业论文《李焘年表》就是在张先生的指导下完成的。张先生对徐先生说:李焘是宋代著名史家,所撰《续资治通鉴长编》一书为研究北宋史事最重要的典籍,近代学人罕有注意探索。又说：研究历史人物，必须由写年谱入手，搞清该人物的时代背景、家庭情况、师友关系、一生经历以及著作编年，才能作出正确而全面的结论。《李焘年表》于1943年获全国大学生毕业论文优等奖。张先生在临终前，向当时的系主任张其昀教授举荐徐先生，请他留意栽培。后来徐先生留校任教，被竺可桢校长选派为洛氏基金研究员赴英国留学(因故未能成行)，就是由于张其昀先生的推荐。1943年秋，徐先生升入浙大研究院从宋史专家陈乐素先生(1902—1990)学习。乐素先生是我国当代史学大师陈垣先生的哲嗣，幼秉庭训，早年留学日本，回国后专攻宋史，又精目录学、史料学、校勘学。他治学严谨、笃实，善于利用科学方法收集资料。徐先生的硕士学位论文《宋代妇女的地位》就是在乐素先生的精心指导和审正下完成的，获得校外评阅委员姚从吾(北京大学)、贺昌群(中央大学)两先生的好评。该论文又呈教育部复审通过，1946年4月徐先生被授予文学硕士学位。这是国民政府教育部在大陆上最后一次授予学位的活动。谈起恩师，徐先生感慨地说："我之所以能在宋史研究得窥门径，多赖张、陈两师的谆谆教诲。"

徐先生天资颖悟，勤奋好学，加上名师指点，为以后的史学研究打下了深厚的基础。1946年5月，抗日战争胜利的次年，西迁的浙大开始复员回杭州，徐先生继续在史地系任教。在此后的岁月里，徐先生以教学、科研为事业，硕果累累，桃李遍天下。

治史基本功：义理、考证、文章

作为享誉海内外的著名宋史专家，徐先生著述宏富，多达百余篇(种)，从内容看，有年谱，文献订误，对人物、史事的考评，书评等。《仰素集》是徐先生自选出77篇(种)重加编订而成的，取名

《仰素集》,是为了纪念先师张荫麟(笔名素痴)、陈乐素两位先生。

当问起多年的治史心得时,徐先生说:“学习和研究中国古代史,必须要练好三方面的基本功,即义理、考证和文章。”他说清代姚鼐就持这个观点:“余尝论学问之事有三端焉,曰义理也、考证也,文章也。”[①]章学诚也有类似的说法。[②] 徐先生说:“我在多年的治史过程中,深感这一说法是颠扑不破的真理,行之有效的指针。”他又进一步解释说,“义理”类似今天所说的理论,主要指的是哲学修养。哲学修养关系到是否具有正确的史观和科学的方法论问题。我们要运用正确的立场、观点和方法来观察并解决问题。我们治史要重视理论学习,主要是努力学习辩证唯物主义与历史唯物主义;其次,也需要了解中国传统哲学和外国哲学的一般知识。学习理论又必须和中国历史实际相结合。徐先生举了人口理论的例子。他说,早在战国中期,商鞅就经提出了人口与土地必须在数量上保持平衡的论点:“民过地则国功寡而兵力少,地过民则山泽财物不为用。”[③]战国末期,韩非又在《五蠹》篇中提出过人口增长与生活资料分配的关系问题。明朝万历后期,徐光启(1562—1633)明确提出“人口按照一定周期翻番”的观点:“生人之事,大抵三十年而加一倍,自非有大兵革则不得减。”[④]这个论点比英国马尔萨斯关于“人口每二十五年增加一倍”的说法早了近二百年,但从未引起后人的注意。清乾隆年间,洪亮吉(1746—1809)针对当时人口大量增加的现实,又明确提出人口繁殖率超过生活资料增长率的看法,也没引起时人以及后人的关注。直到 1926 年 1 月,张荫麟先生在《东方杂志》第 23 卷第 2 号上刊布了《洪亮吉及其人

---

① 《惜抱轩文集》卷 4,《述庵文钞序》。

② 《章学诚遗书》卷 9,《答沈枫墀论学》。

③ 《商君书·算地第六》。

④ 《农政全书》卷 4,《田制·玄扈先生井田考》。

口论》一文，详细推荐和阐发了洪氏的人口论。张先生认为洪氏的人口论(1774 年提出)与马尔萨斯的人口论相类似，而时间稍早四年。可是学术界只熟悉马氏人口论，而对洪氏人口论则一无所知。20 世纪 50 年代，北京大学校长、著名经济学家马寅初先生也提出要限制人口增长过快的建议。1957 年 6 月，马先生在全国人民代表大会上作了《新人口论》的发言。次年，《新人口论》遭到批判和围攻，马先生被撤去北大校长的职务。[①] 这是由于当时思想界没有运用辩证唯物主义的观点来研究和分析问题，也就是说没有做到全面地、历史地分析问题，而是片面地、机械地、教条地对待这一复杂的社会问题，终于酿成了今天人口负担过重的后果。

“考证”或称“考据”，就是要学会鉴别材料、考订史实的方法。治史必须求真，即要把事实搞清楚。历史资料浩如烟海，真伪杂陈，非下一番去伪存真、由表及里的功夫不可。只有搞好这个工作，才有条件写出“信史”，才能经得起时间的考验；虚假的历史(伪史)终会被时代所淘汰。徐先生以“杯酒释兵权”为例来说明考证的重要性。宋太祖“杯酒释兵权”的故事从北宋中期开始流传，直到现代绝大多数史家都深信不疑。在中国通史课本里，在专门史学论文里都加以叙述。通过对这一事件的记载进行认真考证，徐先生发现最早记载此事的是仁宗初年丁谓(966—1037)的《谈录》(他的女婿潘汝士编写的)和王曾(978—1038)的《笔录》。比他俩迟半个世纪的司马光从他的前辈庞籍(988—1063)那里听到“杯酒释兵权”的故事，把它记录在《涑水记闻》卷一中。到了南宋前期，李焘认为“杯酒释兵权”是宋初最大事件之一，深以史书未载为憾，因此在他所撰的《续资治通鉴长编》太祖建隆二年七月条追述了这

---

① 见《竺可桢日记》第 4 册，1960 年 4 月 1 日，科学出版社，1990 年，第 419 页。

件事。徐先生在《“杯酒释兵权”说献疑》[①]和《再论“杯酒释兵权”——兼答柳立言先生》[②]两篇文章中，对上述记载进行了考察和分析，发现时代愈后，记载愈详，而且这些记载中的年代、情节多有牴牾，尤其令人费解的是：这样一件赞颂宋太祖的大事，在北宋官修的《太祖实录》《三朝国史》中未见记载。况且，建隆二年七月正值太祖的母亲杜太后刚去世的国丧期间，朝廷上下不准举行宴饮之类的活动。徐先生通过以上考证，认为千百年来沿袭至今的“杯酒释兵权”说，因出处不明，疑点甚多，在未取得确证之前，似不宜引用，否则容易使宋初收兵权的措施简单化、戏剧化，背离历史事实。徐先生这两篇文章发表后，在海内外宋史学界引起了很大反响，得到邓广铭先生与美籍华人刘子健先生等著名学者的赞同，并被一些宋史新著所采用。徐先生认为，搞考证犹如老吏断狱，一定要有坚实、充分的证据，最好能取得反证。不能单用默证，说史书上没有记载这件事，就轻率断定必为虚假，这是很危险的做法。

“文章”或称“词章”，指的是要提高文字表达能力。徐先生认为，要使自己的研究成果传播出去，影响深远，必须具备较好的文学修养。五四运动前后，多数学者文章写得很好，即使理工科的专家也不例外。如近代气象学大师竺可桢先生(1890—1974)就是一个典型的例子。他晚年写的《物候学》一书，单就文章而论，也不愧为第一流的作品。张荫麟先生著的《中国史纲》(上古篇)，整个结构独具匠心，选择少数节目为主题，以说故事的方式来叙述；篇章之间，联系紧密，天衣无缝，文辞优美。徐先生认为，想写好文章，就要选读、熟读一些名家的力作，如《左传》《史记》《资治通鉴》《水浒》《红楼》《聊斋》，以及唐宋古文、唐宋诗词、宋明话本和“五四”新

---

① 《文史》第14辑，1982年7月；《仰素集》，第526—532页。

② 原载台湾中国文化大学1996年3月出版的《第二届宋史学术研讨会论文集》；《仰素集》，第616—633页。

文学的优秀篇章。要多写短文,多同师友切磋,勤加修改。徐先生又补充说,文章语句务必要简练,用两个字就能表达清楚的绝不用三个字,以免拖沓、冗长;最好少用重复的词句。

徐先生从事历史教学和研究已有半个多世纪,总的史学思想是务实,不尚空论,因此偏重史实考辨、古籍整理研究,并力求以正确完备的史料和精练流畅的文笔来解答一些众说纷纭、悬而未决的历史问题,继承与发扬张、陈两师对宋史研究的业绩。《"杯酒释兵权"说献疑》《再论"杯酒释兵权"》《评宋太祖"先南后北"的统一战略》《朱仙镇之役与岳飞班师考辨》《应该实事求是地评价岳飞的抗金战功》《宋太祖誓约辨析》《浅论宋代政治史的分期问题》《关于李顺之死》《沈括事迹编年》《刘锜事迹编年》《〈宋史·地理志〉初正》《取证族谱必须审慎》等论文,以及专著《王禹偁事迹著作编年》等,是徐先生的代表作。徐先生认为,做一个合格的史学工作者,最重要的一条,就是必须继承和发扬中国史家刚正不阿、秉笔直书的优良传统,决不图名利、赶浪头、凑热闹。那些仰人鼻息的文章,或可逞快于一时,但终究为天下人所耻笑,被时代所淘汰,也使自己感到汗颜!

治学要严谨

我问徐先生:"研究历史,除了您上面所说的要掌握义理、考证、文章的基本功外,还需要注意什么问题?"徐先生回答说:"治学一定要严谨,来不得半点马虎。"

"严谨",既是徐先生一贯坚持的治学原则,也是徐先生的治学风格。从琳琅满目的书架上任意取一本书翻阅,都会发现徐先生认真校正的笔迹。这使我记起一个雨天的下午,徐先生来到中国古代史研究所,让学生从书架上取下他点校的《建炎以来朝野杂记》,原来他冒雨来是为了改正一个小小的错误。为了继承、发扬祖国的优秀文化遗产,也为了使后学者少走弯路,徐先生特别重视古籍整理工作,他先后完成对《建炎以来朝野杂记》《建炎以来系年要录》等古籍的整理。《仰素集》中的文献订误卷收录这方面的论文 19 篇,订误、补正史料 1417 条,涉及内容不仅仅是文字的校勘,还包括人物、史事、制度、历史地理、目录、版本等方面。如《〈宋史·地理志〉补正》一文,广征博引各种文献,补《宋志》之缺漏,正《宋志》之讹误,共得 108 处。[①] 华林甫先生称赞这篇文章"堪称传世佳作","诚为不刊之论"。[②] 又如《〈全宋文·王禹偁文〉》,订误、补正《全宋文》所收王禹偁文 300 多条;[③]《〈挥麈录〉证误》订误、补正 160 条。[④] 从中我们能真切地感受到徐先生深厚的学术功力和渊博的学识。徐先生认为,文章必须反复推敲、修改,才能日臻完美。如《李焘年表》20 世纪 60 年代在中华书局《文史》第 2 辑发表后,徐先生又进行了两次修订,分别题为《李焘年表补正》《李焘年表再补正》,在《文史》第 4 辑、第 16 辑刊行,后收入中华书局点校本《续资治通鉴长编》第一册。补正稿和再补正稿相隔近二十年,重加订误 13 处。如原《李焘年表》中绍兴十四年(1144)条载:"四月,秦桧请禁野史(《建炎以来系年要录》卷一五一),李焘尝以此重得罪(《建炎以来朝野杂记》甲集六)。"此条记事,是根据《丛

---

① 方建新:《义理、考证、文章三结合的学术精品——读徐规教授的〈仰素集〉》,《浙江大学学报》2000 年第 6 期,第 73 页。

② 华林甫:《1998 年中国历史地理研究述评》,《中国史研究动态》1999 年第 11 期,第 27 页。

③ 原载《陈乐素教授九十诞辰纪念文集》,广东人民出版社,1992 年;《仰素集》,第 756—796 页。

④ 原载《学术集林》卷 3,王元化主编,上海远东出版社,1995 年;《仰素集》,第 839—877 页。

书集成初编》本之李心传《建炎以来朝野杂记》甲集六“嘉泰禁私史”条记事：“顷秦丞相既主议和，始有私史之禁，时李文简焘以此得罪。”(《国学基本丛书》本同)近人金毓黻教授《中国史学史》及今人涉及此事的所有论著中都沿袭此条记事。徐先生详细查阅了《建炎以来朝野杂记》的其他本子，发现光绪癸巳年井研萧氏刻本《建炎以来朝野杂记》著录该条，乃作“李忠简焘”，而《适园丛书》本作“李忠简光”，非“李文简焘”。又《建炎以来朝野杂记》各本《乙集·序》云：“近世李庄简(李光谥庄简)作《小史》，秦丞相闻之，为兴大狱，李公一家，尽就流窜。”根据这些资料，徐先生进一步考证了这次文字狱的来龙去脉，结论是绍兴十四年因秦桧禁野史而获罪的是李光而非李焘，从而订正了因典籍记载歧异导致以讹传讹的错误。再补正稿在《李焘年表》和补正稿基础上又增补事迹七十多条。以后，徐先生又继续补正。收入《仰素集》时，徐先生又认真作了修改。方建新教授这样说：“《李焘年表》的撰写，何止十年！它是徐先生经过半个多世纪的坚持不懈的探索研究才写成的，真可谓呕心沥血！……此文对李焘生平事迹、著作材料搜罗之完备，考订之精审，辨析之缜密，殆无可挑剔，是一篇名副其实的学术精品。”[①]徐先生的另一名著《王禹偁事迹著作编年》[②]，“按年月编排了王禹偁事迹及有关当代大事，纠正了史籍上许多记载错误；考订了王禹偁几乎全部著作的写作年代；钩沉和著录了王禹偁的许多散佚的诗文，并对《小畜外集》内误收的诗歌进行了考证；补正了文集内的脱漏及刊误字句，包括影印宋本及王禹偁本人的误引原文；评述了王禹偁在历史上的地位”[③]。这部著作被列入全国优秀书

① 方建新：《义理、考证、文章三结合的学术精品——读徐规教授的〈仰素集〉》，《浙江大学学报》2000年第6期，第70页。

② 中国社会科学出版社，1982年。

③ 《王禹偁事迹著作编年·内容提要》，中国社会科学出版社，1982年。

目,获1978—1982年浙江省社会科学优秀成果一等奖。此书出版后,徐先生又不断补正,收入《仰素集》时,再次进行了校订。引用史料要采用最好的版本,一定要仔细核对原文出处。

徐先生的每一篇文章、每一部著述,都是他严谨治学,将义理、考证、文章有机结合的结果。徐先生的同门学侣李埏先生这样评价徐先生的著述:"没有一篇是陈言空论,都是严格运用科学的考据方法,探微发覆的力作。我们知道,运用这种方法,要求作者必先博极群书,广征文献,详细地占有材料;然后条分缕析,去伪存真,去粗取精,乃据以作出事有必至、理有固然的结论。"①近来,徐先生为明年纪念陈乐素先生诞辰一百年新撰《〈涑水记闻〉证误》一文,约1万5千字,字工句饬,考证精核,论断稳妥,是关于宋代史料书研究的又一力作。

悉心育桃李

徐先生在教坛耕耘已近60个春秋,为史学界培养了许多专业人才。他的学生很多已成为杰出学者、博士生导师。他们秉承师训,兢兢业业,为史学研究做出贡献。徐先生常以诸葛亮"淡泊明志,宁静致远"的名言来教育青年学生要安于寂寞,要做到"板凳甘坐十年冷,文章不写一句空"。徐先生注意到,近些年来,有部分青年学生的文章基本功欠扎实,字迹潦草,错别字不少,他希望青年人加强这方面的训练。徐先生平易近人,乐于提携后进,甘为人梯,许多学生敬佩先生的博学,拿文章请他指点。对此,徐先生总

① 《徐规教授从事教学科研工作五十周年纪念文集·序》,杨渭生主编,杭州大学出版社,1995年。

是一丝不苟，字斟句酌，认真批改，推荐发表，这对于初窥门径的后生来说，真是莫大的鼓励和栽培。师爱是博大而无私的，这在可敬的徐先生那里表现得尤为明显，他经常向学生提供撰写论文所需要的资料和参考书。有的学者请徐先生为专著作序，徐先生总是仔细通读厚厚的书稿，提出一些建议，作出客观公正的评价，徐先生建议学生多掌握几门外语，比如研究宋史，最好是精通日语，因为日本学者在宋史研究方面做得比较好，他们的一些观点、治史方法等，我们都可以借鉴。徐先生严谨的治学风格也体现在授课方面。他家在校外，而且还要穿过一条宽阔的马路，但每次上课时，徐先生到校的时间比学生还要早。徐先生现在为博士生开设“宋代史料书评介”“宋史专题研究”等课程。他根据自己多年的治史经验，按照体例分类，向学生系统介绍史书的编纂过程、主要内容、版本优劣、参考书目等。“宋史专题研究”包括“前人治史名言”“略谈中国古代的史学遗产”“宋代在中国历史上的地位”“宋代政治史上的几个重大问题”“南宋时的永嘉事功学派”“宋代浙江海外贸易述略”等内容。我们经常见徐先生到资料室、图书馆查资料，吸收最新的科研成果，讲义不断更新。徐先生的讲授，内容丰富，条理分明，板书清晰，有理论分析，有史料考证，旁征博引，融知识性、趣味性于一体，使学生受益匪浅。讲课是一门艺术，把枯燥的历史讲活，更需要相当的精力和学识，徐先生是深谙授课艺术的学者，许多外系的研究生也慕名来听课。学生们有了疑难，喜欢向徐先生请教，大家常说的一句话是“问问徐先生”。因为徐先生那里蕴藏着宝贵的知识，他总是耐心解答学生的疑问。他的博学，他的平易近人，他的淡泊名利的品格，都是学生愿意接近的原因。金普森教授在徐先生执教五十周年庆贺会上作了这样一副对联：

师道楷模才德举世景仰；

考辨精辟著述百代流芳。[①]

这个评价可以说一点也不为过誉。

谈话间,徐先生对青年学生寄予厚望,他说:“青出于蓝而胜于蓝。”先生严谨的治学风范,先生的道德文章……都是我辈学习的楷模。

(原载《史学史研究》2001 年第 4 期)

---

① 杨渭生主编:《徐规教授从事教学科研工作五十周年纪念文集》,杭州大学出版社,1995 年,第 449 页。

勤于剪枝勤灌溉 呕心沥血育人才

——记徐规先生指导研究生做学问

何忠礼

浙江大学(原杭州大学)历史系宋史研究室主任徐规教授,是我国著名的宋史专家。他那谦虚、诚恳的为人,谨严、笃实的治学态度,早为人们所熟知。至于他诲人不倦,甘为人梯,精心培养年轻教师和学生的事迹,说来更是十分感人。我有幸在他指导下度过了三年研究生生活,所受教益尤为深切难忘。现仅就徐师在大力培养和教育研究生方面的工作,谈一些粗浅体会。

一、重视对研究生基本功的训练和培养

徐师常说,一个刚入学的研究生,虽然已较好地掌握了大学本科的知识,但要从事复杂的中国古代史研究,其知识和功力是远远不够的。为此,必须在拓宽知识面的基础上,加强基本功的训练。那么,中国古代史研究生的基本功是什么呢?他认为,一是要具备相当的古文阅读能力;二是要有较高的论文写作能力;三是要掌握史料学、目录学、避讳学、校勘学、版本学等多种基础知识。

为了提高研究生的古文阅读能力,并打开宋史史料的宝库,徐师继承他在浙江大学读研究生时的老师张荫麟、陈乐素两位教授的经验,给新入学的研究生布置的第一个学习任务,是要求每人用

半年左右时间,逐字逐句地通读一遍《续资治通鉴长编》,学生在通读过程中,遇到不能句读或者意义不明之处,徐师便不厌其烦地一次次予以指点。1979 年以前,点校本《长编》尚未问世,徐师为此亲自手抄了《长编》开头的十卷,计十余万字,并详加点校,供我们作对比阅读之用。平时,他常常指定《长编》或宋人文集中的某一段文字,要学生当场标点并解释大意,以此检查大家通读和理解古文的能力。经过这样严格的训练,不仅使我们比较全面地掌握了北宋一代的史实,而且较快地提高了古文阅读水平,攻克了从事宋史研究的"语言文字关"。

所谓论文写作能力,主要的不是指一般的写作技巧,而是指撰述史学论文的才、学、识。徐师经常提醒大家,要写出一篇有质量的文章,从选题到资料的搜集、鉴别、运用都得下苦功夫,不能走捷径。他要求学生在确定论文选题时,必须摸清前人包括外国学者对这一问题的研究已达到的深度和广度。他反对写东拼西凑的大杂烩式文章,认为这种没有新意的文章,徒然浪费笔墨而已。他还认为,文章虽有新意,材料必须过硬,在论据尚嫌不足的情况下,切不可仓促成篇。后来,宋史研究室按照他的意见,编印了一部《宋史论文索引(1900—1980)》,主要就是为研究生提供有关专题研究的信息而编纂的。

徐师早就指出:"以论带史的说法,是违反历史唯物主义观点的,正确的提法应该是以理论为指导,论从史出。"所以他非常重视史料的搜集,认为有了足够的史料,是完成论文写作的基本保证。他要求研究生勤读书,勤做笔记和卡片。卡片积多了,要进行科学分类,否则到用时就会不知所措。在引用史料时,一是要尽可能找出其原始出处,有第一手资料,就不能用第二手、第三手的资料,更反对将别人文章中所引用的史料一抄了事的不负责任作风。如果同一史料有不同版本,就要广为罗致,取其所长。因为有时一字之差，意思就会大异，影响论文的正确性。二是要认真做好史料的鉴别工作。徐师根据自己多年治学经验，认为宋代笔记较多，这固然为后人增添了一条采摭史料的门径，但其中所载史事，正如宋人自己所说，“多有得之传闻及好事者缘饰”（洪迈《容斋随笔》卷四《野史不可信》）。故内容失实者不胜枚举。这种情况，即使像司马光、欧阳修那些史学大师的笔记，也不例外。因此，在引用史料时，必须细加考订。正史、会要等记载一般较野史、杂说可靠性为好，但也不可轻信。

为了使研究生打下从事研究工作的扎实基础，徐师除了亲自为研究生开设“宋史专题研究”课以外，还指定中国古代目录学史、史料学、史源学、校勘学等课程为每个研究生的必修课。有些课，限于本系条件，一时尚没有能力开设，徐师一面争取有关部门的支持，让大家外出听课，一面指定某些著作，让大家去自学。如陈垣先生的《史讳举例》《校勘学释例》等，都是研究生们必读的参考书。

二、通过批阅研究生论文，实行面对面指导

徐师常说，研究生从事科研工作的能力，只有在实践中才能得到锻炼和提高，成功的经验固然好，失败的教训也很宝贵。他鼓励学生结合自己的学习和研究心得，每年撰写一至两篇论文或习作。徐师虽身兼杭州大学古籍研究所副所长的职务，教学、科研和各种工作非常繁忙，但对研究生们的每一篇文章，他都极其认真地进行批阅。从题目、内容到考订精粗，从用字遣词到标点、错别字，无不一一加以探讨并作修改。尤其对文章中所引用的每条史料，他都要找到出处，仔细加以核对。为了批阅一篇文章，往往要通宵达旦地费上几天时间，一次又一次地出入资料室、图书馆，用力之勤恰

如对待自己的著述一般，使大家无不为之感动。记得我的一篇习作《“兀术遗桧书”说考辨》，全文不过五千字，可是他足足审阅了两个晚上(徐师每天大都要工作到次日一两点钟才睡觉)，修改过的地方竟多达两百余处。徐师对研究生极端负责的精神，对我们研究生无疑是一个很大的鞭策。

当然，徐师指导论文，并不局限于修改了事，他每将一篇文章批阅完毕，总要将那位学生邀去，耐心地、逐字逐句地做分析和讲评，同时征询学生意见。徐师鼓励研究生说：“学撰论文，总有一个过程，开始时，挑毛病多一些，但绝不可气馁。修改后的文章，拿回去后还得好好想一想，为什么要这样改，经过反复揣摩，错误就会越来越少。到我没有什么可以替你的文章改动了，你就毕业了。”他曾坦率地告诉大家，这种通过批阅论文，面对面地指导研究生的方法，是从自己的业师张荫麟、陈乐素两位先生那里学来的。作为徐师的学生，我们感到这种有的放矢的教导，给大家的帮助特别大，使我们切实地学到了许多做学问的本领，可以说一辈子也受用不尽。

三、教书育人，甘为人梯

徐师待人宽厚，不尚虚辞，而对研究生在道德品质方面的要求却很严格。当然，这种严格的要求，大多通过自己的表率作用体现出来。

他教导学生要扎扎实实地做学问，不急于发表文章，不要追名逐利，切忌趋时曲笔。他说，某些粗制滥造的东西，仰承权贵鼻息的文章，发表后或许可逞快于一时，但对学术研究无益，并且最后会使自己感到汗颜，甚至抱恨终身，追悔莫及。确实，徐师从不匆忙发表自己的论文或专著。他每写完一篇文章，一定要请人看看，请其他老师看，有时也请学生们看。这几年来，他所发表的文章，事先我都是拜读过的。当然，这也是徐师培养研究生的一种方法，希望通过这种实践得到提高。不论老师或学生，只要所提意见有合理之处，即使一个标点他都立即修正。他对自己的文章总是一改再改，几经重抄，重抄又从不请别人代劳。徐师认为，抄稿子的过程是一个继续深入思考、纠正错误的过程，如果失去这一机会那是很可惜的，这就是他不愿意学生帮助他抄稿子的一个重要原因。他有许多研究成果，只要稍做整理，即可付梓，可是他总觉得尚欠成熟，不肯轻易拿出来发表。一些出版单位向他约稿，经常被他婉言谢绝。他的这种一切以事业为重、不好名利的作风，使大家深受教育。

徐师认为，一个做学问的人，应该具有诚恳谦虚的品质。他对史学界的前辈十分推崇，常常如数家珍地介绍他们的治学经验和科研成就。对同辈也很尊重，即使学术观点上有分歧，总是严于律己，很少谈及他人的短处。对晚辈的爱护和关心更是不用说了。徐师说，学术研究的领域十分宽广，个人的智慧和精力毕竟有限，只有互相磋商，取长补短，通力协作，才能多出成果，出好成果，否则只会两败俱伤。他要我们增强团结，力戒骄傲，彻底清除旧社会遗留下来的文人相轻的恶习。

本来，研究生协助自己的导师做一些力所能及的工作，如誊录、校对、查找资料之类，也是合于常理之事，但徐师从不请学生代劳。记得在长达三年的研究生学习期间，我与另一位研究生同学曾经帮他校对过一篇别人请他修改、审阅的文稿。但是，由于我们缺乏校勘知识，出了不少差错。后来。他以此为例，给研究生们上了一堂生动的校雠学课。这时我们才恍然大悟，原来他要我们“代劳”的目的就在于此。虽然徐师十分珍惜学生的时间，但他花在学生身上的时间却从不吝惜。当研究生急需某本参考书时,他就会将自己正在使用的那本书拿出来供他使用,宁可自己跑许多路,到校图书馆查阅。学生在学习、生活和毕业分配中遇到了困难,徐师都十分关心,不遗余力地加以帮助。甚至在他自己做学问、读史籍时,也时时惦记着研究生们的研究课题,一旦见到有用的资料,就一一替他们做好卡片,然后分发给大家。我们在二三年级时,几乎每人每星期都能收到他所摘录的卡片。这中间,又要他付出多少宝贵的时间啊! 徐师在我们研究生身上,真可谓倾注了自己的全部精力。

笔者后记:

这是笔者在24年前应中国宋史研究会之约而撰写的一篇介绍徐规教授如何指导我们研究生做学问的文章,刊登在《宋史研究通讯》上。文章所记内容尽管只是点滴,并不全面,但今天读起来仍然如发生在昨天一样,使我倍感亲切。徐师的道德文章,可谓有口皆碑,这是任何人都抹杀不掉的;对学生的教诲更是呕心沥血,在今天的导师中已很少有人能够企及。在徐师九秩华诞即将来临之际,重新发表此文,以表示对自己恩师的感谢之情,并衷心祝愿他老人家健康长寿!

(原载张其凡、李裕民主编:《徐规教授九十华诞纪念文集》,浙江大学出版社,2009年)

师门受教忆点滴

曹家齐

甲戌年秋至丁丑年夏，己卯年末至辛巳年底，家齐两度入浙大求学，先从徐规民师攻读博士学位，后随龚延明师从事博士后研究，前后共历五载。因同在一校，故博士后期间，仍得聆听规民师教导，可谓闻道受业，深沐教泽，感激莫名！家齐忝列门墙一侧，难发恩师道德学问之万一，值先生九十华诞，谨忆述座前受教之点滴，以表恭贺、纪念之意。

笔谈与板书

先生是温州苍南（旧属平阳）人，除民国庚辰年（1940）秋至丙戌年（1946）夏入遵义浙大总校学习外，其余时间多数仍居浙江，故说话乡音甚重。甲戌（1994）八月某日，家齐初往府上拜谒，先生极具热情，从架上抽出书册数种，介绍近期宋史研究状况。然家齐初入浙地，于南音甚感生僻，故不能全然领会。先生看出，便铺开纸张，将家齐不能明白者，以笔写之。虽为笔谈，但先生仍以楷体书写，一丝不苟，令家齐至为感动，如沐春风。久仰先生学问广博与精湛，当面聆听教诲，始更觉高深与严谨。

先生于甲戌、乙亥两年，为博士生开设“宋史史料书评介”和“中国古代史专题研究”两门课程。同堂听课者有范济之（立舟）、沈冬梅、魏殿金与家齐四人。上课地点在历史楼宋史研究室,两间大小,里间四围排满书柜,陈列宋史研究基本古籍,中间乃一长桌,外侧立一黑板,专供研究生上课之用。上课时,先生背对黑板,坐长桌一头,研究生则三面环坐。先生有抽烟习惯,上课之前,便将一包烟(多为中华牌)放于桌上,以一大号搪瓷茶缸收置烟灰。家齐等每见之,常赞叹烟缸之大。先生平日话语不多,上课却谈兴甚浓,常指夹香烟,口若悬河。尽管如此,却非海阔天空,漫无边际,而是紧扣主题,严谨讲授。每遇难懂词句及征引史料,皆起身板书。一段史料,往往写满整个黑板。一堂课两小时,黑板常常拭写数度。今再翻看课堂笔记,段段引文皆抄自先生板书。遥想先生当年,已七十五高龄也。听课多日,渐熟先生之口音,往后再面谒先生,便不需要笔谈了。

考据文章易传世

先生于浙大求学时,先师从张素痴(荫麟)先生,撰成本科毕业论文《李焘年表》,继入陈乐素先生门下,撰成硕士学位论文《宋代妇女的地位》。张先生学贯中西,于义理、考据、文章俱胜同代学人;陈先生则家学渊源,最擅版本目录与考据之学。先生得二师亲传,学问自是务求广博与宏远,主治宋史,亦兼及汉唐;立足考据,更阐发义理。然自20世纪60年代以后,先生治学却专意宋代史事与文献之考证,至今未改。究其原因,政治之摧压自不可免,然亦与二师教导密不可分。某日,家齐前往府上问学,先生告知,张荫麟先生曾言:“评论文章好写,但不易写好,能传世者少之又少;考据文章亦不易为,但写成多能传世。”并鼓励家齐写好考据文章。又曾听先生言说,其硕士论文撰成后,曾得姚从吾、贺昌群诸先生好评，但诸先生却同时指其选题稍大，故论述未尽周详。自此以后，先生为文，便不再求阔大之题，立论慎之又慎。然先生专写考据文章，有人却以为不擅理论，其实是不了解先生也。先生虽少写评论文章，然于义理之学仍常思在心。济之师兄甚擅理论思辨，学位论文为《宋代理学与中国历史观念》，于中西各家学说多有引述。送呈先生批改，本以为先生对西人论述了解不多，不致有太多意见，却不意先生之批点删正，处处精允。济之叹服不已。

从不责人之非

人之处世，极少无人议者，亦极少不责他人之非者。然先生却从不责人之非。每见先生与人谈话，谈及当世之人，皆是可称者称之，无可称者则不言；虽对一些妄人，亦未见先生以一语相责。无论授课论学，皆是直陈文章得失，而不及作者本身，更不以人品优劣论学术之高低。先生如此修为，自然对弟子亦不相责。每有弟子呈上作业，先生皆认真批改，耐心指出不足与错误，却从不厉言批评。虽弟子言语不当，或行为过分，先生亦是不愠不怪。某日上课，济之因贪杯而迟到，听课中酒力发作，难以自制，便呼呼大睡。先生不仅未责，反而面有窘色，微笑视之。我等将济之弄醒，授课继续进行。先生如此好脾气，令弟子既感亲切，又无比仰敬。诸弟子中，无论长幼，面见先生，无不毕恭毕敬，言语不敢一丝造次。

好饮酒不说闲事

先生不仅不议人非，亦少说闲事。与弟子叙话，多为读书治学之事，而少及其他，酒桌之上亦是如此。先生好饮酒，平日在家，中晚两餐均须以烧酒二两相佐；出门在外，亦不改饮酒习惯。每与朋友或弟子相聚，敬酒者自是频频不绝。而先生总是来者不拒，但先生自制力甚强，很少过量。酣畅之时，大家言谈难免家长里短，而先生则镇定自若，任凭大家说笑，很少插话。然听到可笑处，亦会微出笑声。

频来西临

家齐与济之等读博士时，住在西溪校区西临宿舍。该处虽住有不少研究生，但导师驾临者却不多见。然先生便是这不多见中之一位。那时大家皆无手机，而全楼亦仅一部电话，且常被女生占用，故联系甚不方便。先生往常有所指教，曾亲来西临，令值班阿姨至为惊奇。丁丑年(1997)初，济之与我学位论文陆续成稿，分章送呈先生批改。先生之习惯，每当学生呈上作业，立即放下手头事务，专心批阅。然济之与家齐当时未知，总以为先生需多日方能阅毕，不意先生速度甚快，不等济之、家齐登门，便亲自将文稿送来西临，一一指出不足，并加以勉励。如是者数次。有时我等不在宿舍，先生便耐心等候。常令济之、家齐感到不安。先生时年七十八岁。

夜晚登门

博士后期间，家齐不仅继续聆听先生教导，生活与工作亦多蒙先生关心。时入丙子(2001)，便须考虑出站去处问题，家齐甚愿久侍先生座前，先生不仅表示支持，还亲拟推荐信函，送呈人文学院。信中大致云，浙大宋史研究源远流长，在学界有重要影响，然诸位教授相继退休，自己已“来日无多”，望学院领导简拔后进，充实浙大宋史之研究。家齐看后，至为感动，内心亦不无酸楚。先生愿留家齐，亦另有一事相托，即为完成《建炎以来系年要录》之整理。《要录》之整理，乃先生与梁太济教授共同承担之古委会项目。因校勘任务繁重，乙亥年始，济之、家齐与魏殿金兄，曾秉承师命，持四库底本，前往浙江图书馆古籍部，与仁寿萧刻本相校。连日浏览西湖风光、静坐雅阁、埋首黄卷之经历，至今令人难忘。然我等因毕业之事，却未能校完全书，实是愧对师尊。随着先生年高，梁先生又患眼疾，此事便一再耽搁。先生曾拿出经费本，让家齐帮助完成此事，殊未料当年正值浙大文科紧缩编制，留下十分困难。家齐其实早知情势，曾有多种准备，未以留下为必得。秋季某日下午，校园得遇先生，告知留下无望之事，便亦未以为意，却不料先生甚是介怀。晚上八点多，有人敲门，开门一看，竟是先生，旁有外孙女搀扶。家齐住杭大新村十七幢西单元之三楼，与先生虽同在一区，距离亦不算远，却为两个院落，且十七幢又是旧楼，楼道狭窄黑暗。先生有事，自可电话示知，不意竟不避黑夜，亲自前来，令家齐大感意外，一时不知所措。扶先生坐定，始知原委。原来下午先生得知家齐留下无望，甚是担心，恐家齐心有负担，便登门前来开解。先生告诉家齐，先把文章写好，余事慢慢计议。此事最让家齐难以忘怀！先生时年八十有二。

（原载张其凡、李裕民主编：《徐规教授九十华诞纪念文集》，浙江大学出版社，2009 年）

时代·师生

——写在徐师九十华诞之际

杨天保

2002年春，我始入浙江大学，师从徐规先生攻读中国古代史博士学位。自此，一个时段内的师生往来，潜入了生命。与同时代慕名而动的多数学子相比，何去何从，我总略显迟钝——原本只是计划要在次年从广西考回湖北老家，力争去做一次“武大人”。机缘巧合，吴民祥师兄（现任教浙江师范大学）来电说，浙大每年设春秋两季考试，今秋何妨先试？谁料此语竟成个人求学之转折——生命密码瞬息为此等偶然因素所破解，原先接收了那么多历史必然性的理论法则，有何用哉！

报考前，我原是广西师大中国近现代史硕士。转向中国古代史是否可行，当时就斗胆去信，咨询何忠礼老师，何师即刻以“风雨如晦，鸡鸣不已”相励；又借硕士导师张家璠教授与陈仰光老师的相识，亦屡屡问教之。2001年10月参加“秋考”。笔试之后，浙大历史系组织面试，得此机会，我才首次见到徐师——八旬老人，虽眉目慈善，笑容可掬，亦未及一语，但后生心中颇惴。汗潺双颊，举措徘徊，终未敢当面致礼。

次年春，我通过测试，由岭表北上赴杭。拜会何师，他说我填报的导师既有他又有徐师，现在，同时录取的周方高师弟（现任教湖南科技大学），专门报考他，所以，安排我跟从徐师受教。老人家就是自己的导师，方到此时，我才确然！盛名之下，异日不敢奢求，仅心存向往;今日猝成定局,人谋何堪!后来,在浙期间,我曾陪同暨南大学一师妹游杭,人景两可之余,她以学界流传盛广的“狐假‘狮’威”之新神话——名师(狮)必定顺利产出高徒,暗设类比,试予嘲讽。不过,时风熏染之下,中国大半名师已属体制化,入则高门学霸,出则政要大佬,层林尽染。教育机制在先授人以柄,难怪他人会讥之于后,夫复何言!

徐师为我讲授“宋代史料书评介”必修课。因要横穿马路,每周二清晨,我从生命科学院宿舍去接他来西溪校区。去时,徐师在家候我已久。故后来我改骑自行车,返时再取。徐师出门,常着深色帽,瓜式、毡式居多,春冬季,加系围巾;无拄杖,行李简洁,携浙大专用办公袋一只,讲义盛其中。师徒两人碎步匆匆,来来往往,穿梭了半年,一时颇引路人注目。识得徐师的浙大学人,路上有遇,必来问礼。侧身旁观,借此情境,我就记下了诸多人物及其音容笑貌,也常多悲欢感慨,皆载籍书本所不能获者!行路时,徐师上身前倾,颔首微曲,专注正向,少顾左右;逢熟友,抬右手示意,罕停驻攀谈,亦少主动握手,行走如一。

授课时,徐师必去帽,天寒亦然。讲话多温州方言,初听颇不易,日久方通。不过,板书详尽,故说得少,写得多。粉笔字清俊规范,楷法中略带行体;横排连贯,错落有致,自成章节;间或有表格制作,独赋心机。黑板顶端,常要踮足为之。一写就是满满整板,绝不随写随擦,也绝无余角浪费;一板终,另板再起,此起彼伏,如投影。又极少坐而论道,方尺讲坛,踽踽而行,一站就是整整一个上午。迄至下课,双肩发际,已是缤纷,但襟袖之端,洁然!中场休息,较少饮水,仅燃香烟一支,聊解身累。课后离开教室,腰已低欠,右手亦稍缩于袖,久用力故也。

课余,我常去徐师家。三室一厅,似 80 年代建筑,亦不及 80 平方米。水泥地面,不镶瓷砖,且明暗分明——足迹所至,多光亮滑腻,适成中心地带;而边缘尽呈深暗,角落处常遗有拖扫的水痕。四周粉饰之壁,年久趋黄,故室内光线较沉。开门者总是徐师女儿,阿姨好客,笑语琅琅,极易亲近。入厅不换鞋,扑面就是油香,以北方腊味诸多。徐师独居右侧第二室,20 平方米左右。进门倚墙处,置简易硬板木床,颇宽大,约占五分之一。被褥齐整,旁有书籍若干。去时常见徐师端坐书桌前(两旧木桌合二为一),隔桌正面墙下,开一中型彩电,于声响光影中从容办公。另,书架数列,竹木质地,皆普通低矮款式,身前身后,环墙峙立。架间虽充盈,但总体藏书不丰,以纪念文集居多,时有照片点缀其间。其中,年少毕业之姿,虽非彩照,历年甚久,最显光彩;合家之影,亦足感慰观者。其他花草古玩琴画虫鱼之属,独不与焉。进室后,徐师亲为张罗茶水,于近边设坐,静听我半小时的“夸夸之谈”,多含笑不语,专心“享用”,罕予评断。

一日课前,徐师带来所藏《王荆公年谱考略》《王安石年谱三种》《王安石——中国 21 世纪时的改革家》和据朝鲜活字本影印《王荆文公诗李壁注》诸书。且亲领我到历史系资料室查出《王文公文集》,一并让我准备“王安石研究”的博士论文。回来翻阅诸书,我时见徐师字迹夹注其间。蝇头之楷,文献考证最富。例如,《乞制置三司条例》条下,徐师征引《宋会要辑稿・职官》五之一至三、四二之二〇至二一,已辨其为吕惠卿之作(参见拙文《王安石集的古本与新版》,载《古籍整理研究学刊》2007 年第 3 期)。又如,有关“辽”“大辽”“大契丹”等国号称谓之变动,徐师遍考《通鉴》《契丹国志》《辽史校勘记》《辽史・太宗纪》《辽史・圣宗纪》《东都事略》《宋会要辑稿・蕃夷》《新五代史・四夷附传》《续通鉴》《考异》《长编》以及近人陈垣(1880—1971)诸说,收拾整顿,俨然已自成独立的史考短文……基此,我后来去考察“金陵王学史”(1021—1067),立足点正是历史文献学,靠的就是徐师稔熟的著作事迹编年的理论方法(参见拙著《金陵王学研究——王安石早期学术思想的历史考察》,上海人民出版社 2008 年版)。

此后,徐师又常有小纸条传递与我,内容皆相关王安石,其一般格式是,徐师自拟题名,有“王安石曾寄居杭州”“王安石生于鸡年”“王安石经学著述之校注本”“今人考证王安石年谱”“王安石佚诗《黄河》(《全宋诗》未收)”“王安石《游圣果寺》诗”“称赞王安石四六偶俪之文”“《辩奸论》在北宋末年已为朱弁《曲洧旧闻》记及”,等等,文下详附出处,并作按语,兼及时人议论。例如,为方便我去找到学者金生杨《王荆公〈易解〉考略》一文(载《古籍整理研究学刊》2001 年第 3 期),作有按语曰:“本系资料室有此刊物,或汇款 8 元给 10086 北京 9666 信箱信息咨询部收。”属转交之类,则旁书“交天保同志参考”。纸条制作,量大即大,量小则微,且多是“非正式”书写纸张的衍生物——烟盒纸、《文献》用稿通知、进口药品使用说明书等,不一而足……最喜用者,当属过时作废的“杭州市公安局车辆管理所收费传单”。该单宽 9.7 厘米,长 13.1 厘米,纸面粗糙,微黄;一掌之地,用其反面专录一事,实乃便当。徐师好用钢笔和纯蓝墨水,关键处率以红墨水标示,或画线,或着点,红蓝相间,极明显。毕业后,七年蹉跎,南北迁转,我现仅存十多联,甚惜!

徐师能饮酒抽烟。笑问之,坦称无论酒种,每日必为之,且约尽一碗;烟以一包为限。书桌上置橡胶握力圈一只,已光润;又说年少时练过气功,扎过马步。如今读史阅文,持放大镜为助,未配眼镜。平居多着深蓝中山装;2002 年秋应邀参加纪念陈乐素先生(1902—1990)诞辰百年的学术会,始改西装,系领带,三年间仅此一见。当时,我受安排随行南下广州,原意为照顾起居,结果却都是何忠礼老师代为其职。

徐师不善辞令,但语及其师张荫麟先生(1905—1942),独多言,每以“才子”相誉相叹,两手比画自舞,不尽之意,溢于言表！于我，一以“天保”面唤之；荐之他人，则书曰“杨天保同志”，或简称“杨君”；离杭后，徐师来信，首行皆书“天保博士大鉴”。师生名分，自有定制乎！

三年间，徐师从未召之以私事，也不曾置办家宴联络生徒，更不曾让我分担某项课题研究之“忧”。即便是对“王安石研究”已多心得，仍不刊一字，一一传之于我。故每有习作，徐师视如己出极欣然；我今日呈之，他明日即已阅毕。但改动甚少，错字病句、滥用标点、增补史料数端，是其主体。至于立意之旨、逻辑之思、行文之风等，皆一本作者。

按浙大要求，自2002级新生始，在读博士生完成一级期刊、A类期刊文章各一篇以上（详见《浙江大学关于研究生学位论文答辩资格的暂行规定》，不过，此规定屡经师生“申辩”，已有减轻），方才享有答辩资格。否则，辛苦经营，卒同肄业，概与学位无缘。为此，不祥之云常压心间，叫人快活不得！学海无涯苦作舟，悲愤而后有学，此之谓欤？古者“头悬梁、锥刺股”，为了那些诱人的香饽饽，做出一件件畸形的痛学和变态的“苦学”，今又何异！此际忆起当日之景，犹见阵阵酷寒！

无奈，基于博士论文，我写成《概念与研究——是“荆公新学”还是“金陵王学”?》，投寄《历史研究》，后蒙仲伟民先生厚爱，电告已通过审核并采稿，心境始宽。时众师兄弟举额相庆，人生得意，如在昨夕。然世事难料，短短七日之内，突起变故——仲先生称，编辑部诸公对该文多有批评，无奈之余，只好再行外审。审之又审，弦外之音，其奈他何！当时，愤懑之情，盘曲难缱，竟然尽诉诸徐师。徐师闻之，数示摇头，但安详如故，笑貌依然，未置一词。回宿舍后，心绪渐平，风浪自息，我重检原文，逐字盘诘，调整为《走出“荆公新学”——对王安石学术思想演变形态的再勾勒》，再经徐师审阅，转投《浙江大学学报》（时为A类期刊）。2005年第1期该文刊出，即为人大复印资料中心《宋辽金元》全文收录，方才等同于一级期刊文章。虽属“曲线救国”，南北几度风尘，人事纷杂，但叩问学术，磨砺学性，厕身学界，自始方敢窥其门！

另，此事后，徐师刚写好新作《〈南部新书〉(〈全宋笔记〉本)订误》，且将为《文史》(时为一级期刊)采用之，故亲自电告编辑于涛先生，另增第二作者“杨天保”，并请发寄纸质采稿通知，以应“官方”验核之虞。时代殊变，体制殊变，学生不堪，师者如此，何其言哉！何其难哉！更让人不胜唏嘘的是，时至今日，此文犹未刊出面世。我毕业离杭后，徐师屡度中风，卧床久甚，未及查问。2006 年暑期，我参加上海宋史年会，中停杭州，徐师提及此事，让我去信咨询，但无论是信函还是邮件，皆石沉大海，无果而终！

所以，在躁动不居的时风之外，总有一股趋近于放纵弟子的自由祥和之气，总有一方洞见空明纯然无物的自在间隙，三年如影相随，并终究让率性而为、任气骋意、不知学究的我，如期完成学业。“狮”之庇佑，“顺利”之势，此之谓欤！

辞别杭城，任教岭南，内承外接，自问今日“我性”，犹然还是原本之性，终究未曾“逆性”为学，做成十足的“学奴”或所谓的“冠带之属”！近日，上海师大虞云国先生以“为人要圆，为学要方”勉励之，实乃真法眼！噫，生命中的师生链条，原就在于呈现“我性”、完善“我性”和发扬“我性”，而绝非要来一次轰天动地的再造“我性”！师者传经，达此境界，比肩者谁？幸如我者，多欤！

甚谢我师！

(原载张其凡、李裕民主编：《徐规教授九十华诞纪念文集》，浙江大学出版社，2009 年)

解读《仰素集》

——徐规先生治学风骨初探

张明华

徐规先生是当代著名的史学家和教育家，他长期致力于中国古代史尤其是宋史方向的研究，在史学园地辛勤耕耘，孜孜以求，撰写了大量论著，为我国史学研究作出了突出的贡献。目前，关于这一著名学者较有代表性的文章有方健先生的《宋代文明的独特诠释——读徐规教授〈仰素集〉》①、方建新先生的《义理、考证、文章三结合的学术精品——读徐规教授〈仰素集〉》②、康保苓女士的《徐规先生访谈录》③等。笔者认为：上述文章虽然介绍了其师学渊源、治学及教学方法，但尚未涉及学术思想等深层次领域。笔者不揣浅陋，拟通过《仰素集》的解读，从以下几个方面进行探讨，不当之处请大家指正。

一、秋水文章不染尘

《仰素集》在取名上充分体现了徐先生对张荫麟（号素痴）和陈乐素两位恩师的景仰之情，收入《仰素集》的每一篇文章既体现了

① 原载1999年11月13日《文汇报》。

② 原载《浙江大学学报》2000年第6期。

③ 原载《史学史研究》2001年第4期。

他“义理、考证、文章”的治学方法[①]，更体现了他精辟、独到的史识和学术独立的胆略。他以一个史学工作者严谨的治学态度和责任感书写历史、见证历史。

《李焘年表》是徐先生大学时期的学士论文。这篇文章也是引导他走上宋史研究的开山之作。徐先生是在日寇入侵中国、浙江大学西迁贵州的遭遇中完成大学学业的。国难当头之际，在偏僻的贵州山区，他在张荫麟教授的指导下把南宋著名史学家李焘当作自己的研究对象，这本身就反映出两代知识分子强烈的爱国之情和历史责任感。《李焘年表》的写作不仅使他从两位先生那里获得了知识的熏陶，更使他从先生和李焘身上懂得了一个历史工作者的社会责任感。

如果说，《李焘年表》引导徐先生走上了学术研究的道路，那么《王禹偁事迹著作编年》则是他在身处逆境时个人学术史上的又一次重大选择。从新中国成立到“文革”结束，政治运动接连不断，从旧社会过来的知识分子成为被改造、专政的对象，徐先生的处境也相当艰难。在政局动荡、人性扭曲、学术被践踏的社会背景下，作为一个严肃而清醒的史学工作者，他以知识分子的清高战胜常人无法承受的种种压力，不畏强权，运用专业知识在学术领域里不时发出自己的声音，既不附和当时的政治斗争，也不附和当时的学术权威，写下《张鲁是农民起义军的领袖吗？》《对胡华〈中国新民主主义革命史〉（初稿）一书一些问题的商榷》等文章，对当时带有政治色彩的学术问题提出自己独到的见解。“文革”前夕，他选择北宋政治家、文学家、史学家王禹偁作为自己的研究对象，正是因为“王禹偁是北宋政治改革派的先驱，是关心民瘼、敢说敢为的好官，是诗文革新的旗手，是据实直书、不畏时忌的史家，在中国封建社会

---

① 《仰素集·自序》，杭州大学出版社，1999年。

里,这样的士大夫真是凤毛麟角,少有其匹的"[①]。在当时的政治环境下,王禹偁既是他研究的对象,也是他的人生楷模和精神寄托,他从202种古籍中钩沉、著录,写下了国内第一部关于王禹偁事迹及作品编年的研究专著。该书的撰写始于"文革"之前,在"文革"期间被迫中断,所搜集的材料和手稿差点被毁,可谓历经艰辛。该书责任编辑在《内容提要》盛赞"本书是迄今为止国内关于北宋诗人和有进步倾向的文学家王禹偁事迹及作品编年的第一部研究专著,具有较高的学术水平。本书按年月编排了王禹偁事迹及有关当代大事,纠正了史籍上许多记载错误;考定了王禹偁几乎全部著作的写作年代;钩沉和著录了王禹偁的许多散佚的诗文,并对《小畜外集》内误收的诗歌进行了考证;补正了文集内的脱漏及刊误字句,包括影印宋本及王禹偁本人的误引原文;评述了王禹偁在历史上的地位。"[②]该书是体现徐先生义理、考证、文章三结合的治学方法的代表作,以材料丰富、考订精审、辨析缜密被同行们反复征引,视为学术珍品,在国外也享有盛誉,被收入全国优秀著作书目,获1978—1982年浙江省和杭州市社会科学优秀成果一等奖。日本唐宋史权威周藤吉之教授在《东洋学报》上发表长篇书评予以推荐,力推该书为"一部杰作"[③]。

徐先生重视考证,擅长考证,他认为研究历史人物,必须从年表入手,他所做的《李焘年表》和《王禹偁事迹著作编年》,从题目上看似乎只是按照时间顺序排列事迹或著作,实际上在旁征博引、考证、补正、去伪存真的同时,其深刻、独到的史识已蕴涵其中,只是需要读者自己悉心品味和领悟而已。

---

① 《王禹偁事迹著作编年》,中国科学出版社,1982年,载《仰素集》,第65—259页。

② 《王禹偁事迹著作编年》,《仰素集》,第259页注释。

③ 周藤吉之:《东洋学报》第70卷第1、2号,1989年1月。

二、学术独立之精神

徐先生重视考证，擅长考证，但其研究范围并不局限于考证。读《仰素集》，时常有这样的感觉，作者的研究视野不断拓宽，观点不断创新，选题时时透露出一股凛然的风骨。他坚持学术独立，敢于运用史料向传统的学术观点或政治化的学术观点提出质疑和挑战，客观地阐述自己的立场，态度之谦和、论证之坚实令人折服。

“杯酒释兵权”的故事从北宋中期流传到现在，几乎是家喻户晓，现代史学家对此也深信不疑，徐先生首先对沿袭千百年来的说法发难，撰写《“杯酒释兵权”说献疑》[①]一文。该文刊出后引起宋史学界的震撼和普遍关注，台湾学者柳立言在台湾《大陆杂志》上发表《“杯酒释兵权”新说质疑》对徐先生的观点进行商榷。徐先生再次就该题目撰写《再论“杯酒释兵权”——兼答柳立言先生》[②]一文提交 1995 年在台湾中国文化大学举办的第二届宋史学术研讨会，并在大会上报告、重申自己的观点。该文以更加翔实的史料，针对柳立言先生的质疑，进行了有力的反驳。台湾学者黄宽重先生高度评价徐先生“治学严谨，考证缜密，所发表的论著，功力深厚，卓有贡献，尤不肯人云亦云，因此，对千余年来，人们耳熟能详、深信不疑的‘杯酒释兵权’的史事，提出合理怀疑，打破了学术界长久深入人心的旧观念，引起学界相当大的震撼与讨论，这种在不疑处有疑的求真精神，令人佩服”[③]。

---

① 原载《文史》第 14 辑，1982 年 7 月，今载《仰素集》，第 526—532 页。

② 原载台湾中国文化大学《第二届宋史学术研讨会论文集》，1996 年 3 月，今载《仰素集》第 616—683 页。

③ 《再论“杯酒释兵权”——兼答柳立言先生》，《仰素集》，第 632 页。

黄先生的评价丝毫不是溢美之词,徐先生以他一贯的求真风格,排除政治化学术的影响,打破权威迷信。常言道:隔行如隔山。一个学者能够在自己研究领域之外,对他人的著作提出批评,使对方心服口服确是常人难以达到的境界,但是徐先生做到了。1954年,在浙江省立温州中学高中二年级任教的徐先生旁征博引举出胡华所著《中国新民主主义革命史》(初稿)中24条错误,他的意见在胡华《答徐规同志》①一文中得到了充分的肯定。

新中国成立初期,受政治环境的影响,学术界把农民起义的地位和作用拔得很高,历史上所有反抗政府的行为都被冠以"农民起义"的字眼,其首领也都被视为农民起义的领袖,歌颂农民起义和农民起义领袖成了当时史学工作者的主要任务。置身于这样的政治环境,徐先生也写了《陈硕真——中国第一个称帝的女农民领袖》②和《张鲁是农民起义军的领袖吗?》③两篇与农民起义相关的文章,前一篇对陈硕真在农民起义历史上的地位做出了实事求是的评价;后一篇针对侯外庐先生等一批史学权威对张鲁是农民起义军领袖、张鲁建立的政权是农民政权所下的定论提出质疑,徐先生以翔瞻的史料得出张鲁政权是封建割据政权、张鲁是地主阶级利益的保护者的结论。就当时的政治环境而言,他要冒着污蔑、丑化农民起义领袖的政治风险;就当时缺乏争鸣、万马齐暗的沉闷的学术氛围而言,提出这样的质疑需要有相当大的勇气。

岳飞在中国可谓是妇孺皆知、家喻户晓的历史人物,是历史上的民族英雄,是中华民族的精神象征,文学传奇和戏剧中过分渲染岳飞的功绩无疑达到了惩恶扬善、褒忠贬奸的目的,但作为学术研

① 原载《历史教学》1954年第4期。

② 原载1961年6月4日《浙江日报》,《浙江历史人物志》,今载《仰素集》,第422—423页。

③ 原载1961年9月27日《光明日报·史学》,今载《仰素集》,第433—435页。

究,如果继续采取这种方式就会丧失其真实性和科学性。徐先生写下《朱仙镇之役与岳飞班师考辨》《应该实事求是地评价岳飞的抗金战功》《我们应向岳飞学习些什么?》等一系列文章,在充分肯定岳飞是中华民族的民族英雄、为抗金事业作出了巨大贡献,岳飞尊重人才、生活俭朴、作风正派、为官清廉,驳斥否定岳飞民族英雄地位、岳飞班师是愚忠误国的基础上,他也反对违背历史史实对岳飞战功虚夸和溢美的做法。为了扭转学术界岳飞研究中有意无意地将学术研究活动与非学术活动重合,将学术价值等同于社会价值、政治价值,弱化了学术自身应有的现象,他撰写了《南宋绍兴十年前后"内外大军"人数考》,通过对内外大军总数的考订,强调抗金活动的群体意识和民族意识。他还为鲜为人知、同样在抗金战场上作出巨大贡献的抗金英雄刘锜编写了《刘锜事迹编年》,撰写了《论刘锜的风范品格及其在古代军事史上的地位》一文。从表面上看,徐先生只是研究了一个人物;从效果看,他拓宽了南宋抗金历史研究的范围,把研究的视野从岳飞拓展到更多的人物和更广的领域,他的这些文章确实起到了启发后学者的功效。

即使对同行中极为尊敬的人,徐先生同样坚持学术独立的观点。时下,为生者祝寿和逝者出论文集、写纪念文章成为一种社会时尚。一般来讲。撰稿人与当事人都有密切的交往,文中绝少批评之词。读徐先生《高山仰止——纪念邓恭三先生逝世一周年》一文令人耳目一新。这篇文章记载了两人学术交流的一段佳话:徐先生在认真阅读邓先生撰写的《略论有关〈涑水记闻〉的几个问题》后,提出了一些具体意见。被邓先生虚心接受,邓先生回信"待再版时,一一遵命予以改正"。邓先生《学术论著自选集》出版后,徐先生同样提出了一些刊误或商榷意见。邓先生在复函中依然虚心采纳,"拙著承蒙那样的认真翻阅,实在令我感激莫名。谨先表示由衷的致谢。信中所揭示的误字和误文当即遵命,待再版时一一加以改正”,邓先生还谦称“今后有待先生指教之处必还甚多,来往函件千祈不要在尊名之上冠以后学二字为祷”。读到此处,相信每个人心灵都会有所触动:邓先生虽被同仁们尊为泰斗,却丝毫没有学术上的霸气,徐先生虽早已功成名就,却谦称自己为后学。古人可以为鉴,今人更可为师。愿权威们能从邓先生身上继承一些谦逊,愿后学者能从徐先生身上继承一些勇气,把宋史研究推向更高的境界。徐先生在文章最后以独特的方式悼念邓先生:他完成了邓先生的嘱托,阅读了《邓广铭治史丛稿》,通过翔实的考证,又举出了书中的四条疏忽之处和四条误刊之处,以报邓先生在天之灵。[①] 其坚持学术独立的风骨由此可见。

三、强烈的历史责任感

徐先生《仰素集》的第三部分是他对《梦溪笔谈》、《旧闻证误》、《石林燕语》、《全宋文》第一册、《四朝闻见录》、《全宋文·王禹偁文》、《朝野杂记》、《渑水燕谈录》、《东轩笔录》、《挥麈录》、《青箱杂记》、《皇宋十朝纲要·升改废置州府》、《铁围山丛谈》、《玉壶清话》、《湘山野录》、《老学庵笔记》、《宋史·地理志》、《齐东野语》、《容斋随笔》等书所做的大量订误、纠谬、正误和补正工作,其中不少订误文章是针对当代中青年学者整理、点校的列入中华书局《唐宋史料笔记丛刊》宋人笔记中所出现的讹误而做的修订,徐先生严肃认真地指出这些点校本的疏误,语气平和,就事论事,绝无讽刺嘲弄之辞,显现了呵护晚辈、奖掖后学的大家风范。

考证是一件费力不讨好甚至是得罪人的工作。每考证一部

---

① 原载《仰止集》,河北教育出版社,1999年,今载《仰素集》,第1150—1154页。

书、哪怕是仅仅纠正里面的一处错误，考证者都要参考与之相关的多种书籍。就时下风气而言，考证更是一种得不偿失的治学方法，考证一本书需要花费的时间和精力比起写一本书还要多，而且看不到短期效益，不会产生一本专著出版后的轰动效应和自我宣传的名人效应，因此致力考证的学者不仅要有深厚的学术功力和持之以恒的品格，克服哗众取宠、急躁冒进的浮躁心理，更需要有淡泊名利、甘为人梯的精神。所以有些学者不愿意一辈子抠擞史料，不愿意斤斤于考据烦琐问题的“饾饤之学”，而是重于思考和研究历史上的大关节问题，攻击做“饾饤之学”的学者只盯着咬文嚼字的细节末梢，看不到历史的本质，不会从宏观上思考问题，没有自己独到见解。这其实是一种误解，史料整理和理性思维于史学研究而言相辅相成、缺一不可。离开了坚实、正确的史料，任何高谈宏论犹如建筑于沙漠上的大厦一般看起来雄伟壮观，而实际上不堪一击。

时间是试金石。试想：几十年、几百年甚至更久以后，当社会发展到我们无法预料，也许我们今天所谓的理性思维和结论会显得幼稚或荒唐可笑，后人凭借什么去理解我们今天的结论？如果今天我们放弃对史料整理工作应有的重视，那么留给后人的史料仍然芜杂、真伪难辨；就后人而言，他们受现代科学技术的影响比我们更大，比我们今天史学工作者的古文功底更差，对考订、鉴别史料显得更不耐烦，他们不加甄别使用史料的可能性就更大，因此今天的史书整理工作就显得十分重要和紧迫，这是一件造福后人、功德无量的事业，是一项令人尊敬、极其高尚的事业，是每一个从事中国古代史研究的学者的责任和义务。徐先生不图名利、不赶浪头，不做仰人鼻息、逞快一时的文章，在宋代史料书整理领域默默辛勤耕耘了几十年，用楚图南先生称赞乾嘉学派代表戴震“治学不为媚时语，独寻自知启后人”的话来概括徐先生的风骨和贡献，庶几近之。

四、专业研究与本土文化之结合

唐宋之际,我国经济文化中心和重心南移。江浙一带出现了许多科学家、文学家和思想家。尤其在南宋时期,由于民族矛盾尖锐,朝廷南渡定都临安(今浙江杭州),浙江成了南宋政治、经济、文化的中心,围绕着抗金大业,浙江涌现出抵抗金人南侵的儒将宗泽、抗金务实的浙东事功学派等。笔者曾经把徐先生的文章进行归类,意外地发现他对浙江本土文化的挚爱,他对浙江籍乡贤、历史地理、少数民族研究屡有建树,对其他学者对宋朝浙江籍人物和浙江历史地理的研究成果极为关注。

沈括是北宋两浙路浙江钱塘县(今浙江杭州)人,是中国古代杰出的科学家、博洽学者和著名的政治家。六十年前,张荫麟先生编写了《沈括编年事辑》,后来,胡道静和张家驹两先生依据张先生的著作分别撰写的《沈括事略》和《沈括事迹年表》,虽然对《沈括编年事辑》有所补正,但仍有不少疏误之处。徐先生在前人研究的基础上重新整理,写出《沈括事迹编年》,又和闻人军一起撰著了《沈括前半生考略》,对沈括成名之前在医学、书法、音乐、文物鉴赏和自然科学等领域的兴趣和成就进行考证,为后人研究沈括补上了精彩的一笔。

南宋时期,围绕着抗金大业,南宋的思想家们展开了不同思索,提出了许多主张,在诸多思想中,以浙东人陈亮(今浙江永康人)为中心形成了永康学派,以陈傅良(温州瑞安人)、叶适(温州永嘉人)为中心形成了永嘉学派,两派共同构成贴近现实而最富有活力的事功学派。该学派一反当时朱熹道学和陆九渊心学在抵抗金人南下中的消极态度，坚决主张抗金，反对空谈义理性命，主张“经世致用”，后来叶适集事功学派之大成，与朱熹的道学和陆九渊的心学形成鼎足之势。徐先生的籍贯温州是浙东事功学派的中心之一。为此，徐先生撰写了《陈亮永嘉之行及其与永嘉事功学派的关系》《试析陈亮的乡绅生活》《陈傅良之宽民力说》《陈傅良的著作及其事功思想述略》《略论叶适的学术和事功》。通过上述文章，徐先生勾画出了事功学派形成的过程及传播途径，他们的进步政治主张和实际行动，高度赞扬了这些进步的浙江人反对空谈、讲求实效的务实精神。

《宋代浙江海外贸易探索》撰写于1982年，徐先生把研究的触角延伸到经济领域在当时的学术界是相当早的，他考察了浙江海外贸易发达的背景、在全国的地位、海外贸易情况、具体交易的物品，从历史的经验中得出搞活经济、对外贸易给中国的物质生活和精神生活注入活力的巨大作用，而闭关锁国只能带来愚昧挨打的惨痛教训。他的另外两篇文章《五代十国时期的杭州》《杭州西湖非明圣湖考辨——兼论西湖名称的沿革》和《南宋都城临安·序》，把一个历史学家对乡土的热爱化作责任，对它进行历史的寻根探源，使每一个现在和未来的杭州人从中了解自己生于斯、长于斯的这座美丽城市的历史。徐先生于乡土的热爱还包括他对出生地温州的关注，他给《温州市志》撰写了序言，并长年担任《温州市志》的顾问。

春风大雅能容物，秋水文章不染尘。学术之独立、精神之自由是五四运动以来知识分子追求的目标，也是徐先生终生追求的理想。《仰素集》凝聚了徐先生从事学术研究六十年的心血，是他学术思想和人格精神的写照。《仰素集》里的每一篇文章都紧紧围绕学术问题展开，似明月清风，如阳春白雪，浑然天成，没有任何牵强附会、人工雕琢的痕迹，没有任何非学术言语的玷污和颐指气使的霸气。他把对历史问题理性的思考融入立意深刻的选题与平实优雅的行文之中,雍容而悠闲,从不斤斤计较、咄咄逼人。他讲求道德学问统一的做人原则、坚持学术独立的风骨、严谨的治学态度以及对本土的热爱渗透于字里行间。《仰素集》里面所包含的深意远非一两篇文章所能尽言,笔者在此试作抛砖引玉之举。

(原载张其凡、李裕民主编:《徐规教授九十华诞纪念文集》,浙江大学出版社,2009 年)

一封信的标本意义

程民生

1982 年，我在暨南大学陈乐素先生门下读研究生时，在先师的带领下，有幸参加了在郑州举办的中国宋史研究会第二届年会。大佬云集，后生蚁附，谈古论今，其乐融融。那一天晴朗无云，楼前广场上，几位先生在祥和温暖的阳光中陪乐素先生说话，有人唤我过去，介绍给一位老先生：圆胖脸，光头，笑容可掬，像是弥勒佛，说是徐规先生。徐先生笑眯眯地拉着我的手，说："小师弟！"我脸都吓白了，哆嗦着说："不敢……不敢！"连连鞠躬敬谢。

迄今 26 年了，我和徐先生的亲密接触仅此一次。

在学术界这个圈子里，民生非常不善于也不喜欢交际。平常不用说了，即使在开会期间，也不会利用大好时机主动登门拜访。这是比较奇怪的，现在思酎再三，终于从思想深处挖出根源，那就是自知顽劣，在老师宿儒面前不敢造次，竟是高山仰止的意思。如此荒废了多少受教的机会，自是不用说了。

再以后在几次年会上见到徐先生，总是鞠躬如仪，唯唯而退。

2004 年底，我出了一本《中国北方经济史》。这是前此最下功夫的一本书，我当时趁热也比较得意，广为呈送。2005 年寒假结束时，适河大同事张明华君在杭州读博士，正是徐先生的门下，正要返校，便麻烦她转呈浙江大学的几位先生，其中就有徐先生。说来惭愧，这是我第一次向徐先生呈送作品，题的自然是老套路：请徐先生"赐正"。

奇迹出现了,暑假期间,我竟收到徐先生的赐教信。现将此信全文公布如下(除了由手写改为打字外,其余格式、标点等一仍原文):

民生教授钧鉴:

大著《中国北方经济史》翻读一过,深受教益。兹据书中页数、行数顺序摘误校正如下:

(1)页40行5:“罔罟之所布,耒耨之所刺”。

按:以“网”字为是。

(2)页45倒行1:“为缓兵刺杀赢政”。

按:“赢”为“嬴”之误刊。

(3)页127行3—4:“齐王嘉平三年,刘靖引高粱河水建造戾陵遏”。页129行6:“把高粱河”。

按:“粱”乃“梁”之误刊。

(4)页131行8—9:“自是之后,东国汨焉不振。势亦宜也!”

按:“汨”字乃“汩”之误刊。

(5)页141行6—12:“曹魏时,扶风人马均‘巧思绝’……马均改造的新绫机操作简便”。

按:“马均”为“马鈞”(马钧)之误刊,见《三国志》卷二九《杜夔传》注[一]。

(6)页154行1—2:“永熹年中,南青州刺史毛鸿宾赍酒之蕃”。

按:“赍”疑为“贲”之误刊。

(7)页185行6—7:“开元年间,颖阳(今河南伊川东)水稻生产盛况进入当人李颀的诗句”。

按:“颖阳”是“颍阳”之误刊。

(8)页187行2:“裴行方在幽州(今北京)利用泸沟河水,

……”。

按:“泸沟河”乃“卢沟河”之误刊,

(9)页189页行3—5:“天宝十年(751)……天宝十四年,颜杲卿也指出‘……’”。

页197行2—12:“天宝十三年(754),……由于天宝十三年没有各地人口分布数量”。

页203行10—11:“天宝八年(749)”。

页204行2—6:“天宝八年(749)”。“现将天宝八年(749)诸道官方仓储列表如下。”

按:唐玄宗天宝三载改年为载,直到唐肃宗乾元元年改载为年止,均称“载”,不称“年”。故上述之“年”字皆须改回为“载”。

(10)页190行3:“颖州汝阴(今安徽阜阳)”。

按:“颖州”为“颍州”之误刊。

(11)页201行6:“敷(今陕西富县)”。

按:“敷”为“鄜”之误刊。

(12)页209倒行5—4:“太和元年(827),唐文宗传令京兆尹修高陵县的白渠斗门”。

按:唐文宗纪年,石刻皆作“大和”,见清阮元《两浙金石志》卷二《唐龙泉寺造像题名》。前人多从《旧唐书·文宗纪》旧本而误书。又页220行4、脚注②《资治通鉴》卷二四四,太和七年八月、页221倒行6“太和年间”,皆应改正为“大和”。盖《新唐书》《通鉴》均早已改正,中华书局总校本《旧唐书·文宗纪》也已改正。

又页236倒行9—8:“可以唐文宗太和三年(829)九月敕书中得知”。上述“太和”也是“大和”的误刊。

(13)页253倒行3—2:“天宝九年(750),唐云宗允许安禄山于上谷‘铸钱五炉,……’”。

页 260 倒行 6:“天宝十三年”。

页 263 行 9:“天宝十三年(754)”。

按:以上三处的“年”字应改正作“载”。

(14)页 260 倒行 2:“一厥不振”。

按:“厥”字为“蹶”之误刊。

(15)页 286 倒行 4—3:“此地的肥沃、富庶,足以和南宋时的‘苏湖熟,天下足’状况相媲美。”

页 696 行 3—13:“以太湖流域为中心的两浙路,在南宋时期,成为经济发展的龙头。南宋人高斯德言:……故谚曰:‘苏、湖熟,天下足’……故谚曰‘苏、湖熟,天下足’,勤所致也。”

按:高斯德乃南宋末期人高斯得之误刊。据南宋前期人薛季宣《浪语集》(现点校本称《季宣集》)卷二八《策问》第四问云:“淮、浙当承平之世,非惟国用之所赖,‘苏、湖熟,天下足’,则又发于田家之谚。今也行都所在,……。”上述所云“承平之世”是南宋人对宋后期的习称。此事浙江大学宋史专家周生春教授曾撰写论文。尊著中此等议论必须改写。

(16)页 294 行 3—4:“《宋史·地理志三》指出:‘鄂(指京兆府)’、南山(即终南山),……”

按:“鄂”字乃“鄠”之误刊。

(17)页 311 倒行 11—1:有四处“葺”字应改正为“茸”。

(18)页 333 倒行 3:“籍州民之为碱士者为铛户”。

按:“士”字乃“土”之误刊。

(19)页 351 倒行 5:“陕西转运司强化了榷洒制”。

按:“榷洒制”为“榷酒制”之误刊。

(20)页 372 倒行 1—页 373 行 2:“苏辙言:京西‘土广而

民淳，……外无蛮夷疆场之虞，……为吏者常暇无事。’”

按：“疆场”为“疆埸”之误刊，“常暇”为“常闲暇”之脱误。见《栾城集》卷二三《京西北路转运使题名记》。

(21)页378倒行4：“后来任事者兢功利”。

按：“兢”字乃“竞”之误刊，见李攸《宋朝事实》卷一七。

(22)页427倒行6—5：“昔焉糊口今羸余”。

按：“羸余”是“赢余”的误刊。

(23)页489行6：“修茸堡寨700余所”。

按：“茸”字为“葺”之误刊。

(24)页596行9：“祗有凿井一法”。

按：“祗”(恭敬)字为“只”(衹)之误刊。

(25)页681倒行8—7：“是故阡陌之间，讹寝成群，居恒生事，无一不取资于牧”。

按：“寝”字是否为“寖”“(浸)”之误刊？

(26)页728行1—3：“如宋高宗建炎四年(1130)十二月辛未，金左副元帅宗维‘命诸路州县同以是日大索南人，及拘之于路，至癸酉罢。籍客户拘之入宫’，……”。

按：“宗维”为“宗翰”之误，见徐规撰《文渊阁本〈系年要录〉校正举例》第(1)则、第(16)则。“拘之于路”应作“拘之于道”，“拘之入宫“应作“拘之入官”。见上引徐规文第(16)则。

(27)页759行6：“孟柯《孟子》诸子集成本”。

按：“孟柯”为“孟轲”之误刊。

(28)页764倒行1：“伊洙《河南先生文集》”。

按：“伊洙”乃“尹洙”之误刊。

(29)页765倒行8：“司马光《涑水纪闻》中华书局1989年版”。

按：“纪”字为“记”之误刊。

(30)页 766 行 8:“李焘《皇宋十朝纲要》”。

按:“李焘”应作“李埴”。

(31)页 766 倒行 4:“范缜《东斋记事》”。

按:“范缜”为“范镇”之误刊。

拉杂书此,聊供参酌!其中难免有失误之处,乞赐教为幸。

顺颂

著安

徐　规

2005 年 7 月 11 日

凡 2339 余字、31 条,无一字涂抹。再四拜读。我感慨万千。

首先是十分惭愧。自以为精心校对的著作,竟有如此多的文字失误!仔细追究:其中多数纯属粗心大意所致,少数干脆就是不识字所致。也就是说:如果真正地一个字一个字地校对,多数是可以避免的,但不识字却无论如何都是要犯错误的。充分暴露了我功底之浅薄,治学之轻浮,校对之粗疏,怎能不令人痛心疾首?怎能再自得其乐?怎能不加倍努力!

再者是十分感谢。一位八十多岁的耄耋老人,学界巨擘,有多少病痛要与之斗争,有多少论著要写作,有多少会议、来访要应酬,有人送书,完全可以像大多数人那样,翻几下放置书架完事,顶多回封表示收到和感谢的信件。但他却认真阅读了拙作,认真写了回信,指出我的错误,以利我今后的治学。回想起在读博士期间,一位师妹拿她已经答辩过的硕士论文请我提意见,我却干脆拒绝了。理由是:既然已经答辩完毕,我费工夫找毛病还有什么意义?徐先生的来信,让我回想往事无地自容。

还有就是十分震惊。拙作 60 万字,徐先生显然是从头到尾一字不落地仔细审读了，包括脚注，包括附录的参考书目，因为先生提出的错误有这里面的内容。当先生拖着病躯，忍受着种种疼痛与不便，不厌其烦地逐句逐字挑剔，一条一条地查找史籍核对原文，然后一字字记录时，我想象不出这需要多少时间，这需要多强的责任心。我能感受到的是，先生的眼中，是绝对容不下任何学术、文字的沙子。有了，就必须挑出来，不管有多少，不管多费时间。在惊叹先生小学功夫精湛之余，不能不感叹这是一位何等严谨、何等负责任、何等不惜精力、何等关心他人的老先生啊！我曾向一些学界朋友谈到过此事，他们说也给先生送过书，也收到过同类来信！看来，先生是有赠必读，有读必校勘，有校勘必回信的——这封信不过是先生写的上百封(?)类似信件的一封。是礼貌，是习惯，是治学处世之道，无一丝时下的世故，视学术如生命。这得多少工夫？如此学者，实在稀世，怎能不令人震惊？

徐先生就是学界人瑞啊！

我把这封信当成了教材。在给研究生上课时，我讲述了此事，并让他们传阅此信。告诉他们说："好好看看这封信——看看老一辈学者是如何的严谨与负责，看看你们的老师学问有多大的差距！"有位研究生深受感动，还将此信复印下来以珍藏。由于我把原件藏得太隐秘了，以至于现在写这篇文字时一时没有找到，不得不向这位已毕业在外地的同学求助。

有了这封信，民生就可以自豪地宣称是徐先生亲炙过的编外弟子。有了这种精神，徐先生就是无愧为当今学界的一代宗师。那些五颜六色的学术泡沫，那些急功近利的学术气球，在先生如针似箭的目光中，必会消散。留下的是砖头一样厚实的论著，良好的学风。

（原载张其凡、李裕民主编：《徐规教授九十华诞纪念文集》，浙江大学出版社，2009 年）

记徐规先生

吴松弟

人生中总有许多令人难忘的事，或者是由于太重大，或者是由于深深的感动。随着年龄的增长，生活中的种种杂事琐事，会一点点从脑海中消去，留下的便是令人难以忘怀或曾让人感动的人与事了。当我进入知天命之年以后，开始经历上述变化，而现在常常浮现在我脑海中的老师中，徐规先生就是感动过我的一位。

1983 年，我考上复旦大学硕士研究生，随邹逸麟教授学习历史地理。当我选定宋代东南沿海丘陵开发作为研究时段之后，开始拜读宋史学界各位专家的大作。杭州大学(后并入浙江大学)是我国宋史研究的重要基地，有许多令我尊敬的宋史专家。徐规先生是杭州大学较早研究宋史的知名学者，我国南方宋史研究的代表性人物之一，并以学风严谨而闻名。徐规先生的著作与论文，对我而言自然是要认真阅读的。不仅仅是宋史研究，有关浙南畲族的论文也须认真阅读。毕业以后留所工作，又受葛剑雄先生之请参加他领导的中国移民史、人口史的研究，并随谭其骧先生攻读在职博士生，研究时段主要都在宋代。由于这样的原因，更多地阅读了徐规先生所撰的论著，得以认识徐先生的学问与学风。然而，由于不在同一个城市，只是从论著上认识徐规先生，无由当面聆听教诲。

1992 年冬天，我完成了博士论文《靖康乱后的北方移民及其对南宋社会的影响》。由于在答辩之前的两个月，业师谭其骧先生不幸因再次中风导致脑出血而辞世，由葛剑雄教授以副导师的身份主持答辩。我们商定，论文答辩委员会除请本所的邹逸麟、王文楚、周振鹤三位教授，再请上海师范大学的朱瑞熙教授、杭州大学的陈桥驿教授和徐规先生参加。就这样，我第一次见到了徐规先生。

在12月下旬的论文答辩会上，徐先生先读了他的评阅意见："该论文取材广博，考订多精辟，论断大都稳妥，在前人研究的基础上大有发展，不愧为近时全面（无论就时间或空间而言）而系统深入地开拓这一课题研究的力作，完全符合攻读博士学位的毕业论文的标准。文中也有一些笔误、刊误和值得商榷之处。"接着，便将他所写的评阅书交给我。这份题为《对〈靖康乱后的北方移民及其对南宋社会的影响〉一文的评阅意见》长达12页，其中的绝大部分，都是清楚地指出我引用资料时的误写、误用、误点之处，或者是指出同条资料在不同的版本中的几种写法。还有几条，是用详尽的资料指出我在探讨北方移民对南方文化的影响时，某些论述的不足或错误之处。例如，我依据民国朱启钤《髹饰录弁言》，说"明初嘉兴的髹工技术闻名于时，髹工曾进官'供奉其间'，此一技术据说是靖康南渡后北方工匠传入的"。徐先生用了三百余字，引用《东京梦华录》《梦粱录》《真腊风土记》以及宋墓的出土文物，证明早在北宋时温州漆器的技术水平已相当高，嘉兴的漆器工艺可能与温州有关系，而我的论断以朱启钤的《弁言》为据，尚欠确证，"是否可删"。

徐先生评阅意见上的每一个字，都写得清楚工整，并整齐地填在格子中。徐规先生在宋史学界素以在文献方面的全面了解与精深造诣而著称，我当初建议请他前来参加论文答辩，就是希望他能够在这部二十七八万字的博士论文中，尽可能发现我本人难以发现的错误与不足之处。尽管已有思想准备，当我看着这份评阅意见时,对自己的羞愧和对徐先生的钦佩之情,交织在一起,涌上我的心头。我对自己资料运用中的各种不当之处感到羞愧,更加体会到学术研究之不易,以及谦虚问学的必要性。我既佩服徐先生宋史文献功夫之深、治学之严谨,更佩服他为人之谦和与对学生既严格要求,又给以热情鼓励和照顾面子的两全做法,为他的学问和人品深深感动。在这些方面,谭其骧先生同样如此。凡我文章中的错误与不足之处,都毫不客气地指出,凡我有创见之处,则予以鼓励和表扬。或许,这就是有高水平的老一代知识分子的风格,是真正地关心学生和爱护学生。而不像现在的少数教授,平时不关心学生,疏于指导,该说不说,放任自流,而到了论文答辩的时候,或出面请评审委员高抬贵手,或在答辩会上先责怪学生论文写作时不按他意思,用以开脱自己的责任。

1993 年,我的博士论文以《北方移民与南宋社会变迁》之名,由台湾文津出版社出版。不久。“中研院”史语所黄宽重研究员在台湾的《新史学》上发表长篇书评,给予较高的评价,也指出存在的不足之处。朱瑞熙先生也在《历史研究》上,对我的著作发表书评。1995 年,台湾中国文化大学召开第二届国际宋史学术研讨会,邀请大陆宋史学界 10 位学者参加盛会。我忝列其中,得以和北京的陈智超、郭正忠,上海的朱瑞熙,四川的贾大全、张邦炜,广州的张其凡,河南的王云海,杭州的徐规、倪士毅等 9 位先生,一同赴台湾,参加自台海分隔以来台湾宋史学界第一次邀请大陆宋史学界多人参加的盛会。在会议期间,时在韩国访问的张希清教授前来赴会,使大陆赴会的人数增加到 11 人。

大陆参会的学者,除我刚刚 40 出头,可以说是宋史学界的新兵之外,其余都是宋史学界的名家、大家,以年龄计除张其凡、张希清不到 50 岁之外,多在五十余岁、六十余岁甚至七十余岁。当我在广州与这些宋史学界的老前辈、著名学者见面时,一种对他们的钦敬之情，以及与他们一同作为大陆宋史学界代表，参加台湾宋史学界盛会的自豪之情，油然涌上我的心头。

在大陆宋史学界的老人中，以时年75岁的徐规先生最为年长。但无论是从广州过关、香港往返，还是在台湾参加学术研讨会与参观，徐规先生都是脚步稳健，反应灵敏，完全不用照顾。而且，还背着自己的旅行包。当时带队的陈智超先生曾对我们说："徐先生年龄最大，反应灵敏，让我们放心，真是佩服。"

在广州集合时，徐规先生特意对我说："松弟，我们一起赴台湾开会，但其实你是学生辈的。"他还告诉我。此次参加宋史会议的一位台湾学者、东吴大学历史系的翁同文教授，是我的同县乡亲，他今年已80岁左右，是此次两岸参会代表中最年长者，而我是大陆赴会代表中最年少者。我的故乡温州自宋代以来便是人文发达之区，近现代同样如此，出生温州的著名历史学者人数不少，我国考古学权威夏鼐先生、复旦大学历史系已故的经学大师周予同先生，以及杭州大学的徐规先生，都是温州人。然而，我出生的泰顺县却是温州经济文化落后的偏僻山区，我一直以为除了我之外，大约找不到第二个在大学研究历史的学者了，没想到在海峡对岸，却有一个曾在法国、德国、美国、新加坡等国都担任过教授的国际型学者——台湾东吴大学著名教授翁同文先生，并且此次参加同一个会议，自然倍感亲切。我感谢徐先生告诉我这样重要的消息，使我得以结识尚不为家乡人认识的翁同文教授，除了与台湾宋史学界畅叙同胞之情、学术之谊之外，还可与一位国际型的学者畅叙故乡之情。当我在会上见到翁先生时，他同样抑制不住高兴的心情，一边开会讲学术，一边与我谈故乡与他的人生经历，开会期间即将他的个人著作以及若干篇论文送我。等我回大陆之后，又陆续给我寄书。我根据他的著作、论文与经历，在《中国史研究动态》《社会科学报》《温州日报》上发了多篇文章，不仅向温州，更向中国学术界,介绍这位令人崇敬的学者的多方面成就。

参加此次宋史研讨会,是我迈出的两岸和国际学术交流的重要一步。我与许多参加会议的学者,交谈请教,受益匪浅。此后,与台湾的宋晞、程光裕、翁同文、王德毅、黄宽重、梁庚尧、陈文豪、韩桂华、江天健,美国的 Peter K. Bol(包弼德)诸先生都保持着长期的学术往来,有的并结成深厚的友谊,此外也经常得到一同参会的大陆学者朱瑞熙、陈智超、张其凡等各位老师的指教。我在感谢台湾宋史学界邀我与会的同时,也真诚感谢徐规先生。我想,如果没有徐规先生对我博士论文的逐一细致指正,博士论文能否如此快地出版,能否获得学术界的好评,确实很难说。真诚细致而不客气的批评,无疑是对学生最好的爱护,我今后对学生也只能如此。

自 1995 年台湾宋史研讨会之后,我与徐规先生又见过几次面,也获得过他的帮助与指教。但印象最深刻的,仍是当年他参加我的博士论文答辩与一同赴台湾开会的情景。或许,这些既是对我最重要的事件,也最体现了他为人的真诚。

时光匆匆,当年一同开会的学者,唯我与其凡兄、希清兄尚在岗位,其余都已退休,有的甚至已经作古。然而我相信,在学术界,在人与事随着岁月而逐渐消逝之后,只有高水准的学术论著和具有高尚品格的研究者的名字,会存在相当长的时间。徐规先生的学问与真诚,会长存。

(原载张其凡、李裕民主编:《徐规教授九十华诞纪念文集》,浙江大学出版社,2009 年)

杭城问学忆杂

——跟随倪士毅先生学习目录学

包伟民

我于1978年年初作为第一届高考恢复后的大学生，进杭城读书，在杭州大学历史学系连续读了本科与硕士，前后整7年。教室内外，书本社会，晤谈之间，授业解惑，留下了许多美好的记忆。其中不少非唯对于自己今后从事史学研究多有帮助，或将有助于后人理解"文革"之后教育发展的一些细节。只因自己一向疏懒于笔墨，至今几乎没写过什么文字。去年春天，与倪士毅先生哲嗣、大学老同学倪集华兄面晤，得知其正重编倪先生的学术论文集，有意以附录的形式，收入几篇师生的回忆文章，以为倪先生寿届期颐之庆，遂想到受倪先生之教多年，撰小文以贺寿，责无旁贷。年初，杭城天低雪重之时，却传来倪先生遽归道山的噩耗，于是贺寿之文竟成了怀念之作。

我进大学读书时，经过"文革"的折腾，高等教育的一切都在慢慢恢复之中。杭州大学历史学系的专业设定，只有笼统的一个"历史学"，不过到了三、四年级，系里也请老师们根据自己的研究专长，开设一些专业选修课，学生们根据自己的兴趣分别选修，于是大致上就有了中国史与世界史的分野。

我的学习兴趣集中在中国古代历史，所选修的课程基本与此有关。印象比较深刻的，除了由徐规（絜民）师领衔，几位老师合作讲授的宋史课程外，还有由梁太济先生讲授的宋代经济史。另外还有一门，就是由倪士毅先生讲授的中国古代目录学课程了。

前辈学者无不重视目录之学，以其为读书的门径，这是因为图书目录可以反映一个时代知识积累之大概。我们今天想要了解某个历史时期文化发展之概貌，就可以从那个时代的图书目录入手。与此同时，从事史学研究，首先需要了解究竟还有哪些历史资料留存于世，在这一方面，认真掌握历史文献目录，也就成了史学入门的一项基本功。

由于我的学业底子较差，进入大学以后，还花了许多时间去弥补高中知识之不足，对于老师们在课堂上所讲授的许多精深要义，常常不能充分理解。不过当时所选修的中国古代目录学史，虽然看起来略嫌枯燥，由于倪先生的讲授深入浅出，极为清晰，却觉得十分好懂，也容易记。现在想起来，我关于中国古代目录学的一些知识，就是通过这门课程的学习逐步掌握起来的。先生描绘中国古代目录学发展之大要，抓住两部核心文献，那就是增删改撰西汉刘歆《七略》而成的《汉书·艺文志》，与以《隋大业正御书目》作为底本、参照阮孝绪的《七录》分类体系而编成的《隋书·经籍志》。这两部文献，前者概括反映了自先秦以来文化思想之大概，作六艺、诸子、方技等六略三十八种分类体系，可以说集我国古代前期目录学思想之大成。而后者则最终确立了经、史、子、集四分法在目录学中的地位，也是现存最早的四分法目录书。从此直至《四库全书》，我国图书的分类一直坚持了这个四分法。掌握了经、史、子、集四分之法，再对各类之下几个小门类略作了解，可以说就能在脑子里构建起关于古书概貌一个总的图谱，再在此基础之上"定位"自己读书的具体对象，学习就能够循序渐进地展开了。记得当时倪先生指定同学写作的期末作业，就是介绍《隋书·经籍志》；我得到了一个比较高的分数，十分高兴。

本科毕业后，我考取了絜民师的硕士研究生，留在系里继续就学，于是也就有了向倪士毅先生进一步学习的机会。

当年的杭州大学宋史研究室，除絜民师与倪先生外，还有梁太济、杨渭生两位生力军，以及龚延明、何忠礼两位相对年轻的先生，研究力量相当不俗。硕士学位课程的学习，以自学为主，必须选修的课程比现在少多了。不过我还是又一次选修了倪先生为研究生们开设的目录学课程。

研究生课程的讲授，当然与本科不一样。记得倪先生所讲授的重点，集中在两个方面，一是介绍宋代几部重要的目录学著作。除了《崇文书目》《中兴馆阁书目》等宋代官修目录书外，重点在学习宋代存世的几部目录学著作，例如晁公武《郡斋读书志》，陈振孙《直斋书录解题》以及马端临《文献通考·经籍考》，《宋史·艺文志》等。倪先生尤其强调图书提要的意义，因为对于那些今已不存之文献，后人可以依据提要了解其内容之大概；即使文献今存者，我们也可以通过提要，了解其书要旨，做到对一代之文献心中有数。二是让大家读《四库全书总目提要》。这既因为对存世古籍，四库馆臣所撰提要大多精当，可作史学研究之参考，也是由于四库所收录者，占存世文献十之七八，掌握了四库提要，就可以基本掌握存世古籍的概况了。所以，这门课程的学习，也就使得我对于唐宋文献有了进一步的了解，并且还以《四库全书总目提要》为线索，将杭州大学图书馆所收藏的宋代文献，除经部外，逐书翻阅一过。当年计算机技术尚未得到应用，了解图书信息远不如今天方便，图书馆所藏唐宋文献，大多是线装书，如果没有像《四库提要》那样的目录书作指引，我的读书计划是不可能完成的。

在宋史研究之外，倪先生还对浙江地方历史有深入研究，谙知地方掌故，对一些地方文化机构也很熟悉。于是我们几个同学，还借着听他讲授目录学课程之机，请倪先生带着参观了一些重要的图书机构，例如浙江图书馆古籍部。当时我关于收藏于西湖孤山的文澜阁《四库全书》的一些知识,就全是从倪先生那儿听来的。比较隆重的一次,是他带着我们几个同学,专程到宁波参观天一阁藏书楼。当年交通、住宿都不方便,相当不易。记得那天住宿在位于宁波中山路附近的一家部队招待所,我们几个年轻学生躺倒就睡,第二天起来,倪先生说昨夜房间里有许多臭虫,我们才发现各自身上也都有不少被臭虫咬后留下的疙瘩。只可惜第二天因为下雨,天一阁有规定,湿度太高,不让登楼参观,留下遗憾。直等到三十多年后,我才得以遂愿。

1988 年秋,我硕士毕业后,负笈北上求学,等到 1996 年回到母系任教时,倪先生早已荣休有年。因其宿舍离学校颇近,多登门求教,常令人有如沐春风之感。今天回忆起往事,犹恍如昨日。后生小子书此受教之一端,以志不忘。

2018 年 1 月 31 日

(原载倪士毅:《史地论稿》,浙江大学出版社,2019 年)

永远怀念这位尊敬的历史老人

——写在倪士毅教授诞辰一百年之际

何忠礼

本月初,倪士毅先生的季子集华兄来找我,谈起今年打算为其父亲出版一部庆祝他百岁华诞的文集。文集共分六部分,前面五部分是倪师自己的论文,第六部分“附录”,筛选一些其他人记载与倪师的交往或祝寿文章,集华兄希望我也能写上一篇。我与倪师相识甚早,受教亦深,当即欣然从命。10 日,我赴海南三亚度假,因为家事丛脞,又想到时间尚早,所以一时没有动笔。25 日,接集华兄来信,说最近倪师病情有反复,这使我产生了一种不祥的预感,因为我知道,对一个百岁老人而言,这可能会意味着什么。所以接信后,立即抛开其他杂事,回忆与倪师相处的岁月,他的道德、文章,特别是对我的多年教诲,着手进行撰写。

27 日中午 12 时许,我完成了祝贺倪师百岁华诞的文章初稿。大约到下午三时半,当我正在考虑如何立好标题时,立舟兄来电告诉我,倪师已于 12 时 45 分归道山矣。噩耗传达来,令人泫然。生、老、病、死,本是自然规律,谁也摆脱不掉,但想到从此以后,与倪师阴阳两隔,再也听不到他的教诲时,岂有不痛惜哉。

在倪士毅先生从教的四十余年的时间里,受业弟子何止成百上千人,这中间,我自认为是受倪师教育最多、关系最为密切的弟子中的一员。此话怎讲?恐怕还得从 20 世纪 50 年代后期说起。

1958 年秋天,我考入杭州师范学院(今天浙江师范大学的前身,当时地址在体育场路,今浙江日报社)历史系。在迎新晚会上,系总支李德斋书记向我们一一介绍了系里的教师,其中第一个被介绍的是一位个子不高,面露微笑,戴着金丝边眼镜,温文尔雅的中年老师,他就是作为系副主任(当时系里没有正主任)的倪士毅先生,这是我第一次见到倪先生。

1947 年,倪先生从老浙大史地系毕业后留校任教。1949 年以后,史地系成了新建立的浙江师范学院(杭州大学前身)历史系,他就在该系出任讲师。那么为什么后来他会到杭州师范学院去任教呢？原来。当时正值"大跃进"的年代,各行各业都要跃进,于是许多专科学校不管是否具备条件,纷纷改成为学院或大学。刚刚成立于 1956 年的杭州师范专科学校,也被改名为杭州师范学院,原来的历史科也就成了历史系。可是,新建立的杭州师范学院历史系严重缺乏合格的师资,所以省教育厅紧急从老牌的浙江师范学院历史系里面抽调了四位经验丰富的教师去充实那里的教师队伍,他们中有教授中国古代史的倪士毅先生、教授世界古代及中世纪史的王正平先生、教授美国史的徐敏先生和一位姓徐的先生(此人后来调外交部工作)。

可是,接踵而来的是三年困难时期,宣告了"大跃进"的破产。中央及时调整政策,颁布了"调整、巩固、充实、提高"的八字方针。为此,从 1961 年下半年起,大批工厂下马,大批学校撤销或缩编,大批干部和工人下放,许多大学生下乡当了农民,杭州师范学院历史系也在这个时候被撤销,所以倪先生就返回杭州大学历史系任教。这一下,原杭州师范学院历史系的学生可惨啦,多数被以各种原因强制去"支农",只有小部分学生能够转入杭州大学历史系读书,我也是其中的一人,所以有幸继续跟随倪先生等其他老师学习历史。

1962 年 7 月,我从杭州大学毕业后,在中学做了 16 年的教师。1978年政府宣布恢复研究生招生制度，一次偶然的机会，我遇见倪先生，他知道我过去在系里的成绩比较好，竭力鼓励我去报考研究生。我说自己年龄将近40，历史尤其是外语已经荒废多年，恐怕考不上了。他给了我10个字的忠告和鼓励："男儿当自强，壮年不自卑。"是年10月，我考入杭州大学历史系，成为攻读宋代史方向的研究生。此时，倪先生已从历史系中国古代史教研室调到宋史研究室，于是他也成了我研读宋代史的老师。1981年10月，我研究生毕业后，留本校宋史研究室任教，虽然我与倪先生成了同事，实际上他仍旧是我的老师，而且有了更多的接触和求教的机会。所以我追随倪先生学历史，可以说是源远流长了。这里还附带说一下，我爱人向幼琴，是我在杭州师范学院历史系和杭州大学历史系读本科时的师妹，她同样也受教于倪师。所以，我在前面说"自认为是受倪师教育最多、关系最为密切的弟子中的一员"，并非虚语。

在读大学时，倪先生给我们讲授的是"中国古代史"。他虽然是温州人，但与其他温州籍的教师不同，上课时口齿清楚，基本上没有难懂的温州口音。他的书法很好，板书写得端正而漂亮，如果将它临摹下来，简直可以作为字帖来学习。倪先生上课的耐心和仔细程度，也为一般教师所不及，所以我每次听课，总能一字一句地把他所讲的内容全部记下来，课后复习看笔记，就如看书一样通畅、明了。

倪先生的诲人不倦，在今天回想起来也深受感动。大学老师授课，多数人在下课后，一拍身上的粉笔灰，夹起讲义，就急匆匆地回去了，学生虽然有问题，很少能逮得到他们。倪先生则不然，他在下课后，总是有意识地慢慢离开教室，给学生以充分的提问题的时间，不厌其烦地进行解释。所以他所授课的内容，学生们基本上当场就可以得到消化。

倪先生在老浙大读书时,是著名历史学家张荫麟、陈乐素两位先生的高足,加上他自己的勤奋好学。所以学问十分扎实,知识非常渊博。我在读研究生的时候,他给我们讲授“中国古代目录学史”这门课程时,从西汉刘歆的《七略》,讲到清代官修的《四库全书》和章学诚的《文史通义》,讲得十分系统,很多地方使用了归纳法和对比法,深入浅出,使学生较快地掌握了我国目录学的发展历程和每个时代目录学的特点。其中有不少论点是倪先生第一次提出来的,如他认为:“目录学是史学研究的一把钥匙,不能等闲视之。凡成为一个有成就的史学家,必须很好地掌握目录学知识。”又认为:“在西汉以前,史籍还不多,所以在刘歆所编纂的《七略》中,它尚附在其他各略中,并没有单独成为一略。可是到曹魏时,郑默编纂的《魏中经簿》,接着到西晋时,荀勖编纂的《中经新簿》,都将书籍分为甲乙丙丁四部,丙部即是史籍,它已从过去的附庸发展成为大国矣。这就充分反映了两汉史学的发展。”他的这些精辟论述,至今仍给我留下深刻的印象。倪先生将这门课程的讲义结集出版后,也送了我一部,更使我获益匪浅。后来,我在撰写《中国古代史史料学》一书时,在第二编《史料的鉴别和利用》这部分,说到应用目录学知识以鉴别史料真伪时,在某些方面就吸收了该书的研究成果。另外,倪师对浙江古代史和杭州地方史也颇有研究,留下了许多论著,其中不乏开创性的观点和宝贵的建议,不仅是一笔可观的学术财富,也为建设和保护好杭州的地方文化、古迹做出了很大贡献。

倪先生不仅治学严谨,而且一直孜孜不倦地做学问,到老仍笔耕不辍。听集华说,当倪先生已是九十几岁高龄,因为视力急剧下降,不能再看书时,他对自己早年没有及时去做白内障摘除手术而深感后悔。他说:“如果当时做了这个手术,我现在还能看书、写字,做些学问,不会像现在那样在医院里无所事事了。”听后令人动容。

倪先生从不计较个人的名利得失。我跟随倪先生这么多年,从未见到他主动去申请一个奖,或者主动去申请一笔科研经费。他也从不以老资格自居,对系里的各项安排提出异议,指指点点。

倪先生又是一位忠厚长者,他待人和蔼可亲,几十年来,从未见到他发过一次脾气,或者在背后议论过别人的短处,对同事说的都是优点和长处,对学生更是爱护备至。兹略举自己亲身感受的一个小例子:说来有点难为情,记得大约在1978年7月上旬的某一天,我在杭州大学参加研究生复试,监考老师恰恰就是倪先生。两个小时的考试时间结束后,在场的十余名考生先后交卷离了场。我原来以为自己已答完了卷,所以正在逐一检查考卷的答案,猛然间发现,漏答了一道名词解释,此题占了8分分数。怎么办?是硬着头皮交上去,还是暂时赖着不交?我的脑子一下子乱了套。这时我抬头望了一下倪先生,看看他对我延时交卷的反映,是否要来催卷了。不料他看了我一眼后,又低下头去整理刚交上去的试卷了,脸上并没有流露出要来催我交卷的样子。这时我才安下心来继续答题。时间一分一秒地过去,考场里面只剩下了我们两个人。大约过了三五分钟光景,我将试题答完后站起来时,才发现倪先生已一言不发地站在我的身后。他对我微微一笑,似乎是对我一个委婉的批评,又像是对我的一种安慰,便将试卷拿走了。使我既感激,又感到有些无地自容。这个印象之深刻,直到今天仍记忆犹新。

时至今日,忠厚长者,淡泊名利,学问功底深厚,心无旁骛,一心只想着做学问的倪师,虽然走完了他一百岁的人生之路,但他却永远活在我们学生的心中。愿倪先生与一个月前刚刚离世的倪师母一起,在天堂过得安详而愉快。

2018年1月29日于三亚

(原载倪士毅:《史地论稿》,浙江大学出版社,2019年)

倪先生的学术成就与学术规范

徐吉军

2018年1月的月底，杭州出现了近几年少见的寒冬天气，下起了难得一见的大雪。这月的27日，刚到百岁的恩师便遽归道山，驾鹤仙去。噩耗传来，作为一位三十多年得到恩师栽培、厚爱的学生，不禁泪流满面。

我是1979年考入杭州大学历史系学习的。大学期间，先生给我们上中国古代史和中国古代目录学两门课。在我们大学同学们的心中，先生是一位良师。他是同学中印象极为深刻、极为平易近人的好老师之一。先生知识非常渊博，除精通文史外，还擅长书法。他讲究教学方法，讲义精心准备，编写得很好，很有条理，非常严谨，很像是一部即将出版的学术专著。他上课时的板书，跟他写的书法作品一样，写得非常漂亮，看起来很舒服。我在大学三年级时，由先生指导我写毕业论文，由此跟先生结上了终生难忘的师生之缘，也由此走上了终生从事心爱的史学研究的道路。我在大学读书时编写的第一部著作《浙江历代名人录》，就是在倪先生等老师的指导下完成的。大学毕业时，先生给我的题言是："锲而不舍，金石可镂。"我分配到浙江省社会科学院历史研究所工作，不久又先后到《学习与思考》编辑部和《浙江学刊》编辑部工作，因工作地点离先生家很近，加上自己与先生在研究兴趣上相近，故此时常在一起，有幸可以聆听到先生的教诲，也得以深知先生的学术成就与学术风范。

一、先生的学术成就

先生是位国内知名的史学家,在史学多个领域成就斐然。

第一,在宋史研究上,他和同学徐规、宋晞两位先生一样,是宋史界的前辈和名家,在各自的领域建树颇多。据先生所说,他们三人均是老浙大史地系一起读书的研究生,在读研究生时便有明确的分工,倪先生主研宋代士大夫,徐先生和宋先生分别主研宋代妇女、商人。倪先生早年发表过数篇宋代士大夫的大作,至今还有人在引用,可见功力之深。

第二,先生在浙江地方史研究上具有开创之功。倪先生在浙江古代地方史上的研究成果,集中体现在他著的《浙江古代史》一书上。此书由浙江人民出版社 1987 年出版,全书 28 万字,较为详尽地记述了自原始社会时期至清代鸦片战争以前的浙江古代历史。作者以严谨的态度、翔实的史料对这一时期的重大历史事件和重要历史人物作了全面、系统的介绍和客观公允的评价,尤其对南宋都城临安的政治、经济、文化教育以及西湖等作了具体而生动的描绘。同时,还以大量篇幅介绍了浙江历代思想家、文学家、艺术家等的生平事迹及代表作品。这是 1949 年以后我省第一部系统完备的地方通史,它为地方史研究者提供了许多具有学术价值的史料,同时也是浙江各中学进行乡土教育的优秀教材,奠定了今日浙江地方史研究的基础。

第三,先生在中国古都学和南宋都城史研究上做出了重要的贡献。众所周知,杭州在中国历史上曾是五代吴越国与南宋都城的所在地,与北京、西安、洛阳、南京、开封、安阳、郑州并称为中国八大古都。特别是南宋都城临安(今浙江杭州),在中国和世界的城市发展史上，均具有重大而深远的影响。有鉴于此，先生在1980年以后就开始从事中国古都学和南宋都城临安的研究。1982年，他与浙江师范大学方如金教授合作撰写了《南宋临安的都市经济》一文，对南宋都城临安的都市经济作了比较全面、深入的阐述。此文后又被收录于中国人民大学复印报刊资料《经济史》1982年第4期。1983年，由著名史地学家史念海、谭其骧、侯仁之、陈桥驿等先生发起的中国古都学会在陕西西安成立，并召开了中国古都学会第一届年会。倪先生积极参加中国古都学会的创建，向大会提交了《繁华的南宋都城——临安》一文，并在年会上被大家推选为中国古都学会的首届理事之一。1986年，中国古都学会第四届年会在浙江杭州召开。倪先生认为杭州是全国重点的风景旅游城市，也是我国历史上六大古都之一。为了开发杭州的旅游资源，增加风景点，凤凰山南宋故宫遗址无疑地是一个值得重视的地方。因此，他撰写了《浅谈"南宋故宫遗址公园"的建设问题》一文，此文后来收录在中国古都学会编纂的《中国古都研究》第四辑(浙江人民出版社1989年版)。鉴于南宋故宫尚无人进行过研究，先生开始搜集这方面的史料，撰写了《南宋故宫述略》一文，将南宋故宫的历史和皇城宫殿的建造情况作了比较详细的阐述。同时，倪先生又为杭州市地名委员会办公室编《杭州市地名志》撰写了《南宋皇城考述》这一条目(浙江人民出版社1990年版)。2000年，作为倪先生长期研究古都杭州的成果集成的《古代杭州》一书，在西泠印社出版社正式出版。另外，倪先生还曾参与陈桥驿先生主编的《中国都城辞典》的编写，他负责杭州部分的词条，写得非常好，得到了陈桥驿先生的首肯。

第四，先生在中国文化史特别是长江文化史研究上也做出过重要的贡献。在这方面，倪先生除发表《论中国文化重心南移的原因》《论长江文化对海外各国和地区文化的影响》两文外，还参与著名学者李学勤先生主编的大型学术著作《长江文化史》一书的编写。此书的编纂始于1993年,由我策划。当时国内一批在此领域卓有成就的学者积极参与该书的编纂工作,除倪先生外,还有吴汝祚、张正明、林剑民、陈学文、林永匡、陈振江等12位专家教授分头执笔。1995年12月,由江西教育出版社出版。全书按编年史体例,共分10章,98万字。倪先生主撰第6章"五代中国南北文化地位的逆转"。《长江文化史》这部开创性、学术性的著作,无疑是近年来中国文化史研究的成功之作,它把研究的视角确定在长江流域及长江以南地区,凸显了这一地区的历史文化渊源与成就,"通过历代的长江流域文化史的探索,展示出这一大区域在中华文明中的重要地位"[①],纠正了以往中国文化"根植于黄河中下游,由此为中心向四周扩散,而南方在文化上落后于北方,长期处于被开发态势"这种一元传播论的成说,其研究成果有力地说明了"中华文化是多元、多根系的,长江地区早在史前时代就有相当高度的文化,亦是我国古代文明的摇篮"。该书选题新颖、内容丰富、史料翔实、立论精当、文字清新,出版后得到了学术界的好评,被普遍认为是近年文化史研究的成功之作,填补了区域文化研究的一个空白,具有较高的学术品位和较强的可读性。[②] 1996年获第十届中国图书奖,1997年获国家图书奖提名奖,与《现代汉语词典》《邓小平文选》等书一起被网民评选为"改革开放三十年来最具影响的三百本书"。

此外,先生在目录学、地名学、方志学等方面也有很深的造诣。因限于篇幅,此不一一赘述。

---

① 李学勤:《长江文化史》序言,江西教育出版社,1995年。

② 汉言:《〈长江文化史〉座读会述要》,《中国史研究动态》1996年第8期;寄墨:《长江文明的历史画卷——读〈长江文化史〉》,《中国图书评论》1996年第8期。

二、先生的学术风范

先生除在学术上颇有建树外，其治学也堪称楷模。从先生数十年的治学生涯来看，其治学大致有以下几个特色：

第一，能“通古今之变，成一家之言”。先生不论在中国目录学史、中国文化史研究、宋史研究，还是在浙江地方史研究上，都体现了他的博学多识和真知灼见。他写的文章，立论客观、公允，能经得起时间的检验。如《论钱镠》一文，在全面论述钱镠的政绩，肯定“他对浙江经济文化的发展，还是有一定贡献的”的同时，也指出“在他统治吴越国期间，对人民的剥削无疑是非常严重的，只是由于吴越国自然条件较好，加上他比较重视发展生产，国家的财富还是比较雄厚的，再由于他反对兼并战争，社会安定，人民还能生活下去”。与龚延明先生合撰的《论岳飞》一文也是如此，认为“岳飞留给后人的历史遗产中，有精华，也有糟粕，这恰恰是他身上强烈的民族气节和强烈的忠君思想二者兼而有之的反映，这不值得奇怪。重要的问题在于，我们要结合岳飞所处的特定的历史时期，区分什么是主流，什么是支流，以便对岳飞做出正确的评价”。上述这些观点虽然出现在二三十年前，但至今也是基本正确的。

第二，不尚空言。“板凳要坐十年冷，文章不写一句空”，是先生一生治学的座右铭。他为了写好一篇文章，总要穷尽史料。到西湖孤山浙江图书馆古籍部、杭州大学图书馆等处查资料、抄卡片，是他数十年治学中必不可少的工作，其习惯至八九十岁时仍未改变。我时常见先生拿着一个小布包，到浙图古籍部去查资料。正因为如此，他的文章史料翔实。如《论钱镠》一文，引用的第一手文献资料达七十多条；《南宋故宫述略》一文，引用的第一手文献资料达五十条。

第三,视野开阔。如在中国文化史研究和长江文化史研究中,先生将其置于中国历史文化发展过程的大视野中。如《论中国文化重心南移的原因》一文,将中国文化重心南移的原因,放在中国五千年文明发展的历史过程中加以探析,认为:(1)南宋时期中国文化重心的南移,乃是南方千百年来经济、文化发展的结果;(2)宋代中国经济重心南移的完成,是南宋时期中国文化重心南移的根本原因;(3)南宋时期中国文化南盛北衰局面的出现,是与当时社会的安定与否密切相关的;(4)宋王室的南迁,使南宋时期中国文化南盛北衰的局面进一步加剧;(5)南宋中国文化重心的南移,是与南方文教事业的昌盛分不开的;(6)南宋时期中国文化南盛北衰局面的形成,与当时特定的社会环境和南方秀丽的自然景色有着密切的关系。正因为如此,他的观点至今看来,仍不过时。

第四,勇于开拓。先生治学尚新,他写的文章,从选题上看,大多选择前人没有做过或很少有人写过的,故此具有开创性。如《南宋故宫述略》一文,在他写作之前,就没有人写过这方面的文章。此文从南宋故宫的历史、皇城与宫殿、皇城布局三个方面作了非常深入的阐述。

第五,乐于扶持后人。先生仁厚待人,重视对学生的培养。在先生一生数十年的教学与科研工作中,他无私地帮助过许多学生,除了我长期得到先生的指教外,至今活跃在宋史领域里的龚延明、何忠礼、方建新、方如金诸位教授,都曾得到过先生的直接指教和提携。

先生的去世,使弟子失去了一位敬重的好老师。他虽然离我而去,但他那种生命不息、治学不止的学风和精神,那种为人正派、忠厚老实的高尚品德,仍值得我学习,一步一个脚印,踏踏实实地做好学问。

先生虽然走了，但他的音容笑貌永远铭记在我的心中。弟子衷心祝愿先生和师母在天堂里安详和快乐。

2018年2月

（原载倪士毅：《史地论稿》，浙江大学出版社，2019年）

绿荫窗下话平生

采访对象：倪士毅 南宋史专家(简称倪)
特约主持：金辉(简称金)

松木场绿荫深处

在杭州松木场附近，有一堵高 3.6 米、宽 6 米的波浪形浮雕墙，墙上刻着昔日“松木场市”香客上岸的景象：码头上，一名壮汉挑着两担食盒，亦步亦趋地上了岸；后面的妇女牵着一个小孩的手，小孩捧着一尊佛像，三人一脸虔诚……

据说，古时松木场边上有条河，旁边还有西溪流淌而过。由于附近寺庙比较多，每年二、三月间，嘉兴、湖州、苏州、镇江一带的香客都在此地弃舟登岸。当时，这一带香客云集，带来了茶馆、店铺、旅馆林立，生意兴隆，故称作“松木场市”。

虽然经过数百年的历史变迁，如今的松木场周围已是高楼林立，但仍能找到当年的那份感觉。

倪士毅先生就居住在松木场西溪路老杭大的宿舍小区里。与新建的小区相比，这里看起来有点破旧，然而，进去之后看到的却是一片绿海的感觉，仿佛置身在万绿之中。在门口，我向一位年轻人打听倪先生的住处，他向我指了个方向，一眼望去只见长长小路绿荫遮蔽，路边不见房舍。虽然眼下的杭城正值盛夏，赤日炎炎，可是走在这条小路倒有缕缕清凉。这里的住宅只有两层，每家门前围着篱笆，一些叫不出名字的树木点缀其间，片片绿叶，绿莹莹地在篱笆沿上牵来扯去，随风翻掀，颔首微笑。在这青葱掩映下的意境里我想起了明朝张岱说的："读书其中，扑面临头，受用一绿，幽窗开卷，字俱碧鲜……"的确，在青簇簇碧团团的窗下，开卷阅读，岂不舒心快哉！倪先生居住于此，不仅阅读宋史，更可悟人生。

倪士毅，1919 年 10 月出生在乐清北白象镇万南村的一个书香门第，温州中学毕业后，考取浙江大学龙泉分校，后又攻读浙江大学史地研究所研究生，毕业后留校工作。他先后在浙江大学文学院史地系、浙江师范学院历史系、杭州师范学院（今浙江师范大学前身）历史系、杭州大学历史系任教，担任副教授、教授，硕士生导师。曾任杭州师范学院历史系副主任、中国古都学会理事、浙江省历史学会理事兼副秘书长、浙江省地名学会副会长。现为浙江省文史研究馆馆员。

倪士毅教授从事高校历史教学与研究达四十多年，先后讲授过"中国通史""中国古代及中世纪史""中国目录学史""浙江地方史""史学原理"等课程。他专长于宋史、浙江地方史和中国目录学史的研究。主要著作有《浙江古代史》《中国目录学史》《古代杭州》等，并参与《中国历史辞典·宋史卷》词目、《中国都城辞典》词目、《浙江省外事志》、《杭州市地名志》、《普陀县志》、《长江文化史》、《杭州历史丛编》、《杭州通史》、《西湖通史》、《南宋史研究丛书》等的编写，在全国大型刊物上发表论文 50 多篇。

我在浓荫丛中找到了倪家。倪先生告诉说，这里的房子是 20 世纪 50 年代造的，附近几幢住过陈建功、夏承焘、姜亮夫等著名教授，成了名人故居，现在杭州市要保护这些房子，不能拆迁，所以房子显得陈旧。我对倪先生说，这里的房子都将成为"国宝"啊。他哈哈笑了起来。我是第一次见到倪先生，一点也看不出他是位 87

岁高龄的老人,好像只有 70 来岁。他留给我最深的印象,不是他不高的个子,也不是他清癯的体型,不是他敏捷的思维,也不是他谦谦君子的风度,而是他满口“乐清普通话”。真是离土不离腔啊,与倪先生交谈,仿佛就在乐清白象乡间的路亭里,与一位从不离家的老人在聊天,很亲切很有乡情。所以,我们也就从老家说起。

乡音无改鬓毛衰

金:

倪先生,您离开乐清六十多年了,至今仍是一口的白象口音,我的祖上是在白象大港,与您的老家很近,因此听您的口音非常入耳,这才是真正的乡音啊,我想这也是一种家乡情结吧。您还记得当年在乐清的情景吧。

倪:

我的老家在北白象镇万南村,旧名叫万家垟。20 世纪 20 年代,我们村里读书之风很盛,出了不少文人。父亲倪国道(字砥如)是位前清秀才,一辈子在乡村小学里教书。因此受家庭影响,我从小也喜欢读书,六七岁时就能读《古文观止》《唐诗三百首》《论语》《孟子》等。我读的高小是乐清县立第六小学,校长是堂叔倪悟真先生,学识渊博,他办学热心又认真负责,乐清县第六小学是一所很有名气的学校。

13 岁时,我考入温州中学初中部,在温州度过了 6 年中学生活,1937 年夏天,卢沟桥事变爆发,温州中学迁移青田水南,我曾在温中图书馆工作了一年半。1940 年考取浙江大学龙泉分校文学院史地系,翌年夏天,我又跋山涉水,赴贵州遵义浙大总校继续攻读。

金：

您刚才说到的万南村读书风气好，是个出文人的地方，我曾听父辈说起过，仅你们村里这一代就出了六名教授。可见一个地方一个村落有个良好的读书风气，对培养人才是很有益处的。您说是吗？

倪：

是的。当年我们村里经济条件稍好的家庭都坚持培养孩子读书，并且学风也很严格。当年我们背下来的诗文，虽然一知半解，甚至不懂，但对以后仍是很有用处。因为人的生命是有限的，许多事情提前做了，就是赢得了时间，延长了生命。我是受父亲的影响而爱好文史，同样我对我的子女也是有影响的，他们也喜欢文科，有画画的，有搞历史的，有搞中国语文的，所以说家学渊源很重要。

治学人生的启迪

金：

您喜欢历史是受家庭影响，是家学渊源，那么您在大学里受哪位老师影响呢？

倪：

接着说我的大学生活吧。浙大迁到遵义后，校舍简陋，师生生活十分艰苦，当时史地系在主任张其昀教授领导下，史学教授有张荫麟、陈乐素、钱穆、谭其骧、顾谷宜等，都是国内名流学者，从而使史地系成为驰名全国的学系。我在系里学习毕业后，即进入浙大史地研究所读研究生，师从陈乐素教授研究宋史，受他的影响最大，而且受益终身。

金:

陈乐素教授是很著名的学者,我在采访徐规先生时听说过,陈先生是我国当代史学大师陈垣先生的哲嗣,早年留学日本,回国后专攻宋史,又精目录学、史料学、校勘学。他治学严谨、笃实,善于利用科学方法收集资料。您的宋史研究就是在他的指导下起步的吗?

倪:

不仅宋史如此。我的中国目录学史也是他指导我学习研究的。这里有个故事。陈垣先生是现代著名史学大师,1907 年考取美国教会办的博济医学院,后从事历史研究和教育工作。1926 年至 1952 年任辅仁大学、北京师范大学校长、中国科学院哲学社会科学学部委员。著名书法家启功先生得到过他的教导和提携,称陈先生为“恩师”。陈先生一生撰写史学专著二十部和论文二百余篇,他在宗教史、元史、历史文献等领域为中国史学做出了开创性的贡献。他对儿子陈乐素说,做学问就是要从目录学入门,治学少不了此学。陈乐素先生遵循先父教诲,也攻读目录学。当我做他的研究生时,他将他父亲的话转告给了我,要我也研究目录学。我的《中国古代目录学史》一书就是这样完成的。

金:

这可是薪火传承,文脉相继啊。关于目录学不少人不清楚。前些日子,我在采访温州市图书馆的潘猛补父子时,也谈到现在不少人不知道目录学是什么学科。您是否给我们介绍一下您研究的中国目录学史?

倪:

学习历史,尤其是中国古代史,必须掌握、熟悉古籍,但我国古籍很多,正如古语所说:“汗牛充栋”,“浩如烟海”。如何对这些古籍,做到心中有数,使用起来得心应手,那就一定要懂得一点目录学的知识，才能获得入门的钥匙。由此可见，目录学是一门学习历史的基础课，也是研究历史基本技能训练的一个方面。

1945 年读研究生时，导师陈乐素先生给我们开设了这门课程。1978 年杭州大学成立了宋史研究室，陈乐素先生担任主任，要我替研究生讲授这门课程。我接受了这个任务后，在讲课的同时，也开始了《中国古代目录学史》一书的编写。后来历史系三、四年级学生也把这门课程列为选修课。历经七八年时间，我的《中国古代目录学史》不断修改，不断征求意见，于 1998 年正式出版。

金：

在采访您之前，听说您撰写的《浙江古代史》是浙江省乃至全国第一本地方通史的著作，是这样的吗？

倪：

可以说是这样的。1963 年杭州大学历史系设立了“浙江地方史研究室”，从那时起，我开始了对浙江古代史的专题研究。此外还担任了浙江地方史课程的教学。1964 年，“浙江地方史研究室”停办，我对浙江古代史的研究工作暂告中断。“四人帮”粉碎后，杭大历史系重新恢复了浙江古代史的课程，于是我又兼任了浙江古代史的教学。当时我省确实还没有一本地方通史著作，在全国省市中也还没有，浙江人民出版社得知我手头有讲稿，要求我在原讲稿的基础上，加以修改补充，至 1983 年最后定稿，前后达 20 年之久，其间除“文革”时期无法安心从事研究之外，断断续续地也有 10 年啊。

浙江历史源远流长。《浙江古代史》从旧石器时代的“建德人”说起，顺着时序，把每一朝代浙江的建制、政治、经济、文化和阶级斗争等方面，沿着社会发展进程，一直写到鸦片战争以前的清朝中叶。

金：

您对自己著作的叙说好像是一段新闻报道，是那么的平和。

从中我发现了您的为人处世,您总是那么的低调。刚才我一进来看到温籍史学家苏渊雷先生集句书写的对联:“但吃肉边菜,何劳弦上音。”为此,我想到孔子的话,孔子曰“不患无位,患所以立”,不怕你没有取得一定的位置,重要的是你拿什么去自立。人来到这个世界,就是“立”的过程——在茫茫天涯路上铸造自我形象。您赞同我的看法吗?您在治学中有什么人生感悟吗?

倪:

赞同。立是一种“信心”的确定。“信心”是人的生命尊严,一种不可动摇的类似宗教的情感,一种对自我生命的鉴赏。孔子非常欣赏《周易》中的两句话,“不恒其德,或承之羞”,意思是不能恒久地守持自己的信心,或许因此蒙受耻辱。

其实人在人生的“立”中,还要得到朋友的支持。我的地方史研究就得益于朋友的支持。你一定知道孙孟晋先生,他是温州著名大学者孙诒让的儿子,担任过温州籀园图书馆馆长、浙江省图书馆馆长、浙江省通志馆编纂、浙江省文史馆馆员等职,一生致力于地方文献的搜集整理工作。他与我是很要好的朋友,相识于20世纪50年代。他对乡土文献的关注给了我很大的启发。还有一位我的老师陈训慈先生,他曾是浙江大学史地系教授、浙江省图书馆馆长,他对浙江文献也很有研究,他鼓励我研究浙江的历史,我的《浙江古代史》序也是他写的。

岳飞是不可否定的

金:

研究杭州文史是您南宋史研究的组成部分,您居住在杭州,专业又是南宋史,真是得天时地利的优势啊。您在研究杭州历史中最满意的成果是什么？

倪：

谈到我在宋史研究方面主要是宋代士大夫问题，特别是宗室士大夫问题。对南宋杭州史的研究，曾做过《南宋临安的都市经济》《繁华的南宋都城——临安》《南宋故宫述略》《南宋皇城考述》等，并在20世纪80年代曾向杭州市人民政府提出建设南宋皇城遗址公园的意见。此外还带领学生对抗金名将岳飞遗址及其部将的墓址进行实地调查，取得了一些成果。杭州曾是南宋的都城，我居住杭州到今年刚刚60年，当然对我的研究提供了诸多的方便。

岳飞一生战绩卓著，他统率的“岳家军”，抗金意志坚定，战斗力极强，金兵无不惊呼“撼山易，撼岳家军难”。他的部将如岳云、张宪、牛皋、李宝等，在抗金战争中无不身先士卒，奋勇杀敌，视死如归。岳飞被冤杀之后，他的部将也多殉难，葬于西子湖畔。但出于种种原因，这些部将的墓址遭到损坏。我们在调查中一一进行了登记，为有关部门的修缮提供了可靠的历史依据。可惜，当年调查确定的岳云墓，为南宋孝宗改葬岳飞时所衬葬的，刻有“宋继忠侯岳云墓”，“文革”中全部被破坏了，现在的墓为1979年重修。还有张宪墓，据1963年调查时，在外东山弄西湖区人民医院左侧，墓碑前还有石供桌一张，其左右各有石凳一条，墓前有石马等遗迹，“文革”后不存。2004年北山街历史文化街区保护工程于原址重立“宋烈文侯张宪墓遗址”碑，碑前展出同年出土的明正德“新建宋张烈文侯祠记(残)”，一对石虎，以及张宪祠柱础等遗物。

12世纪前期，在中国历史上发生了一场波澜壮阔的民族战争，这就是汉族和其他少数民族反对金朝女真贵族民族压迫、民族掠夺的战争。当时黄河两岸，江淮之间，人民的抗金浪潮汹涌澎湃。在这样一个民族矛盾十分尖锐复杂的时期，岳飞的反民族压迫和反投降的斗争，在南宋将领中最坚决、最勇敢。他宁死不屈、气壮山河的民族气节,长期以来受到广大人民群众称颂。同时,岳飞还有一个难能可贵的地方,这就是,在民族战争中,他能够考虑到减轻人民在战争中的负担,从严治军。岳家军驻防京西(今河南西部)、湖北期间,一面募民营田,一面进行屯田,使部队在休战期间进行耕种,"冻死不拆屋,饿死不掳掠",被人民所肯定。

因此,在这样的历史条件下,岳飞坚决抗金的意志和业绩,同投降派斗争到底的不屈不挠精神,是符合被压迫民族的人民利益和愿望的,也是符合历史发展方向的,这构成了他一生活动的主流。岳飞之死,是抗金民族战争遭受投降派破坏的集中表现。岳飞为抗金事业而死,死得光荣。

2006 年 7 月 1 日,星期六

(原载《温州都市报》2006 年 7 月 20 日《温州学人对话录》)

回忆恩师胡玉堂

毛昭晰

胡玉堂先生是我的老师。1946 年我在浙江大学史地系二年级学习时，曾经选修过他开设的西洋通史课。当时先生是史地系最年轻的讲师，他讲的课，条理清晰，内容丰富，深受学生的欢迎。

1949 年夏，胡先生被调到著名的上虞白马湖春晖中学任校长，至 1954 年初重返杭州任教。当时正值院系调整之后不久，浙江大学文学院及理学院的一部分与之江大学文理学院等校合并成浙江师范学院（即后来的杭州大学），史地系也分成历史与地理两系，胡先生返校后在历史系教书，讲授世界古代史及世界近代史等课程。我那时已留校任教，和他在同一教研室工作。从 1954 年至 1988 年，我与胡先生共事三十余年，还曾和他合写一本书。胡先生待人热情诚恳，我在工作与学习中遇到困难，总是能得到他的指导和帮助，回想起来，这实在是我一生之幸运。

胡先生是优秀的教师，也是严谨踏实的学者，他对世界史的许多问题，往往有自己独到的见解。之所以能达到这样的境界，一方面是因为他有很高的外语水平，能够像读中文那样阅读英文的史学著作，掌握丰富的史料与学术动态；另一方面是因为他具有深厚的理论素养，得以在繁纷的历史现象中高屋建瓴，理清脉络，揭示问题的本质。他对世界历史的研究，总是能抓住一些关键性的问题进行分析，给人以很大的启发。例如人类从原始社会转入阶级社会之时，存在着一个过渡时期，史学家们称之为军事民主制时期,国家就是从军事民主制发展而来的。胡先生根据恺撒的《高卢战纪》记载的材料和蒙森、奈罗等许多史学家的著述,分析了恺撒征服前高卢人生产力发展的水平和生产关系的变化,认为在恺撒征服前,高卢人的社会制度已经比荷马时代的军事民主制发展到更高的阶段,当时军事民主制的形迹虽然依稀可见,但已衰落,而作为文明里程碑的国家虽未真正形成,却已具有雏形。据此,胡先生认为古代高卢在军事民主制和国家形成之间,曾经存在过一个“雏形国家时期”。在《恺撒征服前高卢的社会结构和雏形国家》这篇论文中,他用具体的史料论证了雏形国家的特征,这就是它的不稳定性与过渡性。胡先生批判了某些历史学家的观点,这些学者认为是罗马人的征服把高卢引入了文明社会,他认为:“恺撒对于高卢的侵略,干扰以至打断了高卢自己独立发展的道路。”如果高卢不被罗马征服,那么它自己也即将跨入“文明时代”。由于马克思和恩格斯对恺撒征服前的高卢人社会都没有作过具体分析,所以胡先生的这篇论文对研究西欧古代史的人来说显得特别重要。

对社会形态更替问题的重视,还体现在他写的《西欧从奴隶社会向封建社会过渡中的几个问题》一文中。在这篇论文里,胡先生大胆地对西欧历史上是否存在过奴隶革命提出了疑问。他认为“把奴隶起义说成奴隶革命,实际上是混淆了阶级斗争和革命的概念”,他认为革命是阶级斗争的最高表现,它不仅意味着旧制度的灭亡,更重要的是,它意味着新制度取代旧制度,而西欧奴隶社会中的奴隶阶级并不是一个体现新生产方式的阶级,奴隶起义不能使新的封建制度取代旧的奴隶制度,所以在西欧的历史上有奴隶起义,但没有奴隶革命,在世界各国的历史上也不存在奴隶革命。胡先生在这篇论文中批评了社会上流行的所谓“奴隶革命”的说法,这种坚持独立思考,不看风使舵的学术风骨,令人十分钦佩。

胡先生对西欧封建社会经济制度的发展也作了深入的研究,

他写的《西欧封建社会应分为领主制和地主制两个阶段》以及《中世纪西欧的政权、教权和封建制度》等文章都有自己独到的见解，读了不仅使人增长知识，还可从中学习到研究历史的方法。

胡先生在晚年对基督教史的研究下了很深的工夫，他的论文《历史上的耶稣》在海内外产生了很大的影响，香港《鼎》杂志曾全文转载。在这篇论文里，他根据古代许多史料进行分析，认为耶稣是一个真实的历史人物，并且提出福音书中有两个耶稣的形象，一个宣扬对统治者压迫者卑躬屈膝、妥协顺从，强调爱敌人；另一个则主张通过暴力斗争，推翻统治者与压迫者来促使“天国”的实现。胡先生从公元1世纪前半期巴勒斯坦的历史条件、人民运动和教派活动的史料进行考察，认为第二个耶稣的形象是真实的耶稣。耶稣是阶级斗争和民族斗争中涌现出来的代表人物，是饱受压迫的犹太下层劳苦大众的领袖。这一论证有很强的说服力。在这篇论文中，胡先生对“宗教是人民的鸦片”这一马克思主义的科学论断做了十分精辟的解释，他认为在一定的历史条件下，人民的斗争不得不和宗教发生密切的关系，这不是个人的意志可以改变的。所以应该透过宗教的外衣，对这种斗争进行分析和评价。在古代的巴勒斯坦，与犹太教无关的政治斗争是不存在的，不能因为耶稣及其信徒是犹太教的一个教派而否定其人民运动的性质，抹杀其在历史上的作用与意义。这样的论证使人很受教益。有些研究基督教史的外国学者则认为胡先生的研究是马克思主义史学家对基督教史学家的挑战，可见这篇文章的分量。

作为学者，胡先生的研究十分精专，而作为教师，他又是多能的。就我所知，先生为本科生和研究生讲授过的课程有世界古代史、世界古代中世纪史、世界近代史、西欧史学史、基督教史、法国史、马克思恩格斯著作选读、西方史学名著选读等。一个人开设这么多的课程，真是令人惊叹，更不用说他讲课时开阔的思路和独到的见解了。

最近,胡先生的长子胡大林先生和他的几个妹妹要为父亲出一本文集,请浙江大学的严建强先生主编。胡先生的研究生陈钦庄和庞易民协助搜集资料,内容包括胡先生写的论文及一部分讲稿。大林要我作序。我是胡先生的老学生,为恩师的文集写序是义不容辞的,惜我耄耋之年,思路迟钝,文笔拙劣,勉力为之,写了这样一篇不像样的文字,实在愧对恩师。

毛昭晰

2011 年 10 月 16 日

(原载毛昭晰:《胡玉堂世界史文集·前言》,浙江大学出版社,2012 年。标题为编者所改)

我国法国史研究的老前辈沈炼之

楼均信

沈炼之教授是我国著名的世界史学家、教育家和翻译家，他先后从事教育与研究工作达半个多世纪，为我国培养了大批优秀人才。沈先生博通中西文化与历史，尤其精通法国史，为我国的法国史研究作出了不可磨灭的开拓性贡献，是我国史学界德高望重的法国史研究前辈。

一

沈炼之教授，又名沈翔、味荔，浙江省温州市人，生于 1904 年 8 月 5 日，卒于 1992 年 11 月 16 日，享年 89 岁。他幼年入私塾，少年就读于著名的浙江省立第十中学。1922 年 7 月考入北京燕京大学英语系，1926 年 7 月英语本科毕业，同年 8 月，由亲友资助留学法国，先在第戎大学修读法语、法国文化史和英美史，然后转入里昂大学攻读博士学位，继续研读法国中世纪史和法国近现代史，1933 年 7 月毕业，获里昂大学人文博士学位，其博士论文即由里昂利乌兄弟公司出版，并荣获中法学院文科优秀论文奖。在里昂学习期间，他经友人介绍，专程去第戎拜访在第戎大学讲学的史学大师马迪厄教授，并听完了其讲授的关于法国大革命史讲座的全部课程。沈先生是唯一聆听过马氏讲课的中国学者，对马迪厄治学中的求实与创新精神深深铭刻在心,从而奠定了献身法国史学的坚定信念和扎实基础。

沈炼之教授取得博士学位后,谢绝了法国朋友的挽留,怀着报效祖国振兴民族的赤诚之心,满腔热情地踏上了回国的征程,期盼能立即投身祖国的史学研究事业。可是,当时的中国却在国民党反动派统治下,政治腐败,社会混乱,民不聊生,身为洋博士的沈先生连个饭碗也难找到,他只好"东奔西跑,3 年之内,换了 3 个城市,3 个学校。尤其在抗战期间,8 年换了 5 个工作单位"[①]。1933 年 9 月,他先在广州一个师范学院教授英文和西洋通史,1935 年北上燕京大学执教,一年后又抵南京在地政学院任研究员,从事地方志研究。不到一年,抗战爆发,兵荒马乱,南京遭日寇炮击,沈先生被迫回到浙江老家任中学教员。1938 年他又内迁至福建,先在出版社当编辑,后在福建教育厅分别任督学、秘书、科长、中学师资养成所所长、福建省研究院秘书长、福建社会科学研究所所长。沈先生在公务之余,一面研究法国史,一面密切注视世界时局的发展,先后发表《如此广州》(此文受到鲁迅好评,曾写《〈如此广州〉读后感》,登载 1934 年 2 月 7 日《申报·自由谈》上)、《日本究竟要什么》、《德国对于日本的军事协助》、《第三帝国向何处去》、《法国在地中海的地位》、《法国人民阵线内阁的前途》、《意大利的新欧洲政策》等数十篇时政文章,揭露中国当局的昏庸,抨击德、日、意法西斯的侵略行径,探索中国之命运与世界之前途,表现出一个爱国青年知识分子的远见卓识和崇高民族气节。此时,沈先生虽只 30 岁出头,却已在学界颇有影响。

1944 年,沈炼之教授应聘到内迁福建的暨南大学任教授,不

---

① 《沈炼之教授在执教五十周年庆贺大会上的发言》,《法国史通讯》1984 年第 8 期,第 258 页。

久任暨南大学文学院院长兼史地系主任和代理校长。在暨大的4年中,沈先生克服种种困难,继续研究法国史,翻译和出版了多部著作,成为扬名海内外的知名学者。

1948年,沈先生因不满反动当局,毅然返回故乡,到中学任教并任温州市立中学校长。新中国成立后,他终于得到发挥专长的机会,1951年12月,他奉调杭州,任浙江师院(1959年起更名杭州大学)历史系主任,长达30年之久。1978年起兼任杭州大学法国史研究室主任,还担任校学术委员会委员、高级职称评审委员会委员、浙江历史学会会长、名誉会长、中国历史学会理事、中国法国史研究会名誉会长、《历史教学》编委、《法国研究》顾问以及省人民代表、省政协常委、省民盟副主席、民盟中央委员、民盟中央参议委员等多种学术职务和社会兼职,在参加繁忙的社会活动的同时,仍辛勤培育人才,潜心研究法国史,为我国史学作出杰出的贡献。

二

沈炼之教授在学术上的贡献主要表现在3大方面。

第一,他是一位学识渊博,著译等身的史学家。半个多世纪以来,先后撰写、翻译、主编史学著作和资料达20种,论文译文过百篇,共数百万言。其中较著名的有:《法国革命史讲话》(福建永安改进出版社,1941年)、《权力》(〔英〕罗素著,世界名著译丛之一,永安改进出版社,1941年)、《世界文化史》(〔美〕J. E. 斯温著,1944年初版,1947、1949年再版,上海开明书店,1985年,台湾开明书店重印)、《罗曼·罗兰传》(〔美〕威尔逊著,上海文化出版社,1947年初版,1953年4版)、《简明世界近代史》(中国青年出版社,1957年)、《德国维护帝国宪法运动》(恩格斯著,人民出版社,1958年)、

《法国史》(〔法〕瑟诺博斯著,商务印书馆,1964 年)、《希望回忆录》(〔法〕戴高乐著。上海人民出版社,1973 年)、《法国简史》(合著,商务印书馆,1978 年)、《法国工人党的诞生》(合译,中国人民大学出版社,1986 年)、《法国通史简编》(主编,人民出版社,1991 年)、《盖得派》(〔法〕克·维拉尔著,杭州大学出版社,1992 年)、《法兰西第三共和国》(〔法〕维诺克等著,合译,商务印书馆,1993 年)。此外,还主编不定期资料《法兰西第三共和国资料选译》,已出版 8 期。上述著译的出版,对我国的世界史,尤其是法国史学科的建设、发展,对广大中青年史学工作者的培养和提高,对我国的世界史史学走向世界,都产生深远的影响,引起了国内外史学界的重视。

第二,他是一位受人崇敬,脚踏实地的教育家,为我国培养了大批优秀史学人才。沈先生从事教育事业达 60 年之久,除长期讲授法国史之外,还先后讲授过西方文化史、西洋通史、世界近代史、法国史学名著选谈、专业法语等多门课程,从 1978 年开始招收过多批法国史硕士研究生,而且在研究生培养方面有自己的一套做法,形成了自己独特的教育思想。他始终教导学生做人为先、方法为先、基础为先,认为要做学问必先学做其人,研究生重在学方法、打基础、明方向。教育学生必须在唯物史观指导下学会多种研究方法,强调理论、外语、专业都要有扎实的基础。只有人品好,方法新,基础实,才能在本学科中站得深,才能适应四化建设的需要,并在学术上有所贡献。沈先生治学严谨,功底深厚,精通法文、英文和俄文,但在学生面前却十分谦和,身教重于言教,他对学生循循善诱,爱护备至,直至 80 岁高龄还爬上 3 层楼梯,去研究生宿舍登门指导,沈先生的感人行动与教学方法,深受学生崇敬和爱戴。半个多世纪以来,他培养的学生遍布祖国各地和世界上许多国家,众多的学生成为有名的专家教授,担负着重要的领导工作,成为国家和社会的中坚力量，真可谓桃李满天下。

第三，他是创建我国法国史研究机构的带头人。沈先生非常重视我国的法国史研究和学科的组织建设，1978 年，他在国内率先创建了杭州大学法国史研究室，成为我国第一个专攻法国史的研究机构。他不顾年迈体弱亲自组织队伍筹措经费，购置图书资料的资金不足，他将自己多年积蓄的 5000 元人民币，捐献给刚成立不久的研究室添置法文图书资料。为提高研究室成员的专业水平，他还积极与法国著名马克思主义史学家 C. 维拉尔教授等建立联系，开展国际学术交流，曾两次（1986、1988）邀请 C. 维拉尔到杭州大学讲学，并与法国史研究室中青年学者进行深入细致的学术交流。在沈先生倡议下，杭州大学与巴黎第八大学建立校际关系，聘请 C. 维拉尔为杭大名誉教授，想方设法派出研究室的中青年教师赴法进修提高。同时，他亲自制订研究计划，组织全室成员展开对法国史有计划有重点的研究。在沈先生的主持下，杭大法国史研究室成立 10 多年来已拥有相当丰富的法文藏书，尤其是有关法兰西第三共和国史的图书资料，堪称国内最完备的单位之一。而且，该研究室至今已形成了一支在国内具有相当实力的学术梯队，学术成果不断问世，10 余年中已出版译、著 10 余种，在国内法国史研究领域处于领先地位。在创建杭大法国史研究室的同时，沈先生还带头筹组中国法国史研究会，1977 年 5 月，他趁杭大校庆举办学术讨论会之际，邀请北京大学、中山大学、华东师大、辽宁大学、哈尔滨师大等校的法国史专家共商筹组事宜。接着，他抱病参加 1978 年在上海金山召开的中国法国史研究会筹备会议，与国内法国史专家、教授共同商定次年正式宣布成立中国法国史研究会，同时协调全国法国史研究人员展开有计划有分工、各有重点的法国史协作攻关研究。从此，使中国的法国史研究成为全国性的有组织的学术活动，沈先生也很自然地成为中国法国史研究会的创始人之一,并一直担任该会的名誉会长。

三

沈炼之教授在世界史研究领域中最突出的贡献是世界文化史和法国史,最有代表性的著译有3种,即《世界文化史》《法国革命史讲话》《法国通史简编》以及一批有重要价值的论文和书评。

沈先生是我国最早涉足世界文化史的学者之一,早年在暨南大学讲授西洋通史时,他就着重讲述西洋文化史,J. E. 斯温著的《世界文化史》最初就是作为西洋通史课的教本在闽南由他翻译出版的,出版后极受读者欢迎,后经周予同等先生推荐,于1947年由上海开明书店重版,1949年再版。本书从远古叙述至第二次世界大战前夕,内容十分丰富,正如沈先生在译后记中所云:"本书的特点是以年代为经,把人类文化的活动分为政治、经济、社会、美术、宗教、文学和科学各部门来叙述,条理非常清晰。"[①]并且略古详今,很切实用。所以本书一版再版,在国内广为传播,她的出版,在当时填补了这一领域的空白,对推进我国的世界文化史研究,传播世界文化史知识,在某种意义上起了启蒙和开拓作用。本书虽系沈先生50年前的译作,但对我国的世界文化史研究所作出的贡献,并不亚于一部专著,而且至今仍然具有参考价值。唯其如此,所以台湾开明书店于1985年"不惜工本,再版行世"。[②] 还在重印后记中言明:"本书对西洋文化,……不仅叙述得条理井然,引人入胜,并且具备洞察力,……其精微处实为一般著作所不及,颇能增

---

① 《世界文化史》,台湾开明书店,1985年,第649页,重印后记,第2页。

② 《世界文化史》,第649页,重印后记,第2页。

益人们的智慧。”[①]

沈先生长期以法国史研究为重点，他的研究成果具有明显的开拓性。正当日本帝国主义疯狂侵略我国，学术研究几乎处于窒息之时，沈先生仍然坚持法国史的研究，并于 1941 年 9 月出版了《法国革命史讲话》一书，本书虽然只有 104 页，却是国人自己撰著的第一本法国大革命史著作，仅此就开创了我国的大革命史研究。所以，出版后即引起时人学者关注，他们在此书出版不久，即写出书评推崇此书“材料得宜，叙事无误，有助于吾人之了解者”[②]。我国当代著名史学家、法学家端木正教授在《法国革命史研究在中国》一文中，也赞赏沈先生在书中“把马迪厄和法国革命史在国外的新成果深入浅出地介绍给我国读者”[③]。端木先生还特意提醒说：“如果我们没有忘记抗战时国民党统治区的学术工作者处在多么困难的条件下进行工作，那么法国革命史学所取得的这点成果是大堪告慰的事。”[④]

沈炼之教授对法兰西第三共和国史研究颇深，其中关于拉法格的研究同样具有开拓性。20 世纪 70 年代末，在我国学者尚少注意时，他就开始研究拉法格并发表了《杰出的革命实践家和马克思主义传播者保尔·拉法格》(《国际共运史研究资料》第 5 辑，人民出版社，1982 年)、《评拉法格的历史功绩》(《法国史论文集》，生活·读书·新知三联书店，1984 年)两文，在肯定拉法格是“一位杰出的革命实践家和著名的马克思主义宣传家”的同时，又指出了拉法格“左右摇摆”“宗派主义、关门主义”“教条主义”习气和错误。对拉法格所作的一分为二的客观评价，赢得了我国史学界的好评，

① 《世界文化史》，第 649 页，重印后记，第 2 页。

② 左景权：《新书介绍：法国革命史讲话》，《图书月刊》二卷四期，1942 年 11 月。

③ 《法国史论文集》，生活·读书·新知三联书店，1984 年，第 29 页。

④ 《法国史论文集》，第 29 页。

也为我国的拉法格研究打下了基础。

编著一部法国通史是沈炼之教授长期以来的愿望,他希望编著一部既不同于法国和西方学者,又不同于苏联学者所著的法国通史,而是具有明显中国特色又反映最新水平的法国通史。为此,他早在20世纪50年代就开始做准备工作,先后翻译了一大批马克思、恩格斯有关法国史的论著和书信,并在1964年翻译出版《法国史》一书及其他原始资料。他觉得没有坚实的理论基础和较丰富的资料是难着手此项工作的,所以迟迟未下决心,直到1985年国家教委委托他主编一部法国通史时,他才决定组织力量动手编写,但他仍然主张从翻译和整理资料开始,然后进行专题研究,各人写出学术论文,最后才分工撰写。经过5年的努力,终于由人民出版社出版这部洋洋56万字的《法国通史简编》,实现了沈先生数十年来的心愿。本书虽曰《简编》,却从远古一直写到1988年,是我国出版的最系统最详尽的一部法国通史。沈先生在构思本书框架时,决心改变以阶级斗争史为中心的传统编史模式,"坚持以唯物史观为指导,以社会经济史为重点,力图展现法国历史的全貌,包括经济、政治、军事、科技、思想文化的发展,同时注意法国对人类文明所作出的贡献"①。以社会经济史为重点,进行多层次多向变的叙述,这就是本书的最大特色。书中令人注目的是一改旧套,还将巴黎公社纳入第三共和国史的叙述之中,作为法国历史发展中的有机组成部分,不再设专章细述,这就更妥帖更客观地反映了历史的真实。书中还设专章系统介绍了从13世纪至1988年中法关系的产生、演变和发展,将700多年的中法关系分为开端、演变、新阶段三大发展阶段进行叙述,这不仅适应了对外开放的新形势,而且如实反映出中法交往源远流长又丰富多彩的实际内容,填补

---

① 沈炼之主编,楼均信副主编:《法国通史简编》前言,人民出版社,1991年。

了我国史籍中很少涉及的这一空白，使本书具有开拓性和明显的中国特色。本书出版后即引起国内外史学界的重视，纷纷发表书评指出这是“一部具有结构新、观点新、资料新的三新之作”[①]。认为本书“敢于开拓，填补空白”[②]。马克思曾经说过：“现代历史著述方面的一切真正进步都是当代历史学家从政治形式的外表深入到社会生活的深处时才取得的。”[③]《法国通史简编》能够受到读者好评，这是与沈先生深层的思考与长期的钻研分不开的，也充分反映出沈先生深厚的功底和远大的眼光。

四

沈炼之教授一生不仅有宏富的学术成果，而且有自己一贯的治学思想。他经常教诲中青年教师和研究生，研究世界史，尤其是研究法国史，必须以马克思主义为指导，而且强调只有以马克思主义为指导，才不会使研究工作迷失方向，才能够在复杂纷繁的历史现象中纵览全局，抓住本质，总结经验，揭示规律。他提倡认真研读有关马列原著，认真领会其精神实质，斥责那种“只要史料，不要理论”的错误观点，强调要坚持原则，独立思考。沈先生这样说，自己也是这样做的，他几十年如一日，刻苦研读马列原著，坚持运用马克思主义的立场、观点方法研究问题，先后翻译和发表了《未发表的恩格斯的书信——法国社会党人和布朗热危机》《1848 年的六月起义》《马、恩在 1847—1849 年写的论文》等多篇原著，对推动我国史学界运用马克思主义研究世界史起了重要作用。

① 《简评〈法国通史简编〉》，《浙江学刊》1991 年第 4 期。

② 读〈法国通史简编〉》，《历史研究》1991 年第 4 期，第 9 页。

③ 《马克思恩格斯全集》，第 12 卷，第 405 页。

沈先生还十分注意史学研究的方法问题,他说:"世界史作为一门高层次的基础文化学科","总是贯穿着某种指导思想和方法论。"[①]因为,在明确以马克思主义为指导的前提下,必须注意方法论。但绝对不能用唯物史观的一般原理来代替史学研究的具体方法,他说:史学理论和方法论是辩证唯物主义和历史唯物主义的一般原理和方法所不能代替的。它应该更切合历史研究过程的实际和具体要求。[②] 又说:"马克思主义史学方法论,并不是一个封闭凝固的体系。"[③]这就是说,马克思主义方法论也是开放的发展的,沈先生主张继承和吸取古今中外学者运用的各种方法,即用多种方法来研究历史。从沈先生的这一见解中我们可以得到有益的启迪。

沈先生认为,研究历史不能忽略对反面人物的研究。他说:"在历史舞台上,出现了许多正面和反面的历史人物,他们对社会发展起着加速或延缓的作用。"因此,我们既要研究正面人物,也要重视研究反面人物,如果不研究"希特勒等人的具体活动,不仅会使生动丰富的历史内容一般化、概念化,……而且也不能恰当地阐明历史事件和历史发展过程"[④]。沈先生在 20 世纪 70 年代末就能大胆地提出要重视对反面人物的研究,这不仅表明一个历史学家的胆识,更表明了他的高瞻远瞩,对世界史的研究具有导向作用。

此外,沈先生还提倡研究历史必须为我国的四化建设服务,尤其要为我国的精神文明作贡献,他希望通过丰富多彩的历史知识,"树立共产主义理想和信念,辨清前进的方向,满怀信心地为迎接

① 《世界史手册》序,浙江人民出版社,1988 年。

② 王正平:《史学理论与方法》序言,上海交通大学出版社,1990 年。

③ 《法国史论文集》,第 29 页。

④ 《世界历史人物小传》前言,浙江人民出版社,1980 年。

未来而奋斗”[①]。为此，他主张世界史工作者除进行精深的学术研究外，必须面向大众，进行通俗化研究，向广大青少年提供生动形象而又科学的世界史通俗读物。他说：“要是把这部漫长恢宏又奔腾向前的世界历史，用形象直观的画面展示出来，……这该多好！”[②]沈先生提倡对世界史进行通俗化的研究，同样具有深远意义。

沈炼之教授虽然离开我们一年多了，但是他的学术成就，他的治学精神、他的高尚品德却永远值得我们崇敬、怀念和学习，正如我国著名史家王养冲教授在给沈先生家属的唁电中所云：“史学前辈、著译等身，品高学粹、风范长存。”

（原载《世界历史》1993 年第 6 期）

① 《世界史大事汇编》前言，浙江人民出版社，1984 年。

② 《绘画本世界通史》序，浙江少儿出版社，1991 年。

悼先师黄时鉴教授

龚缨晏

2013 年 4 月 8 日，我正在沙特利雅得参加杰纳第利亚遗产文化节，惊闻黄时鉴教授于当日在杭州去世的噩耗。本欲当即草拟讣文，周告师友。但悲痛难制，思绪杂乱，竟不知如何着笔。12 日赶回杭州，参加了极其简朴的遗体告别仪式。数日以来，先师的音容笑貌日夜萦绕，二十年往事历历在目。遂撰此文，以志悼念。

先师 1935 年出生于上海，1953 年考入北京大学历史系，1958 年大学毕业后在内蒙古大学工作，1979 年调到杭州大学工作。1995 年春，一个十分偶然的机会，使我成为先师的博士研究生。从此之后，一直跟随先师读书探史，析疑求真，面聆教诲。

先师学术兴趣广泛，知识渊博，几乎不受什么专业的限制，一个小小的问题，都会激起强烈的求知欲。记得有一次下课后闲聊，先师随意谈起他在内蒙古骑马的经历。他说，由于马跑起来是上下颠簸的，所以骑马时不是真的坐在马背上的，而是要用双腿紧紧夹住马腹，同时双脚要有力地踩在脚蹬上，否则屁股会被震痛；如果没有马镫，直接骑在光背马上奔跑，那就需要很高超的骑技了。我顺便和他讲起国外关于驯马起源问题的一些研究进展。他听后兴致盎然，当即说我们合作写一篇关于骑马的文章吧。先师和我合作的《马的骑乘与游牧文明的起源》一文就是这样写出来的。在先师的鼓励和督促下，我自己还单独写出了《车子的演进与传播》一文。现在回想起来，我与先师合作进行的几项研究，都是随性而起,并不是为了申请什么项目而刻意规划出来的。没有任何功利之目的,纯粹出于志趣而随性为之,如此快意,人生几何?

1998年秋,我在历史系资料室一个角落里意外找到一幅尘封已久的《坤舆万国全图》禹贡学会1936年影印本,非常开心,当即带到先师家中。我们一起讨论到深夜,最后决定对此进行专题研究。起初以为可以比较容易地将利玛窦世界地图的来龙去脉搞清楚,但没想到越来越复杂,结果两人整整花了五年时间才告完成。先师对此曾有这样一段文字:"我们在其中踽步前行,兴趣盎然。雪球越滚越大,天地浑仪转动,场景引人入胜,情况扑朔迷离","在收集和披览更多文献和地图以后,终于峰回路转,见得新村。"正是在这种充满挑战和乐趣的研究过程中,先师引领我一步一步进入学术殿堂的深处。

今年农历年初四,我获悉先师再次住院,到杭州前去探望。我告诉他,即将赴澳门去参加关于罗明坚中国地图的一个学术会议。他在病床上饶有兴致地谈起对罗明坚及其中国地图的看法,并且告诉我,他在意大利昂布罗修图书馆访问期间,曾看到过一批中国地图学资料,或许可能与罗明坚有关。他叮嘱我,如果有机会,应当对昂布罗修图书馆的这批地图学资料进行深入研究。我们从古代中西文化交流,谈到当今西方文化在中国的大规模传播。当我得知春节期间医院伙食比较单调后,我向先师推荐星巴克的一种熏肉卷作为晚饭,他欣然答应,但同时又叮咛,如果附近没有星巴克就算了。我虽然不敢肯定星巴克有多远,但告诉他一定能找到的。这是我最后一次为先师购买东西,以后再也不会有这样的机会了!真令人感慨。后来,先师的家人告诉我,这是先师最后一次与别人交谈那么久。

先师治学严谨,审慎求真。他的人生,也恰如其治学,热情而严谨。先师胸怀坦荡,清高纯洁,为人正直,处事公平。虽然看起来比较文弱,内心却非常坚强,不为世俗所动。2001 年底,先师刚到退休年龄,便不假思索地毅然办理了退休手续,与单位脱离了工作关系。此后,先师以退休老师的身份被邀请到复旦大学、台湾“清华大学”、意大利昂布罗修图书馆等学术机构从事学术研究。先师去世前,留下了不发讣告、不开追悼会的遗嘱。在遗体告别仪式中,面对着先师安详的遗容,无限崇敬油然而生:活在人间,一个博学正直的教授;去世之后,一位令人缅怀敬仰的学者;是生是死,都与什么“世界一流”的大学无关。铮铮风骨,能有几人?吾以吾师为敬!

3 月 25 日,我与师弟徐海松、师妹杨雨蕾一起到医院。此时的先师已经昏睡过去,我不知他是否意识到我们的到来。没想到,这次探望竟成永别!走出医院后,我对徐海松和杨雨蕾说:“看着老师躺在病床上与病魔抗争的坚强形象,我第一次感受到死亡与我是如此地接近。”告别先师的遗体,这种感觉更加强烈。是的,每一个人都是不自觉地来到这个世界的,最终也是要离开这个世界的。于是,每个人都要面对这样一个残酷的问题:如何打发这个终究要结束的人生?有的人把生命用来追求权力的荣耀,有的人用生命来追求肉体的享受,也有的人用生命来追求心灵的满足。任何一种生活态度和生活方式,似乎都是无可厚非的,都有其合理的一面。但无论如何,知识与真理始终是人类亘古不变的永恒的追求。正是这种追求,使人类在横流的肉欲中免于彻底堕落。先师正是一位终生追求知识与真理的楷模。变幻莫测的人生旅程中,遇上这样一位老师,何等幸运!

好好安息吧,黄老师!

(原载《东方早报》2013 年 5 月 5 日)

仓修良先生的学术道路与学术特点

钱茂伟

2021 年 3 月 5 日,仓修良先生突然离世。因纪念稿约,重新梳理仓先生的学术道路与学术特点,写成本文。有关仓先生生平的基本事迹与学术贡献,他的自述、访谈多已涉及,这里不多重复。笔者随仓先生治史,近十多年又在建设公众史学,所以重视当代学人的学案史资料积累。2012 年,我们在主持编纂《执着的史学追求:仓修良教授八十华诞庆寿文集》时,曾对仓先生的学术活动及资料做过整理。笔者另一个计划是做《仓修良口述史》。仓先生记忆力相当好,口齿清晰,表达力强,语速适中,比较适合口述史。可惜仓先生一直不肯接受访谈。2018 年 6 月,我在看望先生时,曾做过一个小时的口述记录。他不谈自己的往事,只谈与学界名流的交往,这属交往记忆,自然也是好事。遗憾的是,2019 年 3 月,笔者的电脑被黑客控制,导致所有文档被锁住,这份录像也在其中。2020 年 1 月,鉴于先生快 90 岁了,笔者决意给先生做口述史,已经分配了团队分头采访任务。无奈适遇新冠疫情,未及执行。3 月,仓先生入院。等 8 月知道消息时,仓先生讲话已经吃力,只得作罢。

一、仓修良的学术道路

2012年,做仓先生的学术活动编年时,仓先生坚持从1979年开始。他的理由是,前20年没有什么大的学术活动,不必写。收入《史志丛稿》时,将学术活动编年下延到了2017年。收入《仓修良文集》的年表,已经从1954年上大学开始了。

(一)本科出身的学者

1933年3月6日,仓先生出生于江苏省泗阳县仓集镇一个农家,有七个兄妹,他是老二。据师母口述,他爷爷欣赏这个孙子,让先生的三叔带他到镇江读书。仓先生在家乡读过两年私塾,到镇江以后发奋读书,连续跳级,读完小学、中学。1951年9月入镇江中学读高中,1954年9月入浙江师范学院历史学本科,1958年8月毕业留校。这年5月,浙江师院并入新成立的杭州大学,于是他成为杭州大学的老师。先生经历了新旧社会的嬗变,从泗阳到镇江,再从镇江到杭州,不断地向南迁移。到镇江读书,是先生第一个人生转折点;考上浙江师范学院并留校任教,是第二个人生转折点。在1978年研究生招生制度恢复之前,只有一小部人读过研究生,多数人是本科留校,仓先生即属本科留校者。他一生甚至没有机会读助教进修班,仅当过黎子耀副教授的助教。此后,完全靠自己的勤奋而逐步成长。

(二)由中国古代史而中国古代史学史

1958年,仓先生留校任教,时年26岁。工作前5年,他十分用功。仓先生心细,读书时容易发现小问题,敢于发表主见。最早刊登的文章是《范仲淹生平事迹订误》[①]《〈补农书〉评介》[②]《潘季驯》[③]。他发表文章刊物的起点高,直接在《光明日报》发文章;从研究时间段来说,偏重宋以后。

仓先生的史学史专题研究始于1962年,从胡三省、章学诚、郑樵、顾祖禹4人开始。这显然与1961年教育部要求开设中国史学史课有关。1962—1963年,他接连发表4篇论文:《胡三省和他的〈通鉴注〉——纪念胡三省逝世六百六十周年》[④]《章学诚和方志学》[⑤]《问题解答:郑樵的生卒究竟为哪一年?》[⑥]《顾祖禹和他的〈读史方舆纪要〉》[⑦]。这一时期所研究的问题,从时间段来说偏重宋以后,从空间来看偏重浙东,体现出仓先生重视明清史学、浙东史学的特色。对范仲淹、胡三省的考订,表现出仓先生的考辨特点;而对章学诚、顾祖禹的研究,体现出先生的研究范式是经典的史学史研究范式。

仓先生作为本科出身的助教,在留校任教后的5年间连续发表7篇论文,其中《江海学刊》2篇,《光明日报》《文史哲》《实践》《历史教学》《浙江日报》各1篇,说明他在学术上出道是比较早的,也说明新中国初期的本科教育质量比较高,当然与仓先生个人的勤奋与聪明也是分不开的。凭这些成果,他完全可以评讲师了。1963年前后,他有一次晋升机会,因为系里人事内耗,结果谁也

① 仓修良:《范仲淹生平事迹订误》,《光明日报》1961年12月10日。

② 仓修良:《〈补农书〉评介》,《实践》1962年第2期。

③ 仓修良:《潘季驯》,《浙江日报》1961年7月23日。

④ 仓修良:《胡三省和他的〈通鉴注〉——纪念胡三省逝世六百六十周年》,《文史哲》1962年第4期,第78—80页。

⑤ 仓修良:《章学诚和方志学》,《江海学刊》1962年第5期。

⑥ 仓修良:《问题解答:郑樵的生卒究竟为哪一年?》,《历史教学》1962年第10期,第56页。

⑦ 仓修良:《顾祖禹和他的〈读史方舆纪要〉》,《江海学刊》1963年第5期。

没上。

1963年“四清运动”中,仓先生受冲击。“成了清理的重点对象,整整批了三天三夜,批我整天钻故纸堆,鼓吹封建文化,美化封建人物;经常追随资产阶级知识分子之后(我确实喜欢向老一辈师长们学,除了本系外,中文系和校外,如陈训慈、夏定棫等先生处,常去请教,甚至谭其骧先生来杭或我去上海,总要去拜访);反对毛泽东思想。这一条在当时来说,可了不得。”①1964年,仓先生下放诸暨劳动一年。“从1964年起,在精简大学课程声中,史学史被精简掉了,我已改教中国古代史和历史文选课了。”②此后10年,仓先生受到的打击相当大,他不敢再写论文,未见文章发表。

(三)进京任《历史研究》编辑

1973年,《历史研究》复刊。③ 1974年8月,先生被上级领导点名,成为《历史研究》编辑。科教组下发(74)科教办字220号文件《关于出版〈历史研究〉杂志的通知》明确指出,复刊宗旨是:“遵照中央领导同志的指示,为适应批林批孔和国内外阶级斗争的需要,在斗争中加强马克思主义史学理论队伍的建设,用马克思主义、毛泽东思想占领史学阵地,决定出版《历史研究》杂志。”④这次复刊,不是恢复原来学部主管的编辑部,而是由国务院科教组主管教育部工作的迟群主持,实际上是“创刊”,具体由教育部办公室主

---

① 仓修良:《八十自述》,钱茂伟、叶建华:《执着的史学追求:仓修良教授八十华诞庆寿文集》,上海:华东师范大学出版社,2012年,第4页。

② 仓修良:《八十自述》,钱茂伟、叶建华:《执着的史学追求:仓修良教授八十华诞庆寿文集》,第6页。

③ 徐思彦:《口述史的有效与有限:以〈历史研究〉复刊为例》,《云梦学刊》2009年第4期,第23—24页。

④ 宋德金:《〈历史研究〉:新中国历史学发展的缩影(下)》,《中国社会科学报》2014年6月30日。

任曹青阳负责，参与复刊的专家有章开沅、庞朴、施丁、仓修良等 20 余人。杭州大学历史系仅仓先生入列，证明当时先生有较高的知名度。[①] 这一年，仓先生与魏得良合撰的《王充的反潮流精神》[②]发表。这篇文章有“批林批孔”风格，但选择的对象是王充，这是先生浙东学术研究的起点。先生性格倔强，喜欢发表己见。譬如，原来的刊名“历史研究”四个字是郭沫若题写的，仓先生说，好好的题字为什么不用。“由于在讨论许多重大问题时，我发表意见常常与当权者相悖”[③]，因此得罪领导，被要求早日离开。仓先生任《历史研究》编辑的时间不长，他说有半年，最迟在 1975 年 2 月上旬回到杭州。

仓先生是反“四人帮”的，有《“思鼎”与篡权》[④]一文可证。1976 年 10 月，“四人帮”倒台，他应《杭州大学学报》编辑部约，与魏得良合撰《利用历史进行反党的黑标本——评江青及其御用文人吹捧武则天的罪恶目的》[⑤]。任《历史研究》编辑这段经历，一度成为他的罪状，系里说他是“‘四人帮’的黑爪牙”。他的文章也因此被压到 1978 年初才发表。此后，他被下放绍兴“五七干校”劳动。干校领导见他身体差，让他养鸭子，他自称“鸭司令”。在“五七干校”两年间，他得以集中精力研究与写作。1977 年 12 月，全国十所院校《中国古代史》教材编写会议在杭州大学召开，系总支

① 仓师在谈话中提过此事数次，当时选人的时候，要看年龄和学术成果，从国内较知名的大学的中青年教师里选取，大概是归宣传部门掌握的，主要标准是能写大文章，有一定理论性等，仓师因此入选，由省里直接通知他要去报到。

② 仓修良、魏得良：《王充的反潮流精神》，《理论与实践》1974 年第 2 期。

③ 仓修良：《八十自述》，《执着的史学追求：仓修良教授八十华诞庆寿文集》，第 5 页。

④ 仓修良、魏得良：《“思鼎”与篡权》，《杭州大学学报》1976 年第 2 期。

⑤ 仓修良、魏得良：《利用历史进行反党的黑标本——评江青及其御用文人吹捧武则天的罪恶目的》，《杭州大学学报(哲学社会科学版)》1978 年第 1 期，第 19—28 页。

通知他参加会议并参与编写,他理直气壮地拒绝了。会议期间,他回杭州看望了朋友,朋友建议他放弃史学史,改治断代史,他没有同意。这种执着精神确实难得。

(四)1978 年以后进入学术高峰期

1978 年是仓先生学术活动的新起点。“北京学术界许多朋友得知我当时处境,都很关心,为了使我尽快摆脱困境,《光明日报》和《历史研究》都以很快速度为我发表了《从章学诚的史德谈起》和《顾祖禹生卒年辨证》两篇文章,等于让我在政治上亮相。”[①]如果说 1976—1977 年间发表的文章仍属反批判文章,政治味仍浓,那么,《从章学诚的史德谈起》[②]和《顾祖禹生卒年辨证》[③]则是纯粹的学术论文。这两篇高端刊物论文,标志着仓先生学术研究的重新起步。1978 年,他也终于评上讲师。从 1958 年至此,他已当了 20 年助教。

据《仓修良教授学术论著编年》,1979—1987 年间,仓先生发表论文数为:1979 年 5 篇,1980 年 3 篇,1981 年 5 篇,1982 年 5 篇,1983 年 6 篇,1984 年 8 篇,1985 年 6 篇,1986 年 6 篇,1987 年 3 篇。据浙大人事档案,仓先生 1978 年被评为讲师,1983 年 3 月被评为副教授,1988 年 9 月被评为教授。从今日五年一评职称的眼光来看,仓先生的职称评定比较顺利。不过,考虑到 20 世纪 70 年代末与 80 年代初,职称评定没有时段限制,只要有成果就可申报,他的职称评定仍是不顺的。他有成果、有实力,完全可以破格评审。不过,1963 年来以来职称评定欠的陈账太多,他的先生们

① 仓修良:《八十自述》,《执着的史学追求:仓修良教授八十华诞庆寿文集》,第 5 页。

② 仓修良:《从章学诚的史德谈起》,《光明日报》1978 年 7 月 18 日。

③ 仓修良:《顾祖禹生卒年辨证》,《历史研究》1978 年第 5 期,第 93—94 页。

也要上高级职称，他自然不太可能先上，所以屡次申报失利。

(五)著作之路始于《中国古代史学史简编》

1978年，“中国史学史”课程恢复，仓先生重新授课。他较早写出了详尽的讲义。当时没有新编中国史学史教材。1979年，在中国历史文献研究会成立会议上，黑龙江人民出版社编辑向他约稿。1980年10月，《中国古代史学史简编》定稿并送出版社，1983年6月出版。此前，朱杰勤《中国古代史学史》于1980年1月出版，刘节《中国史学史稿》于1982年出版。仓先生的《中国古代史学史简编》是“文化大革命”后第一部“新写新出”的通论性史学史著作。书中《后记》曾说，过往史学史是“历史编纂学史”，说明他参考过同类史学史书，并有所突破。这是该书新颖所在。此书最大的特点是按分期法编纂，分为四大时期，朝代是第二层次的划分。而朱杰勤、刘节二书，仍是按朝代排序。此书体现了新中国马克思主义史学著作的撰写要求。全书以史学发展的内容(如史学思想、史学流派、史学传统)与形式(如史体的演变、史著的产生、史料范围的扩大)为主线，结合中国社会演变的特点，将中国史学发展历程划分为四个大的时期。每一个时期又抓住重要史体的发展、史著的产生、史家思想的影响等，分别加以评述，线索明了、重点突出、便于教与学。这部书代表了20世纪80年代初期中国史学史编纂的新水平，产生了一定的影响。当时报考史学史专业研究生，必读仓著。《中国古代史学史简编》也成为仓修良老师评副教授的代表作。

(六)出名于浙东史学研究

仓先生的专题研究重心在浙东史学。1978年，发表《章学诚的历史哲学——章学诚史学研究之一》[1]。1984 年,出版专著《章学诚与〈文史通义〉》。这部专著在中华书局出版,级别较高。这本书让仓先生成为著名的章学诚研究专家,也是他评教授的代表作。其后,他想写成一部《浙东史学》(尚存 9 页《浙东史学》写作提纲)。1993 年,仓先生获得国家社科基金项目"浙东史学和明清文化"立项。从目前所存《浙东史学》写作提纲看,全书分为六章,第一章《浙东史学产生的时代背景》,第二章《金华、永嘉、永康三大学派及其对后世的影响》,第三章《四明王应麟与天台胡三省之史学》,第四章《宋濂、王袆与胡应麟之史学》,第五章《清代浙东史学》,第六章为《清代浙东(江)其他史家》。从这份提纲可见仓先生对浙东史学的理解。它是从南宋浙东学派说起的,下迄清代浙东史学。这体现了仓先生在 20 世纪 80—90 年代初对浙东史学的理解。仓先生念念不忘浙东史学研究,但为什么没写出书稿?据项目成员叶建华说,有三个影响因素。一是出版社约稿多,导致分心。二是身体不好,精力有限。三是当时出版社追求市场盈利,对学术著作的出版意愿不高。那时,仓先生仍持出版社导向观念,于是就没有正式动手写作。但一直念念不忘要撰写《浙东史学》,直至 2020 年 8 月,叶建华去医院看望病中的仓老师,他还说要撰写出版《浙东史学》一书。虽然该书未成,但主体成果已经完成,体现在相关论文中,弟子们的相关硕士论文也体现了先生的理念。

(七)由章学诚研究而方志学

仓先生的方志学研究,始于章学诚方志学研究。20 世纪 60 年代,他曾写过 20 万字的方志学初稿,不料多年心血结晶连同资

---

① 仓修良:《章学诚的历史哲学——章学诚史学研究之一》,《杭州大学学报(哲学社会科学版)》1978 年第 3 期,第 101—111 页。

料卡片竟都毁于"十年浩劫"。80年代,方志学兴起。1981年,仓先生率先为本科生开方志学课程。他采用老办法,先写出详细的讲义,然后边讲边修订。1985年,杭州师范学院组织方志培训班,他任主讲老师。他对于方志的起源有自己的看法,与复旦大学黄苇教授的观点不同。1986年春节前,他完成了《方志学通论》并寄到齐鲁书社。遗憾的是,当时出版业不景气,直到1990年才出版。2000年以后,方志学成为仓先生关注的重点。他提出了一系列方志编修理论,为指导新方志编修作出了贡献。

(八)由史学史而谱牒学研究

仓先生的谱牒研究,始于1983年《试论谱学的发展及其文献价值》[①],第二篇是1997年的《关于谱学研究的几点意见》[②]。由于20世纪80—90年代出版业不景气,《谱牒学通论》一直被搁置。他在杭州大学主要是给研究生做谱牒研究的专题讲座,在宁波大学给本科生开过一次课,没有如早年那样写出详细的讲义。2007—2008年间,仓先生发表6篇谱牒学论文。2016年,在华东师范大学出版社的支持下,在陈凯、鲍永军的帮助下,完成了定稿,2017年出版。《谱牒学通论》汇聚了仓先生的心血,将中国谱牒思想史梳理得清清楚楚。这是先生封笔之作,溯本求源、内容翔实、脉络清晰、观点鲜明、研以致用。[③] 叶建华称:"仓著对最早谱牒《世本》的剖析,对唐代敦煌姓氏族谱残卷价值的发掘,对宋代欧阳

---

① 仓修良:《试论谱学的发展及其文献价值》,《文献》1983年第2期,第207—234页。

② 仓修良:《关于谱学研究的几点意见》,《历史研究》1997年第5期,第139—151页。

③ 张前永:《"谱学不等于家谱学"——仓修良〈谱课学通论〉之"谱"》,《图书情报研究》2019年第4期,第5页。

修、苏洵两家谱学理论异同辨析,对明代方孝孺谱学理论的阐述,对谱学新体裁年谱的全面分析等,都是谱学研究中具有开创性的价值,填补了谱学学科建设的诸多空白。”①仓先生与他人最大的不同之处在于,提出谱学不等于家谱之学,而是兼及年谱诸体。相关话题虽也有近似文章,但仓先生有独到见解。

(九)退而不休

1999 年,仓先生退休。退休后,他坚持研究与写作,学术活动可归纳为几方面:一是修订旧稿,二是方志约稿,三是朋友书序,四是完成专著计划。2000 年后,适逢方志学大盛,他的精力也转移到新方志研究,仍是方志学界红人,对新方志展开评价与研究。因为他人的赠送,他得以接触不少新编方志。他创造性地发明了“特色过眼录”模式评论新编方志,不必面面俱到地评论。这是一种好模式。近者,笔者主持公众历史作品评论,也拟用此法。后又出版《仓修良探方志》一书。2000 年以后,仓先生的旧著得以修订再版,新出了《谱牒学通论》,另结集出版 4 部文集。他一直著书立说到老,学术周期相当长。从 1958 年算起,有近 60 年的学术生涯。

(十)中国历史文献研究会给先生提供了核心展示交流平台

仓先生的主要研究方向在中国史学史领域。然而,中国史学史研究会一直没有成立起来。1979 年中国历史文献研究会成立,仓先生是创会元老,成为理事,1983 年成为常务理事,1985 年担任副会长。此后直 2017 年才退下来,当了 30 多年副会长及名誉会

① 叶建华:《不靠谱的“谱学”——读仓修良著〈谱牒学通论〉》,《市场导报》2017 年 11 月 9 日。

长。所以,他的学会活动主要在中国历史文献研究会。近十多年,华东师范大学、南开大学、宁波大学主办中国史学史会议活动,他也会参与。他参与的方志学活动,主要是各地方志编纂大纲讨论或志稿评审会,学术会议参与的反而不多,仅 2001 年参加了在北京举办的全国方志学术会议。中国地方志学会学术年会是从 2010 年开始的,其时仓先生年龄已大,所以不再参与了。

(十一)校内外受人尊重

因为仓先生 1989 年、1997 年两度评博导未成,且他在《八十自述》中对此事作了清楚的说明,给人感觉,仓先生是“墙内开花墙外香”。其实这是错觉。他在校内也是非常受人尊敬的学者。1989 年申报专门史博士点时,校长沈善洪教授拉仓先生做两个梯队教授之一,说明沈校长肯定仓先生的学问。1992 年开始,仓先生享受国务院颁发的政府特殊津贴。1997 年,新任的郑小明校长将他视为“校宝”“省宝”,鼓励他申报博士生导师。近年,浙江大学出版社出版“百年求是学术精品丛书”,收录了仓先生的《史志丛稿》。这套丛书收录了夏衍、王焕镳、姜亮夫、陈桥驿、徐朔方五位大家的文集,表明仓先生在校内学术地位之高。

在校外,《学林春秋》收入了仓先生《我与中国史学史》,将其与相关前辈名人并列。近年,商务印书馆将出版 10 卷本《仓修良文集》。华东师大帮助他出版了多部图书。这些是仓先生自我满足之处。

在学术界,仓先生的人缘很好。华中师范大学、华东师范大学、北京师范大学、南京师范大学、南开大学及其他单位的学会人,都十分感恩他、惦记他。在中国历史文献研究会,他的威望十分高,仅次于张舜徽,可以说是学会的精神领袖。

二、仓修良的学术特点

仓先生在《史志丛稿·前言》中将自己的治学特点归纳为三条。此处略加延伸,总结为八大方面。

(一)执着的史学追求

“执着的史学追求”,是仓先生学术的最大特征。仓先生的史学研究,表面上有三大方向,实际上只是“史学”一个方向。仓先生的研究,一生没有脱离“史学”二字。从空间建构单位来看,国史、方志、家谱,是史学的三大支柱。他的史学史研究偏重中国古代史学史;方志学研究主要在中国方志学史方面;谱牒学研究也集中在中国谱牒思想史领域。三者均是大史学史内容,只是分成不同的专题而已。所以,我们主持的祝寿文集,名为“史学”。此间用的“史学”,是大史学,包括方志与谱牒。善弃,不贪多,坚持守着自己的一亩三分地;执着,不跟风。这是他对自己治学经验的总结。“执着”,是指学术精神的追求一生未变。

(二)教学科研结合

仓先生走上史学研究道路,正处于新中国史学史建设初期。1961 年,全国曾开展史学史大讨论。他参与了当时的史学史建设活动,边教学边研究,逐步进入史学史领域。这成为他一生的奋斗方向。1961 年,杭州大学根据教育部要求,开设“中国史学史”课程,早期由黎子耀教授上,他当助教。后来他独立上课。为了备课,他编纂了讲义初稿。左手是科研,右手是教学,两相结合,这是他的特色。他的方志学研究也是从编教材开始的。教学科研相统一,这是杭州大学历史系的特色,也可能是新中国学苏联而形成的专业教学科研特点。

(三)问题意识强

早在20世纪60年代初,仓先生的学术研究就显示出问题意识强的特点,后来一生未变。他的写作都是有感而发,这才是真正的学术研究。关于这一点,他在多个文集的前言中,特别是在《史志丛稿》的前言中已经详述,此处不再展开。

(四)善于寻找新的增长点

仓先生的学术研究不追求热点,更喜欢寻找冷点。他主张"做学问不能赶风头",是有自己的经验教训的。1974—1976年间,他一度从事批判时文写作,1977年以后放弃了。另一个表现,就是不追求学界研究的热点学术话题,尽量寻找新的学术话题,如对于王世贞、胡应麟的研究。这些选题,除了他自己写之外,多成了他指导的研究生的毕业论文选题。

(五)擅长新型框架体系建构

先生是擅长搭框架之人。这正是现代学术不同于传统学术之处。仓先生擅长建构框架,尤其会写详细的讲义。这正是他能写出《中国古代史学史简编》《方志学通论》的原因所在。

更为重要的是,他接受了马克思主义史学的规则。《后记》说:"马克思主义经典作家早就指出,一定的学术文化是一定的政治经济在观念形态上的反映,同时又反转过来作用并影响一定的政治和经济。因此,不同时代总是要出现为这一时代服务的学术文化思想体系、学术流派以及相应的各种学术著作,这就是人们常说的文化反映论。我正是用这种观点,才建立起在中国古代史学史上自己的思想体系。研究方志学自然也离不开这个观点。”也就是说,由时代而史学研究,要将学术回归到时代中加以考察。

(六)个人独撰与集体主编同步

中国人文学科研究的主体模式是个人奋斗型。仓先生也如此,喜欢独著。他偶尔也找人合作,早年撰写的《中国古代史学史简编》,以及 20 世纪 90 年代写《章学诚评传》时,各找过一个合作人。除了史学史、方志学、谱牒学三大主线,他也主编了不少图书。如《中国史学名著评介》《史记辞典》《汉书辞典》《二十五史警句妙语辞典》。他在 20 世纪 80—90 年代的主要工作之一,是主编《中国史学名著评介》《史记辞典》《汉书辞典》,为此花费了不少精力。在此之前,他还参与主编了《中国历史大辞典·史学史卷》,说明他主编辞典是有渊源的。20 世纪 80—90 年代,出版社为了寻找商机,喜欢编纂辞典。1982 年,山东教育出版社提出编写《二十五史辞典》的计划,列入国家八五出版计划。1983 年,山东教育出版社出版《中国历史文选》时,仓先生是下册主编。他推荐张舜徽任“二十五史专书辞典”主编。山东教育出版社编辑温玉川先生通过中国历史文献研究会秘书长、武汉大学阙勋吾教授,找到了会长、华中师范大学张舜徽教授。当年 10 月的开封年会上,中国历史文献研究会讨论合作事宜,有人支持,也有人反对,感觉难度系数太大。张舜徽先生说,我无法一人主持,项目时间长,怕完不成。提出分册出版,设立分册主编。会后,让仓修良先生代表学会,负责协调联系。从“前四史”开始,仓修良负责《史记辞典》《汉书辞典》二卷,张舜徽负责《后汉书辞典》《三国志辞典》二卷,此四史篇幅小,很快完成。最后,只有《宋史辞典》《明史辞典》拖得时间长些,主要原因是篇幅太大。这是大工程,前后 30 多年才完成。在做“二十五史专书辞典”的过程中,山东教育出版社又提出了《中国史学名著评介》计划，于是有了三卷本《中国史学名著评介》。这是出版社的计划推动了他的学术工作。“二十五史专书辞典”与《中国史学名著评介》这两项活动，可以视为史学普及工作。这些工作，既是大事、好事，也制约了他的专著出版计划，《谱牒学通论》因此被推迟了，《浙东史学》最后未完成。也就是说，仓先生的学术活动，既有个人专著，又有集体主编。

（七）重视自我作品的完善

仓先生的著作几乎都有修订本。这项工作始于《章学诚评传》，此书相当于《章学诚与〈文史通义〉》的修订本。《方志学通论》出了两个修订本。其他如《中国古代史学史简编》扩充为《中国史学史》，《中国史学名著评介》由三卷扩充为五卷，《文史通义新编》扩充为《文史通义新编新注》。仓先生不断地出修订本，主要是出于学术完善之心。仓先生追求完美，不想让自己的学术作品留下遗憾。先生走上学术道路时处于新中国学术发展初期，当时不太重视学术规范，故在写作中会有些小瑕疵。譬如《中国古代史学史简编》用的是夹注，只引古代典籍，多不及当代学人的论著。因为有不少是转引，偶尔会出错。先生爱惜羽毛，对自己的学术成果十分看重，别人能证明其书的硬伤，他会乐意接受。如陈凯在复旦大学读博士生期间，读《方志学通论》时发现有不少错字，他将错字或引文差错一一列出，给仓先生写了信。仓先生对此十分感谢，收他为弟子。后来，陈凯成为他晚年出版编辑校对的助手。他在晚年也接受了笔者在明代史学研究上的一些说法。再版工作扩大了他作品的社会影响度，让他保持了学术热度，让仓先生有一个较长的学术周期。

三、小结

学术是仓先生的全部生命所在。他向来的名言是,学术高要求、生活低要求。凡与仓先生交往过的人都会发现,他多谈学术,少谈生活琐事。

仓先生学术地位如何定位?至少可以有几个“第一代”。

他是新中国史学史学科第一代建设者。[①] 他从 1961 年就开始关注中国史学史的教学与研究,此后一生钟情中国古代史学史研究,1983 年出版了《中国古代史学史简编》。此书奠定了他在新中国中国史学史领域的建设者地位。

他是新中国章学诚研究最权威的第一代专家。围绕这个选题,他出版了 5 本书。

他是第一代浙东史学研究专家。虽然《浙东史学》一书最终未成,但主要成果已成,只是分散发表,未能汇总而已。

他是方志学第一代建设者。《方志学通论》三次再版,加上《仓修良探方志》,让他在古今方志研究上成为开创者。

他是谱牒学第一代建设者。《谱牒学通论》虽然 2017 年才出版,但主要论文从 1983 年就开始发表。

叶建华称,“仓氏三通”之作,对史学史、方志学、谱牒学三门学科建设都是奠基之作,可谓功德无量。[②] 这个评论基本到位。

(原载《淮阴师范学院学报》〔哲学社会科学版〕2021 年第 3 期)

---

① 刘节、董朴垞、白寿彝等学者,是由民国而来的史学史学科建设者。仓先生是新中国成长起来的一代。

② 叶建华:《不靠谱的“谱学”——读仓修良著〈谱牒学通论〉》,《市场导报》2017 年 11 月 9 日。

学必求其心得

——从论文批注看仓修良对研究生的培养

叶建华

恩师仓修良于2021年3月5日永远离开了我们。参加完追悼会回到家,站在书房里,翻阅恩师送我的著作,特别是翻出保存几十年的自己当年的硕士研究生论文手稿,读着恩师在每页稿件上留下的那熟悉的红色批注评语。仔细一数,竟有128条之多。小的如改一个字、一句话,大的则是补充一段资料,更多的则是一条条评语和修改意见。当时恩师因高血压眼底出血,经治疗还没有痊愈,却依然如此认真、一字一句地审改我们的论文。此时此刻,恩师培养我们研究生的点点滴滴,在脑海中浮现,历历在目。而师弟师妹们也都追忆起恩师培养自己的往事。

一、读原著,悟心得

我是1984年考上仓修良老师的研究生的,同届3人,都是仓老师的首届研究生。一开学,仓老师就要求我们从读史学经典原著入手。他说:因为大学本科时,你们都已学过"中国历史文献""中国史学史"等课程,而研究生关键是培养独立学习、自主研究能力,从事学术研究和撰写论文的基本方法就是先从读懂读透原著入手,获得学习心得,并在详细占有第一手材料的基础上,进行价值分析和评判，这样才能得出科学结论来。他要求我们每学期读两本经典原著，每读一本，必须写出一篇心得体会。我们先读刘知几《史通》、章学诚《文史通义》、赵翼《廿二史札记》、司马迁《史记》等，再读《汉书》《后汉书》《三国志》《资治通鉴》《通志》《中国近三百年学术史》等。我们的研究能力和写作水平正是在这一时期通过读原著、悟心得而培养训练出来的。

我的硕士毕业论文是《朱熹史学研究》，仓老师在我的论文初稿批注中多次指出我对原著还没有读透，没有真正领悟作者的思想，一手材料掌握还不够。他论文中批注：

> “你原著还未读透！”“符合事实吗？此书我看过，编纂杂乱无章！写文章要对读者负责。”“疑古有否材料？”“有价值的材料有多少？若只是这样罗列参考哪些书，则不足以服人。”“要多用一手资料。”“你理解什么叫可读性？所举例子不能说明这一问题。”“这四句话是王夫之所提出的。朱氏是否真有此观点，不要乱套。”

于是我就再一次认真反复阅读了朱熹的著作，果然对朱熹史学的认识有了很大提高，硕士论文最终以优秀成绩通过专家评审和答辩。在后来的几年中，我又相继撰写并发表朱熹史学方面的研究论文10余篇。在研究其他课题时，我也都毫无例外地、自然而然地先从读透原著入手，出成果非常快，这个方法确实十分有效。果而被学生们称为仓老师培养研究生的“秘诀”。

学生钱茂伟（宁波大学）回忆：仓老师要我们从读原著入手，一开始似懂非懂，但几部原著读下来后，突然会产生不少心得，自然形成许多研究选题。通过读原著，我们很快养成自主研究、独立思考的习惯。

学生陈鹏鸣（人民出版社）回忆：仓老师指导我进行学术研究的“秘方”是重点研读四种原著——《史记》《廿二史札记》《史通》和

《文史通义》。我研读《廿二史札记》后，又研读了赵翼的《陔余丛考》等其他著作，颇有学习心得，写成《赵翼经世致用的史学思想研究》和《经世致用：赵翼史学的价值取向》两篇文章，后分别在台湾《中国文化月刊》和《清史研究》上刊登。我研读章学诚《文史通义》，同时研读了仓老师的《章学诚和〈文史通义〉》及其他相关论著后，发现章学诚在私塾教书多年，对于教育有一些不同于时人的论述，其中有些看法在今天看来不无借鉴意义，于是在仓师的指导下，写成《章学诚教育思想简论》一文，在《浙江学刊》发表。后来进一步确定以章学诚作为研究对象和硕士论文选题，最终写出硕士论文《章学诚史学思想研究》，并将主要章节分成四篇论文分别在《史学理论研究》《史学史研究》等刊物上发表。仓老师通过指导我读原著写心得，教会我从事学术研究和撰写论文的基本方法。

学生文善常（山东省文化和旅游厅）回忆：仓老师告诫我们，研究史学史的关键是读懂、读透史家的原著，了解史家的成长经历和学术背景，多掌握第一手材料，用第一手材料说话。

仓老师还时常对我们进行励志教育，鼓励我们勤奋好学，不虚度光阴，掌握坚实的基础理论和系统的专业知识，他反复告诫我们的一句话是“要凭实力说话”。

学生鲍永军（浙江大学）回忆：仓老师曾举例说，农村妇女摔倒了，爬起来时还要拔一把猪草。也就是要求我们利用一切机会勤奋学习。

学生刘连开（浙江传媒学院）回忆：仓老师常对我说：“做人要有志气，以实力说话。”他自己勤学不辍，日夜著书立说，即便是在一只眼睛几乎失明的情况下，也不停止。教书育人，未尝懈怠。这是最好的一种人生励志方式。

学生部晏君（浙江省建设投资集团）回忆：老师当年在专门赠予我的《章学诚评传》扉页上所题的词是：“希望晏君同学学习传主

‘学必求其心得,业必贵于专精’的治学精神。”我以此自勉,不断鞭策着自己的做人与做事。

二、访名师,善交流

仓老师十分注重文化传承和学术交流,总是千方百计地利用一切机会,将学生推送出去,广博求学,或拜访名师,或参加学术会议,或参与课题攻关,或推荐论文发表,或推荐工作,等等。他的研究生培养思想是十分开放的,并没有关门培养,把研究生视为自己的私有、让学生整天围绕自己的研究领域转。他常对我们说:做学问,切不可有门户之见。闭门造车,就难成大器。他主张学术开放,开门办学,这在当时称得上是学术思想解放的。

仓老师在上课时,时常会介绍其他学术名师的成就。不论这些名师是仓老师的前辈还是同辈,甚至是晚辈年轻学者,只要他学术成就显著,仓老师就会表扬推荐他们,让我们以之为榜样。在研二时,仓老师会要求学生走出去,拜访国内学术名师。临行前,仓老师会给预备拜访的名师写一封信让我们带着,作为拜见名师的介绍信。记得当年我们上北京拜访白寿彝、朱仲玉、瞿林东、陈其泰、吴怀祺等名师;去天津拜访杨翼骧名师;特别是到上海驻扎一个月,拜访华东师大史学研究所吴泽、袁英光等大师,并请袁英光教授专门给我们3人上了近一个月的课。我们除了拜访多位学术名师外,还在各大图书馆查找到了许多珍贵资料,这些都是在杭州查找不到的资料。我的硕士论文课题的大部分资料和观点都是在拜访名师和游学期间获得的。仓老师还安排我们到浙江图书馆,请何槐昌专家给我们作专题研究讲座。我在修改《〈文心雕龙〉的史学批评》一文时,仓老师要我向杭州大学中文系蒋祖怡教授请教，并亲自给蒋祖怡教授写信，让我带着信登门求教。他在论文中批注：

> “把你们送去北京、上海拜访名师，他们的学术成果都应该好好消化传承。”“关于《文心雕龙》，你应该去请教中文系蒋祖怡教授。”

蒋先生是刘勰《文心雕龙》研究专家，出过多种研究论著。我到杭州大学南区宿舍找到蒋先生家。蒋先生非常热情，把多年的研究资料全都提供给我。特别是其中有一份他自己手写的资料也提供给我参考。我用好后，赶紧归还给他。这种对后学的无私帮助，实在令人感动。

陈鹏鸣回忆：研二时我开始了人生难得的一次万里访学。根据仓老师的安排，我拿着仓老师的介绍信件，远赴华东师范大学、陕西师范大学和北京师范大学等地，拜访了吴泽、桂遵义、赵吉惠、吴怀祺、瞿林东等学术名家和前辈，向他们请教如何进行史学史研究。特别是吴泽教授当时已年过八旬，虽满头白发，但红光满面、精神矍铄、平易近人，没有一点架子。他认真了解我硕士论文研究方向后，传授了宝贵的治学经验。此次访学，对于今后学习和工作裨益良多，在工作之后我依然得到各位名师的提携和指导。这一切，都是仓老师周密安排的结果。

文善常回忆：1988 年，仓老师介绍我们去武汉华中师范大学拜望了一代文献宗师张舜徽先生，使我等有幸目睹大师风范，聆听大师的治学方略，获益匪浅。

推荐学生参加各种学术交流活动和科研项目，是仓老师开放办学的又一特色。他说：要争取各种机会尽可能让你们在各大学术活动亮相，多参与一些科研项目，这对你们的成长十分有意义。比如，推荐大家多次参加中国历史文献研究会年会，其中叶建华还被一致推选为中国历史文献研究会理事。他主持的“中国史学名著评介”“二十五史专书辞典丛书”等重大课题,也都尽可能地推荐我们参加,使我们得到较多的学术锻炼和提升。

鲍永军回忆:只要有机会,仓老师总是带我出去开会,如方志评审会、学术会议、历史文献年会,等等,开拓我们的眼界,我的科研能力也在学术交流中不断提高。

为促进学生尽快成长,仓老师还热心推荐学生的文章到各刊物发表。许多研究生的人生第一篇学术论文都是经仓老师推荐才得以发表的。比如我的学士学位论文《论〈文心雕龙〉的史学批评》,就是经仓老师修改,然后推荐给《杭州大学学报》发表并被人大报刊复印资料转载的。这是我平生第一次公开发表学术论文。工作后,我的许多学术论著也多是恩师推荐给各家报刊和出版社的。

鲍永军回忆:我的第一篇学术论文是经仓老师推荐在《浙江学刊》上发表的,并被全文收入人大报刊复印资料,还得了学校董氏优秀成果奖;我的第一本著作也是他慷慨赐序,并联系推荐至人民出版社出版的。仓师自己发文章,从不求人,也无须求人,但为了帮我发表文章,多次向学界朋友推荐。

学生张勤(浙江省政府地方志办公室)回忆:我的硕士论文完成后,仓老师说写得不错,节略修改后推荐给《浙江学刊》发表,发表后即被人大报刊复印资料全文转载,这也是我第一次发表学术论文,我还记得仓老师得知此事后开心欣慰的笑容。

对于学生毕业后的工作去向问题,仓老师也十分关心。研究生临近毕业,仓老师便会动用自己的所有资源,多方推荐联系。

刘连开回忆:到了临近毕业,想想能否找到满意的工作也未可知,就有些发慌。特别是留校名额有限,竞争激烈,更是想都不敢想。但仓老师为了争取我留校任教,早就在校、系领导之间呈报告、做工作,终于让我如愿。他一向清高,却为我的就业跑上跑下。

鲍永军回忆:为了将我留校工作,仓老师多次与校、系领导沟通，并与徐规先生分别写了推荐信，终于获得批准。

文善常回忆：我1989年毕业时找工作遇到困难，仓老师为帮我找工作，写了不少推荐信。

三、重创新，勇批判

仓老师培养研究生，既重学术传承，更注重创新能力，鼓励我们大胆创新，独树一帜，提出自己的观点。他常对我们说：写论文一定要有自己的思想观点，既不可信口开河，也不能人云亦云，无病呻吟，更不能以讹传讹。要有批判精神，勇于对错误的学术观点提出大胆的批评。他在论文中批注：

> “这些有何新意？你自己的观点在哪里？不要人云亦云。”“做学问不能赶风头，千万不能随波逐流以趋时尚，否则就很难得到高深的造诣。”“上次已指出这是错误的观点，为何还没改？要知错即改。”

每当我们提出一些创新的学术观点，仓老师总是赞扬有加。他曾表扬我对于新观点、新事物的敏锐性：“为了更好地完成《章学诚评传》，便约叶建华同志和我共同撰写，因为年轻人对于新观点、新事物都更为敏感。他是我的首届研究生，勤奋好学，已发表、出版学术论著70余篇(部)。”[①]2013年，浙江省政府地方志办公室将《浙江通志》中的《民营经济志》《工商行政管理志》《商品市场志》3卷交给省工商局承编。我兼职担任其中《民营经济志》《工商行政管理志》的副主编，负责两部志书的篇目设计、内容统稿修改，以及

① 仓修良、叶建华：《章学诚评传》，南京：南京大学出版社，1996年，第491—492页。

概述等篇章的编写。当我拿着篇目设计初稿向仓老师请教时,他十分热情,认真仔细地审阅,对其中的一些体例创新之处,随时给予充分肯定,同时提出了许多珍贵的修改意见。后又在应邀出席的《浙江通志·民营经济志》篇目设计专家论证会上,再次强调指出体例创新是该志篇目设计的一大优点。目前,两部志书出版在即,许多创新内容都是秉承了仓老师的学术创新精神。

钱茂伟回忆:仓老师给我们上第一堂课的开场白,目标定得十分远大,希望培养比较多的研究生,使他们以后能学有所成,最终创立一个全新的独立学派,自成体系。此话让我深受鼓舞,决意好好随仓老师学习,发扬光大仓老师的学术事业。仓老师还时常教导我们做学问必须有问题意识、问题导向,带着问题去研究,才能有所发明、有所创新。而写论文必先搭好框架结构,是否有创新、是否有价值,一看你的框架就清楚。

学生殷梦霞(国家图书馆出版社)回忆:仓老师十分支持学生的科研创新,从未因学生毕业离校而有所改变。我到北京工作后,出版社的徐蜀老师和仓老师精心指导我责编一部大型文献丛书《日本藏中国罕见地方志丛刊》(全套共 33 册,包含现藏于日本的稀见方志 30 余种;2003 年又出版了该"丛刊"的"续编"共 20 册)。以此为起点,经过 30 年的积累,珍稀方志文献的整理出版逐渐成为我社一个重要的出版方向和优质的出版品牌,并形成了"著名图书馆藏稀见方志丛刊""方志专题史料丛刊""旧志集成"等多个系列,至今已整理出版珍稀方志文献 3000 余种,在业界产生了较大的影响。在这个过程中,仓老师始终不遗余力地为这项事业提供支持和指导,不仅对选题选目进行把关,还亲自为多套丛书赐序,更不厌其烦地撰写专家推荐函,向国家古籍整理规划领导机构热情洋溢地推荐我社的地方志精品项目。

勇于批评与自我批评,是仓老师一直教导我们做学问的又一条原则。仓老师学术的一大特色是富有批判精神，他毫不讳言自己做学问的这种“好辩”的批判精神，他说：“我认为从做学问角度看，‘好辩’未必是件坏事，对学术界的历史悬案提出自己的看法，对别人的研究结论自己有不同看法，等等，通过辩论搞个水落石出就什么不好呢？做学问就是要能发现问题，去解决问题，否则老是作无病呻吟的文章有何价值？”[①]在开展学术批评方面，仓老师敢于直言，往往义无反顾。1998 年，中国方志学界发生了一场“哭笑不得风波”，方志学家来新夏组织了多篇文章掀起了一场大批判，矛头直指仓老师。这时，我站出来，连续写了《也谈方志批评——从“哭笑不得”风波说起》《警惕“文革”学风回潮》等多篇文章，予以反驳。虽然我是客观公正展开评论，但却也担心由此得罪来新夏等学者，以后见面尴尬，所以，当时竟然连真名都不敢署，全用笔名发表。[②] 现在想起来，学术批判精神真是比不上仓老师啊！

鲍永军回忆：仓老师精研章学诚之学术，大力表彰章氏的独创精神、敬业精神与批判精神。可以毫不夸张地说，仓老师同样具有这三大精神。古往今来，歌功颂德易，直言批评难，仓老师尤其具有批判精神，不怕得罪人。譬如遇到挡路石，有些人绕过去就算了，仓老师却是尽力将它们一一搬走，以方便后来者。面对学界不正之风和错误观点，仓老师本着对社会高度的责任感，敢怒而且敢言，“路见不平一声吼，该出手时就出手”，具有侠义风范。

十分难能可贵的是，仓老师同样具有坦荡的自我批判精神，敢于直面自己的学术错误，从不讳言。仓老师经常教导我们，学无止境，人无完人，做学问不可能不发生错误。关键是要敢于面对错

① 钱茂伟、叶建华：《执着的史学追求：仓修良教授八十华诞庆寿文集》，上海：华东师范大学出版社，2012 年，第 9—10 页。

② 叶建华：《也谈方志批评——从“哭笑不得”风波说起》，《上海修志向导》1998 年 63(6)，第 18—19 页。

误,承认错误,并及时改正错误。这是对读者、对社会、对自己负责任的学术态度。他在《中国古代史学史》自序中开宗明义,花大篇幅公开承认自己所犯的一些错误,并郑重向读者道歉。他说:“从今天的回顾来看,那本书(笔者注:指所著《中国古代史学史简编》)中有些结论显然是不太恰当,有些甚至是错误的,还有个别史料征引上有错误。所有这些,无疑都曾对读者产生过误导的作用,在此有必要向广大读者致以歉意!……我想有必要首先在此对那本书中明显的错误列举几点,以示向读者作一公开的道歉,我觉得这是一个做学问的人应有的责任感。在几十年的学术生涯中,慢慢养成了自己的行为准则,即‘永远追求真理,随时修正错误’,并在做学问过程中,一直以此自律。”又说:“既然有这样的机会,还是应当公开向广大读者道歉,相信广大新老读者朋友,对于我这迟到的道歉,也许会给以谅解和接受的。”接着他一一列举错误,并反复道歉。如此言真意切的道歉,需要何等宽广的学术胸襟啊!其中有一个学术错误还指明向他的研究生道歉,就是关于朱熹的认识和评价问题。他说,原来他对朱熹“其人其书都作了非常不公正的评介,有的结论还有违于历史事实”。“最明显的错误有两点”:一是关于《资治通鉴纲目》的作者问题,“由于自己未作过深入研究”,沿用了古人“纲为朱熹自定,目为其门人赵师渊所作”的说法;二是将《资治通鉴纲目》说成“毫无史学价值”,“其影响和流毒却是十分深远”。这两个观点都是错误的。接着他详细引述他学生的研究成果,来否定自己的错误观点:“20 世纪 80 年代,叶建华同志跟我读研究生,并确定研究朱熹在史学上的贡献,研究过程中发现此说不可信,于是便在我主编的《中国史学名著评介》一书中,对《资治通鉴纲目》作了评介。文章第一部分就是对该书编纂过程作了详尽考证,指出朱熹主编《通鉴纲目》,绝不像我们今天那些挂名主编,他是实实在在参加该书的编纂工作的,从制订凡例,到列出大纲,从编写初稿，到修改定稿，都有他亲自参加的劳动成果，实际上当年只差一篑之功，就引来身后这么多莫名其妙的议论。为了把问题说明清楚，叶建华同志特地于 1994 年在《文史》第 39 辑上发表了《论朱熹主编〈纲目〉》一文，对朱熹在编纂《通鉴纲目》中究竟做了哪些工作，作了较为详细的考证和论述，用历史事实否定了《四库提要》的作者和全祖望所下的结论。这么一来，总算将长期以来后人加给朱熹关于《通鉴纲目》编修方面的不实之词，作了一次清除，还历史以本来面目。由于这一不正确的说法影响非常广，加之自己也直接传播过，更有必要在此予以澄清。”又在书中论及朱熹和《资治通鉴纲目》时，反复详细引述我的观点否定他自己原有的错误观点。至于将《资治通鉴纲目》说成毫无价值，也是“不符合历史事实的，是不公平的”。仓老师又引述他的研究生钱茂伟的研究成果，来纠正自己原有的学术偏见：“值得高兴的是，这些早已被人们所遗忘的通俗史书已经开始引起人们的注意，如钱茂伟同志在近几年出版的《史学与传统文化》和《明代史学的历程》中，均已列有专门节目，介绍这种通俗史书发展的情况，无疑这是可喜的现象。”①

在仓老师对我的论文初稿所作的百余条批注中，也有失之片面之处。比如“他(笔者注：指朱熹)要把史学作为经的附属物，为经服务的。这就取消了史学的独立性。”“以义理求真理，如何做到真与实？”“正统论就是主观任情褒贬！”等。他后来觉得这些评价对朱熹并不公正，于是对朱熹史学越来越重视，并进行了一系列纠正：力排众议，将朱熹《资治通鉴纲目》视为“史学名著”收进《中国史学名著评介》；在自己的著作《中国古代史学史》和《八十自述》中反复承认自己对朱熹史学成就的错误认识，虚心接受并采纳学生

① 仓修良：《中国古代史学史》，北京：人民出版社，2009 年，第 1—9 页。

的观点，并向读者道歉，等等。学术胸襟如此宽广！

大多数人对于自己文章和著作中的错误，采取能回避则回避、能隐瞒则隐瞒的态度，最多悄悄地改正。而仓老师则敢于主动公开承认错误，勇于改正错误，坦言而绝不回避自己的错误。这需要何等勇气！这分明是高度学术责任感使然。

四、严文风，禁不端

从这些批注中，可看出一个字“严”！仓老师在文风和学风培养方面对我们一直从严要求，教导我们做学问必须具备优秀的职业素养和学术品德，做一名“良史”。要踏实文风，实事求是，反对贪慕虚荣和随心所欲评价历史的浮夸学风。他在论文中批注：

> “你引用人家的话语不注明出处就等于剽窃。这点望务必牢记！”“要承认历史事实。望将我那本书再好好读读！”“我讲的课你们都未听懂！”“这一点你也分不清是非，还研究什么史学史?!”“前一页刚用‘充分体现……求真求实精神’，仅隔几行(又用同样的话)，如同老太婆讲话。”“谁肯定的？不要随心所欲讲。我已同你讲过，要冷静，实事求是评价。研究历史要有全局观点，要照顾到左邻右舍，如同今天排位子一样。”

学生金伟(浙江省民族宗教事务委员会)回忆：仓老师经常教导我们做学问要发扬“坐冷板凳、吃冷猪头肉”的“二冷”精神，专心致志，甘于寂寞，不慕虚荣。其实，先生自己正是这样身体力行，几十年如一日。当时的我并不能吃透“二冷”精髓，时至今日方能真正领悟。

鲍永军回忆：第一次上课时，仓老师就说：做学问要先学做人，我的学生首先人品要好，正直坦荡，不计较名利。做学问可能出名，但不会有多少利可图。想以做学问来谋求名利，是行不通的。我一向奉行实力政策，治学就得坐冷板凳，潜心钻研，不浮躁，扎扎实实地写出有分量的论著，自然会得到学界的尊重。仅将科研看作是一种谋生的手段，不得已而为之，就感受不到快乐，甚至痛苦不堪，是不会有什么成就的，不如早点改行。

仓老师最痛恨那些东拼西凑、抄袭剽窃他人成果的恶劣文风，时时教育我们凡引用别人研究成果，必须注明，绝不可抄袭剽窃，并将其作为一条治学纪律。同时，他自己对学生都是无私提携，推荐给各大刊物，绝不把自己的名字私署在学生前面。他的文稿、他的思想，叫学生帮助整理一下，就一定要署上学生的名字，而且发表后，一定要分一半稿费给学生；而学生的文章，哪怕他付出了极多的时间精力修改，也绝不会挂名发表。

鲍永军回忆：仓老师为了支持我，与我一起申报了3个省重点课题，最后出成果时却执意都让我单独署名。

刘连开回忆：仓老师常对我说，走捷径、投机取巧，搞歪门邪道，固然也能有所渔利，但昙花一现，终归贻讥天下。

钱茂伟回忆：在学术品德培养方面，仓老师是“严”字当头，严禁我们抄袭别人成果。他经常把别人抄袭他成果的文章，用红笔画出来，指给我们看，要我们引以为戒。他还时常教导我们要以历史上的“良史”为榜样，具备“良史”的优秀品德。

五、细关怀，悉照顾

在给我的论文初稿上，仓老师写下这么一条特别的“批注”：

给你母亲准备了几种高血压药，下次来别忘带走。

这其实应该是条留言。因为平时聊天时，仓老师经常会问起我的父母身体好不好,家人生活工作如何。在得知我母亲患有高血压疾病后,他详细关照该如何控制血压、饮食起居如何注意,等等。还经常推荐疗效好的药物,甚至准备好药物叫我带给母亲。后来,我也不幸患上了高血压,仓老师更是千叮咛万嘱咐。就在他离世的前两个月,我去医院看望他时,他还主动问我血压控制得怎么样。这种关心和照顾真是无微不至!

每当学生取得一点成就,仓老师和师母往往都会高兴不已。仓老师时常留我们在他家吃饭。师母也非常热情,一定要叫我们吃完饭再回去。现在回想起来,我们一届一届研究生,隔三岔五经常在他家吃饭,师母十分辛苦不说,家里要被我们吃掉多少伙食费啊!而仓老师家如果遇到什么困难,甚至仓老师生病住院,师母和女儿晓梅都不肯告诉我们,不想让我们去看他,说大家工作都忙,不便打扰大家。有时我们知道他住院了,问师母和晓梅住哪家医院几号病房,她俩都不肯告诉。

邢舒绪(宁波大学)回忆:每次上课前,先生总是先给我吃东西,夏天是棒冰,冬天是水果。这使得我在同学中着实地骄傲了好几年。

金伟回忆:品尝过先生亲手做的“麦糊烧”的人恐怕不多。先生版“麦糊烧”香脆可口,让我惦记了近30年。毕业这么多年来,与先生的师生情,似乎不知在什么时候已经转而成了父女之情。这么说也许不准确,因为我做的离作为“女儿”的要求,还有十万八千里的距离。在我的感觉里,先生和师母给我的,是亲情。每次我去看先生,先生和师母总是拿出这样那样的小食,我也很享受这种父母般的疼爱。我女儿出生后,师母专程来看我。我记不清小女吃过多少师母买的巧克力,怎么不像外公外婆疼爱自己的外孙女?先生的教诲,先生的所言所行,始终影响着我做人、做事。与先生结下的师生缘成为我一辈子享用不尽的财富。

张勤回忆：仓老师为人刚正，信念坚定，敢于发声，以至于有人认为他严厉不好相处。实际上，他是脾气温和、很有些可爱的老人家。我是仓老师招收的最后一名研究生，20 多年来，他和师母一起给予我宠爱。近年因我血压不稳定，仓老师、师母多次叮嘱千万不能大意，一定要及时检查、服药，仓老师还以他自己多年经验告诉我，血压务必要降下来，且不必对用药过于担心。这点点滴滴，涓涓细流般，融入了仓老师的无尽关爱。如今，他的嘱咐还在耳边，他的笑容就在眼前，可我又向何处依凭，一想起来，就难抑心痛，泪湿满襟，无法平复……

这真是师父恩重如山，师生情深似海。

（原载《淮阴师范学院学报》[哲学社会科学版]2021 年第 3 期）

毛昭晰教授与世界史前史研究[①]

龚缨晏

2023年1月5日，我在日本东京惊悉毛昭晰老师仙逝的噩耗，不胜悲痛。毛老师是我的硕士生导师，他不仅将我引入学术殿堂，而且还对我的整个人生产生了深刻影响。今天浙江大学举办毛老师追思会，我借此机会谈谈毛老师对我国世界史前史研究的贡献，以表达自己的缅怀之情。

毛老师可以说是名副其实的“浙大之子”。他的父亲毛路真（又名信桂，1904—1961）是宁波奉化人，年轻时曾加入雪花社，这是“宁波影响最大的新文化团体”，“几乎汇集了当时宁波青年一代的精英”。[②] 奉化人王任叔（巴人）也是雪花社的成员，并且在回忆录中提到过毛路真。[③] 毛路真虽然爱好文学，但具有数学天赋。鲁迅好友吴朗西在中学读书时，在数学上就得到过“同班同学毛路真的帮助”。[④] 毛路真本人最后是在1927年从武昌中山大学（武汉大学）数学系毕业的。植物学家石声汉就是毛路真在武汉读大学时的挚友。[⑤] 毛路真大学毕业后，先后在浙江上虞春晖中学、上

---

① 2023年5月7日，浙江大学艺术与考古学院、历史学院举办了“致敬缅怀传承：毛昭晰先生追思会”。本文是为这个追思会而撰写的发言稿。

② 朱惠民：《白马湖文派短长书》，宁波：宁波出版社，2014年，第163页。

③ 巴人：《巴人文集（回忆录卷）》，宁波：宁波出版社，1997年，第476页。

④ 乔丽华：《吴朗西画传》，上海：中国福利会出版社，2004年，第18页。

⑤ 石定枎：《用生命去创造：记我的父亲植物生理学家和农业历史学家石声汉》，咸阳：西北农林科技大学出版社，2005年，第26—27页。

海立达学院任教。[①] 春晖中学当时名流云集,夏丏尊、朱自清、丰子恺、朱光潜等著名学者就在这里任教。[②] 1928 年,毛路真还和王任叔等人在上虞成立了文学社团“山雨社”。[③] 1930 年 9 月,毛路真来到浙江大学文理学院数学系担任助教,当时钱宝琮、陈建功都是副教授。[④] 1933 年,陈建功与毛路真合编的《高中代数学》由上海开明书店出版。这部教材在我国实现高中数学教科书本土化方面具有重要意义,影响很大,至 1951 年出至第 14 版。[⑤] 在抗日战争的艰难岁月中,浙江大学被迫西迁。1939 年,浙江大学校长竺可桢决定在浙江龙泉设立浙东分校,毛路真和教育学家孟宪承、词学家夏承焘,生物学家董聿茂等学者在这里任教。[⑥] 1945 年,抗日战争胜利后,毛路真随浙江大学回到杭州。[⑦] 1946 年,由于物价飞涨,待遇过低,毛路真等三位教授发起了抗战胜利后浙大教师的第一次罢教行为。[⑧] 1952 年,新中国高校进行院系调整,毛路真任浙江师范学院(杭州大学前身)数学系主任,次年又回到浙江大学,曾任浙江大学数学力学系主任,直至去世。[⑨] 1971 年 2 月,浙大老校

---

① 郑小明等:《杭州大学教授志》,杭州:杭州大学出版社,1997 年,第 132 页。

② 民革宁波市委会等:《天涯芳草》,呼和浩特:远方出版社,2005 年,第 219 页。

③ 刘勇等:《中国现代文学编年史(1895—1949)》,北京:文化艺术出版社,2017 年,第 6 卷,第 161 页。

④ 范今朝:《国庠浙江,理学之光:浙江大学理科发展史(1897—1936)》,杭州:浙江大学出版社,2020 年。第 541 页。

⑤ 郭金海:《陈建功与高中数学教科书的编撰》,《自然科学史研究》2017 年第 1 期,第 76—85 页。

⑥ 戴志强等:《神乎其经:池志强传》,北京:中国科学技术出版社,2017 年,第 28—29 页。

⑦ 谢熹:《犹记当年入学时》,许高渝:《从求是书院到新浙大——记述和回忆》,杭州:西泠印社出版社,2017 年,第 120—122 页。

⑧ 毛昭晰:《解放前浙大学生运动琐忆》,第 62—63 页,政协杭州市委员会文史委:《杭州文史资料(第 20 辑)》,1998 年。

⑨ 郑小明等:《杭州大学教授志》,杭州:杭州大学出版社,1997 年,第 132 页。

长竺可桢在日记中还提到“浙大同事”毛路真。[1]

毛老师本人1929年出生于宁波,1945年夏在龙泉考入浙江大学龙泉分校史地系。由于日本在这一年的8月已经宣布投降,所以毛老师是在10月到杭州报到入学的。毛老师除了主修历史学课程外,还选修过生物学课程,做过动物解剖实验。[2] 毛老师多次愉快地向我讲起他自己精彩的大学生活,包括历史地理学家谭其骧和古希腊哲学史家严群的生活趣事。1949年,毛老师从浙大文学院史地系毕业,次年考取浙江大学人类学研究所研究生。

在中国人类学发展史上,浙江大学曾经发挥过重要作用。1946年,中国体质人类学奠基者吴定良应竺可桢校长之聘,来到浙江大学史地所任教。1947年春,吴定良担任浙江大学史地所新设的人类学研究组组长。同年秋,浙江大学建立人类学系,吴定良任系主任。1949年1月,浙大人类学研究所成立,吴定良兼任所长。1950年秋与毛老师一起考入浙大人类学研究所攻读研究生的,还有王伯阳、吴汝祚、张云鹏三人。而1949年考取浙大人类学研究所研究生的石兴邦可以说是毛老师的师兄了。[3] 当时的浙大人类学所聚集了一批杰出的学者,给毛老师讲课的有吴定良(讲授体质人类学、人体测量学和生命统计学)、马长寿(讲授中国少数民族学)、田汝康(讲授东南亚民族学)、夏鼐(讲授考古学),讲授中国

---

① 竺可桢:《竺可桢全集》第20卷,上海:上海科技教育出版社,2011年,第314页。

② 毛昭晰:《怀念邵浩然》,第62—65页,邵小荣等主编《邵浩然纪念文集(逝世五十周年)》,2005年。

③ 杜靖:《中国体质人类学史研究》,北京:知识产权出版社,2013年,第116—120,135—136页。

古器物学的则有金祖同[①]和沙孟海。[②] 此外，古人类学家吴汝康于1949年从美国回国后，也曾打算到浙大人类学研究所工作，但由于多种原因未能成行。[③] 不过，吴汝康与毛老师后来一直保持着密切的关系。1952年，全国高校院系调整，浙大人类学研究所被撤销，浙大人类学系并入复旦大学生物系。自此之后，直至20世纪80年代中期，复旦大学"一直是我国高等院校中唯一培养体质人类学人才的摇篮"[④]。

毛老师从1951年开始先后在浙江师范学院和杭州大学历史系工作，主讲世界古代史、亚洲各国史等。1955年，教育部请来苏联专家，在东北师范大学举办世界古代史青年教师进修班，中方负责人为林志纯（日知）教授。东北师范大学因此而誉为我国培养世界史人才的"黄埔军校"。[⑤] 毛老师和崔连仲、刘家和等教师一起，在东北师范大学参加了进修班。[⑥]

在任何一所大学的历史系教学计划中，《世界通史》和《中国通史》都是最基本的课程。而这两门课程都是要从人类起源讲起的。此外，人类自身的由来也是世界各民族普遍关注的一个古老问题。但在中国，关于人类起源及世界史前史的研究不仅起步较晚，而且一直没有受到足够的重视。在"文化大革命"时期，相关研究还受到了严重的冲击。一个典型的例子是，1965年吴汝康出国参加了

---

① 吴定良：《吴定良院士文集》，北京：知识产权出版社，2014年，第653—654页。

② 毛昭晰：《怀念沙老师》，第50—51页，鄞县政协文史资料委员会等：《翰墨春秋：沙孟海先生纪念集》，杭州：西泠印社出版社，1995年。

③ 杜靖：《中国体质人类学史研究》，第132—133页。

④ 吴定良：《吴定良院士文集》，北京：知识产权出版社，2014年，第654页。

⑤ 朱寰：《亲历历史系"开门立户"》，第276—277页，长春市政协文史资料委员会：《东北师大史料专辑》，长春：长春市政协文史资料委员会，2016年。

⑥ 张绪强：《林志纯先生与古典学研究》，第212—217页，陈恒、洪庆明主编：《世界历史评论（古典学在中国）》，上海：上海人民出版社，2016年。

一个关于"东非猿人"的国际学术讨论会，回国后写了一篇文章，提到人类历史有200万年。但这个观点却因被一些人认定为是"反毛泽东思想"的而受到了批判，"因为毛泽东在1964年说过人类的历史'大约100万年'，吴汝康的说法同毛泽东说的不一致"①。

在这样的背景下，1978年改革开放之前，中国高校关于世界史前史的研究几乎是一片空白。就教材而言，存在着这样一些问题：1.理论框架上采用的是苏联的体系；2.对国外（特别是西方国家）的新发现、新动态所知甚少；3.对体质人类学等自然科学方面的成就缺乏了解；4.用政治术语代替科学事实。周一良和吴于廑主编的《世界通史》，是"中华人民共和国成立以来第一部综合性的世界历史著作"②。此书自1962年首次出版后，不断重印，是中国最权威、最流行的世界史著作。该书第一章"原始社会"在讲述人类起源时写道："19世纪时，在属于一千五百万年以前（第三纪末）的地层中发现了一种森林古猿的遗骸"，"森林古猿臼齿的排列，具有猿和人的共同特征，一般认为是人类和现代类人猿的共同祖先"，"由森林古猿发展到人类，非洲的南方古猿可能是一个中间环节。南方古猿的遗骸是1925—1953年间在南非联邦境内陆续发现的，地质年代已跨进出现人类的第四纪"，"到第四纪之初（约一百万年以前），地球上出现人类"。③ 但事实上，在国外，随着古猿化石的不断发现，到了20世纪中期，学者们已经提出，所谓的"森林古猿"是猩猩科古猿，与人类无关；人类的祖先是大约1千4百

---

① 陶铠、张义德：《走进新时代的序曲——真理标准讨论纪概》，第90—149页，《光明日报》编辑部：《实践是检验真理的唯一标准：纪念真理标准问题讨论30周年》，北京：光明日报出版社，2008年。

② 中国大百科全书总编辑委员会《外国历史》编辑委员会：《中国大百科全书（外国历史）》，北京、上海：中国大百科全书出版社，1990年，第5页。

③ 周一良、吴于廑：《世界通史（上古部分）》，北京：人民出版社，1973年，第10页。

万年前的腊玛古猿。[1] 还有学者提出，所谓的“南方古猿”其实也包括了几种不同的古猿，更加重要的是，所有已知的“南方古猿”都不是人类的祖先；或者说，人类真正的祖先化石还没有被发现。[2] 这样，周一良、吴于廑《世界通史》中的上述说法就显得陈旧和简单了。

1958 年，杭州大学创立，毛老师成为杭州大学历史系教师。在国内，杭大历史系的世界史研究很有影响力，除了毛老师外，还有沈炼之、胡玉堂等学者。1973 年，杭大历史系世界史教研组编写了《世界古代中世纪史（初稿）》。在整个“文革”期间，中国高校编写的同类教材屈指可数，不会超过 10 种。杭州大学编写的这本《世界古代中世纪史（初稿）》，则是其中的佼佼者。参与编写的除了毛老师外，还有胡玉堂、王正平。虽然当时外文资料奇缺，研究条件很差，但毛老师已经吸收了国外的一些前沿成果。例如，在毛老师撰写的第一章“原始社会”中，并没有用绝对的词汇来叙述“森林古猿”在人类进化中的地位，而是使用了这样的句子：“‘森林古猿’可能是现代类人猿和现代人类的共同祖先。”（第 2 页）对于“南方古猿”，加上了这样一个脚注：“目前一般人类学者都认为南方古猿已能直立行走和使用石块、木棒等天然工具，并且认为南方古猿中的某一类型可能是真正能够制作石器工具的最早人类，比较保留的意见也认为南方古猿即使不是真正的人类，至少已和真正的人类非常接近了。1959 年英国人类学家李基在东非坦桑尼亚奥都威峡谷发现一个头骨，定名为‘东非人’，归属于南方古猿这一大

① David Pilbeam, Notes on Ramapithecus, the earliest known hominid, and Dryopithecus, *American journal of physical anthropology*, 1966, Vol. 25 (1), pp. 1-5.

② J. T. Robinson, The Genera and Species of the Australopithecinae, *American Journal of Physical Anthropology*, Vol. 12, No. 2, 1954, pp. 181-200.

类,其生存年代在157万年到189万年前。李基认为东非人是现今已发现的最早的工具制造者。此说如成立,那么人类的历史就大大提早了。"(第3页)。在国内的世界史教材中,毛老师不仅首次介绍了关于"东非人"的信息,而且实际上告诉读者,学术界关于南方古猿是有不同看法的。

在1977年完成的《世界古代中世纪史(二稿)》中,毛老师提出了人类进化的三个阶段:攀树的猿群,正在形成中的人,完成形成的人。这种划分方法,后来成为国内教科书的基本理论框架,直到现在依然如此。此外,毛老师在这本教材中,还介绍了国际古人类学界的许多新成果,包括埃及发现的原上猿,亚洲和非洲发现的腊玛古猿。特别是,书中还指出:"南方古猿虽然能够直立行走,能够使用天然工具,但是他们的出现和完成形成的人同时。在人类发展的系统中它们是旁系,没有进化为人,到距今约一百万年前终于灭绝了。"(第6页)这样的说法,可以说是完全颠覆了人们的认知。我读大学时,就是用这部教材的。毛老师、胡玉堂、王正平编写的这部《世界古代中世纪史》几经修改,于1979年由上海教育出版社出版,后来又多次重版。

1949年之后,中国采用了由苏联学者构建起来的世界史理论体系。虽然苏联学者宣称他们所依据的是马克思列宁主义,[①]但就世界史前史而言,苏联学者并未注意到,马克思、恩格斯和列宁的相关论述并不相同。例如,马克思和恩格斯采用过当时流行的观点,将人类历史分为蒙昧、野蛮、文明三大阶段,并且都使用过"人类的童年"这个富于诗意的词汇。此外,马克思曾用"群"来称呼原始社会组织。恩格斯使用过"攀树的猿群""正在形成中的人"

---

① 陈启新:《原始社会史分期问题研究》,中国民族学研究会编《民族问题研究》第五辑,1983年,第133—150页。

和“完全形成的人”这样的概念。列宁的著作中出现过“使用棍棒的猿猴群”“原始群”“原始公社”等。[①] 那么,这些概念之间是什么关系呢?更加重要的是,如何将马克思主义经典作家的这些概念与日益丰富的古人类化石统一起来呢?对于中国学界来说,这是一个至关重要的理论问题。而在苏联的著作中,又无法找到现成的答案。这样,从20世纪70年代前期开始,吴汝康等学者提出,在人类起源的过程中存在着一个从猿到人的过渡时期。[②] 在此后的20多年中,虽然这个问题成了中国学术界的一个热点,但几乎所有的论著都只是从一个或几个角度出发进行讨论,只有毛老师在1979年由人民出版社首次出版的《世界上古史纲(上册)》第一章“原始社会”中,全面系统地论证了以下观点:所谓的“从猿到人的过渡时期”“蒙昧时代低级阶段”“人类的童年”“原始群”,都是指“正在形成中的人”,其主要特征是不会制造工具。后来,毛老师在单独发表的《蒙昧时代低级阶段是从猿到人的过渡时期》一文中,再次阐述了这些观点。[③]

《世界上古史纲(上)》是“第一部由中国学者独立研究撰写的世界上古史研究专著”[④],主编是林志纯,参与撰写的除了毛老师之外,还有周怡天、刘文鹏、崔连仲、刘家和、史亚民等我国顶级世界古代史专家。毛老师在第一章中,不仅澄清了关于世界史前史的一系列重大理论问题,而且还介绍了国际学术界的最新研究成果,包括古人类化石、史前遗址、前沿动态等,从而向国内学者展示

---

① 《世界上古史纲》编写小组:《原始社会史和奴隶社会史若干问题》,《吉林师大学报》1977年第2期,第46—61页。

② 吴汝康:《人类起源的唯物辩证过程》,《科学通报》1974年第8期,第364—369页。

③ 毛昭晰:《蒙昧时代低级阶段是从猿到人的过渡时期》,《世界历史》1983年第3期,第20—26页。

④ 林志纯:《世界上古史纲(上册)》,天津:天津教育出版社,2007年,说明。

了一个精彩而又广阔的学术天地,并且为国内学者提供了丰富的资料。为了使国内学者更好地了解国外古人类学研究的新成果,毛老师还单独发表过《腊玛古猿的发现及其重要意义》一文。[①]

我出生于浙江省象山县的一个滨海小村,在上大学前连县城也没有去过,更遑论省城杭州了。1978 年,我作为应届生考入杭州大学历史系。在开学后的首批课程中,就有毛老师开设的《世界古代中世纪史》。在第一个学期的课程中,毛老师主要讲授关于人类起源及世界史前史的内容。他丰富的知识,上课时的激情,洪亮的声音(后来知道毛老师受过专业的男中音训练),清晰的思维,严谨的逻辑,几乎让所有的同学着迷。直到今日,我的许多同学仍对此记忆犹新。有一个晚上,同学们听完毛老师的课后,在一楼的教室里还专门组织过一次关于"正在形成中的人"的讨论会。我现在还清楚地记得,当时洪朝晖等同学为此争得面红耳赤。我本人在课后也向毛老师提过一些关于人类起源的问题,毛老师多次和我说,要了解国外的研究进展,必须阅读英文原文,而不能光看中文论著。可我当时对英文还非常陌生。大学入后学,杭州大学对新生进行英语摸底考试,以便根据程度不同进行分班上课。我当时因为写不出 26 个字母,所以被分在低级班中。大学期间我用了大量时间、精力来学习英文,与毛老师的鼓励是分不开的。大学快毕业时,我请毛老师做我的毕业论文指导老师,他欣然答应,并且特地找来一篇关于人类起源的英文文章。我把这篇英文文章翻译成中文,这就是我的大学毕业论文。

我于 1982 年大学毕业后,考取毛老师的硕士研究生。与我一起考取的,还有张富强师兄、邓梅妮师姐。比我们早一年考取毛老

① 毛昭晰:《腊玛古猿的发现及其重要意义》,《历史教学》1981 年第 5 期,第 16—20 页。

师研究生的是詹天祥和周萃娣。此时的中国学术界，正在改革开放春风的沐浴下蓬勃复苏。中国学术界在十年“文革”中遭受了严重摧残，对国际学术新成果所知甚少。为了快速跟上国际学术发展的步伐，国家决定编辑出版《中国大百科全书》。毛老师承担了《中国大百科全书》中关于外国考古的一些条目的撰写工作。毛老师将其中的一些条目分给我们撰写。为了写好这些条目，同时也为了让我们写好硕士毕业论文，1983 年，毛老师带领我们利用暑假去北京查阅资料。毛老师安排我们住在中国社会科学院考古研究所的工作人员临时宿舍里，几乎不需要什么住宿费，吃饭就在考古所的食堂里搭伙，这样我们就可以节省开支了。我现在还清楚地记得，接待我们的是莫润先老师，他帮助我们将全国粮票换成考古所食堂的饭菜票，其中部分是粗粮，部分是精粮。虽然粗粮很难下咽，但对于初到北京的我来说，这一切充满了新奇。

考古所位于王府井大街，隔壁就是世界历史研究所大楼（近代史研究所也在这座高楼里）。石兴邦、吴汝祚在考古所给我们上课，廖学盛、施治生在世界史所给我们上课，非常方便。夏鼐在考古所与我们见面时，还专门向我了解过关于浙江现状的一些情况。大概有个把月的时间，林志纯正好在北京的世界史所，他多次指导过我们。此外，毛老师曾亲自带着我们乘坐公共汽车，专程前往北京郊区的中国科学院古脊椎动物与古人类研究所拜访吴汝康。那时北京交通很不方便，从考古所坐公交车到动物园对面的古脊椎所，我感觉很远，但毛老师一路上兴致勃勃，一再关照我们要注意安全。在研究生期间，毛老师还带我们到武汉大学拜访过吴于廑先生，到郑州大学拜访过戴可来老师。这也是我第一次离开浙江，到达这些心仪已久的大城市，非常兴奋。

当我在考古所资料室里第一次见到如此丰富的外文资料时，深感惊讶。我特别感兴趣的是关于古希腊考古的著作。在毛老师的指导下,我最后选择古希腊迈锡尼时代作为自己的硕士论文选题。1984 年暑假,毛老师再次安排我们到北京查阅资料,还是住在考古所。此时已担任浙江省文物局局长的毛老师正好去北京开会,可能是为了便于照顾我们,他就住在考古所对面的华侨饭店。1983 年和 1984 年暑期在北京查阅资料的经历,使我深深感受到外文文献的重要性。此后的 20 多年间,我几乎每年暑假都要花一年月左右时间到北京查阅新出版的外文资料,特别是到中国国家图书馆把近一年新进的外文图书从 A 到 Z 都翻阅一遍,以了解国外学术的最新动态。就在中国国家图书馆多年翻阅外文图书的过程中,我逐渐被那些图文并茂的地图学史著作所吸引,不知不觉间踏上了研究古地图的历程。

1985 年夏,我和张富强、邓梅妮三人就要毕业了,毛老师请石兴邦来到杭州,担任我们的论文答辩委员会主席。获得硕士学位后,我于同年 8 月留校任教。由于毛老师于 1983 年已担任浙江省文物局局长,所以,他的《世界古代史》课程就由我和詹天祥师兄接替。我刚留校时,胡玉堂先生从生活、工作各方面都给我细心的指导。现在回想起来,依然非常亲切、温馨。詹天祥出身名门,精通俄文和英文,温文尔雅,谦谦君子,堪称完人,一直如兄长般照顾我。我借此机会,表达内心深处对他们的感激和怀念之情。

毛老师出任浙江省文物局局长时,中国的现代化建设刚刚起步,城乡建设开始大规模兴起,这对文物保护工作产生了巨大的冲击。毛老师不辞辛苦,上下奔走,被誉为保护历史文化遗产的“救火兵”。为了表彰毛老师在文物保护事业上的重大贡献,在四川发现的一个恐龙化石新种,被命名为“毛氏峨眉龙”。同时,毛老师也利用自己在世界史前史上的精深造诣,对浙江及中国的史前史进行了一些开拓性的探讨,发表了《从羽人纹饰看羽人源流》《稻作的东传和江南之路》《先秦时代中国江南和朝鲜半岛海上交通初探》

《浙江支石墓的形制与朝鲜半岛支石墓的比较》《良渚文化与文明起源之管见》等文章。在毛老师的引领和影响下，我也开始关注中国史前史的研究。1986—1987 年，反山和瑶山的良渚文化墓葬群刚发现时，毛老师很快安排我跟随省考古所的牟永杭、王明达等人来到考古工地。后来我发表了《略论中国的史前酋邦》等文章，尝试着将西方学者提出的文明起源理论与中国史前史结合起来。

毛老师虽然以研究史前史而著名，但他在史学理论上也有深刻的见解。吴于廑为《中国大百科全书(外国史)》所写的总词条“世界历史”，代表了中国学术界对于世界历史的权威看法，影响很大。在这个词条最后，吴于廑特地加上了这样一个注文：“本文第一部分关于 19 世纪后期和中华人民共和国成立前后中国学者在外国历史及世界史方面的编著和研究工作的论述，系毛昭晰撰写”[①]。吴于廑的这个总词条及注文，也被收录在目前通行的大学教科书中，只是在最后一句话中增加了毛老师的工作单位：“由杭州大学毛昭晰教授代为执笔”[②]。

屹立在钱塘江边的六和塔，是杭州重要的标志性建筑及文化符号。1996 年，六和塔铸成一口大钟，毛老师以隶书亲笔写成铭文：“铄铜为钟，悬诸秦望。格于上下，光于四方。扣之必应，击之铿锵。发以清音，近亮远彰。相生律吕，递变宫商。铭我襟怀，勿迷勿罔。钱江滔滔，钟声荡荡。维我神州，繁荣富强。各族团结，人民安康。经济腾达，万事呈祥。伟哉中华，仁威远扬。千秋万世，地久天长。”这篇寓意深厚，朗朗上口的铭文，反映了毛老师在

---

① 中国大百科全书总编辑委员会《外国历史》编辑委员会：《中国大百科全书(外国历史)》，第 15 页。

② 吴于廑、齐世荣总主编，刘家和、王敦书主编：《世界史(上卷)》，北京：高等教育出版社，2005 年，第 31 页。

传统国学上的深厚功底。

不过,最令我折服的是毛老师在西方古典音乐上的修养。毛老师年轻时就爱好音乐,在浙江大学读书期间,参加了浙大合唱团。[①] 1947 年,毛老师还担任过浙大合唱团音乐欣赏组的负责人。[②] 浙大校长竺可桢于 1946—1947 年出国考察时,“为学校添购了一台当时而言较为先进的电唱机以及一批唱片。返校后,嘱毛昭晰为唱片等资料进行分类编目,并嘱咐利用这些唱片,每周开办音乐欣赏晚会,供师生欣赏”[③]。我上大学时,毛老师又一次为全校师生开设西方音乐欣赏课程。《杭州大学教授志》在介绍毛老师时,也特地写道:毛教授“曾在十余所大学作过音乐欣赏讲座,并在杭州大学开设过欧洲近代音乐史及音乐作品欣赏课程”[④]。

许多同学对毛老师的西方音乐欣赏课有极其深刻的影响。我的同学黄朴民在《杭大历史系的亮丽风景线:“强力三人组”》中所写的一段精彩文字,也道出了我的内心感受,特引述如下:

“我和我的同学们,佩服与欢迎的更是课堂外的毛昭晰老师。因为他是学者,但更是富有艺术气质的人生导师。这方面最具有代表性的典范事例,是他面向全校师生开设了西方音乐欣赏的系列讲座。每场讲座,学校大礼堂近千个座位,人潮如堵,座无虚席,毛老师站在礼堂大舞台的中央,神采奕奕,容光焕发,全身心地投入,讲到关键处,就拿起讲桌上他随身携带的小提琴,拉出动人的音符和优美的旋律,让听众在现场直观地感受那音乐的美妙意境,

---

① 毛昭晰:《怀念邵浩然》,第 62—65 页,邵小荣等主编《邵浩然纪念文集(逝世五十周年)》,2005 年。

② 《黎明前的求是儿女》编辑组:《黎明前的求是儿女——解放战争时期浙江大学的学生运动和进步社团》,北京:中国青年出版社,2008 年,第 231 页。

③ 吕学峰:《民国杭州艺术教育》,杭州:杭州出版社,2012 年,第 134 页。

④ 郑小明等:《杭州大学教授志》,杭州:杭州大学出版社,1997 年,第 132 页。

记得有一次讲座，他还让其公子（当时也就读于杭州大学）共襄盛举，由他深入浅出、雅俗共赏地讲解世界著名小提琴曲的艺术成就，而他的公子则为全场听众演奏了马斯奈的《沉思》等名曲，为他的讲解做形象生动的诠释。那悠扬的琴声，那精彩的演讲，可谓是浑然一体，水乳交融，可以断言，这乃是我在杭州大学读书期间所亲身见证的美丽风景线之一。直到今天，我依然认为，我的那点浅薄音乐常识，如何谓交响乐的第一音乐动机、第二音乐动机，《蓝色多瑙河》七小段舞曲结构是怎么递进与表现的，等等，都来自毛昭晰老师的启蒙。文化，从本质上说，不是学的，而是熏出来的。毛昭晰先生深谙此理，所以，身体力行，纯粹义务，投入其中，使我们这些刚从文化沙漠中逃离的学生得到文化艺术的熏陶，其用心也良苦，其功德也博大！”①

我是在唯有“样板戏”的文化荒漠中成长起来的，乍听毛老师的西方音乐欣赏课，犹如从狭小昏暗的洞穴中突然进入到阳光灿烂的旷野上，顿时感受到猛烈的心灵冲击：作为一种动物的人类，居然能够创造出如此美妙的精神财富。在毛老师的课堂上，我第一次获知贝多芬、肖邦、莫扎特这些天才的名字，第一次享受到《卡门》《欢乐颂》《蓝色多瑙河》这些杰作的优美旋律，也开始知道长号、短号、单簧管、双簧管、小提琴、大提琴等众多乐器的不同音色。毛老师上课时，或即兴演奏，或引吭高歌。他在讲解《费加罗的婚礼》时激情高唱的“男子汉，大丈夫，就要当兵”的歌声，至今还常常在我耳边回响。我人生的一大遗憾是，当毛老师为我打开音乐圣殿的大门时，我没有机会向前挪动一下脚步。

毛老师在世界史前史领域筚路蓝缕，拓荒奠基，使杭州大学历

① 黄朴民：《杭大历史系的亮丽风景线：“强力三人组”》，https://baijiahao.baidu.com/s?id=1736760163385330148&wfr=spider&for=pc。

史系成为中国高校中唯一专门研究世界史前史的机构,20 世纪结束之前,“还为中国科学院古脊椎动物与古人类研究所、山东大学、广西师范大学单位培养进修生 4 名。中山大学、山东师范大学等校有 3 名研究生在该专业获得硕士学位”[①]。但遗憾的是,新旧世纪交替之际,就在中国提出要建设世界一流大学的背景下,原先作为特色的杭州大学世界史前史研究被因作为累赘而被无情地抛弃了。有学者这样写道:“这之后,中国的世界史前史研究就寂寞无声了”,“学脉中断了,这个学科在中国学术似乎已经彻底消失了。”[②]特别是,在国际史前史研究中,除了传统的古人类学、考古学之外,新兴的分子生物学也快速介入。这样,自 20 世纪后期开始,国外在世界史前史的研究中有许多突破性进展,但国内学者对此并无系统的了解。这里举两个比较典型的例子。第一个例子是,曾经被视为人类远祖的“腊玛古猿”在 20 世纪末已被证明是猩猩的祖先而与人类关系较远,甚至“腊玛古猿”这个名称也被取消了,被归入西瓦古猿。[③] 而国内一些论著,却依然在大谈“腊玛古猿”。另一个例子是,2002 年在浙江杭州萧山跨湖桥遗址出土了一条 7000 年前的独木舟,这也是中国最早的独木舟。但由于对全世界范围内发现的史前独木舟缺乏全面的了解,所以就难以判定跨湖桥独木舟在世界史前史上的地位。有人说它是“世界上最古老的舟船”,或者是“世界第一舟”。其实,国外已经发现了好几条年代更早的独木舟,最早的距今 8000 年前。我不知道世界一流大学有没有建成,但有一点可以肯定,世界史前史研究在中国高校的

---

① 浙江省哲学社会科学志编辑部编:《浙江省哲学社会科学志》,杭州:浙江人民出版社,1999 年,第 297 页。

② 陈恒:《考古学取代不了史前史》,《读书》2021 年第 10 期,第 90—99 页。

③ 龚缨晏:《关于“劳动创造人”的命题》,《史学理论研究》1994 年第 2 期,第 19—26 页。

历史系里大概已经不复存在了。今天，我在浙江大学的会议室缅怀毛老师，可谓五味杂陈，百感交集。在此缅怀毛老师之际，期待浙江大学能够重新恢复世界史前史研究，以告慰毛老师在天之灵。

图书在版编目（CIP）数据

史地学记：弦歌岁月与师友杂忆／张凯编．—杭州：浙江大学出版社，2023.7
（浙江大学历史学院院史丛刊）
ISBN 978-7-308-23934-9

Ⅰ．①史… Ⅱ．①张… Ⅲ．①浙江大学历史学院—校史 Ⅳ．①G649.285.51

中国国家版本馆 CIP 数据核字（2023）第 108643 号

史地学记：弦歌岁月与师友杂忆
SHIDI XUEJI：XIANGE SUIYUE YU SHIYOU ZAYI

张　凯　编

责任编辑　蔡　帆
责任校对　吴心怡
责任印制　范洪法
封面设计　周　灵
出版发行　浙江大学出版社
（杭州市天目山路 148 号　邮政编码 310007）
（网址：http://www.zjupress.com）
排　　版　杭州好友排版工作室
印　　刷　杭州高腾印务有限公司
开　　本　880mm×1230mm　1/32
印　　张　13.5
字　　数　352 千
版 印 次　2023 年 7 月第 1 版　2023 年 7 月第 1 次印刷
书　　号　ISBN 978-7-308-23934-9
定　　价　88.00 元